证券公司民事诉讼
案例分析与合规应用

ANALYSIS OF SECURITIES COMPANY
CIVIL LITIGATION CASES AND
COMPLIANCE APPLICATION

王爱宾　主编

法律出版社 LAW PRESS · CHINA
北京

图书在版编目（CIP）数据

证券公司民事诉讼案例分析与合规应用 / 王爱宾主编. -- 北京 : 法律出版社, 2025. -- ISBN 978 -7 -5197 -9070 -7

Ⅰ. D925.1

中国国家版本馆 CIP 数据核字第 2024E9P737 号

证券公司民事诉讼案例分析与合规应用
ZHENGQUAN GONGSI MINSHI SUSONG ANLI FENXI YU HEGUI YINGYONG

王爱宾 主编

策划编辑 张 颖
责任编辑 张 颖
装帧设计 鲍龙卉

出版发行 法律出版社
编辑统筹 法律应用出版分社
责任校对 王语童
责任印制 刘晓伟
经　　销 新华书店

开本 710 毫米×1000 毫米 1/16
印张 26.5　**字数** 446 千
版本 2025 年 1 月第 1 版
印次 2025 年 1 月第 1 次印刷
印刷 北京中科印刷有限公司

地址:北京市丰台区莲花池西里 7 号(100073)
网址:www.lawpress.com.cn
投稿邮箱:info@lawpress.com.cn
举报盗版邮箱:jbwq@lawpress.com.cn

销售电话:010 -83938349
客服电话:010 -83938350
咨询电话:010 -63939796

书号:ISBN 978 -7 -5197 -9070 -7　**定价**:128.00 元

凡购买本社图书,如有印装错误,我社负责退换。电话:010 -83938349

证券公司民事诉讼案例分析与合规应用

编　委　会

主　编　王爱宾

副主编　赵文忠　张晨晖　马吉燕

撰稿人　（以姓氏笔画排列）

丁雪晖　于彤源　马吉燕　王爱宾　朱嗣化
乔　雪　刘　尧　刘　巍　闫青筠　孙志超
孙秋芳　杜　宪　吴　娜　张亦佳　张晨晖
张程程　明　希　赵文忠　郝　明　徐怀礼
董泽颖　韩　蓓

东北证券
NORTHEAST SECURITIES

序　言

近年来，受“中兴事件”与“华为事件”启示，国内企业掀起了一轮强化合规管理的浪潮。仅2018年，我国共有3个合规管理相关的规则发布，包括中国国家标准化管理委员会制定的《合规管理体系指南》（已废止）[1]、国务院国有资产监督管理委员会颁布的《中央企业合规管理指引（试行）》以及国家发展和改革委员会同其他6家机构联合发布的《企业境外经营合规管理指引》。合规管理工作获得了空前的关注度，以至于很多专家将2018年称为中国的“合规元年”。

事实上，我国金融行业早在20年前就着手大力推进合规管理工作，其中证券行业合规管理工作历经数次迭代，合规文化建设、合规保障机制、合规考核与问责等各项措施均走在国内各个行业合规管理工作的前列。2007年4月，中国证监会下发《关于指导证券公司设立合规总监建立合规管理制度试点工作方案》，正式在证券行业开展体系化合规管理工作试点；2008年4月23日，国务院颁布《证券公司监督管理条例》（已于2014年修订），以行政法规的形式明确所有证券公司均应设立合规总监，证券公司的业务范围应与其合规管理制度建设情况相适应，监管机构可以根据证券公司的合规管理水平及其他合规因素对其业务范围进行调整；2008年7月14日，中国证监会发布了《证券公司合规管理试行规定》（已废止），在证券行业全面推进合规管理工作。经过近10年的实践，中国证监会于2017年6月6日发布

[1] 现为《合规管理体系要求及使用指南》。

《证券公司和证券投资基金管理公司合规管理办法》(已于2020年修正)。中国证券业协会于2017年9月8日发布《证券公司合规管理实施指引》。2019年12月28日,第十三届全国人民代表大会常务委员会第十五次会议修订《中华人民共和国证券法》,该法第130条规定,证券公司的业务活动,应当与其治理结构、内部控制、合规管理、风险管理以及风险控制指标、从业人员构成等情况相适应,符合审慎监管和保护投资者合法权益的要求。证券公司合规管理工作被明确写入《证券法》。可以说证券公司合规管理工作历经迭代,已经进入4.0时代。

证券公司较早实施严格的合规管理是其自身法律主体身份的复杂性决定的。证券公司作为资本市场重要的参与者,在资本市场承担着证券交易的经纪商、证券发行中的保荐人与承销商、资产管理的管理人、债券受托管理中的受托管理人、托管业务中的托管人、与证券交易及证券投资活动相关的财务顾问、融资融券的融出方、做市业务中的做市商、场外交易中的交易对手方、登记结算中的结算参与人、自营业务中的专业投资机构、证券回购中的回购方等20余种法律主体身份。证券公司每种主体身份都有复杂和完整的规则体系支撑,涉及的法律关系极其复杂,如果合规管理工作不到位,极易引发民事纠纷或监管处罚。

当前,证券行业正在大力推进"诚实守信、以义取利、稳健审慎、守正创新、依法合规"的中国特色金融文化建设和"合规、诚信、专业、稳健"的行业文化建设。东北证券公司积极响应证券行业合规文化建设的号召,制定了推动实质合规的战略目标,组织开展了公司内控进阶和重点合规风险专项治理等公司级重点工程,持续提升公司合规管理水平。公司确立了明确的合规高层基调,即"三线三路"理念。公司董事长李福春多次强调,合规是公司的"底线、红线、生命线";公司总裁何俊岩提出,合法合规的发展道路才是"最近的路、最快的路、最平坦的路"。公司主要领导明确的高层基调为厚植合规文化奠定了良好的基础。本书既是东北证券行业文化建设的成果,也是公司进一步提升合规管理的阶梯。

自2017年以来,为顺应“严监管、强司法”叠加的严峻形势,东北证券合规管理条线不断加强对监管与司法案例的分析与合规应用工作。“以史为镜,可以知兴替;以人为镜,可以明得失”,通过及时总结监管与司法案例经验教训,不断完善公司的合规管理体系,公司可以最大限度避免重蹈覆辙,保障各项业务行稳致远。2020年1月,东北证券在《合规简报》基础上单独创办了《合规析案》专刊,并建立了每季度定期发布监管案例分析报告的制度。为进一步做好监管处罚案例和司法裁判案例的分析及合规应用工作,公司于2021年11月发布了《东北证券股份有限公司监管司法案例分析及应用工作指引》。在案例分析与应用经验积累的基础上,公司又于2023年4月组织修订完善了该指引。目前,东北证券已经形成了制度化开展监管与司法案例分析与应用的工作机制,并取得了明显成效。

自2013年以来,随着证券行业创新发展的不断推进,证券公司的业务结构发生了较大的变化,近10年来的民事诉讼案例更能反映证券公司当前业务民事诉讼风险状况。因此,本书选择对近10来的民事诉讼案例以及近5年来的监管处罚案例进行分析。

在本书即将付梓之际,编者首先要感谢公司领导给予合规管理工作一如既往的重视与支持,正是公司高层领导营造的良好合规文化氛围,激发了公司合规管理团队不断精进本职工作的动力。其次,要感谢公司合规管理部同事及各业务条线的合规专员,本书是合规管理条线的伙伴们日常工作之余辛勤汗水的结晶。

编者更希望本书能够为证券行业及其他关注证券行业案例研究的同仁提供借鉴,也为证券行业合规文化建设贡献微薄的力量。本书内容涉及业务面很广、案例时间跨度极大、撰写人员较多,内容难免有疏漏与不当之处,希望各位读者不吝批评指正。

编　者

2024年9月9日

缩 略 表

一、叙述法律、法规、规章和规范性文件，如果因需要区分，有必要在名称前标注制定机关和制定、修改年份，如1991年《民事诉讼法》，对于现行《民事诉讼法》，不再注明修改年份，直接适用简称；对于已经废止的法律、法规、规章和规范性文件，仅在全称处列明已废止，简称不再使用已废止表述。

二、为行文方便，对于本书以下出现较多的法律、法规、司法解释、规范性文件和相关用语使用简称，具体如下。

全称	简称
《中华人民共和国证券法》	《证券法》
《中华人民共和国公司法》	《公司法》
《中华人民共和国民法典》	《民法典》
《中华人民共和国民法总则》(已废止)	《民法总则》
《中华人民共和国民法通则》(已废止)	《民法通则》
《中华人民共和国合同法》(已废止)	《合同法》
《中华人民共和国劳动合同法》	《劳动合同法》
《中华人民共和国民事诉讼法》	《民事诉讼法》
《中华人民共和国仲裁法》	《仲裁法》
《中华人民共和国反洗钱法》	《反洗钱法》
《中华人民共和国立法法》	《立法法》
《中华人民共和国保险法》	《保险法》
《中华人民共和国企业破产法》	《企业破产法》

续表

全称	简称
《全国法院民商事审判工作会议纪要》	《九民纪要》
《证券公司投资银行类业务内部控制指引》	《投行业务内控指引》
《上市公司并购重组财务顾问业务管理办法》	《并购重组管理办法》
《最高人民法院关于审理证券市场因虚假陈述引发的民事赔偿案件的若干规定》(已废止)	《虚假陈述引发赔偿规定》
《最高人民法院关于审理证券市场虚假陈述侵权民事赔偿案件的若干规定》	《虚假陈述侵权赔偿规定》
《关于规范金融机构资产管理业务的指导意见》	《资管新规》
中国证券监督管理委员会	中国证监会

总目

详目

第一篇　证券公司民事诉讼案例总体分析

第二篇　证券经纪业务民事诉讼案例分析与合规应用

第三篇　投资银行业务民事诉讼案例分析与合规应用

第四篇 信用交易业务民事诉讼案例分析与合规应用

第五篇　证券资产管理业务民事诉讼案例分析与合规应用

第六篇　证券自营业务民事诉讼案例分析与合规应用

第七篇 发布研究报告业务民事诉讼案例分析与合规应用

第八篇　证券做市业务民事诉讼案例分析与合规应用

第九篇 私募投资基金子公司业务民事诉讼案例分析与合规应用

第十篇　另类投资子公司业务民事诉讼案例分析与合规应用

附件1 证券公司民事诉讼案例相关法律法规汇编

附件2 投资银行业务具体民事诉讼案例分析汇编

第一篇

证券公司民事诉讼案例总体分析

资本市场是社会投融资的重要市场之一，它连接着金融机构、上市公司与广大投资者，关系着上市公司的规范经营与投资者的切身利益。证券公司是我国资本市场最为重要的中介机构之一，是直接融资“服务商”、资本市场“看门人”和社会财富“管理者”，其合规经营对资本市场健康发展和国家金融安全都具有重大的影响。当前证券行业正在大力践行“诚实守信、以义取利、稳健审慎、守正创新、依法合规”的中国特色金融文化，推进以“合规、诚信、专业、稳健”为核心理念的行业文化建设，东北证券积极落实中国特色金融文化和证券行业文化建设要求，制定了“实质合规”的战略目标和合规风险“零容忍”的风险政策，开展了公司内控进阶和重点风险专项治理等公司级重点工程，持续提升公司合规管理的有效性。东北证券推进“实质合规”的一项重要举措是专门成立了民事诉讼案例分析小组，对2013年至2022年10年间的证券公司民事诉讼案例进行了系统分析，总结民事诉讼趋势，梳理民事诉讼案例所体现的证券公司合规管理中应关注的风险点，并有针对性地提出工作措施和完善建议。

一、证券公司民事诉讼案例分析的重要意义

中国证监会时任主席易会满在证券基金行业文化建设动员大会上讲话时明确指出："合规经营始终是证券基金公司生存发展不可逾越的底线，这既是行业在长期经营实践中形成的经验，也是付出巨大代价换来的教训。"[1]证券公司违规经营不仅会受到监管处罚，还会引发诸多民事诉讼案件，可能承担巨额的民事赔偿。因此，证券公司有必要通过开展民事诉讼案例分析，准确理解司法精神，查找合规风险点，落实防控措施，防范和减少合规风险事件的发生。

（一）证券公司复杂的法律主体身份容易引发纠纷

证券公司作为资本市场的"看门人"和重要的参与者，在资本市场承担着证券交易的经纪商、证券发行中的保荐人与承销商、资产管理的管理人、债券受托管理中的受托管理人、托管业务中的托管人、与证券交易及证券投资活动相关的财务顾问、融资融券的融出方、做市业务中的做市商、场外交易中的交易对手方、登记结算中的结算参与人、自营业务中的专业投资机构、证券回购中的回购方等20余种法律主体身份。证券公司每种主体身份都有复杂和完整的规则体系支撑，涉及的法律关系极其复杂，[2]且很多明显区别于常见的民商事法律关系，如果证券公司内部管理不当，极易引发纠纷。

（二）证券公司民事诉讼案件容易带来巨额的民事赔偿

证券民事纠纷往往是在投资者产生亏损的情形下产生，无论该纠纷是涉及证券交易代理、证券承销保荐，抑或资产管理、证券投资咨询等，任何一个纠纷涉及金额都可能动辄几千万元，甚至数亿元。例如，CC证券中关村营业部未及时解除客户账户冻结，被判赔偿4757万元[3]；MS证券因营业部负责人飞单案

---

〔1〕《易会满主席出席证券基金行业文化建设动员大会并讲话》，载中国证券监督管理委员会网2019年11月21日，http://www.csrc.gov.cn/csrc/c100028/c1000878/content.shtml。

〔2〕参见李东方主编：《证券法学》（第4版），中国政法大学出版社2021年版，第253页。

〔3〕参见北京市第一中级人民法院民事判决书，（2015）一中民（商）初字第9650号；北京市高级人民法院民事判决书，（2016）京民终251号；最高人民法院民事裁定书，（2016）最高法民申3461号。

件赔偿投资者那某某、苏某某经济损失8300余万元;[1]在证券代表人诉讼案件也是债券市场欺诈发行案件即五洋债案中,DB证券赔偿的金额约5.76亿元;[2]在ABS欺诈发行案即美吉特灯都案件中,HTLH证券需对中国邮政储蓄银行投资本息损失人民币5.6亿余元承担连带赔偿责任;[3]在北京金融法院作出的证券代表人诉讼案件即乐视网证券虚假陈述案件中,PA证券即使承担10%的连带赔偿责任,承担连带责任的金额也超过了2亿元。[4] 因此,证券公司有必要通过开展民事诉讼案例分析,总结行业的经验教训,使风险防患于未然。

(三)证券公司民事诉讼案例分析具有极高的风险防范价值

对证券公司民事诉讼案例进行分析是完善证券公司合规管理工作的重要抓手,是评判证券公司合规管理工作有效性的"试金石",也是减少证券公司合规风险隐患的重要管理工具。证券公司可以通过民事诉讼案例分析工作,从民事诉讼案例中总结出证券公司有益的经验和存在的不足之处,为证券业务规范开展提供依据,有助于提前消除相关的风险隐患。例如,证券经纪业务中从业人员飞单案件,东北证券通过已有案例分析和对照自查,有针对性地制定了体系化的飞单防范措施,并录制成远程培训共建课程证券从业人员飞单及其防范,通过中国证券业协会远程培训系统向行业进行了分享。[5]

二、证券公司民事诉讼案例收集与分析

自2013年以来,证券行业步入快速创新发展的时期,积极开展了融资融

---

〔1〕 参见山西省高级人民法院民事判决书,(2018)晋民初26号。

〔2〕 参见《浙江省杭州市中级人民法院关于"五洋债"案件案款发放公告(四)》,载微信公众号"杭州中院"2022年3月25日,https://mp.weixin.qq.com/s/BdSff32s36CvN1XaCQkIbw。

〔3〕 参见《我院审结全国首例资产支持证券欺诈发行民事赔偿案》,载上海金融法院网,http://www.shjrfy.gov.cn/jrfy/gweb/tzzsfbh/xxnr_view.jsp? pa=aaWQ9ODU5OAPdcssPdcssz。

〔4〕 参见《乐视网财务造假案一审判赔20亿元　贾跃亭承担连带赔偿责任》,载央广网,https://www.cnr.cn/ziben/yw/20230922/t20230922_526429256.shtml。

〔5〕 参见中国证券业协会远程培训系统课程:证券从业人员飞单及其防范(张晨晖)。

券、股票质押等各类创新业务，同时资产管理、投资银行等重要业务条线的基础法律法规发生较大变化，证券公司开展业务类型、业务结构逐步发生较大的变化。2013年以后证券公司涉及的民事诉讼案例类型更能反映其业务合规风险状况，因此东北证券选择了2013年至2022年的证券公司民事诉讼案例开展分析工作。

（一）证券公司民事诉讼案例的收集

案例分析小组选择Alpha案例数据库作为案例的来源。小组成员对所有证券公司的名称分析后，归纳提炼出“证券股份有限公司”“证券有限责任公司”“证券有限公司”“证券承销保荐有限”“证券资产管理”“证券（上海）资产管理有限公司”“证券（中国）有限”“中国国际金融股份有限公司”“中信证券华南股份有限公司”“中信证券（山东）有限责任公司”10个关键词，按年度在当事人一项中进行检索下载。关于另类子公司和私募基金子公司，按照中国证券业协会网站公示的协会会员名录，[1]将公司名称作为当事人逐家搜索下载。

（二）证券公司民事诉讼案例的筛选整理

案例分析小组对下载的民事诉讼案例进行了筛选整理。一是对裁判文书进行筛选，按通知书、调解书、裁定书、判决书的顺序进行筛选，如果与证券公司的权利义务没有关系，如财产保全、执行裁定，那么不纳入分析范围。二是整理民事案由，证券公司民事纠纷案件的案由标准不统一，有的案件选择一级案由作为案由，有的案件选择二级案由作为案由，还有的案件选择三级案由作为案由，因此将案由全部调整为一级案由、二级案由、三级案由进行分层统计。三是将证券公司分为主诉方、被诉方、第三人[2]三种情形进行统计。四是填写每一案件涉及业务对应的业务条线列，分为证券经纪业务（含证券投

---

〔1〕 参见中国证券业协会网，https://jg.sac.net.cn/memberUnitsPub。

〔2〕 由于在一审、二审、再审程序中，当事人的称谓不同，为便于分析，证券公司主动向其他民事主体发起诉讼时自称为主诉方，证券公司被其他民事主体诉讼时自称为被诉方，证券公司并未被其他民事主体主张权利时自称为第三人。

资顾问业务)、投资银行业务、信用交易业务、证券资产管理业务、证券自营业务、发布研究报告业务、证券做市业务、私募基金子公司业务、另类投资业务9个类别。

(三)证券公司业务条线民事诉讼案例的分析

案例分析小组将负责对条线民事诉讼案例进行总体分析、重点案例分析,并提炼形成相应的启示及建议。其中,总体分析包括整体趋势分析、民事诉讼数量分析、民事案由分析、诉讼主体身份分析、标的金额分析、业务阶段分析、案件地域分析、审理法院层级分析等。重点案例分析部分,根据业务特点,按照业务环节等逻辑,对案件展开分析,重点关注大趋势中有代表性的案例、同类案由下对比反差明显的案例、出现重大变化或者反转的案例。

(四)证券公司民事诉讼案例分析在合规管理中的应用

证券公司民事诉讼案例分析的最终目的在于合规管理应用。案例分析小组通过对证券公司民事诉讼案例的分析,梳理需要关注的重点事项,从中发现合规管理工作的不足和薄弱环节,补充合规工作要点,落实到具体合规管理工作举措上,为业务规范的开展提供支持,最终实现合规管理水平的提升。

三、证券公司民事诉讼案例总体趋势分析

案例分析小组通过Alpha进行检索,自2013年1月1日至2022年12月31日10年涉及证券公司民事诉讼案例,共计17,255份裁判文书,另有证券公司私募基金子公司民事纠纷裁判文书475份,证券公司另类子公司民事纠纷裁判文书225份。案例分析小组成员从年份数量[1]变化、民事案由分布、业务领域分布、诉讼标的金额、诉讼管辖地域等维度对证券公司民事诉讼案例进行了分析,上述案例呈现以下趋势。

---

[1] 本篇民事诉讼案例的数量是按照民事诉讼裁判文书的份数计算。

(一)证券公司民事诉讼案例年份数量变化分析

随着证券公司业务范围的不断拓宽,业务规模的不断提高,证券公司相关的民事纠纷也不断增加。从图 1－1 可以看出,2013 年以来涉及证券公司的民事诉讼案例裁判文书数量总体呈上升趋势,2015 年、2021 年和 2022 年有所下降。当只统计判决书的数量后,从图 1－2 可以看出,2013 年以来涉及证券公司的民事判决书数量整体为上升趋势,2021 年和 2022 年的案件数量相较 2020 年明显激增。

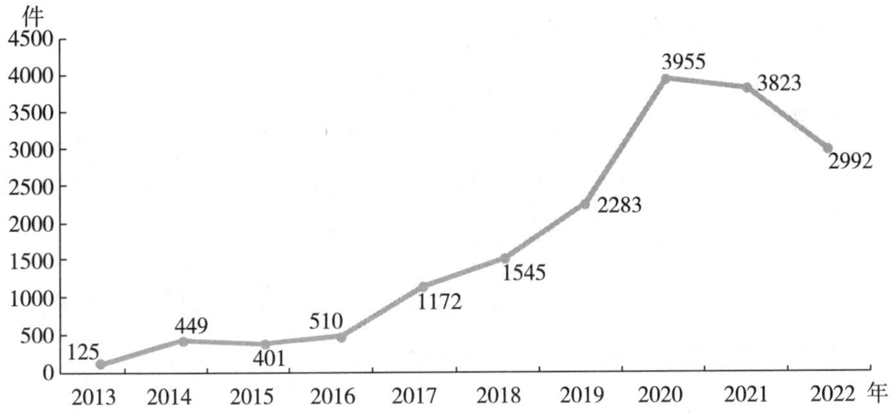

图 1－1 证券公司民事诉讼案例裁判文书数量年份变化趋势

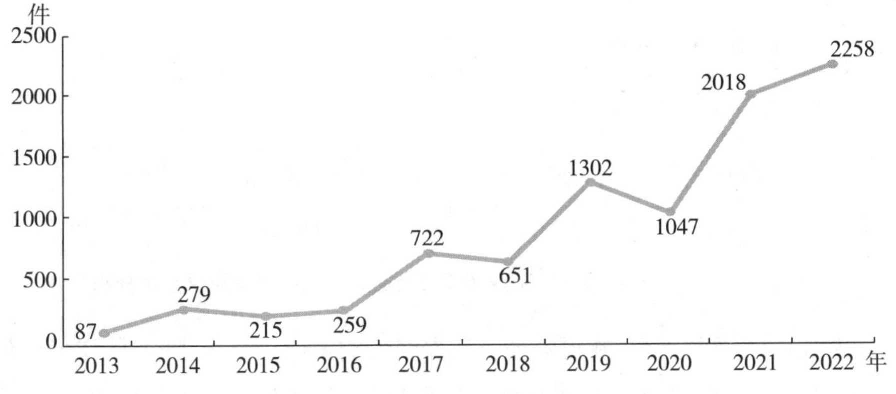

图 1－2 证券公司民事判决书数量年份变化趋势

（二）证券公司民事诉讼案例案由分布分析

从图1－3的案由分布情况可以看到，主要的案由是与公司、证券、保险、票据等有关的民事纠纷类，其占比最高，约为55.80%，接下来是合同、准合同纠纷类，占比约为19.42%，然后是劳动争议、人事争议纠纷类，占比约为8.57%。

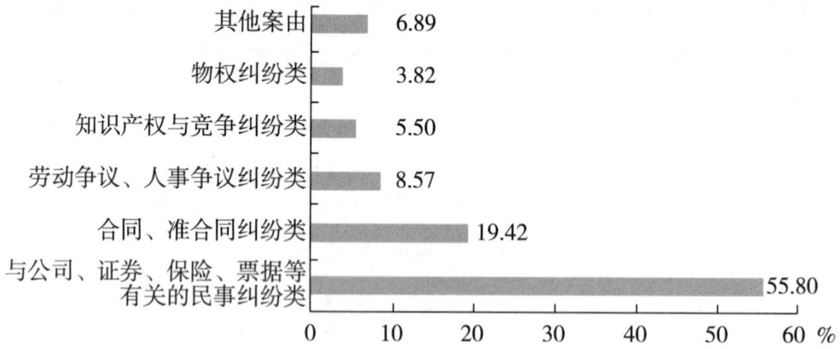

图1－3　证券公司民事诉讼案例案由分布

从图1－4可以看出，与公司、证券、保险、票据等有关的民事纠纷类案件中，证券纠纷类案件占比遥遥领先，高达约94.35%。

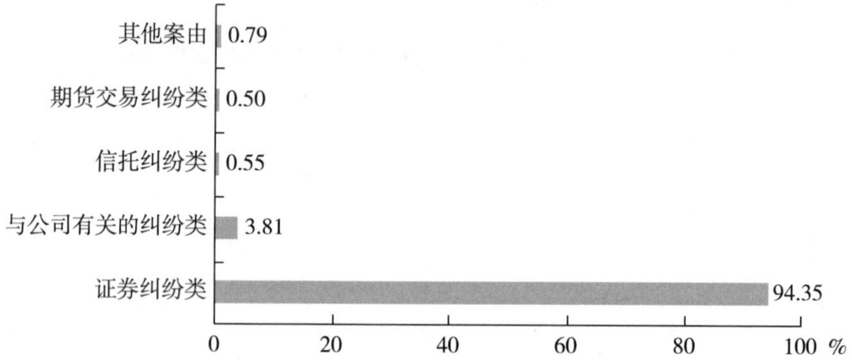

图1－4　证券公司与公司、证券、保险、票据等有关的民事纠纷案由分布

从图1－5可以看出，在证券公司证券纠纷类案由分布中，证券欺诈责任纠纷类案件占比最高，约为67.89%，证券回购合同纠纷类次之，占比约为10.39%，融资融券交易纠纷类、证券交易合同纠纷类数量接近，占比分别约为7.47%和6.89%，证券交易代理合同纠纷类数量较少，占比约为2.17%。

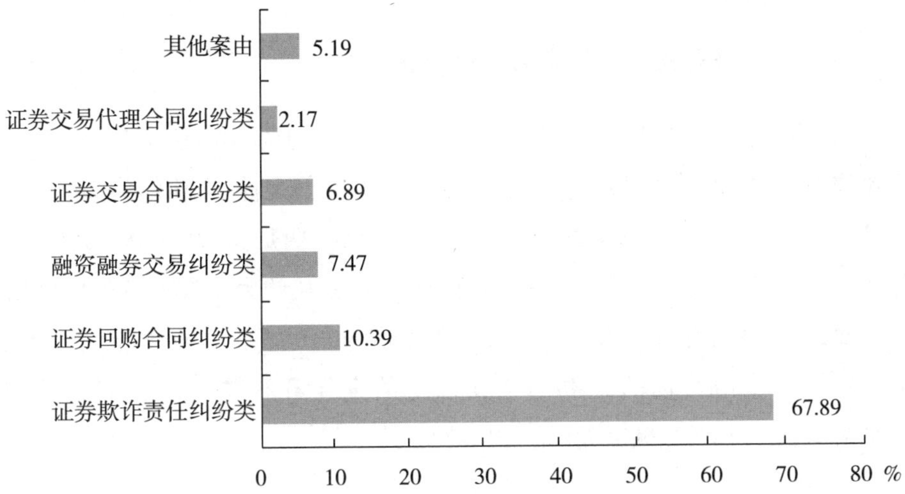

图1-5 证券公司证券纠纷类案由分布

(三)证券公司民事诉讼案例业务领域分析

案例分析小组成员对筛选后的证券公司民事诉讼案例文书,按照证券业务领域进行了统计,由于证券公司涉及的证券虚假陈述案件中投资者人数众多,因此投资银行业务案件数量最多,其次是信用交易业务和证券经纪业务,再次是证券资产管理业务,证券自营业务、证券投资咨询业务和证券做市业务的案件数量相对较少(见图1-6),这与图1-5证券公司证券纠纷案由的分布基本一致。

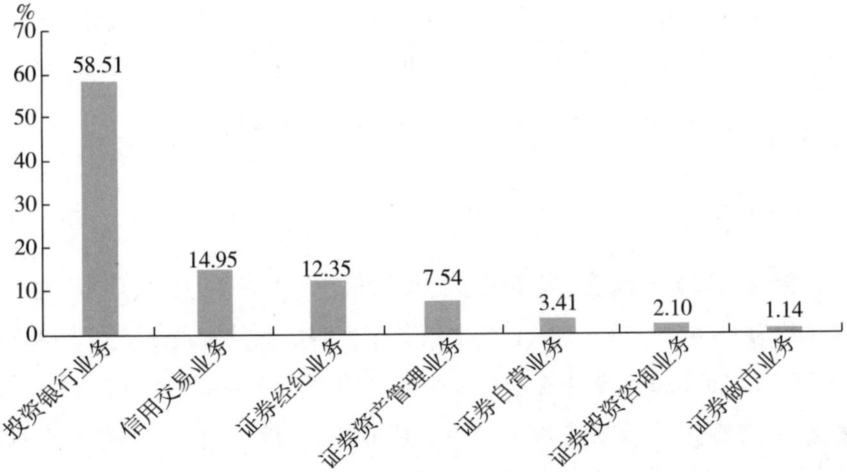

图1-6 证券公司民事诉讼业务领域分布

(四)证券公司民事诉讼案例标的金额分析

通过对标的额的可视化分析可以看到,一是标的额为10万元以下的案件占比约为46.61%,数量最多,二是10万—50万元的案件,占比约为20.32%,三是100万—500万元的案件,占比约为11.55%,四是50万—100万元的案件,占比约为5.41%,五是1亿—5亿元的案件,占比约为4.48%。由此可见,一方面,由于我国中小投资者众多,标的金额50万元以下的案件占比高达66.93%;另一方面,标的金额1亿元以上的案件虽然数量不多,占比约为5.24%,但案件标的金额巨大(见图1-7)。

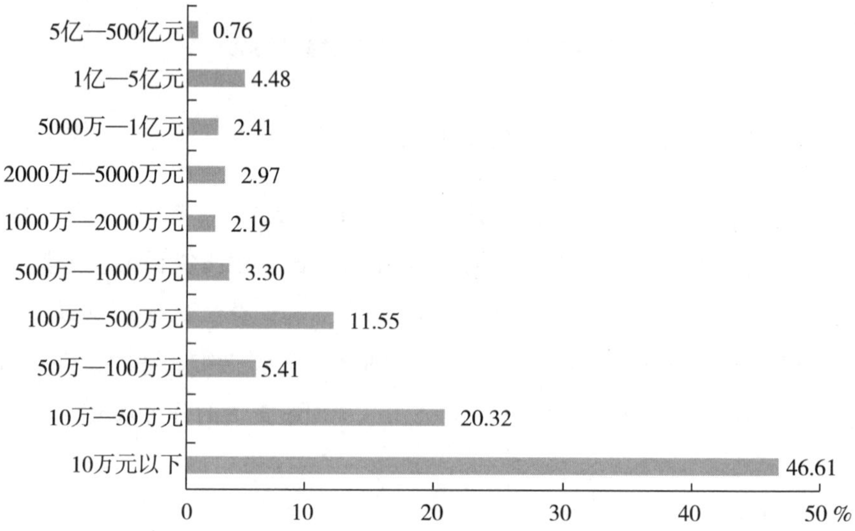

图1-7　证券公司民事诉讼案例标的金额分布

(五)证券公司民事诉讼案例管辖地域分析

从管辖地域分布来看,当前民事诉讼案例主要集中在上海、广东、北京,分别占比约为25.44%、13.16%、12.66%,其中上海的案件量最多,达到4389件。证券公司民事诉讼案件集中在前述3个地区的主要原因是这些地区经济发达,证券公司总部集中。多数证券公司总部或业务总部设在上海、北京和深圳,证券公司普遍倾向于将证券业务合同纠纷管辖法院约定为其总部或业务总部所在地法院(见图1－8)。

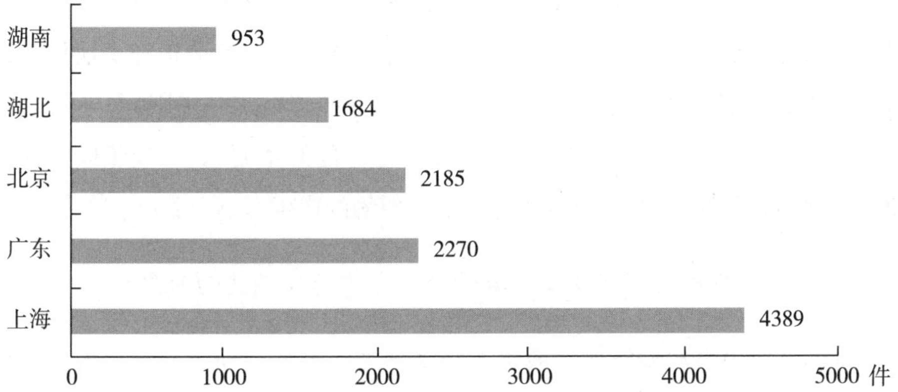

图1－8　证券公司民事诉讼案例管辖地域分布

四、证券公司民事诉讼案例的特点

(一)证券公司民事诉讼案例数量受法律法规变动的影响

近年来,我国证券行业法律法规大面积修订,法律体系不断完善,对投资者合法权益的保障不断增强。

一是《证券法》的修订。《证券法》明确了普通投资者与证券公司发生纠纷的举证责任倒置制度。普通投资者与证券公司发生纠纷的,证券公司应当证明自身执业行为符合法律、行政法规以及国务院证券监督管理机构的规定,不存在误导、欺诈等情形。证券公司不能证明的,应当承担相应的赔偿责任。该制度大大降低了投资者民事诉讼的难度。同时,《证券法》建立了证券投资者保护机构作为代表人的特别证券纠纷代表人诉讼制度,极大方便了投资者维权。

二是相关司法解释与司法规范性文件的出台。人民法院不断完善立案登记制度,取消行政处罚前置要求。与证券纠纷审查直接相关的《九民纪要》《虚假陈述侵权赔偿规定》《全国法院审理债券纠纷案件座谈会纪要》,进一步明晰了证券相关纠纷司法政策,2020年以后,证券公司民事诉讼案例数量大幅跃升。

三是证券业务类部门规章与规范性文件相继出台。自2018年以来,《资管新规》《证券期货经营机构私募资产管理业务管理办法》《证券期货经营机构私募资产管理计划运作管理规定》《投行业务内控指引》《证券分析师参加外部评选规范》《证券经纪业务管理办法》《证券经纪业务管理实施细则》等业务规则陆续出台,部分新的业务规则改变了以前对业务的基本要求,明确了以前存在争议事项的业务操作要求,这都为存量业务纠纷的产生埋下了隐患。

(二)证券公司民事纠纷案例数量受证券市场周期波动的影响

证券公司民事纠纷案例的数量还会受到二级市场波动的影响。当市场行情不好时,投资者大量亏损,资管产品的收益下挫,此时证券从业人员代客理财、飞单、为非法融资提供便利、履行适当性管理义务不到位等违规行为就会大量出现。投资者除了向监管部门投诉,还会提起民事诉讼要求证券公司赔偿。例如,2015年股市异常波动后,资本市场行情不好,投资者出现大面积亏损,证券公司民事诉讼案例数量也随之不断攀升。

(三)证券公司民事纠纷案例案由和规则适用存在差异

对同一类案件,当事人或者法官选择的民事案由会存在差异,甚至同一案件,一审、二审和再审所选择的民事案由也会不同。在周某某诉ZS证券股份有限公司、ZS期货有限公司和李某某一案中,一审的案由是侵权责任纠纷,二审的案由是期货交易纠纷,再审的案由是证券交易代理合同纠纷。[1] 当事人或者法官选择的案由不同,适用的法律规则便会不同。

(四)证券类业务性质与民事诉讼案件的发起主体紧密相关

证券类业务性质不同,由该类业务引起纠纷的,提起民事诉讼主体也存在较大差异。如在投资银行、证券经纪、代销金融产品业务、证券投资咨询、资产管理等业务中,客户基于对证券公司信任,接受服务或购买产品,当客户利益受

[1] 参见浙江省杭州市中级人民法院民事判决书,(2019)浙01民初2905号;浙江省高级人民法院民事判决书,(2020)浙民终725号;最高人民法院民事裁定书,(2021)最高法民申6687号。

损时，客户往往主动提起诉讼，成为诉讼的主诉方，证券公司基本上是被诉方。而融资融券和股票质押在内的信用类业务，证券公司向客户授信，为其提供资金或证券，当客户触发平仓指标被平仓，且平仓收入难以覆盖合同约定成本时，证券公司往往提起诉讼，成为诉讼的主诉方，而投资者为被诉方。

（五）证券类业务性质影响纠纷争议解决方式的选择

与普通投资者相关的证券类业务纠纷大部分选择民事诉讼作为争议的解决方式，而对于与机构投资者相关的证券类业务及创新类的业务会更多地选择仲裁作为争议的解决方式。例如，证券经纪业务纠纷客户多为普通投资者，该类纠纷在证券公司相关民事诉讼中占比较高；而私募基金管理业务客户为合格投资者，高净值及机构客户较多，该类纠纷选择仲裁方式较多。比较典型的适合通过仲裁方式解决的证券合同纠纷有融资融券、资产管理、投资咨询、承销保荐、股票质押、债券回购、期权合约等。[1] 出现这一现象主要有以下 3 个方面的原因：一是仲裁成本较高。相比于诉讼方式，仲裁的成本较高，专业性较强，普通投资者对其了解较少。二是仲裁对商事约定给予更多的尊重。《民事诉讼法》第 7 条规定："人民法院审理民事案件，必须以事实为根据，以法律为准绳。"而《仲裁法》第 7 条规定："仲裁应当根据事实，符合法律规定，公平合理地解决纠纷。"仲裁机构在处理案件时，有更多的裁量权，只要商事约定不违反法律明确规定，仲裁机构就可以认可其效力。对很多创新业务，法律往往没有明确的规定，这时候当事人就倾向于选择对商事约定更友好的仲裁方式。从上文证券公司民事诉讼案例总体趋势分析部分也可以看出，标的金额 1 亿元以上的案件数量占比约为 5.24%，其中一个重要原因就是争议金额较大的案件很多选择了仲裁。三是仲裁的保密性强。民事判决以公开为原则，而仲裁以保密为原则。多数客户当遇到商事机构的证券业务纠纷时倾向于选择仲裁方式来解决，以避免判决公开给机构声誉及未来商事合作带来负面影响。

---

〔1〕 参见中国证券业协会投资者服务部：《关于证券纠纷仲裁机制的研究报告》，载中国证券业协会编：《中国证券业高质量发展论文集（2022）》，中国财政经济出版社 2022 年版，第 422 页。

五、证券公司承担民事赔偿责任的情形分析

证券公司需要承担民事赔偿责任的情形包括两类：一类是证券公司自身违反法定或者约定义务而承担民事赔偿责任，另一类是证券公司对从业人员的行为承担民事赔偿责任。

（一）证券公司自身违反法定或者约定义务而承担民事赔偿责任

使证券公司承担民事赔偿责任的行为也主要包括两类，一类是违反合同法的规定而承担民事赔偿责任，另一类是因违反侵权法的规定而承担民事赔偿责任。

1. 违反合同法的规定承担民事赔偿责任

证券公司违反合同法的规定承担民事责任的情形包括承担缔约过失责任和承担违约责任。

证券公司承担缔约过失责任的典型的情形是未尽到适当性管理义务。《证券法》第 88 条规定，证券公司违反投资者适当性管理规定导致投资者损失的，应当承担相应的赔偿责任。《民法典》第 500 条规定，当事人在订立合同过程中有其他违背诚信原则的行为，造成对方损失的，应当承担赔偿责任。《九民纪要》第 74 条也规定，金融产品发行人、销售者未尽适当性义务，导致金融消费者在购买金融产品过程中遭受损失的，金融消费者既可以请求金融产品的发行人承担赔偿责任，也可以请求金融产品的销售者承担赔偿责任，还可以请求金融产品的发行人、销售者共同承担连带赔偿责任。金融服务提供者未尽适当性义务，导致金融消费者在接受金融服务后参与高风险等级投资活动遭受损失的，金融消费者可以请求金融服务提供者承担赔偿责任。

证券公司承担违约责任的情形比较多，如违反证券交易代理合同、融资融券交易合同、证券资产管理合同、证券交易合同等合同约定的义务。

2. 违反侵权法的规定承担民事赔偿责任

侵权责任包括过错侵权责任、推定过错侵权责任和无过错侵权责任。《民法典》第 1165 条第 1 款对过错侵权责任作出了规定，“行为人因过错侵害他人

民事权益造成损害的,应当承担侵权责任”。第 1165 条第 2 款对推定过错侵权责任作出了规定,“依照法律规定推定行为人有过错,其不能证明自己没有过错的,应当承担侵权责任”。第 1166 条对无过错侵权责任作出了规定,“行为人造成他人民事权益损害,不论行为人有无过错,法律规定应当承担侵权责任的,依照其规定”。

使证券公司承担侵权责任的典型的行为是证券虚假陈述行为。《证券法》第 85 条规定:“信息披露义务人未按照规定披露信息,或者公告的证券发行文件、定期报告、临时报告及其他信息披露资料存在虚假记载、误导性陈述或者重大遗漏,致使投资者在证券交易中遭受损失的,信息披露义务人应当承担赔偿责任;发行人的控股股东、实际控制人、董事、监事、高级管理人员和其他直接责任人员以及保荐人、承销的证券公司及其直接责任人员,应当与发行人承担连带赔偿责任,但是能够证明自己没有过错的除外。”

(二)证券公司对从业人员的行为承担民事赔偿责任

证券公司对从业人员的行为承担赔偿责任的情形包括两类,一类是职务行为,另一类是非职务行为。

1. 职务行为

职务行为是指行为人根据其在法人或者非法人组织中所担任职务,依据其职权对外实施的法律行为以及因执行工作任务造成他人损害的行为。[1]

职务行为包括职务代表行为、职务代理行为和职务侵权行为。职务代表行为适用《民法典》第 61 条第 2 款关于法定代表人的规定,“法定代表人以法人名义从事的民事活动,其法律后果由法人承受”。职务代理行为适用《证券法》第 136 条和《民法典》第 170 条第 1 款的规定。《证券法》第 136 条第 1 款规定:“证券公司的从业人员在证券交易活动中,执行所属的证券公司的指令或者利用职务违反交易规则的,由所属的证券公司承担全部责任。”《民法典》第 170 条第 1 款规定:“执行法人或者非法人组织工作任务的人员,就其职权

---

〔1〕 参见王爱宾、李东方、赵文忠等:《证券公司对从业人员“飞单”行为的民事责任分析》,载郭文英主编:《纠纷调解案例评析(2020 年)》,法律出版社 2020 年版,第 64 页。

范围内的事项,以法人或者非法人组织的名义实施的民事法律行为,对法人或者非法人组织发生效力。”职务侵权行为适用《民法典》第 1191 条第 1 款的规定,“用人单位的工作人员因执行工作任务造成他人损害的,由用人单位承担侵权责任。用人单位承担侵权责任后,可以向有故意或者重大过失的工作人员追偿”。

职务侵权行为不必然是证券公司的行为,可能是从业人员超越职务范围或执业违反法律法规的行为,但证券公司在从业人员管理方面存在过错,从而让客户误认为从业人员属于执行工作任务,而被法院判定承担民事赔偿责任。例如,HB 证券有限责任公司诉张某财产损害赔偿纠纷一案,一审法院认为,由于 HB 证券与北京一江签订了咨询服务协议,收取了北京一江的咨询服务费,加上 HB 证券任命刘某担任机构业务部总经理的职务,即使刘某等人的行为超越职务范围,但在外观上足以认定其属于执行工作任务,故刘某等人的侵权行为应视为 HB 证券对张某的侵权行为,应由 HB 证券承担侵权责任。〔1〕

2. 非职务行为

证券从业人员非职务行为,是指证券从业人员以获取个人非法利益为目的,未经证券公司授权,故意违反证券行业法律、法规、规章及规范性文件、行业规范和自律规则、公司内部规章制度规定,所实施的直接侵害投资者或所在证券公司合法权益的行为,典型的行为包括飞单、代客理财、为非法融资提供便利。

证券从业人员非职务行为由证券公司承担民事赔偿责任的情形也有两种,一是构成表见代理,二是构成侵权责任。《民法典》第 172 条对表见代理作出了规定,“行为人没有代理权、超越代理权或者代理权终止后,仍然实施代理行为,相对人有理由相信行为人有代理权的,代理行为有效”。证券公司自身的行为也会构成一般过错侵权责任,与证券公司对从业人员的行为承担一般过错侵权责任的不同在于,前者是证券公司自身的行为,而后者是从业人员的行为。

---

〔1〕 参见上海市第一中级人民法院民事判决书,(2017)沪 01 民终 9913 号。

六、证券公司民事纠纷案例分析关注的重点法律问题

在证券公司民事纠纷案例分析过程中，有 4 个需要重点关注的共性法律问题。

（一）证券行业部门规章、部门规范性文件、自律规则能否作为法院审判的依据

根据《最高人民法院关于裁判文书引用法律、法规等规范性法律文件的规定》，民事裁判文书应当引用法律、法律解释或者司法解释。对于应当适用的行政法规、地方性法规或者自治条例和单行条例，可以直接引用。根据审理案件的需要，对于其他规范性文件，经审查认定为合法有效的，法院可以作为裁判说理的依据。

最高人民法院在相关的司法文件中也明确了证券行业部门规章、部门规范性文件、自律规则可以参照适用。例如，《九民纪要》第 73 条中规定，相关部门在部门规章、规范性文件中对高风险等级金融产品的推介、销售，以及为金融消费者参与高风险等级投资活动提供服务作出的监管规定，与法律和国务院发布的规范性文件的规定不相抵触的，可以参照适用。最高人民法院印发的《关于为深化新三板改革、设立北京证券交易所提供司法保障的若干意见》明确规定："对于证券监管部门、证券交易所经法定程序制定的、与法律法规不相抵触的股票发行、上市、持续监管等规章、规范性文件和业务规则的相关规定，人民法院可以在审理案件时依法参照适用。"

参照适用并不是当然适用，人民法院需要对相关部门规章、部门规范性文件、自律规则进行审查，并拥有是否适用的自由裁量权。

（二）违反证券行业部门规章、部门规范性文件、自律规则能否认定民事行为无效

《九民纪要》第 31 条规定："违反规章一般情况下不影响合同效力，但该规章的内容涉及金融安全、市场秩序、国家宏观政策等公序良俗的，应当认定合同

无效。人民法院在认定规章是否涉及公序良俗时，要在考察规范对象基础上，兼顾监管强度、交易安全保护以及社会影响等方面进行慎重考量，并在裁判文书中进行充分说理。”

由此可见，违反证券行业部门规章、部门规范性文件、自律规则是否影响合同效力，与是否适用部门规章或规范性文件裁判一样存在不确定性，仍需要人民法院个案裁量。

（三）证券监管机构和自律组织对证券公司的处罚能否作为认定证券公司存在过错的依据分析

证券监管机构作出的行政处罚、行政监管措施及证券行业自律组织作出的纪律处分、自律管理措施能否作为证券公司存在管理过错的依据，对此存在不同的认识。

在周某某与ZS证券股份有限公司、ZS期货有限公司等侵权责任纠纷案中，杭州市中级人民法院认为虽然中国证监会浙江监管局曾就包括“李某某私下接受客户委托理财引发诉讼纠纷”等问题而对ZS证券公司采取责令改正措施，该事实仅表明监管部门要求ZS证券公司加强其内部管理，并不能因此认定ZS证券公司、ZS期货公司系与李某某共同实施了侵权行为，故周某某要求ZS证券公司、ZS期货公司对其财产损失承担共同赔偿责任，缺乏事实和法律依据。[1]

行政处罚、行政监管措施、纪律处分和自律监管措施强调的是证券公司的管理责任，只要能证明违法行为、行为人过错的存在，行为人就应承担相应的责任。而民事侵权责任强调的是行为、损失、过错和因果关系，二者构成要件存在较大差异，不能由监管机构出具的行政处罚、行政监管措施、纪律处分和自律监管措施直接推导出证券公司应当承担民事赔偿责任。

（四）证券公司格式合同中的格式条款是否有效

证券公司在开展业务的过程中，需要制定格式合同，并可以在合同中约定，

---

〔1〕 参见浙江省杭州市中级人民法院民事判决书，(2019)浙01民初2905号。

根据市场情况自行改变个别事项。《民法典》第 496 条规定:“格式条款是当事人为了重复使用而预先拟定,并在订立合同时未与对方协商的条款。采用格式条款订立合同的,提供格式条款的一方应当遵循公平原则确定当事人之间的权利和义务,并采取合理的方式提示对方注意免除或者减轻其责任等与对方有重大利害关系的条款,按照对方的要求,对该条款予以说明。提供格式条款的一方未履行提示或者说明义务,致使对方没有注意或者理解与其有重大利害关系的条款的,对方可以主张该条款不成为合同的内容。”《民法典》第 497 条规定:“有下列情形之一的,该格式条款无效:(一)具有本法第一编第六章第三节和本法第五百零六条规定的无效情形;(二)提供格式条款一方不合理地免除或者减轻其责任、加重对方责任、限制对方主要权利;(三)提供格式条款一方排除对方主要权利。”

由此可见,格式条款在未加重对方义务和未减少对方权利情况下是有效的,只有存在《民法典》明确的无效情形的,才会无效。证券公司在符合监管要求的前提下,根据市场情况、客户和自身风险承受能力,对融资融券合同约定的融资融券业务保证金比例、标的证券范围、可充抵保证金的证券种类及折算率、最低维持担保比例和业务集中度等进行动态调整和差异化控制,并未增加投资者义务,减少投资者权利。同时,证券公司通过营业场所、公司官网以及其他便捷有效方式公示,投资者与证券公司签订的融资融券合同仍然有效。

七、证券公司民事诉讼案例分析存在的问题

民事诉讼案例分析小组在开展民事诉讼案例分析中也遇到了一些问题和障碍。

(一)证券公司民事诉讼案由与证券业务难以精确对应

在民事诉讼过程中,法院是根据《民事案件案由规定》来选择案由,民事案由多样、类别繁多,与证券相关的案由与《证券法》规定的证券业务并不一一对应,而且《民事案件案由规定》规定了多级案由,而下载的案例中,不同法院可能

自行选择一级案由、二级案由或三级案由,这给统计分析工作带来了一定的困难。此外,不同法院针对同一性质证券纠纷适用的案由存在较大区别,极端情形下同一案件不同审级法院确定的民事案由各不相同,如前文所述,在周某某诉ZS证券股份有限公司、ZS期货有限公司和李某某案中,一审、二审和再审的案由各不相同,也给分析工作带来了困难。

(二)对同一类别的证券纠纷法院判决结果差异较大

针对同一类别的证券纠纷,不同法院在案件定性、过错认定、因果关系确认、承担责任比例等方面存在较大差异。例如,在MS证券飞单案中,MS证券及其太原长风街证券营业部被判对投资者那某某及其配偶苏某某的损失承担85%的赔偿责任,[1]被判对投资者张某的损失不承担赔偿责任;[2]在中安科证券虚假陈述案中,ZS证券一审被判承担全额连带责任,二审被改判为承担25%的连带责任;[3]在华泽钴镍证券虚假陈述案中,GX证券一审被判在周某损失的40%范围内承担连带赔偿责任,二审在调整虚假陈述揭露日、基准日和基准价的基础上改判承担全额连带责任。[4]

(三)证券公司民事诉讼案件数量统计科学性有待提升

证券公司民事诉讼案例数量的统计以裁判文书的份数为标准,不同案件涉及投资者数量存在较大差异。如在证券虚假陈述侵权民事赔偿案中,可能存在单个投资者提起诉讼,也可能多个,甚至是成千上万个投资者共同提起诉讼,而人民法院不考虑提起诉讼投资者数量,均作为一个案件作出判决。这样就会出现同样一个案件不同案号的民事判决书涉及投资者数量差异较大。

目前,人民法院作出的裁判文书并未完全公开发布。部分案件不同审级裁

〔1〕参见山西省高级人民法院民事判决书,(2018)晋民初26号。

〔2〕参见山西省太原市中级人民法院民事判决书,(2017)晋01民初285号;山西省高级人民法院民事裁定书,(2018)晋民终822号。

〔3〕参见上海金融法院民事判决书,(2019)沪74民初1049号;上海市高级人民法院民事判决书,(2020)沪民终666号。

〔4〕参见四川省成都市中级人民法院民事判决书,(2019)川01民初1626号;四川省高级人民法院民事判决书,(2020)川民终293号。

判文书全部未公开，个别案件仅公开二审判决书，因此证券行业民事纠纷裁判文书统计存在不完整性。证券行业民事纠纷裁判文书还存在滞后性，当事人起诉时间与纠纷发生时间、判决作出时间与起诉时间、裁判文书公开时间与判决时间均可能不在同一年度。

第二篇

证券经纪业务民事诉讼案例分析与合规应用

本篇通过对2013年至2022年涉及证券公司经纪业务相关的民事诉讼案例进行系统梳理和甄别，排除执行类、撤诉类、发回重审类、驳回诉讼请求类等无实际裁判内容及分析价值的民事裁判文书，共纳入分析的民事裁判文书数量为708份。本篇通过对民事裁判文书数量、年份、分类、主诉方与被诉方占比、案由等维度进行总体分析，再针对每一类别案件选取部分典型案例对判决结果及主要观点、归责原则、案件风险点等进行专项分析，为加强证券公司法律风险防范提供相关完善建议。

第一章　证券经纪业务裁判数据梳理与分析

一、案例分类

综合考虑经纪业务相关民事诉讼案例的争议焦点、争议事项、与证券业务的对应关系、与从业人员执业行为的关联性等因素，为便于分析统计，将经纪业务民事诉讼案例分为7大类13小类。[1]

1. 因证券公司及从业人员违规引发的纠纷，涉及飞单、代客理财及代客操作、违规提供投资咨询建议、承诺保本保收益、为客户融资提供便利等。[2]

2. 因履行适当性义务引发的纠纷，涉及开户及服务、权限等开通环节未履行了解投资者义务，或产品销售环节的风险等级不匹配、风险告知不到位等。

3. 因证券公司提供服务引发的纠纷，涉及未履行通知义务、佣金调整、服务费用、其他委托代理服务类。

4. 因技术类问题引发的纠纷，涉及软硬件功能故障导致无法登录或交易、行情数据错误等。

5. 因账户、资产权属归属引发的纠纷，涉及"拖拉机"账户[3]、以他人名义开户、法人解散、自然人继承或离婚等特殊情况。

6. 因证券公司作为托管人或综合服务商，在投资者发生产品投资损失时引发的追偿类纠纷。

7. 其他特殊类别纠纷。

---

〔1〕本分析报告中所指的经纪业务，包括投资顾问类业务、托管类业务以及部分特殊类别的业务。个别案例涉及经纪业务营业网点但与证券业务关联性较低，如租赁、采购、图片侵权、营业场所安全保障义务等，此类案例也未纳入统计分析。

〔2〕如案例当中未认定证券公司或从业人员存在违规行为的，相关纠纷归入第二类证券服务类进行统计及分析。

〔3〕"拖拉机"账户是指一个资金账户下挂多个股东账户，这是账户实名制要求之前的历史遗留问题。

民事诉讼案例分类及涉及的主要情形详见表2－1。

表2－1 民事诉讼案例分类及涉及的主要情形

序号	分类		主要情形
1	从业人员违规类	飞单(包括诈骗)	从业人员销售非公司代销产品或诈骗
		代客理财及代客操作	接受投资者全权委托炒股、代客户操作、协助客户寻找第三方进行委托理财等
		其他违规类	无证荐股、承诺保本保收益、为客户融资提供资金或提供其他便利(包含借贷、配资)等
2	适当性管理类	提供服务	开户或开通业务权限等环节不符合适当性要求
		销售产品	风险匹配及告知义务履行不符合适当性要求;因与投资者签署的和解协议履行产生的纠纷
3	证券服务类	未履行通知义务	投资者申购新股、可转债、配股或冻结账户等未通知或告知信息存在错误等
		佣金调整纠纷	佣金收费标准高于约定、未及时调整等
		服务费用	财务顾问、四板挂牌、引流、居间服务等服务费用确认或支付
		其他委托代理服务类	投资指令未被有效执行、误导或诱导开户及投资、账户被非法操作、代扣代缴税费或开具发票不合理、其他服务不满意等,但生效法院判决未认定证券公司及从业人员存在违规行为
4	技术类	软硬件功能故障	软硬件功能故障导致无法登录或交易、行情数据错误等
5	权属纠纷类	账户及资产确权、归属	"拖拉机"账户、以他人名义开户、法人解散、自然人继承或离婚等引发的确权或追偿类纠纷
6	托管服务类	托管或综合服务	因产品投资损失向管理人及托管人或综合服务经纪商追偿
7	其他类	其他类	系统功能障碍导致客户透支交易、证券公司配合执法不力、冻结客户账户无依据等

二、案例类别分析

根据案例的类别进行分类统计情况如图 2－1 和图 2－2 所示。

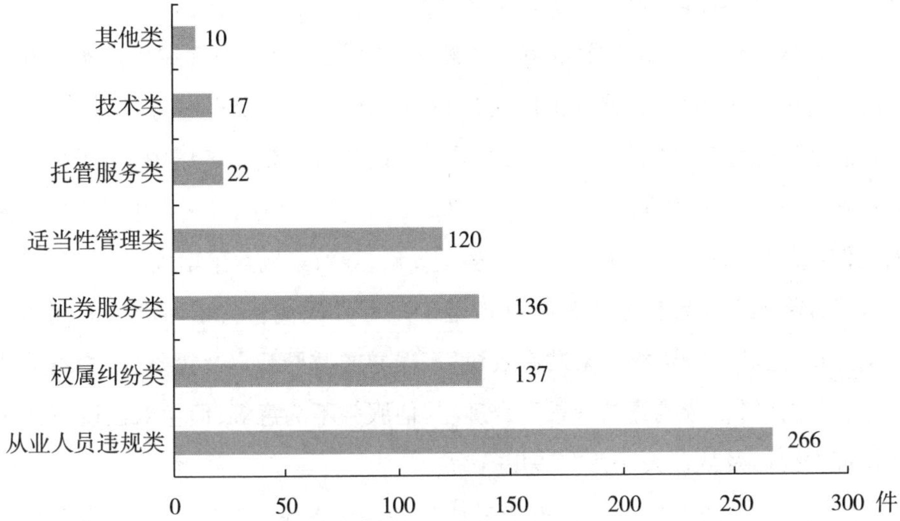

图 2－1　案例类别统计

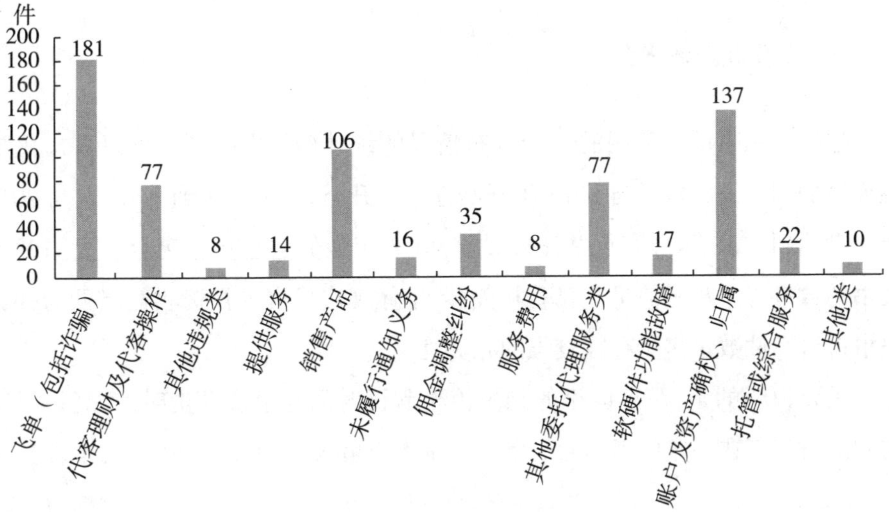

图 2－2　案例细分类别统计

通过以上数据可见如下分布特点。

1. 从业人员违规行为引发的纠纷数量在总数上较高。细分情形中，飞单（包括诈骗）类案例数量占比最高，主要是由于几个系列案例涉及多名投资者、不同审级的多次诉讼。例如，2017 年 HB 证券涉及的飞单相关民事裁判文书数量超 100 件；代客理财及代客操作类案件数量排名也比较靠前。

2. 权属类纠纷主要涉及“拖拉机”账户、以他人名义开户等在账户实名制及三方存管前发生的案例，普遍出现在 2018 年以前人民法院作出的判决中。

3. 适当性管理类案例当中涉及产品销售的纠纷数量排名居中，主要是由于在投资者发生损失的案例当中基本全部提及适当性问题；此外，也存在同一系列案例涉及多名投资者、不同审级的多次诉讼，导致案例数量增大。

4. 证券服务类案例主要是将其他基于双方委托代理关系而产生的纠纷统一纳入统计，涉及投资指令未被有效执行、误导或诱导开户及投资、账户被非法操作、代扣代缴税费或开具发票不合理、其他服务不满意等，但生效法院判决未认定证券公司及从业人员存在违规行为。

5. 佣金调整类案例主要是投资者认为佣金设置不合理或调整未经其同意等原因要求证券公司返还。

三、民事诉讼数量分析

根据对民事诉讼案例的年份分布情况的统计（见图 2 – 3），可以看出民事诉讼案例判决书的数量自 2015 年开始逐年上升至 2017 年达到高峰，这与 2017 年大盘达到近 10 年最高点并逐步跌至 2018 年最低点趋势相吻合。民事裁判文书的数量与大盘走势呈现显著相关性，也体现出投资者投资收益高低与证券民事诉讼案件数量多少存在较强的相关性。[1]

需要说明的是，民事诉讼的判决由于起诉时间与争议发生时间、起诉时间与判决时间存在一定的滞后性，无法准确体现争议事项发生的年份，本篇按法

〔1〕 年份统计时以判决书作出的时间进行统计，存在部分案件受理时间与作出判决时间不在同一年度的情形。

院作出民事裁判文书的时间为标准统计民事诉讼案例数量。

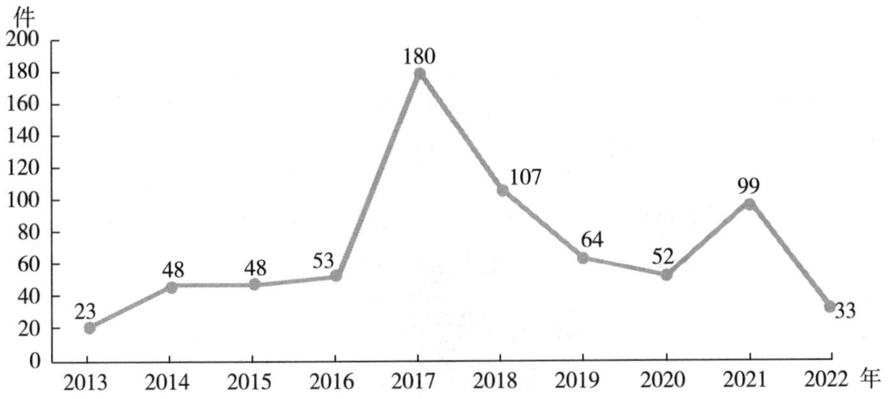

图 2-3　民事裁判文书数量按年份分布

四、诉讼主体身份分析

根据本篇分析的经纪业务相关民事诉讼案例，证券公司作为被诉方的占比高达 91%，投资者在发生损失时或认为权益受到损害时均向证券公司主张权利；证券公司作为主诉方的占比约为 8%；证券公司作为第三人的占比为 1%，主要涉及证券公司作为托管人或综合经纪服务商因投资者对私募产品管理人提起诉讼而被列为第三人的纠纷（见图 2-4）。

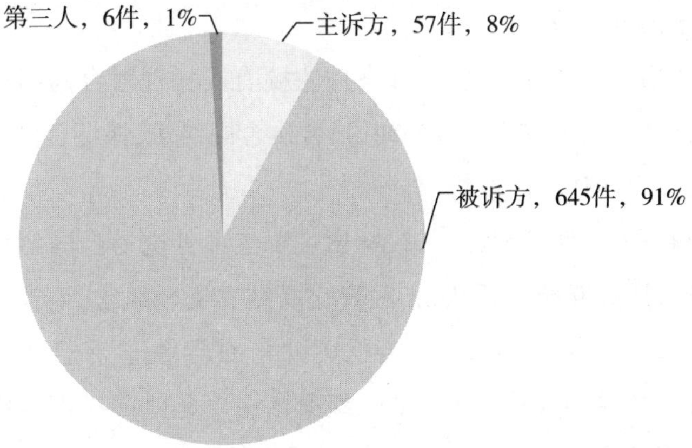

图 2-4　证券公司作为主诉方、被诉方与第三人的分布占比

五、民事案由分析

根据最高人民法院关于印发修改后的《民事案件案由规定》案由分类，对纳入分析的经纪业务民事诉讼案例纠纷的案由进行统计，见图2-5。

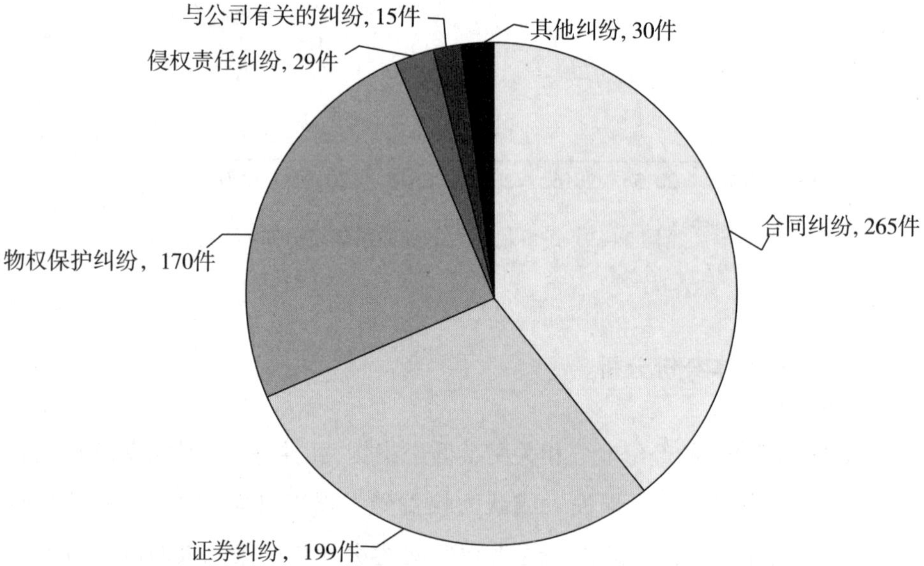

图2-5　纳入分析的经纪业务民事诉讼案例纠纷的案由分类

从图2-5可见经纪业务民事诉讼案例纠纷的案由主要为合同纠纷与证券纠纷。具体案由分布情况如下。

1. 合同纠纷265件，涉及的二级案由主要有委托理财合同纠纷、借款合同纠纷、委托合同纠纷、证券交易合同纠纷、合伙合同纠纷、保证合同纠纷、确认合同效力纠纷、债权转让合同纠纷等。

2. 证券纠纷199件，涉及的二级案由主要有证券交易合同纠纷，证券交易代理合同纠纷，证券欺诈责任纠纷，客户交易结算资金纠纷，证券托管纠纷，证券权利确认纠纷，证券发行纠纷，证券返还纠纷，证券登记、存管、结算纠纷等。

3. 物权保护纠纷170件，涉及的二级案由主要有财产损害赔偿纠纷、物权确认纠纷、返还原物纠纷等。

4. 侵权责任纠纷 29 件，涉及的二级案由主要有用人单位责任纠纷。

5. 与公司有关的纠纷 15 件，涉及的二级案由主要有股东名册记载纠纷、股权转让纠纷、请求变更公司登记纠纷、损害公司利益责任纠纷。

6. 其他纠纷 30 件，涉及不当得利纠纷、人格权纠纷、所有权纠纷、信托纠纷、继承纠纷、与破产有关的纠纷等。

第二章　证券经纪业务民事诉讼典型案例

本篇在每一类别的案例中选取部分典型案例，对案例概况、诉讼判决、判决主要观点等进行说明，并对部分类别的特点、归责原则等进行分析。

一、从业人员违规类

本类案件主要是由于从业人员违反法律法规及规范性文件的禁止性规定引发的投资者与证券公司之间的民事纠纷，根据违规行为的类别分为飞单（包括诈骗）、代客理财及代客操作以及其他违规类。

（一）飞单（包括诈骗）

证券从业人员飞单，是证券从业人员私自销售金融产品的俗称，通常是指证券从业人员以所在机构名义或者以所在机构员工身份，私自推荐、销售未经公司核准销售的金融产品的行为。[1] 飞单涉及金融产品的种类，既包括合法的金融产品，也包括从业人员虚构的非法的金融产品，后者同时可能涉嫌诈骗、非法集资等刑事犯罪。

1. 案例一：孙某某、DG证券股份有限公司等委托理财合同纠纷[2]

（1）基本案情

（2018）辽02刑初148号刑事判决认定于某犯合同诈骗罪。于某自2013年6月起任DG证券股份有限公司大连白山路证券营业部（以下简称DG证券，后更名为大连星海广场证券营业部）负责人。2016年3月30日，DG证券要求各分支

[1] 参见中国证券业协会远程培训系统课程：证券从业人员飞单及其防范（张晨晖）。

[2] 参见辽宁省大连市中级人民法院民事判决书，（2021）辽02民终6464号。

机构销售“泰诚资本王朝系列8号私募投资基金”理财产品，给了大连营业部约50份的空白合同，后产品进入封闭期，营业部暂存了40余份空白合同。于某使用剩余的空白合同与30多名投资者签订“泰诚资本王朝系列8号私募投资基金”合同，并私自印刷约100份合同，虚构了“内部优先级短期理财产品”“双赢3号”等事项。此外，于某私刻营业部公章，与投资者签署“保本保息”的承诺协议，案涉协议在营业场所内签署。所得款项均由投资者转入于某关系公司或个人账户，用于偿还高利贷和赌博。“产品”到期后无法兑付本息，引发投资者诉讼。

于某诈骗行为涉及多名投资者，存在多个相关民事诉讼，但判决的结果及主要观点一致。

（2）监管处罚

中国证券监督管理委员会大连监管局（以下简称大连证监局）2019年4月9日作出的《关于对DG证券股份有限公司大连星海广场证券营业部采取责令改正并责令增加内部合规检查次数行政监管措施的决定》指出DG证券大连星海广场证券营业部存在以下问题：一是营业部原负责人于某涉嫌合同诈骗犯罪；二是部分重要空白合同文本遗失。营业部风险管理与内部控制制度执行不到位，未能有效防范和控制风险。上述问题反映出该营业部内部岗位制衡失效，未能有效防控风险，在空白凭证管理方面存在漏洞。大连证监局对DG证券大连星海广场证券营业部采取责令限期改正并责令增加内部合规检查次数的行政监管措施。

（3）诉讼判决

投资者所受损害系于某的诈骗行为导致，生效的刑事判决已确定于某构成合同诈骗罪，并对被害人的损失承担退赔责任，投资者所受损害的直接责任人应为于某。投资者到证券公司购买理财产品，系基于对营业部及于某作为负责人身份的信任，且投资者对营业部负责人在工作时间、工作地点所为的是否为职务行为以及其出具的印章真伪无法辨别。根据《最高人民法院关于在审理经济纠纷案件中涉及经济犯罪嫌疑若干问题的规定》第5条第2款的规定，行为人私刻单位公章或者擅自使用单位公章、业务介绍信、盖有公章的空白合同书以签订经济合同的方法进行的犯罪行为，单位有明显过错，且该过错行为与被害人的经济损失之间具有因果关系的，单位对该犯罪行为所造成的经济损失，依法应当承担赔偿责任。本案中,根据监管处罚文件认定,营业部存在风险管理与内部控制制度执行不到位,未能有效防范防控风险的问题。营业部对负责人长达3年之久的诈骗行为存在严重用人失察、监管不力的责任。法院依据生效刑事判决认定的事项以及损失金额,判决营业部对投资者实际损失承担70%的赔偿责任。

投资者在进行大额款项投资时,应本着对自有资金负责的态度,具备较一般民事行为更高的谨慎注意义务,但其却将300万元转入案外公司的账户,而非营业部账户,且其签署的《客户购买泰诚王朝8号优先级产品承诺协议》中承诺保证本息固定回报、保证本金不受损失的约定,有违投资关系的一般规则。投资者对上述不符合常理之处未予以重视,放任风险的发生,导致其大额款项被骗,故其对损失的发生亦有过错,应承担自身损失30%的责任。

法院判决DG证券承担70%赔偿责任,投资者承担30%责任。

2. 案例二:杨某某、CX证券有限责任公司吉首武陵东路证券营业部证券交易代理合同纠纷[1]

(1)基本案情

(2019)湘3101刑初350号刑事裁定书认定,时任CX证券有限责任公司吉首武陵东路证券营业部负责人田某犯合同诈骗罪。2014年至2018年,田某私刻营业部公章,与投资者杨某某先后签订6份《短期融资协议》,共收取投资款80万元,在此期间返还本息30万元,尚欠本金50万元,引发投资者诉讼。

田某诈骗行为涉及多名投资者,存在多个相关民事诉讼,但判决的结果及主要观点一致。

(2)诉讼判决

田某作为营业部负责人,因到杨某某原单位开展业务与其相识。在2014年至2018年,田某使用其与案外人刘某某私刻的营业部公章与投资者杨某某签订了6份《短期融资协议》,部分协议在营业部内签订。《短期融资协议》中加盖的公章虽为私刻,但普通人通过肉眼并不能轻易识别,加之田某签订协议时的身份、部分协议的签订地点等,致使投资者杨某某有理由相信田某是在履行职务行为。田某诈骗行为持续数年,诈骗金额高达上千万元,营业部对此均未察

[1] 参见湖南省吉首市人民法院民事判决书,(2021)湘3101民初3111号。

觉。营业部在管理上的疏忽、内部监管制度的不力等因素与杨某某的被诈骗进而造成损失有直接关联，且其存在明显过错。法院依据生效刑事判决认定的事项以及损失金额，判决营业部对投资者杨某某实际损失承担80%的赔偿责任。

投资者杨某某在“保本付息”的诱惑下，放松警惕，虽系向协议约定的指定账户汇款，但未核实指定账户是否为对公账户，亦未核实所签订的协议的真实性，未尽到充分的审慎注意义务，存在一定的过错，因此承担20%的责任。

法院判决，营业部承担80%赔偿责任，投资者杨某某承担20%责任。

需要说明的是，此案一审判决作出后，营业部提起上诉，后双方经法院调解达成民事调解书，由营业部向投资者杨某某一次性支付35万元。

3. 案例三：蔡某某、HB证券有限责任公司财产损害赔偿纠纷[1]

(1)基本案情

上海市浦东新区人民法院(2014)浦刑初字第5356号刑事判决书查明，2012年5月至2013年10月，HB证券有限责任公司(以下简称HB证券)业务人员刘某某，伙同李某、张某等人以银行、证券公司工作人员身份，以高额年息回报为诱饵，招揽不特定社会公众233人(合并一人多投情况)签订有限合伙认购协议，为他人或企业非法募集本金576,850,000元。其中，自2013年4月起，刘某某以投资海南博鳌医疗基金、上海市徐汇区尚海湾房产等项目为名，以承诺9%～10%的年回报率为诱饵，以银行、证券公司工作人员身份，在HB证券、民生银行等工作地点，对外招徕投资人，伪造《海南博鳌医疗基金(国家级项目)B款/C款项目认购合同》《上海市恒盛三号(B款)认购合同》《上海市闵行区动迁安置房项目三期(B款/C款)认购合同》等合同并与投资者签署，约定认购上海YL投资管理中心(有限合伙)(以下简称YL公司)份额。截至2013年10月，刘某某共计向56人募集资金160,070,000元，所募资金进入YL公司银行账户后，被YL公司实际控制人应某转至多家公司账户，由其支配使用，至案发尚未开展兑付。应某承诺按刘某某募集资金额的15.5%支付财务顾问费。2015年5月，刘某某以及相关涉案人员被判非法吸收公众存款罪。

本案中，投资者蔡某某于2013年6月28日在营业时间至HB证券工作场所

---

[1] 参见上海市第一中级人民法院民事判决书，(2017)沪01民终9911号。

签订了《上海市闵行区动迁安置房项目三期 B 款认购合同》，该合同包括投资推介书、合伙协议、回购协议、有限合伙份额认购书，后将 210 万元转至 YL 公司银行账户。YL 公司的执行事务合伙人为北京一江，实际控股股东为某某和应某。2013 年 5 月 24 日，经刘某某引进，HB 证券与北京一江签订咨询服务协议，约定 HB 证券为北京一江的投资管理业务提供咨询服务，并收取服务费用。

民事判决书中记载，2015 年 3 月 10 日上海证监局在《关于 HB 证券有限责任公司的现场检查事实确认书》中认定 HB 证券存在如下管理问题：对协议中咨询服务的具体内容不详，对相关项目并未进行实质审核，也没有提供相关咨询服务，且对退款原因未作深究，在咨询服务业务的管控上严重缺失；对刘某某团队开展的工作失控，刘某某团队在公司工作期间，曾在工作周报中数次提及"海南博鳌医疗基金项目""闵行动迁房项目"等，并提及"沟通客户，推荐海南博鳌项目，让客户去第三方机构认购""安排周某和贺某处理好到期兑付的工作安排，近几周到期兑付的工作量较大"，但 HB 证券时任部门负责人却称不知情，也未将相关项目内容提交公司内核部门审核，未见 HB 证券对项目开展调查核实，以及对项目后续运作情况进行跟踪，导致业务部门游离在公司内控体系外，并擅自开展经营活动。

（2）诉讼判决

刘某某担任 HB 证券机构业务二部领导职务，对外以 HB 证券的名义在 HB 证券工作场所进行案涉违法经营活动，虽然未经 HB 证券授权且内在动机是出于个人的非法目的，但其行为与执行 HB 证券的工作任务具有内在联系。针对 HB 证券辩称其对刘某某等人的违法犯罪行为不知情，由于 HB 证券与北京一江签订了咨询服务协议，收取了北京一江的咨询服务费，加上 HB 证券任命刘某某机构业务部总经理的职位，即使刘某某等人的行为超越职务范围，但在外观上足以认定其行为属于执行工作任务，故刘某某等人的侵权行为应视为 HB 证券对蔡某某的侵权行为，因此应由 HB 证券承担侵权责任。且 HB 证券存在内部管理漏洞与风控不严等过错，导致其未能及时发现刘某某等人的违法犯罪行为。法院根据生效刑事判决认定的事项以及损失金额，判决 HB 证券对投资者本金损失承担 80% 的赔偿责任。

投资者蔡某某应当基于其对投资项目、交易对手、交易架构等的充分了解进行投资,但从涉案交易的过程来看,其对所投资的有限合伙企业的具体情况不作了解即草率签约,且在有关交易的所有材料中并没有HB证券的签章,蔡某某自身未履行审慎注意义务,对损失的产生也有相应过错,因此应当自行承担一定的损失。法院因此判决其承担自身损失20%的责任。

4. 案例四:赵某、徐某与ZH证券有限公司西安阎良公园南路证券营业部用人单位责任纠纷[1]

(1)基本案情

2015年至2019年,ZH证券有限公司西安阎良公园南路证券营业部时任负责人刘某某在经营场所以营业部名义与投资者签署《短期股权投资协议》,在法定代表人处签字,并加盖柜台综合业务专用章。协议约定:资金应转入"结算账户",用于特定公司新三板挂牌上市股权投资;营业部负责对资金安全和股权投资的方案设计、投资运用,承担相应的损益,投资者不承担风险与责任;投资收益双方平分。

投资者赵某于2015年3月将720万元通过银行转账方式转入上述协议约定的马某某(刘某某母亲)建设银行个人账户。协议到期后,投资者赵某未收到协议约定的本金及投资收益,后引发诉讼。后公安机关以刘某某涉嫌诈骗罪对其立案侦查。

该案件经过一审、二审、再审、发回重审,最终证券公司承担70%的责任。[2]

---

〔1〕 参见陕西省西安市阎良区人民法院民事判决书,(2021)陕0114民初1784号。

〔2〕 该案的审判情况如下:2019年9月25日,西安市阎良区人民法院作出(2019)陕0114民初173号民事判决书,判决ZH证券有限公司、ZH证券有限公司西安阎良公园南路证券营业部对投资者本金承担100%赔偿责任,并赔偿以7,200,000元为基数,以中国人民银行同期贷款利率计算的自2015年3月10日起至实际支付之日止的利息;第三人刘某某对上述款项承担连带赔偿责任,即100%责任。ZH证券有限公司及ZH证券有限公司西安阎良公园南路证券营业部不服上述判决,提起上诉。2020年4月26日,陕西省西安市中级人民法院作出的(2020)陕01民终176号民事判决书,判决驳回上诉,维持原判。ZH证券有限公司及ZH证券有限公司西安阎良公园南路证券营业部不服该判决,向陕西省高级人民法院申请再审。2020年11月16日,陕西省高级人民法院作出(2020)陕民申2299号民事裁定书,指定陕西省西安市中级人民法院再审。2021年4月1日,陕西省西安市中级人民法院作出(2021)陕01民再8号民事裁定书,裁定撤销陕西省西安市中级人民法院(2020)陕01民终176号民事判决书及西安市阎良区人民法院(2019)陕0114民初173号民事判决书,发回西安市阎良区人民法院重审。2021年7月1日,西安市阎良区人民法院重新登记立案,另行组成合议庭进行审理。因第三人刘某某已于2020年1月21日因病去世,法院依法通知其继承人刘某甲、马某某、刘某乙作为第三人参加诉讼。

(2)诉讼判决

《最高人民法院关于在审理经济纠纷案件中涉及经济犯罪嫌疑若干问题的规定》第3条规定:“单位直接负责的主管人员和其他直接责任人员,以该单位的名义对外签订经济合同,将取得的财物部分或全部占为己有构成犯罪的,除依法追究行为人的刑事责任外,该单位对行为人因签订、履行该经济合同造成的后果,依法应当承担民事责任。”

本案中证券公司营业部原负责人刘某某在职期间,利用职务便利在营业部特定的经营场所内与投资者签署《短期股权投资协议》,加盖“ZH证券有限公司西安阎良凌云路证券营业部柜台综合业务专用章”(后更名为中航证券有限公司西安阎良公园南路证券营业部),使投资者有充分理由相信刘某某的行为系其执行工作任务中的行为;涉案协议系在刘某某办公室所签,虽营业部辩称该办公室系刘某某个人租赁,营业部未支付该办公室租金亦未租赁过该办公室,但办公室设置在被告营业部经营场所内,且刘某某系被告营业部登记的负责人,对该办公室被告营业部不可能不知情。营业部在知情的情况下未实施积极有效的管理,其对刘某某实施的侵权行为亦存在过错。法院依据生效刑事判决认定的事项以及损失金额,判决营业部对投资者实际损失承担70%的赔偿责任。

投资者赵某在国家相关法律法规明确规定从业人员不得承诺保本保收益的情况下,仍与营业部签订相关协议。同时,其在协议签订过程中对将大额款项转入他人个人账户这种明显不符合证券投资资金交付惯例的条款未能尽到合理的注意义务,存在一定过错,因此承担自身损失30%的责任。

法院判决,ZH证券对投资者实际损失承担70%的赔偿责任,投资者承担30%的责任。

(二)代客理财及代客操作

代客理财是指证券从业人员接受投资者委托进行主动证券投资的行为,多数情况下双方就投资收益分成进行约定,并可能同时出现承诺保本保收益、民间借贷或配资等违规行为。代客操作主要是指私下接受投资者委托代理其开通权限、执行投资指令等。

1. 案例一：田某某与张某某、XD 证券股份有限公司等证券纠纷[1]

（1）基本案情

2012 年，投资者田某某主张其曾口头委托 XD 证券股份有限公司阜新解放大街证券营业部工作人员张某某代替其进行理财，后股市下跌导致投资损失引发诉讼。

（2）监管处罚

辽宁证监局 2022 年 4 月 21 日作出的《关于对张某某采取出具警示函措施的决定》载明：张某某在 XD 证券股份有限公司阜新解放大街证券营业部从业期间，存在替客户办理证券交易的行为。同日作出的《关于对 XD 证券股份有限公司阜新解放大街证券营业部采取出具警示函措施的决定》载明 XD 证券股份有限公司阜新解放大街证券营业部存在以下问题：一是营业部原工作人员在任职期间存在替客户办理证券交易的行为；二是对客户在电话回访中反映理财经理承诺收益的违规线索未及时予以处理；三是在客户回访中存在工作人员诱导客户回答问题、未完整保存回访录音情况。辽宁证监局对 XD 证券股份有限公司阜新解放大街证券营业部及张某某分别采取出具警示函的行政监管措施。

（3）诉讼判决

投资者田某某明知不得全权委托证券公司从业人员进行理财，仍然私下委托张某某理财，进而投资失败造成损失，且其在营业部回访过程中隐瞒委托他人代客理财的事项。法院根据其过错程度酌情判决其对投资损失的 60% 承担赔偿责任。

从业人员张某某在明知《证券法》与执业行为准则有相关禁止性规定的情况下，仍然承诺预期收益并代投资者进行基金和股票买卖操作，并对投资损失的 30% 承担赔偿责任。营业部虽对投资者通过协议、回访等进行了警示及提醒，但田某某 167 笔网上委托交易系在营业大厅电脑上操作，足以推定这是张某某代为操作的，说明营业部在其能够监管的范围内对员工的合规管理存在疏漏，如营业部对大厅定期巡视和监控即可及时发现员工的违规行为。且辽宁证监局因合规经营问题对营业部出具了警示函，足以证明营业部未尽监管职责。

[1] 参见辽宁省阜新市中级人民法院民事判决书，（2022）辽 09 民终 1579 号。

营业部对投资损失的扩大存在过错，因此对投资者损失的10%承担赔偿责任。

法院判决，投资者对投资损失的60%承担赔偿责任，从业人员张某某承担30%的赔偿责任、XD证券股份有限公司阜新解放大街证券营业部承担10%的赔偿责任。

2. 案例二：宋某某与周某某、XD证券股份有限公司蚌埠淮河路证券营业部欺诈客户责任纠纷[1]

（1）基本案情

2018年至2020年，XD证券股份有限公司蚌埠淮河路证券营业部投资者宋某某账户由营业部理财经理周某某进行操作，造成投资损失，引发诉讼。投资者称其账户密码被周某某修改，擅自操作买卖证券；周某某称受投资者口头委托并主动告知其密码，但未能提供相应证据。

（2）诉讼判决

营业部理财经理周某某擅自修改投资者密码后买卖证券导致损失，应当承担赔偿责任；其主张受投资者委托无偿操作其账户，但未能提供证据。

营业部无过错，一是从业人员行为并非职务行为，二是营业部已对投资者履行告知义务，通过开户协议及相关文本、电话回访等方式明确告知投资者股票投资风险以及相关注意事项。

法院判决从业人员周某某对投资者投资损失承担100%的赔偿责任，营业部不承担责任。

3. 案例三：高某与GTJA证券股份有限公司四平中央西路证券营业部、王某合同纠纷[2]

（1）基本案情

2015年4月，高某在GTJA证券股份有限公司四平中央西路证券营业部开户，原告、被告分别于2016年、2017年与营业部签订《GTJA证券投资顾问服务协议》，投资顾问为王某。2016年签署的协议中王某手书添加“保本金无损失”及“备注：该账户全权乙方操作”。2017年协议中王某手书添加备注：投资顾问

[1] 参见安徽省蚌埠市龙子湖区人民法院民事判决书，(2021)皖0302民初853号。

[2] 参见吉林省四平市铁西区人民法院民事判决书，(2019)吉0302民初192号。

王某承诺服务期间保证高某账户本金不受损失，如受损失由王某全部承担。此外，高某与王某于2016年签订合同书，约定高某投入200万元本金，王某负责管理。后发生投资损失引发诉讼。

(2)诉讼判决

王某通过向投资者承诺保底收益并约定收益分成的方式，获得投资者信任，进行代客理财活动，违反了法律、行政法规的强制性规定，双方签订的《GTJA证券投资顾问服务协议》以及合同书无效。营业部对从业人员代客交易行为未尽到注意义务，其存在对从业人员管理不善的情形，营业部与王某应连带赔偿投资者因此所受到的本金损失，并支付资金占用期间的利息。

法院判决GTJA证券股份有限公司四平中央西路证券营业部、王某向投资者返还投资本金，并按年利率6%支付资金占用期间利息。

(三)其他违规类

主要包括无证荐股、承诺保本保收益、为客户融资提供资金或提供其他便利(包含借贷、配资)等。

1. 案例一：潘某与HT证券股份有限公司常州和平北路证券营业部欺诈客户责任纠纷[1]

(1)基本案情

HT证券股份有限公司常州和平北路证券营业部(以下简称HT证券)证券经纪人杨某，在与投资者潘某微信聊天记录中提及股票买卖相关信息；杨某还建立"2021—幸福有您"的微信群，并在群内推荐股票，但杨某未收取费用或与投资者签订协议。投资者潘东投资致损后要求证券公司承担赔偿责任。

(2)诉讼判决

证券经纪人杨某非HT证券员工，其提供投资建议未以证券公司名义，未经证券公司授权；其个人行为不属于投资顾问服务，其亦未与投资者签署投资咨询合同、未获取收益。无证据证明HT证券对投资者买卖案涉股票的行为存在过错。

[1] 参见江苏省常州市中级人民法院民事判决书，(2022)苏04民终750号。

投资者潘某作为具有一定证券投资经历的投资者,对股市风险应有充分的认识,并应当知悉《证券法》规定证券公司不得对投资者证券买卖的收益或者赔偿证券买卖的损失作出承诺,其买卖股票造成的损失应当由其自行承担。

法院判决 HT 证券不承担赔偿责任。

2. 案例二:吴某某与罗某某、中国 ZJCF 证券有限公司确认合同无效纠纷[1]

(1)基本案情

2017 年 12 月 31 日,中国 ZJCF 证券有限公司(以下简称 ZJCF 证券)员工罗某某与投资者吴某某签订《投资合作协议》,约定由罗某某提供 2000 万元借款、吴某某提供 500 万元保证金共同存至第三方账户,由吴某某进行证券投资,罗某某收取管理费及利息等,双方约定了止损线和平仓线。后投资发生损失,在达到双方约定的平仓线后,吴某某未及时补充保证金,罗某某将账户平仓,剩余资产在支付罗某某的约定收费后返还吴某某。投资者要求赔偿损失,后引发诉讼。

(2)诉讼判决

《投资合作协议》本质上为证券融资合同,双方实施的是场外配资行为。而融资融券属于证券公司的专属金融业务,未经批准,任何单位和个人不得非法从事配资业务。违反前述国家特许经营的规定所签订的合同为无效合同。

作为用资人,吴某某追求高额收益,要求更高杠杆的配资比例,与配资方签订场外配资合同,表明其愿意承担更高的本金亏损风险,且账户操作均由吴某某本人控制,因股票选择以及证券市场波动而造成的损失,应由其自行承担,不能以使用配资导致投资损失为由主张配资方予以赔偿。

罗某某从事非法配资业务虽存在过错,但吴某某不仅具有丰富的证券业务实践经验,且具有深厚的专业理论知识,对该非法活动的性质应属明知。因此,吴某某应自行承担投资损失。但罗某某收取的利息高于人民银行同期同类贷款基准利率,因此需返还多收取的利息。

案涉配资交易虽发生于罗某某任职 ZJCF 证券期间,但并无相应证据证明

[1] 参见广东省广州市黄埔区人民法院民事判决书,(2021)粤 0112 民初 2102 号。

该场外配资行为系罗某某的职务行为，亦无证据证明该公司参与其中或获取非法利益，故吴某某诉请 ZJCF 证券承担连带责任没有事实和法律依据。

法院判决投资者自行承担投资损失，从业人员罗某某及 ZJCF 证券不承担赔偿责任，但从业人员罗某某须返还超标准收取的利息。

（四）案例风险点总结

根据民事裁判文书认定的事项及主要依据以及裁判文书中引用的监管处罚文件，导致证券公司承担民事责任的风险点主要包括以下方面。

1. 未对从业人员手机号码进行有效监控，发生代客理财行为。

2. 未对营业场所定期巡视，未能监控办公电脑使用，导致从业人员在营业场所内代客操作。

3. 在投资者回访中存在诱导投资者回答问题、未完整保存回访录音等行为。

4. 未对空白合同及时进行处理、妥善保管。

5. 柜台业务专用印章使用管理不到位，超越授权范围加盖。

6. 在经营场所内存在个人自行租用办公室展业、签订飞单合同等。

7. 用人失察、监管不力，对关键岗位人员如单位负责人、业务负责人等管理不到位，导致长期违规行为未被及时发现并制止。

8. 对客户投诉、客户回访、内部会议或工作简报中已经提及的违规线索未及时调查核实。

（五）法律归责原则分析

在从业人员违规行为类案件中，证券公司是否承担民事赔偿责任的归责原则主要分为：是否构成职务行为、是否构成表见代理、是否存在过错而承担侵权责任。结合本类案件的特点以及法律规定，分析如下。

1. 证券从业人员的违规行为通常不构成职务行为

职务行为，是指行为人根据其在法人或者非法人组织中所担任职务，依据其职权对外实施的法律行为以及因执行工作任务造成他人损害的行为，包括职务代理行为和职务侵权行为。[1]

在认定是否职务行为时,通常考虑的因素包括:一是行为是否以法人名义作出。例如,加盖了公司、法定代表人印章,或者按照公司的决策程序批准后实施的行为应属于职务行为。二是是否具有明确具体的授权。三是为何者利益而实施,即员工是否有为单位利益出发的主观意愿以及为单位利益从事的客观行为。如果实施违法行为的目的是为公司利益,即使没有获得收益甚至产生了损失(如“乌龙指”事件)也属于职务行为。四是参照惯例,即根据以往的交易惯例,判断其当前行为是否符合惯例。五是关联性,即授权范围和员工行为之间是否存在关联性。六是实施该行为的地点、时间,即该行为是否在办公场所内且在正常的营业时间内实施。七是是否受法人或非法人组织控制。

对证券从业人员的职务行为,如果投资者属于证券公司的客户或意在与证券公司建立业务关系,且从业人员履行职责范围内的事项的,适用职务代理行为的规定,属于按照合同法的规定由证券公司承担民事责任。如果构成职务侵权行为,属于按照侵权法的规定由所在证券公司承担民事责任。

证券从业人员的违规行为属于证券法律法规和证券公司内部制度明确禁止的行为,多数情况下该行为未经证券公司的授权,且不是为证券公司的利益,不符合证券行业交易惯例,不受证券公司控制,因此多不被认定为职务行为。

2. 证券从业人员的违规行为通常不构成表见代理

表见代理,是指原本属于无权代理,但因可归责于被代理人的事由,造成有授权行为的外观或表象,致使善意且无过失的相对人相信无权代理人有代理权而与其实施法律行为,法律规定使该行为发生与有权代理相同的效果。[2]

在认定是否构成表见代理时,通常需考虑以下因素:一是行为人是否因被代理人的原因而被授予了有代理权的外观或表象。例如,其身份是否为单位重要岗位人员,相关行为是否以公司名义作出,相关行为是否发生在工作场所和工作时间,行为是否加盖公章等。二是相对人相信行为人有代理权且善意无过

〔1〕 参见王爱宾、李东方、赵文忠等:《证券公司对从业人员“飞单”行为的民事责任分析》,载郭文英主编:《纠纷调解案例评析(2020年)》,法律出版社2020年版,第64页。

〔2〕 参见李宇:《民法总则要义:规范释论与判解集注》,法律出版社2017年版,第818页。

失。例如，相对人未能审查涉及理财合同相对方的资质、未与证券公司签订合同、对较大金额的款项未进行银行转账支付或者转账给个人、对较高的利益未产生怀疑并进行核实等。

对证券从业人员的非职务行为，构成表见代理的，属于按照合同法的规定由证券公司承担民事责任。不构成表见代理即为狭义无权代理时，证券公司按照合同法的规定不承担民事法律责任。

从业人员的违规行为属于证券法律法规和证券公司内部制度明确禁止的行为，证券公司通过客户协议、回访等方式均已告知投资者，但投资者仍受利益诱惑，未能充分尽到合理的核查及注意义务，因此该行为多不应被认定为表见代理。

3. 证券从业人员的违规行为可能构成民事侵权

根据《民法典》第 1164 条的规定，侵权行为是指侵害他人民事权益的行为，由此依照法律所承担的民事责任就是侵权责任。一般侵权责任的构成要件包括：一是存在侵害行为，即存在侵犯他人权利或者合法利益的加害行为。二是存在损害事实，即存在他人财产或者人身权益所遭受的不利影响。三是侵害行为与损害事实存在因果关系。四是行为人存在过错。

证券公司如对从业人员的违规行为存在过错，则需要根据自身的过错程度承担过错侵权责任。这是目前证券公司在此类案件中承担责任的主要归责依据。如果证券公司能证明自己没有过错，如证明自己已尽到投资者教育及通知、对投资者采取适当性管理等，严格规范内部人员管理、采取有效的合规管理和风险管理等内部控制措施的义务，即可能被法院认定为不存在可归责的事由，证券公司无须承担侵权责任。

（六）案件特点总结

1. 从业人员违反监管规定的行为并不必然导致证券公司承担民事赔偿责任，如代客理财、私下提供投资顾问等，属于从业人员禁止性行为，在民事诉讼中，如证券公司能证明自身已履行了对投资者的告知义务，不存在对从业人员明显的管理疏忽，则无须承担民事赔偿责任。

2. 证券公司承担民事赔偿责任并不以监管机构出具的处罚决定或相关文件为前提，但若证券监管机构认定证券公司存在管理不到位等情形时，这很可能成为法院认定证券公司应当承担责任的重要依据。

3. 因从业人员违规导致的证券公司承担责任的诉讼案件中，归责原则多为侵权责任，按双方过错情况酌情判定责任承担比例。从判决结果统计来看，在证券公司承担侵权责任的案件当中，证券公司作为专业金融机构担责比例普遍较高，承担责任比例集中在60%—80%。

二、适当性管理类

本部分主要按照证券公司可以提供的服务的类型分为提供服务及销售产品。

(一)提供服务

1. 案例一：黄某某与WL证券股份有限公司广州白云分公司证券纠纷[1]

(1)基本案情

2011年6月，投资者黄某某在WL证券股份有限公司广州白云分公司开立证券账户，并签署包括风险提示说明、投资者风险测评问卷、三方存管协议等文件。黄某某主张分公司在明知其不具备投资经验及能力的前提下为其违规开立账户、误导其购买案涉股票，导致其投资损失。在此期间，黄某某先后多次向中国证券监督管理委员会广东监管局(以下简称广东证监局)及WL证券股份有限公司广州白云分公司投诉员工存在违规行为，但均未能提供证明。

(2)诉讼判决

投资者黄某某在申请开立证券账户时，相关文件均为本人签署，WL证券股份有限公司广州白云分公司已履行了风险提示和告知义务，依规定进行了风险测评；无证据证明分公司工作人员存在代理投资者操作的行为。黄某某开立账户及投资行为均为本人操作，应当自行承担投资损失。

法院判决WL证券股份有限公司广州白云分公司不承担赔偿责任。

---

[1] 参见广东省广州市中级人民法院民事判决书，(2020)粤01民终20730号。

2. 案例二：邓某某与 WL 证券股份有限公司广州荔湾分公司合同纠纷[1]

(1)基本案情

2018 年 12 月，邓某某在 WL 证券股份有限公司广州荔湾分公司通过手机 App 开立证券账户，并根据邓某某的申请为其开通创业板交易权限。后投资者邓某某因投资乐视网股票发生损失而提起诉讼。

邓某某主张 WL 证券股份有限公司广州荔湾分公司职员刘某某未征得邓某某的同意，多次修改其资料，为其开通或转签了深圳证券的创业板交易权限，之后又未如实告知其到营业厅补办警示资料手续、补签相关协议等，更未如实告知创业板存在的风险。

(2)诉讼判决

邓某某本人签署了《证券公司客户账户开户协议》《证券交易委托风险揭示书》《买者自负承诺函》，WL 证券股份有限公司广州荔湾分公司已经履行了证券投资的风险告知和说明义务。邓某某开通创业板权限后已多次自主进行交易，也证明其对开通证券账户应是知情的。虽邓某某主张 WL 证券股份有限公司广州荔湾分公司的工作人员拿着邓某某的手机填写相关资料，但邓某某将手机交与工作人员应是经过其本人同意的，并无证据证明其开通涉案证券账户相关权限违背了本人的真实意愿。邓某某投资损失由其本人投资行为所致，应当自行承担。

法院判决 WL 证券股份有限公司广州荔湾分公司不承担赔偿责任。

(二)销售产品

1. 案例一：赵某某与 LC 证券有限责任公司等金融委托理财合同纠纷[2]

(1)基本案情

2016 年 12 月，LC 证券有限责任公司(以下简称 LC 证券)发布推广公告，设立 LC 证券聚诚 5 号集合资产管理计划，涉案产品风险等级为中高风险等级，同时委托第三方机构代销。

---

〔1〕 参见广东省广州市中级人民法院民事判决书，(2021)粤 01 民终 25733 号。

〔2〕 参见上海金融法院民事判决书，(2022)沪 74 民终 448 号。本案仅就经纪业务适当性相关问题进行分析。

2017年2月9日，投资者赵某某与LC证券签订资管合同（含《LC证券聚诚5号集合资产管理计划说明书》《LC证券聚诚5号集合资产管理计划风险揭示书》），通过银行缴付投资款300万元。后该产品发生投资损失，引发投资者诉讼。

LC证券聚诚系列资管产品涉及多名投资者，存在多个相关民事诉讼，但法院判决的主要观点一致。

（2）监管处罚

2019年12月11日，深圳证监局责令LC证券暂停私募资管业务6个月。深圳证监局指出，LC证券的资管业务存在部分资管计划信息披露不及时、销售不规范、份额种类划分不当、合同条款缺失、资管业务内部控制不到位5大问题。且这些问题发生在《证券公司客户资产管理业务管理办法》（已废止）、《证券公司集合资产管理业务实施细则》（已废止）施行期间，引发了较大的风险事件，反映出公司风控、合规制度的不完善。同时，LC证券部分资管计划也存在着投资比例超标问题。深圳证监局对LC证券采取责令暂停私募资管业务6个月的行政监管措施。

判决书记载，深圳证监局曾向投资者出具答复函，认定LC证券在运作和管理案涉资管产品的过程中存在销售不规范、个别投资者未签署《LC证券集合资产管理计划客户风险承受能力调查问卷（个人版）》等问题。

（3）诉讼判决

LC证券作为资产计划管理人未履行勤勉尽责义务，未能按照相关资管业务的法律和行政法规，谨慎严格地履行资管合同项下的义务，包括及时披露相关信息，采取积极有效的风险控制措施，为委托人的最大利益服务，依法保护委托人的财产权益。LC证券在涉案资管计划的风险控制上未尽到专业审慎的注意义务。

LC证券委托销售机构代销金融产品时，与销售机构之间为委托代理关系，应对销售机构的销售行为承担法律责任。但根据鉴定结果，《LC证券集合资产管理计划客户风险承受能力调查问卷（个人版）》《LC证券聚诚5号集合资产管理计划资产管理合同》共有5处“赵某某”签名并非投资者本人签署。LC证券无法举证证明其对投资者的投资风险认知、风险偏好和风险承受能力进行了测试，亦无法举证证明向投资者充分告知系争产品的主要风险因素，应当承担举证不能的法律后果。证券公司或其委托的销售机构在销售产品时，未能严格要求投资者本人在相关文件上签名，存在销售不规范的情形。综上可知，LC证券在销售涉案产品时存在未了解投资者、将适当的产品销售给适合的金融消费者的问题，未能完全尽到投资者适当性义务。

投资者适当性义务的履行是卖者尽责的主要内容，也是买者自负的前提和基础，但投资者自身存在过错的，应减轻卖方机构的赔偿责任。案涉资管合同（含《LC证券聚诚5号集合资产管理计划风险揭示书》）等文件中加黑特别提示了产品风险以及本金损失的可能，LC证券在官网对相关文件和风险进行了披露与公示，投资者有义务充分了解自身所投资产品的交易内容和交易风险。本案中，投资者赵某某在未签订任何书面协议的情形下即以大额资金认购案涉资管产品，自身显然未尽到基本的注意义务，亦存在一定的过错。

鉴于资管合同对证券公司如何承担违约赔偿责任并未约定具体的损失赔偿计算方式，而违约损害赔偿的目的在于弥补受害人所遭受的损害，考虑到投资者已经产生损失的事实，结合双方过错程度、投资者诉求以及维权成本等，综合酌定LC证券对赵某某的赔偿范围为其实际投资损失金额的50%。

值得注意的是，在基于同一项资产管理计划的其他投资者起诉LC证券的案件中，投资者在《LC证券集合资产管理计划客户风险承受能力调查问卷（个人版）》以及资管合同等的签名均由其本人签署时，即LC证券不涉及违反适当性义务时，法院判决LC证券对投资者实际损失承担30%的赔偿责任。

2. 案例二：刘某与GF证券股份有限公司营口学府路证券营业部证券投资基金交易纠纷[1]

（1）基本案情

投资者刘某与GF证券股份有限公司营口学府路证券营业部在2016年3月签署《和解协议》及《和解承诺函》，约定对于刘某在营业部购买的理财产品，当产品每份额年值低于平仓线的，差额部分由营业部补足，并约定投资者“不得将协议内容向含各类媒体在内的任何第三方提供或披露，否则属违反保密义务，应承担客户经理补足差额金额3倍的赔偿金”。协议履行后，投资者因返还

[1] 参见辽宁省营口市中级人民法院民事判决书，（2018）辽08民终2013号。

数额不合理，投诉到辽宁证监局。营业部提起诉讼要求投资者按协议约定返还补偿款并支付3倍赔偿金。

另有多名投资者因相同事项被营业部提起诉讼，判决结果均相同。

(2)诉讼判决

案涉的《和解协议》及《和解承诺书》系GF证券与投资者关于购买基金产品所产生的纠纷达成的和解协议，不违反法律法规的强制性规定，合法有效，但其属于GF证券单方制定、内容相对固定且反复适用于所有协议相对人的协议，为格式合同。其中要求投资者不得向第三方披露等条款，属于“加重对方责任、排除对方主要权利”的格式条款，为无效条款，依法不具有法律约束力。因此，GF证券依据该条款主张投资者违约，要求其返还补偿款并支付3倍赔偿金的请求不能成立。法院驳回GF证券营口学府路证券营业部的诉讼请求。

(三)案例风险点总结

根据民事裁判文书认定的事项及主要依据以及裁判文书中引用的监管处罚文件，导致证券公司承担民事责任的风险点主要包括以下方面。

1. 风险提示书、产品合同等重要文件非投资者本人签署。

2. 委托其他代销机构时，代销机构未尽适当性义务。

3. 未签署协议前提供服务或销售产品。

4. 产品及服务推介或销售过程中存在误导性宣传。

5. 未充分向投资者说明风险。

6. 诱导或替代投资者答题或提供知识测评答案等。

7. 投资者风险等级与产品风险等级不匹配。

(四)法律归责原则分析

此类案件多定性为合同纠纷，因证券公司存在违约行为而承担责任。

(五)案件特点总结

1. 部分投资者因证券交易或购买理财产品产生投资亏损时，即使是因证券市场的正常波动风险而引发的损失，也主张证券公司在提供服务或销售产品时未尽适当性义务，以期获得赔偿。

2. 从现有判决结果分析，证券公司履行了监管规定的适当性管理的必备动作，在风险测评、匹配、风险告知、协议签署等环节未出现瑕疵，通常情况下可以免责。

3. 从现有民事裁判文书内容来看，司法文件对适当性的管理要求尚未在证券行业民事诉讼案例中严格执行。例如，《九民纪要》第76条要求卖方机构应综合理性人能够理解的客观标准和金融消费者能够理解的主观标准来确定卖方机构是否已经履行了告知说明义务。“理性人能够理解的客观标准”，可以理解为要求公司在履行告知说明义务时，语言、措辞清晰明了、简单易懂，能为一般理性人理解；对比而言，“金融消费者能够理解的主观标准”则意味着公司必须针对不同理解能力的消费者进行不同程度的告知与说明。现有民事裁判文书当中尚未发现法院前述要求作为证券公司是否担责的判定标准。

三、证券服务类

本部分对证券公司与投资者之间因证券服务产生且生效判决未认定证券公司及从业人员存在违规行为的纠纷进行分析。

（一）未履行通知义务

1. 案例一：赵某某与GTJA证券股份有限公司广州东风中路证券营业部合同纠纷[1]

（1）基本案情

赵某某为GTJA证券股份有限公司（以下简称GTJA证券）广州东风中路证券营业部客户。2021年3月25日，温氏食品集团股份有限公司发布公告发行可转债。赵某某持有温氏食品集团股份有限公司股权，通过原股东身份获得了可转债超额配售份额，但其在优先配售缴款时间前并未缴足款项，导致未获得可转债。投资者认为GTJA证券存在过错，要求赔偿，引发诉讼。

---

〔1〕参见广东省广州市中级人民法院民事判决书，（2022）粤01民终7525号。

(2)诉讼判决

赵某某欲实际取得涉案债券的所有权,须按温氏食品集团股份有限公司公告要求在2021年3月29日前交付资金,如逾期交付资金则视为放弃优先配售权。营业部依法依规办理各项业务,没有提醒客户的法定义务,且通话记录证明营业部曾致电赵某某提醒支付资金,据此营业部已履行勤勉尽责义务。

投资者赵某某未在规定时间内缴款视为放弃优先配售权,应当承担自身行为所产生的结果。法院判决GTJA证券不承担赔偿责任。

2. 案例二:林某某与GD证券股份有限公司威海海滨北路证券营业部证券交易代理合同纠纷[1]

(1)基本案情

林某某为GD证券股份有限公司(以下简称GD证券)威海海滨北路证券营业部客户。2020年9月9日,林某某通过GD证券金阳光手机App交易软件申购新股,并先后收到交易软件发送的短信提醒,告知其申购的思瑞申购(787536)中签500股,并应于9月11日16:00前保证中签账户中有足额资金。在此期间,林某某两次通过拨打GD证券营业部员工秦某某的手机询问中签情况,由于秦某某新入职,不知道系统查询方式,因此未查询到中签信息,并告知投资者未中签。林某某未及时存入资金,导致未能成功购入案涉股票。在此期间,营业部与投资者就相关事项多次协商,投资者要求营业部承担未中签导致的损失、医疗费等,双方协商未果,引发诉讼。

(2)诉讼判决

营业部与投资者存在委托合同关系,营业部虽短信提示投资者中签,但在林某某向其核实中签是否真实的情形下,依照前述协议书的约定,营业部有义务为其提供相应查询服务。但在林某某向其核实信息真伪时,营业部员工提供了错误的中签结果,系履行委托合同过程中的违约行为。

林某某自主申购新股,应对新股是否中签尽注意义务,理应知晓新股上市发行的相关规则并阅读案涉股票上市发行的相关公告。案涉股票上市发行公告中明确告知网上申购人,可通过查询《网下初步配售结果及网上中签结果公

[1] 参见山东省威海市中级人民法院民事判决书,(2021)鲁10民终3296号。

告》的方式获知中签号码，以确定是否中签。林某某在多次收到 GD 证券金阳光 App 发送的中签通知短信后，在其仍不能确认是否中签的情形下，其亦可自行通过案涉股票上市发行的相关公告所告知的方式确认是否实际中签。故林某某未通过前述方式自行查询中签结果，导致未能成功认购案涉股票，其自身亦存在相应的过错。

营业部作为证券专业从业机构，未能向投资者提供准确中签查询信息，存在较大过错，林某某基于对营业部的合理信赖，其自身过错较小，法院根据双方的过错程度，酌定营业部承担投资者合理损失的 70%，投资者自身承担 30%。

在未中签的新股损失计算方面，林某某最终认购成功 2 股，剩余 498 股按该股票上市交易首日买入 498 股需要支出的最高金额与申购 498 股股票所需金额之间的差额计算。

3. 案例三：宣某某与 CT 证券股份有限公司杭州东湖南路证券营业部证券交易代理合同纠纷[1]

(1) 基本案情

2019 年 3 月，CT 证券股份有限公司（以下简称 CT 证券）东湖南路营业部在公司官方网站及 App 内发布《关于开展个人客户身份信息核实工作的通告》，说明自 2019 年 6 月 1 日起将根据 2006 年《反洗钱法》第 16 条、《金融机构客户身份识别和客户身份资料及交易记录保存管理办法》第 19 条等相关规定，对留存的身份信息存在不完整、不真实等情况的投资者名下账户中止提供金融服务，并通知投资者可通过手机客户端、营业网点了解本人身份信息情况，并及时对身份信息进行完善更新。

2019 年 7 月 30 日，CT 证券东湖南路营业部以投资者宣某某身份信息不完整为由中止提供金融服务，对其股票交易账户进行冻结。2019 年 8 月 14 日营业部解除宣某某股票交易账户的冻结，但又于同日以宣某某未更新电话号码、职业代码为由进行冻结。投资者认为营业部违约导致其受到损失，引发诉讼。

(2) 诉讼判决

根据 2006 年《反洗钱法》的规定，金融机构应当建立健全投资者身份识别、

---

[1] 参见浙江省杭州市中级人民法院民事判决书，(2020) 浙 01 民终 696 号。

投资者身份资料制度，履行反洗钱义务，对先前获得的投资者身份资料的真实性、有效性或者完整性有疑问的，其应当重新识别投资者身份。本案中，CT 证券东湖南路营业部有权依法开展投资者身份信息核实工作，包括获知其电话号码和职业信息；投资者有义务依法予以配合，保证所提供信息内容的真实性，承担拒不配合的行为后果。营业部根据《金融机构客户身份识别和客户身份资料及交易记录保存管理办法》的要求，对其账户采取限制措施符合金融机构操作的流程规范。

营业部负有向投资者提前告知的义务，虽通过官网以及 App 发布公告，但宣某某并未下载 App 且表示并未收到通知。营业部对年岁较长的投资者，应以合理方式履行相应通知义务。法院认为营业部在未告知宣某某的情况下对其账户采取限制措施有违双方合同约定；且本案一审审理过程中，营业部已获知投资者的相应身份信息，已完成信息核实工作，但对案涉账户的限制措施仍延续实施数月，其行为再次违反合同约定，存在不当。

宣某某此前未知相关工作要求，但营业部工作人员远程指导宣某某更新身份信息时，可推定其已知晓投资者身份核实需求及拒不提供的后果，应向营业部提供相关信息。现未有证据表明宣某某当日已向营业部提供相关信息。

综上所述，法院考虑到案涉账户采取限制措施后对投资者可能造成的损失以及宣某某账户内的证券市值情况，结合直至二审中营业部才对案涉账户解除限制措施的事实，酌情确定营业部应向宣某某支付赔偿金 10,000 元。

（二）佣金调整

1. 案例一：刘某某与 ZS 证券股份有限公司深圳笋岗路证券营业部证券投资基金交易纠纷[1]

（1）基本案情

ZS 证券股份有限公司（以下简称 ZS 证券）深圳笋岗路证券营业部投资者刘某某在 2020 年 11 月 27 日通过手机委托的方式签订《委托代理协议及风险揭示书》并开通深 H 港股通，但双方均未能提交书面的《港股通业务委托

---

〔1〕 参见广东省深圳市罗湖区人民法院民事判决书，（2021）粤 0303 民初 33051 号。

代理协议》,ZS 证券提供的相关代理协议为电子版本且无投资者的电子签名。2020 年 12 月,投资者微信咨询营业部客服人员港股交易费用,客服人员答复称"港股交易大概是千一到千三吧"。2021 年 5 月 10 日,投资者再次微信咨询营业部客服人员,营业部客服人员回复"大概千分之一"。投资者认为营业部对港股交易手续费按 3‰收取不合理,要求返还手续费超过 1‰部分,引发诉讼。

(2)诉讼判决

营业部提供的《ZS 证券上海证券交易所港股通业务委托代理协议》及《ZS 证券深圳证券交易所港股通业务委托代理协议》电子版本并无投资者的电子签名,不能证明双方对港股交易的手续费约定为 3‰。营业部工作人员告知投资者手续费为 1‰左右,法院判决 ZS 证券应当返还多收取的交易佣金。

2. 案例二:刘某某与 GF 证券股份有限公司江门台山环市中路证券营业部证券交易代理合同纠纷[1]

(1)基本案情

2011 年 1 月,刘某某在 GF 证券股份有限公司江门台山环市中路营业部开立证券账户,双方未就具体交易佣金作出约定,但刘某某称相关业务员口头告知佣金费率为 9‱。2020 年 10 月,刘某某发现佣金收费标准不符合约定后,与营业部发生纠纷。

2020 年 11 月 21 日,刘某某与营业部负责人余某某签订《慰问金申请书》,约定申请慰问金 196,000 元并支付到刘某某账户,并于 11 月 26 日前支付到账。余某某在该申请书中手写"按上述沟通结果操作"并签字确认。后营业部未按期支付,引发投资者诉讼。

(2)诉讼判决

余某某作为 GF 证券股份有限公司江门台山环市中路营业部的主要负责人及证券公司的从业人员,其签署的协议及行为应由营业部承担相应的法律后果。对营业部主张其收取佣金符合法律规定,无证据证明营业部相关业务人员口头告知投资者佣金费率为 9‱,未就佣金差额 196,000 元达成任何协议,没有

[1] 参见广东省台山市人民法院民事判决书,(2021)粤 0781 民初 1916 号。

事实和法律依据,法院不予采纳。法院判决 GF 证券股份有限公司江门台山环市中路证券营业部按协议约定支付款项。

(三)服务费用追偿

本部分主要是指证券公司因提供服务或接受服务产生的费用纠纷引发的诉讼。

1. 案例一:FZ 证券股份有限公司与桑德集团有限公司合同纠纷〔1〕

(1)基本案情

2019 年 3 月,FZ 证券股份有限公司(以下简称 FZ 证券)与桑德集团有限公司(以下简称桑德集团)签署《财务顾问协议》,由 FZ 证券向其推荐股权收购方,并按收购金额的 0.35% 收取财务顾问费。股权转让完成后,桑德集团未向 FZ 证券支付合同约定费用,引发诉讼。

(2)诉讼判决

《财务顾问协议》系双方真实意思表示,合法有效。FZ 证券已经履行了提供财务顾问服务的合同义务,桑德集团在收到收购款后未能按约履行支付顾问费的合同义务,其行为已构成违约,法院判决桑德集团应按照合同约定交易金额的 0.35% 支付财务顾问费并偿付迟延履行金。

2. 案例二:ZT 证券股份有限公司与北京聚信量化科技有限公司合同纠纷〔2〕

(1)基本案情

2016 年 4 月 28 日,ZT 证券股份有限公司(以下简称 ZT 证券)与北京聚信量化科技有限公司(以下简称聚信公司)签订《互联网证券业务合作协议》,约定 ZT 证券在聚信公司名下产品嵌入 ZT 证券网上开户链接,引导聚信公司客户前往 ZT 证券营业部(或网上开户)开通证券交易资金账户(包括但不限于股票账户、基金账户),合同有效期为 10 年,每户引流费用为 60 元。合同签订后,ZT 证券于 2016 年 5 月 18 日向聚信公司转账支付预付款 1500 万元。后双方因引流费用的确认产

---

〔1〕 参见湖南省长沙市天心区人民法院民事判决书,(2021)湘 0103 民初 5604 号。

〔2〕 参见山东省济南市中级人民法院民事判决书,(2020)鲁 01 民终 1236 号。

生争议，引发诉讼。

（2）诉讼判决

双方签署的合作协议明确约定了引流费用以及协议终止后聚信公司须退还 ZT 证券未履行部分费用及按照银行同期贷款利率计算的利息。ZT 证券提交了证实实际开户数量的相关证据并对证据提取的过程予以公证，法院予以认可。聚信公司应当履行合同约定义务。法院判决解除双方合作协议，聚信公司向 ZT 证券退还剩余部分的预付款及利息。

（四）其他委托代理服务类

1. 案例一：傅某与 AX 证券股份有限公司股票交易纠纷[1]

（1）基本案情

2015 年傅某在 AX 证券股份有限公司（以下简称 AX 证券）开立证券账户，2019 年 3 月通过手机 App 软件委托卖出证券名称为“ST 锐电”的股票 508，900 股，系统显示“委托成功”，但该笔交易未成交。经查，系因违反了“申报数量超过单笔最大允许申报的上限”的交易规则。投资者认为，AX 证券在接受委托后未对交易指令进行实质性审核，导致委托的该笔交易未能成交，即未以较高价格卖出，对其造成损失，引发诉讼。

（2）诉讼判决

AX 证券在接受傅某的委托后，已按约将傅某的委托指令发送给证券交易所，并及时通过系统后台向傅某推送委托交易是否成交等相关信息，同时向傅某提供了对委托交易、账户资产信息的查询。

交易未能成交系因违反了“申报数量超过单笔最大允许申报的上限”的交易规则。傅某多次操作卖出股票、查询结果，证明其对涉案股票委托交易单笔申报数量上限是知道或者应当知道的，对其违反交易规则导致未能成交的结果自行承担。

法院判决 AX 证券不承担责任。

[1] 参见江苏省镇江市中级人民法院民事判决书，（2021）苏 11 民终 2043 号。

2. 案例二:陆某某与DT证券有限责任公司上海长寿路证券营业部、DT证券有限责任公司证券交易代理合同纠纷[1]

(1)基本案情

2016年10月,陆某某在DT证券有限责任公司上海长寿路证券营业部购买了同吉3号理财产品,后发生投资损失。投资者主张营业部擅自使用其资金购买理财产品致其损失,要求营业部及证券公司承担赔偿责任,引发诉讼。

(2)诉讼判决

陆某某主张营业部超越授权范围为其购买理财产品,并承诺保本保收益等,但未能提供证明材料,相关协议文本均由其本人签署;且经调查未发现营业部存在违约或违规行为。法院判决营业部和DT证券有限责任公司不承担赔偿责任。

3. 案例三:汪某某与DT证券股份有限公司抚顺新华大街证券营业部证券交易合同纠纷[2]

(1)基本案情

投资者汪某某系DT证券股份有限公司抚顺新城路证券营业部(后更名为抚顺新华大街证券营业部)的客户,董某、韩某、白某系营业员工。2015年6月12日,投资者在营业部经白某的推荐购买了《中信复金1期管理型证券投资集合资金信托计划》私募基金产品,该产品系中信信托发行的阳光私募基金。合同下方空白处白某手写"此产品为保本保息类理财产品,年利率为9.8%,时间1年,到期一次性还本给息1,818,727.2元",协议加盖了营业部开户章。后由于产品未达预期收益,韩某向汪某某先行支付14万元,为产品1年的利息。此外,白某和韩某与汪某某签订《抵押担保协议》,承诺由白某、韩某自有汽车作为担保,若产品收益2年内没有达到16%的收益率,则将汽车折价对差额部分进行补偿。2017年8月2日,汪某某从中信信托赎回81.59万元,后就损失部分向营业部索赔。董某向汪某某出具承诺函,承诺补偿其投资损失以及参考4.9%利率补偿其利息。后董某、韩某、白某被营业部开除,投资者要求营业部

[1] 参见上海市普陀区人民法院民事判决书,(2020)沪0107民初11759号。
[2] 参见辽宁省抚顺市中级人民法院民事判决书,(2019)辽04民终628号。

承担赔偿责任，引发诉讼。另查明，加盖在产品协议上的公章系营业部多年前办理业务时使用的业务印章，后由白某保管，白某称因营业部多次搬家，为安全将该枚公章放在家中，为让投资者购买案涉产品，按照上级领导董某的口头宣传内容形成书面承诺，并加盖了该枚公章。

(2)诉讼判决

汪某某与营业部签订了《中信复金1期管理型证券投资集合资金信托计划》，其中手写的保本付息的约定属于保底条款。保底条款系双方以意思表示的形式对受托行为所设定的一种激励和制约机制，但条款约定投资风险由一方承担，投资人不承担任何风险，导致双方民事权利义务严重失衡，违背民法公平原则，应属无效。营业部员工出具的《抵押担保协议》、承诺函等均为前述投资所出具的。各方承担的责任应根据该理财产品实际亏损及各方过错而确定。

DT证券股份有限公司抚顺新华大街证券营业部员工白某、董某、韩某在产品协议上签字并加盖营业部原业务章、出具《抵押担保协议》、出具承诺函等行为，应当被认定为职务行为，且其属于违反法律法规禁止性规定，对客户作出保底承诺，其过错责任较大，因此，法院判决营业部对投资者的损失进行赔偿。此外，本案还涉及基金公司的责任承担，此处不做详细论述。

(五)案例风险点总结

根据民事裁判文书认定的事项及主要依据以及裁判文书中引用的监管处罚文件，可知导致证券公司承担民事责任的风险点主要包括以下方面。

1. 对投资者账户采取限制措施之前未以适当的方式履行通知义务，特别对老年人等特殊人群，官网公告和App通知如不能证明投资者已知，将可能被认定为未履行通知义务。

2. 对法定或合同约定的通知义务，未进行通知、未留痕或通知内容不准确。

3. 对无法定通知义务的事项，在投资者询问时告知信息遗漏、错误的，如新股中签、可转债配售等信息。

4. 与投资者的佣金收费标准约定不明，佣金调整未进行书面确认且无法提供证据，工作人员告知或承诺的佣金标准未实际执行等。

5. 证券公司关键岗位人员，如分支机构负责人等，以个人名义与投资者签署与公司业务相关的支付协议但未依约履行。

6. 基金托管人或综合服务商未能证明已按照合同约定或法律规定履行义务。

（六）法律归责原则分析

此类案件多为合同纠纷，证券公司如存在违约行为，则应当承担违约责任。

（七）案件特点总结

1. 证券公司是否承担责任主要在于是否履行了法定或约定的义务，而在法定义务认定过程中法院会参考证券行业监管规定及监管部门认定的事实及意见。

2. 证券从业人员在向投资者提供相关服务的过程当中，其在职责范围内的行为导致投资者损失的，将由证券公司承担责任，包括对投资者告知及通知义务、对佣金标准的承诺，以及关键岗位人员与投资者签署的补偿协议等。

四、技术类

本部分对因证券公司软硬件功能故障导致无法登录或交易、行情数据错误等引发的纠纷进行分析。

（一）案例一：黄某与 XD 证券股份有限公司营口光华路证券营业部证券交易合同纠纷[1]

1. 基本案情

黄某为 XD 证券股份有限公司（以下简称 XD 证券）营口光华路证券营业部投资者，营业部在营业场所内为其免费提供设备进行证券交易。2018 年 10 月 26 日，投资者在期货交易中发现电脑故障，无法在系统中查询交易记录。为验证系统情况，投资者连续进行 4 笔委托买入交易，后在系统恢复后成功撤回

〔1〕 参见辽宁省营口市中级人民法院民事判决书，(2019)辽 08 民终 1286 号。

最后操作的4笔中的2笔,余下2笔已成交未能撤回,但产生了交易损失,引发诉讼。

2. 诉讼判决

无证据证明证券公司系统出现故障。投资者确实存在使用电脑无法查询交易记录的情况,以继续下单的方式检验是否存在故障并不是防止其利益受损的必要行为;投资者亦未举证证明其主张的4笔交易是在营业部工作人员指示下进行的操作。投资者应自行承担投资行为的结果。法院判决XD证券不承担责任。

(二)案例二:李某与XB证券股份有限公司、XB证券股份有限公司咸阳西兰路证券营业部服务合同纠纷[1]

1. 基本案情

李某为XB证券股份有限公司咸阳西兰路证券营业部客户。2015年12月31日上午,XB证券股份有限公司因行情服务器升级导致客户端中"当前价""最新市值""浮动盈亏""盈亏比例"还保持前一日(2015年12月30日)的数据,至2015年12月31日11时5分数据恢复正常。在系统数据不能正常显示期间,李某向营业部客户经理进行询问,客户经理未能正确引导其进行交易,导致李某产生损失,引发诉讼。

2. 诉讼判决

XB证券股份有限公司因行情服务器升级导致客户端部分数据不同步,因而未能向投资者提供有效的数据,影响投资者正常交易,应当承担赔偿责任。法院判决XB证券股份有限公司向投资者赔偿其因交易系统数据错误导致的损失。

五、权属纠纷类

本类案件涉及的主要事项发生时间普遍较为久远,多为账户实名制、第三

[1] 参见陕西省咸阳市中级人民法院民事判决书,(2017)陕04民终942号。

方存管制度问世前产生的问题,如同一资金账户下挂多个证券账户导致的确权纠纷、使用他人或公司证件开户的资产归属等。在现有制度环境下,类似纠纷重新出现的可能性较小。另有部分确权案件因继承、代理人变更等导致,此类纠纷与证券业务合规管理的关联度较低,本篇不作展开分析。

六、托管服务类

本部分主要是对证券公司作为产品托管人或提供综合经纪服务引发的纠纷进行分析。投资者购买的产品发生较大投资损失时,通常会对产品管理人提起诉讼,同时起诉产品托管人或综合经纪服务商要求承担连带责任;但是否承担责任主要取决于证券公司是否履行了合同约定义务及法定义务。

需要说明的是,尽管托管业务与经纪业务高度相关,但托管业务并不属于《证券经纪业务管理办法》规定的经纪业务范围,笔者为了较全面地展示证券公司经纪业务面临的法律风险,将其纳入本篇进行分析;在相关案例分析当中仅就证券公司是否担责部分进行论述。

(一)案例一:徐某与 ZXJT 证券股份有限公司等委托理财合同纠纷[1]

1. 基本案情

2017 年 6 月 28 日,徐某作为投资者与作为基金管理人的宇艾公司、作为基金托管人的 ZXJT 证券股份有限公司签订编号 ZXJT2017(宇艾供应链十七期)-006 号基金合同。合约期满,产品未能如期兑付,投资者对基金管理人及基金托管人提起诉讼。

2. 诉讼判决

根据合同约定,基金托管人不承担复核底层贸易信息明细和电子商业承兑汇票受益权转让明细及其他相关信息的义务,不对基金的投资风险承担责任。法院判决 ZXJT 证券股份有限公司作为基金托管人已依照合同约定履行相应义务,无违约行为,对投资者损失不承担责任。

---

〔1〕 参见北京市朝阳区人民法院民事判决书,(2018)京 0105 民初 82752 号。

(二)案例二:宋某某与杨某某、GTJA证券股份有限公司委托理财合同纠纷[1]

1. 基本案情

宋某某系农业银行临沂罗庄支行的投资者,杨某某原系农业银行罗庄支行聘用的大厅服务人员。2017年11月,杨某某向宋某某推荐一款理财产品,称理财产品不通过银行代销。宋某某在杨某某的帮助下先后7次通过农业银行罗庄支行大厅自动柜员机进行转款,将201万元转至GTJA证券股份有限公司运营外包户账号。转账成功后,杨某某未向宋某某交付权利凭证。杨某某承诺的1年期满,投资款未见赎回,宋某某提起诉讼。

经调查,宋某某的资金被用于购买瑞奇固利增赢贰号私募投资基金,基金管理人为北京瑞奇公司,基金托管人为GTJA证券股份有限公司。另查,基金合同购买人处签字非宋某某本人。

2. 诉讼判决

宋某某在转款时未与基金管理人及基金托管人签署合同,对管理人提供的协议经鉴定非本人签字,因此宋某某不受基金合同的约束。宋某某在向GTJA证券股份有限公司运营外包账户转款时并不知晓北京瑞奇公司的存在,亦不清楚所购买的案涉理财产品的基金性质,宋某某在转账后未要求立即取回,应是取决于对GTJA证券股份有限公司的信任。GTJA证券股份有限公司接收了宋某某转存的投资款201万元,但未提供谨慎勤勉履行托管人义务的相关证据,庭审中亦未能对托管基金的投资记录、收益分配以及赎回情况作出说明,无法证实其已经按照合同约定或法律规定向宋某某履行了基金报告复核、信息披露等义务,特别是在中国证券投资基金业协会公告基金管理人北京瑞奇公司失联(异常)状态、瑞奇贰号基金应披露未披露月报情况下,仍未尽到审查基金资产净值、监督投资运作、召集客户代表大会等义务。GTJA证券股份有限公司未履行基金托管人的任何重要义务,都属于严重失职或者积极帮助行为,造成投资者宋某某的投资款损失,依法应承担民事赔偿责任。

因宋某某向GTJA证券股份有限公司运营外包账户转账时未签订书面基

[1] 参见山东省临沂市罗庄区人民法院,(2020)鲁1311民初180号。

金理财合同,宋某某经杨某某承诺的预期投资收益对 GTJA 证券股份有限公司没有拘束力,杨某某作为直接责任人对宋某某投资存款本金及同期存款利息损失承担赔偿责任,GTJA 证券股份有限公司对投资者的投资本金承担连带赔偿责任。

需要说明的是,一审判决作出后,GTJA 证券股份有限公司不服提起上诉,山东省临沂市中级人民法院作出(2020)鲁 13 民终 5747 号民事裁定书,依据私募基金合同约定的争议解决方式为"上海仲裁委员会金融仲裁院仲裁"认定人民法院对案件没有管辖权,最终撤销一审判决、驳回宋某某起诉。但一审判决中对基金托管人的责任认定部分值得研究。

七、其他类

本篇将部分特殊原因产生的、具有警示作用的案例纳入分析,以期更为全面地展示证券公司面临的法律风险。

(一)案例一:XC 证券股份有限公司与施某某证券交易代理合同纠纷[1]

1. 基本案情

投资者施某某为 XC 证券股份有限公司(以下简称 XC 证券)客户,其于 2020 年 12 月 30 日买入价值 905,534.21 元的证券。按照交易规则,XC 证券公司系统应对相应资金进行冻结并进行结算。但由于系统原因,资金冻结失败,相关资金继续显示为可使用状态。此后,施某某对其账户显示可用资金进行了申购其他股票及资金转出等操作,导致账户透支 865,270.07 元。XC 证券公司多次要求返还占用资金及利息未果,引发诉讼。

2. 诉讼判决

投资者施某某使用本应冻结或清算交收的资金进行了其他操作,XC 证券公司要求返还其透支使用的资金符合法律和双方的约定,且投资者利用透支资金购买的股票处于盈利状态,不存在损失。

---

〔1〕 参见湖南省长沙市中级人民法院民事判决书,(2022)湘 01 民终 3805 号。

XC 证券公司系统出错在先，给施某某的后续操作提供了可能性，其本身对账户透支的事实存在重大过错，因此不支持 XC 证券关于费用、利息的主张。法院判决投资者返还透支的资金本金，但不承担利息。

(二) 案例二：GX 证券股份有限公司北京朝阳北路证券营业部与刘某某合同纠纷[1]

1. 基本案情

刘某某为 GX 证券股份有限公司（以下简称 GX 证券）北京朝阳北路证券营业部客户，于 1997 年 3 月 3 日授权案外人靳某某作为其代理人从事证券交易及相关业务。靳某某于 1997 年 4 月 15 日将案外人康某账户下挂在原告资金账户下。靳某某于 2004 年 8 月 12 日未经康某同意卖出其持有的股票。营业部为维护康某合法权益，于 2010 年 1 月 22 日对投资者刘某某的账户采取禁止证银转出、禁止撤指定、禁止转托管 3 项交易限制。刘某某要求 GX 证券解除账户限制并赔偿损失，引发诉讼。

2. 诉讼判决

GX 证券对投资者的账户限制没有提供合同依据或法律依据，虽对账户资产归属提出异议但未能提供证据予以证明。GX 证券长期对刘某某资产进行限制，导致刘某某不能自由处分财产，应当承担相应的法律责任。法院综合 GX 证券的过错程度以及对刘某某财产限制的期间等情况，酌情确定 GX 证券向刘某某支付损失费数额。

法院判决 GX 证券解除对投资者账户限制，并酌情确定 GX 证券向刘某某支付 5 万元赔偿。

[1] 参见北京市第三中级人民法院民事判决书，(2018) 京 03 民终 1925 号。

第三章　证券经纪业务民事诉讼案例的合规应用

分析经纪业务相关民事诉讼案例发现，民事诉讼案例隐患与证券从业人员的职业道德、执业能力以及证券公司的基础内控高度相关，本篇从加强证券经纪业务合规管理的角度提出如下建议。

一、加强证券从业人员的管理

（一）把好从业人员入口关

一是对过往工作单位、合作过的相关单位等进行了解，从第三方的视角考量从业人员除业务能力以外的职业道德等方面因素。

二是引入综合能力测评，对其性格特征、道德水平、心理风险因素、业务及管理能力等多方面进行测评，以确定其是否符合公司的用人要求。

三是引进团队时，审慎考量团队成员的工作经历、职业道德等因素；对营业部负责人带领团队整体入职的，应加强对全体人员的背景调查。

四是对从业人员是否存在违规兼职和从事其他经营性活动情况、是否存在违法违规行为等进行重点调查。

（二）加强日常行为管控

一是加强从业人员营销行为管理，建立并推广企业微信，要求从业人员的营销服务行为由员工个人微信逐步向企业微信迁移，并通过设置敏感词等方式进行事前控制、事中监控以及事后核查。

二是加强对从业人员上网行为管理，定期重点检查关键岗位从业人员的即时聊天信息、收发的电子邮件、对外发布的信息中有无违规推荐股票、销售产品等情况。

三是对从业人员执业质量回访，从投资者等第三方角度评估其执业行为的合规性。

（三）严格规范服务及产品销售、推介行为

进一步加强对销售人员合规与业务培训，关注对高风险产品宣传推介材料制作及路演过程规范性的管理，将投资者投诉情况、误导销售以及其他违规行为纳入销售人员的考核指标体系，加强激励和约束机制。加大日常监督、检查力度，避免从业人员帮投资者代为勾选风险测评问卷、提供测评答案、代为进行金融产品购买、在未签署服务协议的情况下已开始提供服务等，严禁在宣传推介过程中片面夸大产品收益或隐瞒产品风险。

二、完善证券公司基础内控

（一）加强违规线索的调查

针对日常管理中发现的可疑或违规行为加强排查，如对异常交易监控系统预警，从业人员涉嫌高额民间借贷、炫富等异常情形，要根据实质重于形式的原则进行详细排查。

（二）完善投诉举报机制

鼓励从业人员通过合法渠道对工作中发现的违法违规行为进行举报，对举报中涉及的违法违规行为线索要切实调查，严肃追责。

（三）加强对风险信息的排查

定期核查是否存在与证券公司及分支机构名称相关、地址相同的工商登记信息，严格管控办公场所，严禁将证券公司办公场所租用或借用给第三方从事与本单位业务有利益冲突的业务。

（四）加强印章与空白合同管理

强化营业部业务专用印章的保管使用，可通过专用保管系统实现审批、用印的管控；强化空白合同的领用、登记及发放等审批及记录，加强对空白合同或凭证保管及使用情况的监督检查。

（五）做好佣金标准的确认及调整留痕

佣金调整类案件主要是投资者认为佣金设置不合理或调整未经其同意等引发的纠纷。日常管理当中，应当通过协议或确认单等方式明确约定佣金标准并经投资者签字确认，如涉及佣金调高等特殊情况时应取得留痕确认材料。禁止工作人员在服务过程中未经公司审批而单方承诺降低佣金标准。

（六）提升保障通知类服务准确性

严格履行法定或合同约定的通知义务，确保通知投资者时或在投资者询问时回复的信息准确，如投资者电话询问新股中签情况、电话通知投资者补充担保物或平仓等，否则将可能因存在过错而承担赔偿责任。

三、切实履行投资者适当性的告知义务

对不同类别的投资者建立不同程度的管控措施，对投资者，按照不同的年龄段在风险等级认定、测评结果有效期、风险告知等方面区分管理，年龄越高，测评结果有效期应当越短，风险告知应当更加详细。重点关注高风险产品或服务的风险告知，要设计更加个性化的风险提示书，避免风险揭示书内容与所售产品的风险脱节，并通过录音、录像、录屏以及保留风险揭示记录、测试问卷等方式对告知过程进行留痕。在公司和发行人确定的产品风险评级不一致时，应采取“就高不就低”的原则，同时应注意最终确定的产品风险等级应与产品宣传材料、招募说明书等文件中对产品风险的描述相一致。在投资者开户及委托代理协议当中明确告知其本人及从业人员所禁止的违规行为，宣传非法证券活动的形式性质，针对行业出现的警示案例或典型违规行为，通过临时公告等方式

及时告知投资者。

四、加强投资者纠纷的多元化处理

证券公司与投资者纠纷最终会通过和解、调解、行政惩戒、民事诉讼等多种形式解决，不同解决形式之间可能存在较强的关联性。证券公司应当积极通过和解、自律组织调解等方式妥善处理与投资者相关的纠纷，这有利于减少监管处罚、民事诉讼等风险。

第三篇

投资银行业务民事诉讼案例分析与合规应用

近年来,中国证监会对投资银行业务频频出具罚单,证券虚假陈述民事诉讼案件亦不断增多,体现了监管机构及司法机关压实中介机构责任的理念。证券公司因涉嫌虚假陈述而被投资者提起诉讼的情况屡见不鲜,被判承担巨额民事赔偿责任的风险不断增大。本篇通过对2013年至2022年度投资银行业务民事诉讼案例进行梳理、汇总和分析,梳理投资银行业务条线承揽、承做、存续期和内控环节的薄弱之处,总结证券行业的经验教训,并在此基础上就加强证券公司内部管控措施和完善管控机制提出建议。

第一章　投资银行业务裁判数据梳理与分析

笔者通过对2013年至2022年法院审理所涉各类业务民事诉讼案件进行系统梳理和甄别,共筛选出3629起投资银行业务民事诉讼案件。[1] 鉴于2020年以来的投资银行业务民事诉讼案件多为系列投资者因同一事由起诉相同主体的证券虚假陈述责任纠纷案件,针对此类案件,同一事由选取1起典型案例进行分析,最终筛选出50起投资银行业务案件进行深入分析。

一、案件数量分析

从图3－1可以看出,案件数量在2013年至2016年较少,最多12起;2017年至2020年,案件数量稳步增加,2020年达到169起;2021年至2022年,案件数量从1279起增加至1918起。2022年的案件数量达到峰值。

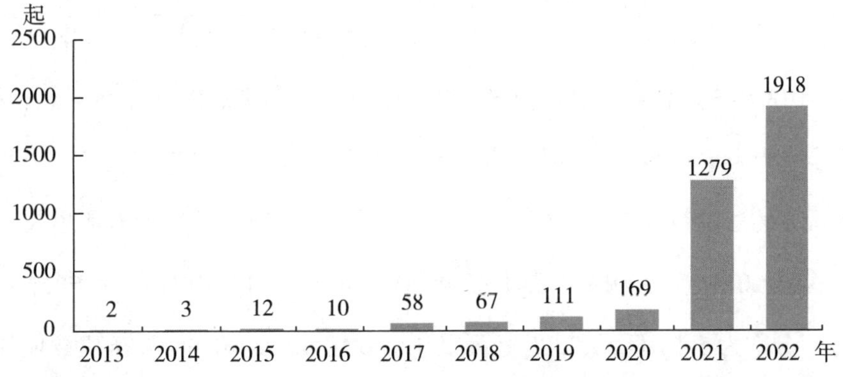

图3－1　2013年至2022年案件数量分布情况

〔1〕 不包括ABS类业务,此类案件统一纳入资产管理业务民事诉讼案件进行分析。

自2017年以来，监管机构加强对投资银行业务监管，强化中介机构勤勉职责，监管机构和自律组织开具的罚单增多，这直接导致证券虚假陈述责任纠纷随之变多。自2018年以来，受经济周期性下行、宏观及行业政策调控等影响，债券市场违约规模快速增加，债券承销业务相关纠纷案件数量呈明显的增长趋势。

二、标的金额分析

在2013年至2022年投资银行业务民事诉讼案例涉案金额方面，证券公司作为主诉方的法院裁判支持金额总计为73.03亿元，作为被诉方的法院裁判支持金额总计为22.62亿元，整体比例接近10∶3。

按年度看，2013年至2017年，证券公司作为主诉方的法院判决支持金额连续5年维持在较低水平，年均不超过0.5亿元，2018年大幅上涨至11.41亿元，2019年达到峰值50.69亿元，2020年大幅回落，不超过3亿元(见图3－2)。其中，对年度金额数据产生主要影响的是债券本息追偿纠纷案，单案标的金额远超其他案件，如2016年2起债券本息追偿案件涉案金额占当年涉案金额的95%，2018年3起债券本息追偿案件涉案金额占当年涉案金额的98%，2019年债券本息追偿案件涉案金额占当年涉案金额的99.9%。相较而言，证券公司作为被诉方的法院裁判支持金额呈现初期、中期趋势较平稳，后期有所增长的趋势。其中，2013年至2019年7年年均判决赔付金额约为0.31亿元，2020年至2022年分别为5.54亿元、2.85亿元及12.06亿元。2020年，五洋建设债券案件赔付金额占当年总金额的比例为89%，2021年、2022年中安科案件赔付金额占当年总金额的比例分别为75%、99%。

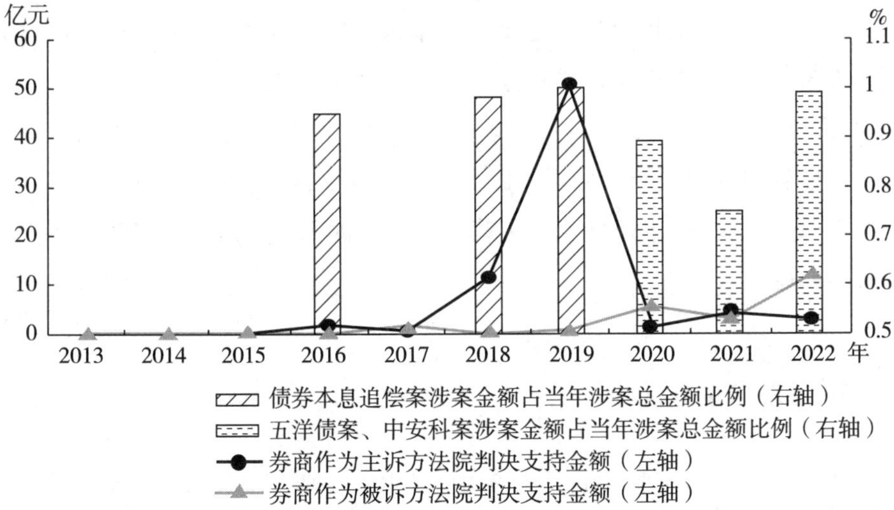

图 3－2　投资银行业务民事诉讼案例法院判决支持金额统计

三、业务类型分析

如图 3－3 对筛选出可供分析的 50 起投资银行业务类民事诉讼案例进行具体业务细分，涉及首次公开发行业务的有 5 起，占比为 10%；并购重组财务顾问业务 8 起，占比为 16%；债权类承销业务 16 起，占比为 32%；推荐挂牌业务 7 起，占比为 14%；再融资业务（含挂牌公司发行股票）6 起，占比为 12%；其他财务顾问业务 8 起，占比为 16%。

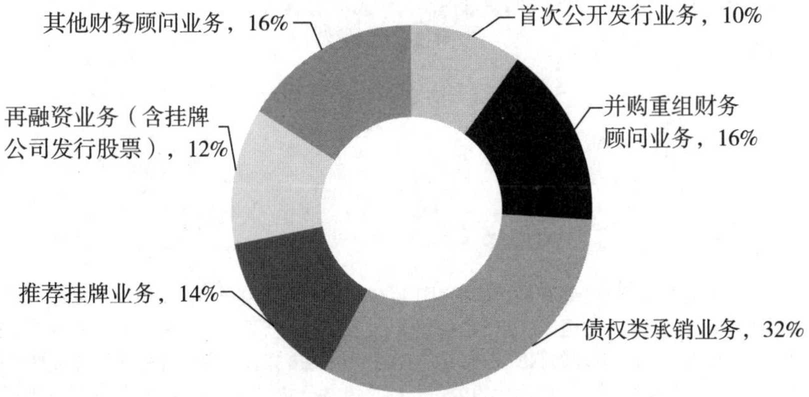

图 3－3　涉投资银行业务类案件具体业务类型分布

可见，债权类承销业务是近十年民事诉讼案件高发业务类型；其他财务顾问业务与并购重组财务顾问业务次之。尽管其他财务顾问业务不属于《投行业务内控指引》第2条[1]明确列举的业务种类，目前证券行业对该业务出台的监管规则相比较其他投资银行类业务要少，但其属于民事诉讼案件频发业务类型；首次公开发行、推荐挂牌、再融资业务占比相当，维持在10%—14%。

四、业务阶段分析

纳入分析的50起民事诉讼案例中，发生在尽职调查阶段（含项目承做前期）的共26起，发生在持续督导或受托管理阶段的共21起，发生在发行承销阶段的3起。具体见图3-4。

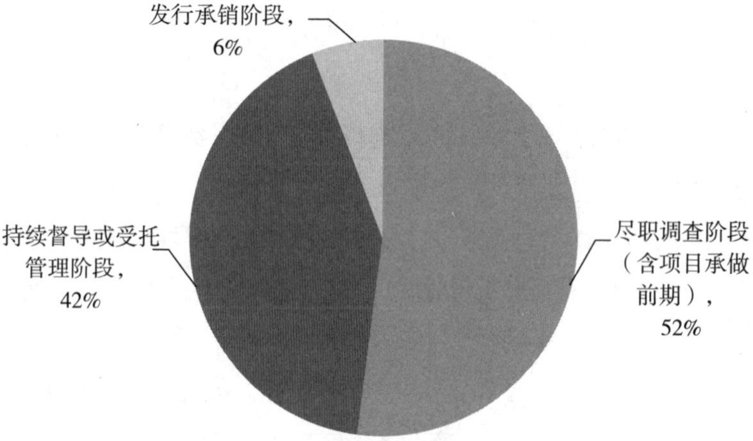

图3-4　涉案业务阶段分布

[1]《投行业务内控指引》第2条规定："本指引所称证券公司投资银行类业务内部控制是指证券公司根据法律法规的规定和中国证监会的监管要求，对投资银行类业务经营管理和执业活动过程中的风险进行识别、评价和管理的制度安排、组织体系和控制措施。本指引所称证券公司投资银行类业务是指：（一）承销与保荐；（二）上市公司并购重组财务顾问；（三）公司债券受托管理；（四）非上市公众公司推荐；（五）资产证券化等其他具有投资银行特性的业务。"

五、民事案由分析

涉投资银行类业务民事诉讼案例案由多样，根据涉案案由与投资银行类业务具体执业标准的关联度，本书将涉投资银行类业务民事诉讼案例分为重点分析类、一般分析类和简单介绍类，详见本书附件2。纳入分析的50起案例的涉案案由可基本归为三大类：与公司/证券有关的民事纠纷、合同纠纷及侵权责任纠纷（见图3－5）。

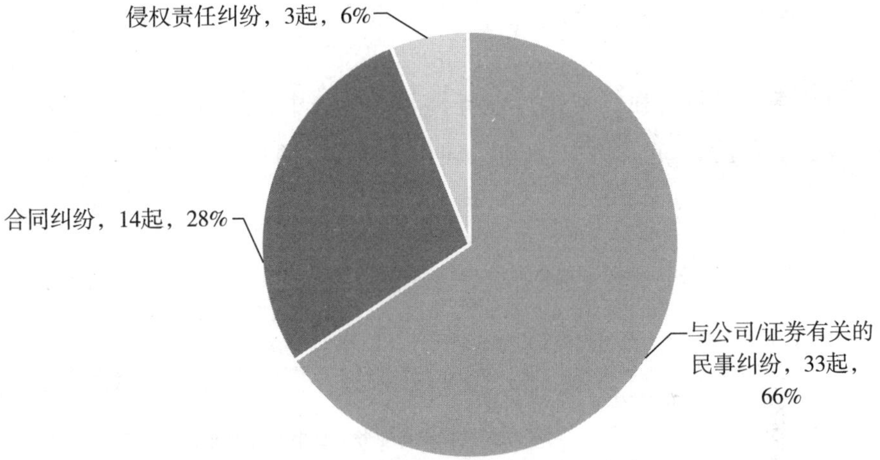

图3－5　民事案由分布

与公司/证券有关的民事纠纷共33起，其中与证券有关的纠纷包括：证券欺诈责任纠纷—证券虚假陈述责任纠纷（18起）、证券交易合同纠纷—公司债券交易纠纷[1]（5起）、证券承销合同纠纷（3起）、证券回购合同纠纷[2]（1起）、证券上市保荐合同纠纷（1起）、证券发行纠纷（2起）、未进一步细分的

---

〔1〕案由为“公司债券交易纠纷”的案件中，证券公司在投资银行业务项目中的角色以受托管理人为主。本篇5起案件具体情况为：证券公司以受托管理人名义接受债券持有人委托诉请发行人还本付息的案件有4起；证券公司作为第三人参与债券持有人与发行人证券交易纠纷的案件有1起。

〔2〕案由为“证券回购合同纠纷”的案件中，证券公司以债券受托管理人角色被法院追加作为第三人参与投资机构与发行人证券回购纠纷案。

纠纷[1](2起);与公司有关的纠纷包括:损害股东利益责任纠纷[2](1起)。

合同纠纷共14起,又包含以下细分类型:确认合同效力纠纷—确认合同无效纠纷[3](1起)、借款合同纠纷—金融不良债权追偿纠纷[4](1起)、保证合同纠纷[5](1起)、中介合同纠纷[6](2起)、服务合同纠纷—财务服务合同纠纷[7](1起)、未进一步细分的服务合同纠纷[8](3起)、未进一步细分的合同纠纷[9](5起)。

侵权责任纠纷共3起[10],类型上不作细分。

六、诉讼主体身份分析

如图3-6所示,在投资银行业务涉及的诉讼中,证券公司大多数为被诉方。纳入分析的50起案例中,证券公司作为被诉方的共计41起,占比为82%,

---

[1] 与证券有关的纠纷中未进一步细分的2起案件分别为:证券公司在投资银行业务项目中的角色为新三板挂牌公司推荐主办券商,作为被告参加股票发行认购款追偿纠纷;证券公司在投资银行业务项目中的角色为上市公司并购重组财务顾问。

[2] "损害股东利益责任纠纷"案件中,证券公司在投资银行业务项目中的角色为新三板挂牌公司推荐主办券商,被起诉损害其他公司股东利益。

[3] "确认合同无效纠纷"案件中,证券公司在投资银行业务项目中的角色为受托管理人,本案为破产管理人申请确认受托管理人与发行人签署的担保协议无效的案件。

[4] "金融不良债权追偿纠纷"案件中,证券公司在投资银行业务项目中的角色为首发保荐机构,本案为债权人对发行人追偿债权引发的纠纷。

[5] "保证合同纠纷"案件中,证券公司在投资银行业务项目中的角色为债券承销机构,本案为持有人与承销商就伪造的保证合同产生的纠纷。

[6] "中介合同纠纷"案件中,证券公司在开展投资银行业务中聘请第三方提供服务,被诉请支付服务费。

[7] "财务服务合同纠纷"案件中,证券公司提供新三板挂牌前财务顾问服务,被诉请退还收取的服务费。

[8] 未进一步细分的服务合同纠纷案件中,证券公司提供新三板挂牌前财务顾问服务、融资等咨询服务、发行推介服务等,客户公司诉请证券公司退还收取的服务费。

[9] 在属于其他合同纠纷的5起案件中,持有人要求受托管理人承担连带赔偿责任的案件有1起;客户诉请证券公司退还收取的服务费有3起;证券公司在开展投资银行业务中聘请第三方提供服务被诉请支付服务费的案件有1起。

[10] 侵权责任纠纷案件中,证券公司作为债券承销机构因发行人违约被诉请代偿还债券本息的案件有1起;证券公司作为上市公司并购重组财务顾问出具文件涉及一份《债务转让协议书》效力认定,原告对此有争议引发诉讼的案件有1起;证券公司作为受托管理人因披露临时受托管理报告内容争议被原告起诉侵犯名誉权的案件有1起。

其中对于投资银行业务影响较大的证券虚假陈述责任纠纷中,证券公司均作为被诉方出现;证券公司作为主诉方的案件共计7起,基本属于合同纠纷,个别案件(1起)为证券公司作为债券受托管理人,在取得持有人授权的情况下,代持有人提起诉讼;证券公司作为第三人的情况较少,仅涉及2起,均为合同纠纷。

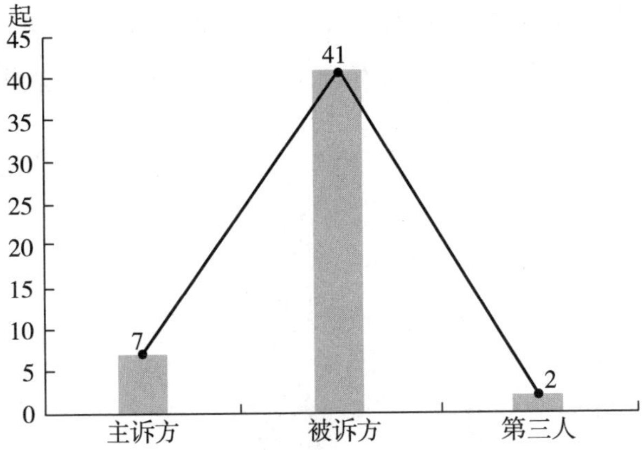

图3-6 案件角色分布情况

七、证券公司涉案数量分析

如图3-7所示,从涉案证券公司数量看,涉案证券公司较为分散。纳入分析的50起案件中,总计涉及34家证券公司,其中1家证券公司涉案3起;14家证券公司涉案2起;19家证券公司涉案1起。

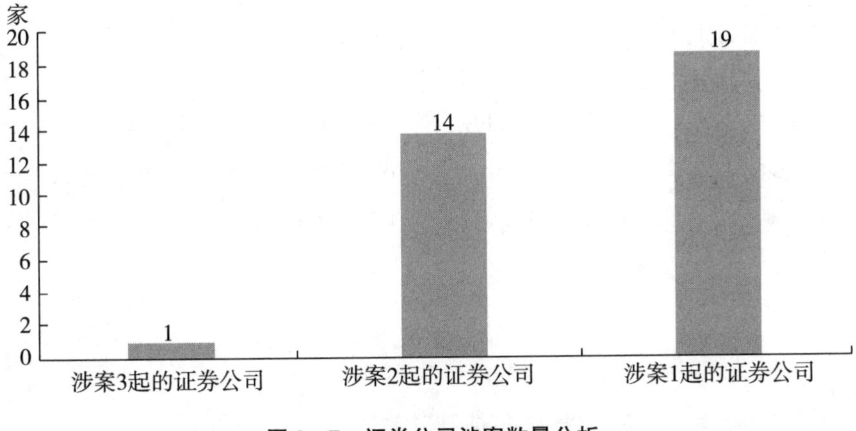

图3-7 证券公司涉案数量分析

八、审理法院层级分析

如图3-8所示,从审理的法院层级看,大部分案件由中级人民法院和高级人民法院审理:最高人民法院仅审理3起,高级人民法院审理119起,中级人民法院审理1687起,基层人民法院审理127起,上海/北京金融法院[1]审理1693起。

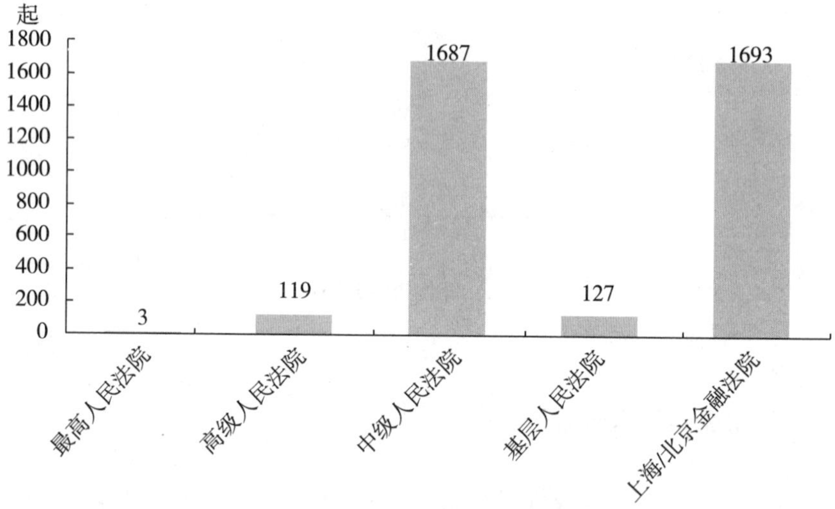

图3-8 审理法院的层级

九、案件地域分析

据统计,纳入分析的50起案件中,从案件地域分布看,案件涉及16个省及直辖市,多集中在广东省和上海、北京等地区,其中广东省涉案数量高达10起,上海涉案数量6起,北京涉案数量4起(见图3-9)。

[1] 上海/北京金融法院为专门法院,故对其审理案件数量单独列示。

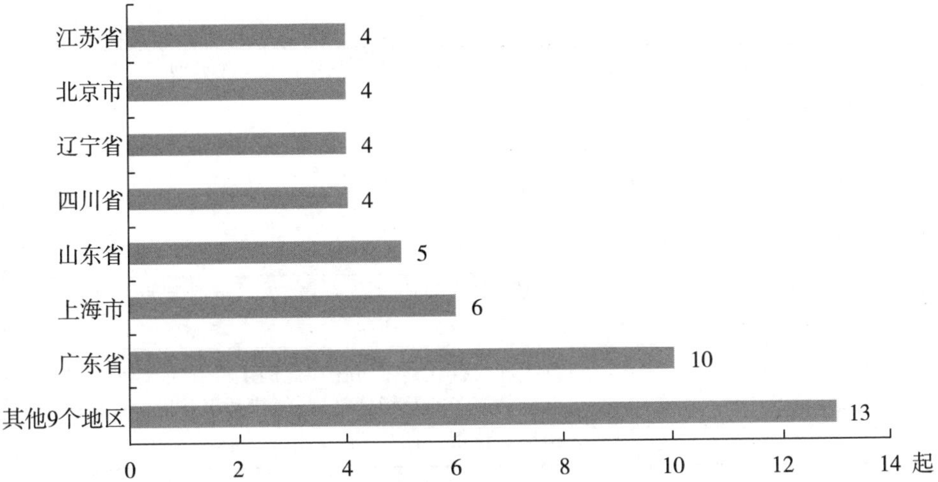

图3－9　地区涉案数量统计

注：其他9个地区包括安徽省（2）、贵州省（2）、河北省（1）、河南省（2）、湖南省（1）、吉林省（1）、云南省（1）、浙江省（2）、重庆市（1）。

十、责任类型分析

统计的案件中，涉及证券公司的证券虚假陈述责任纠纷案件共有18起，其中证券公司承担责任类型具体如表3－1所示。

表3－1　证券公司虚假陈述承担责任类型统计

序号	案件简称	证券公司承担责任类型
1	鞍重股份案、昆明机床案、"14吉粮债"案	连带责任
2	中安科案	一审被判承担连带责任；二审改判承担比例连带责任
3	华泽钴镍案	一审被判承担比例连带责任；二审改判承担连带责任
4	雅百特案	一审被判承担连带责任；二审及后续判决承担比例连带责任
5	欣泰电气案	证券公司依据《关于设立欣泰电气欺诈发行先行赔付专项基金的公告》先行赔付1万余名投资人的损失共计2.41亿余元

续表

序号	案件简称	证券公司承担责任类型
6	尔康制药案、登云汽配案、时空客案、天翔环境案、鑫秋农业案、龙力生物案、新绿股份案、白兔湖公司案、金亚科技案	证券公司无须承担责任
7	保千里案	一审被判承担比例补充责任;二审改判承担比例连带责任
8	五洋债案	判决同时存在连带责任和比例连带责任,即证券公司和会计师事务所承担连带责任;律师事务所和评估机构承担比例连带责任

证券虚假陈述责任纠纷案中,证券公司承担的侵权责任类型为以下三种:连带责任、比例连带责任、补充责任。同一法院对不同案件在一审及二审中判决中介机构承担责任类型差异较大,尚未形成统一、清晰的裁判标准。

十一、司法与监管关注点差异

以证券虚假陈述责任纠纷为例,民事审判处理平等民事主体之间的民事法律关系纠纷,主要关注案件是否满足民事侵权构成要件、民事赔偿责任是否成立,其中重点关注民事赔偿责任构成要件的认定及法律事实所形成的证据链是否完备。审理中注意实体权利与程序权利并重,包括虚假陈述行为的构成认定,虚假陈述重大性及交易因果关系的成立、行为人主观过错形态、损失范围认定及计算,以及管辖与移送、是否追加诉讼参与人、同案同判等事项。在最高人民法院取消证券虚假陈述纠纷案件行政处罚或刑事处罚前置程序前,法院在审理虚假陈述民事赔偿案件时,关注虚假陈述实施日、揭露日的认定,交易因果关系与损失因果关系成立的影响因素,行为人主观过错形态及赔偿责任分配,损失范围的认定和计算方式及诉讼时效等,以最终确定民事责任赔偿主体和赔偿金额。

相较而言,行政监管案例发生在监管机构与市场主体之间,主要以行政处罚的形式体现,监管机构重点关注违法违规行为是否存在,并根据违规情节分别给予相关主体相应的行政处罚，行政执法过程中并不过多关注违规行为与投资者损失之间的因果关系、违规主体之间责任分配等侵权责任构成要件事项。

第二章　投资银行业务民事诉讼典型案例

通过对近十年投资银行业务民事诉讼案例进行梳理、汇总，笔者选取了12起典型案例进行简要介绍，具体如下。

一、五洋债案

五洋债案作为我国首例债券市场欺诈发行案件、全国首例证券纠纷领域适用代表人诉讼制度审理案件、全国首例4家中介机构承担连带赔偿责任的案件，备受关注。

（一）基本案情

五洋建设集团股份有限公司（以下简称五洋建设）为非上市民营企业，其于2015年8月14日和2015年9月11日分别公开发行了“15五洋01”和“15五洋02”债券，为上述债券发行提供服务的中介机构主要有：主承销商及受托管理人DB证券股份有限公司（以下简称DB证券）、审计机构DX会计师事务所（以下简称DX会计）、法律服务机构上海市JTC律师事务所（以下简称JTC）、评级机构DGGJ资信评估有限公司（以下简称DGGJ）。

2017年8月14日，五洋建设发布《关于“15五洋债”无法按时兑付本息的公告》，宣布五洋建设不能于2017年8月14日按期足额支付利息及回售款项，“15五洋01”实质违约，同时触发了“15五洋02”的交叉违约条款，根据《募集说明书》投资者保护相关条款的约定，“15五洋02”加速到期，两期债券本金合计13.6亿元，引发了广大自然人投资者及机构投资者维权潮。

（二）监管处罚

五洋债案的审理法院在债券民事赔偿责任认定方面进行了深入探索，该案的裁判对于完善民事责任的认定方式具有标杆意义，被列入“长三角金融审判典型案例”。监管机构及交易所等自律组织也对涉案各方开展了深入调查，并对其违法违规行为作出了处罚（见表3－2）。

表3－2　五洋债案相关处罚情况

相关主体	处罚文书	处罚主体	处罚类型	处罚日期
五洋建设集团股份有限公司	关于对五洋建设集团股份有限公司采取责令改正措施的决定	浙江证监局	责令改正	2016年1月7日
	关于对五洋建设集团股份有限公司予以通报批评的决定	上海证券交易所	通报批评	2016年4月27日
	关于对五洋建设集团股份有限公司及相关人员采取出具警示函措施的决定	浙江证监局	出具警示函	2017年8月1日
	关于对五洋建设集团股份有限公司予以通报批评的决定	上海证券交易所	通报批评	2017年8月2日
	关于对五洋建设集团股份有限公司及相关当事人给予通报批评处分的决定	深圳证券交易所	通报批评	2017年8月3日
	关于对五洋建设集团股份有限公司及有关责任人予以纪律处分的决定	上海证券交易所	通报批评	2017年9月18日
	关于对五洋建设集团股份有限公司及相关当事人给予纪律处分的决定	深圳证券交易所	公开谴责	2017年10月16日
	关于对五洋建设集团股份有限公司予以监管警示的决定	上海证券交易所债券业务中心	书面警示	2018年6月19日
	中国证监会行政处罚决定书（五洋建设集团股份有限公司、陈某樟、王某敏等21名责任人员）	中国证监会	责令改正	2018年7月6日
DB证券股份有限公司	关于对DB证券股份有限公司采取出具警示函措施的决定	浙江证监局	出具警示函	2016年7月6日
	关于对DB证券股份有限公司采取出具警示函措施的决定	上海证监局	出具警示函	2017年11月14日
	中国证监会行政处罚决定书（DB证券股份有限公司、周某玮、曹某等6名责任人员）	中国证监会	责令改正	2019年11月11日

续表

相关主体	处罚文书	处罚主体	处罚类型	处罚日期
DX 会计师事务所(特殊普通合伙)	中国证监会行政处罚决定书(DX 会计师事务所、钟某和、孙某伟)	中国证监会	责令改正	2019 年 1 月 22 日

(三)诉讼判决

为挽回投资损失,武汉禾誉企业管理服务有限公司等机构投资者及以王某、孔某严、叶某芳、陈某威为诉讼代表人的 487 名自然人投资者(以下统称原告),将五洋建设、陈某樟(五洋建设董事长、控股股东)、DB 证券、DX 会计、JTC、DGGJ 6 方作为共同被告诉至杭州市中级人民法院。

原告认为上述债券存在欺诈发行、违反信息披露义务作出虚假陈述等违规行为,使其遭受投资损失,请求上述 6 被告对其投资损失承担共同连带赔偿责任。

经审理,2020 年 12 月 31 日,杭州市中级人民法院作出一审判决,[1]判决五洋建设在原告的合理诉求范围内承担赔偿责任,DB 证券、DX 会计、陈某樟承担连带赔偿责任,JTC 在 5% 范围内承担赔偿责任,DGGJ 在 10% 范围内承担赔偿责任。

上述被告不服一审判决,上诉至浙江省高级人民法院。浙江省高级人民法院于 2021 年 8 月 17 日开庭审理,9 月 24 日作出判决,维持原判。

截至 2022 年 3 月 24 日,陈某樟及涉案中介机构共支付案款 7.18 亿元,其中,DB 证券共计赔付 5.76 亿元。至此,五洋债案本息发放完毕。

DB 证券作出上述赔付后,已启动向陈某樟、DX 会计、DGGJ 的追偿程序,总计追偿约 3.15 亿元。[2]

---

[1] 参见浙江省高级人民法院民事判决书,(2019)浙民初 1120 号;浙江省高级人民法院民事判决书,(2019)浙民初 1014 号;浙江省高级人民法院民事判决书,(2019)浙民初 1408 号;浙江省高级人民法院民事判决书,(2019)浙民初 1691 号。

[2] 本案中,DB 证券共支付赔偿案款 5.76 亿元,约占总赔偿款的 80.15%,DB 证券认为,根据法院判决,其应赔偿的案款比例为(100% - 10% - 5%)/3 = 28.33%,故就其超额部分 3.15 亿元向其他涉案方索赔,要求陈某樟、DX 会计、DGGJ 赔付合计 3.15 亿元,具体为向陈某樟追偿 1.79 亿元,向 DGGJ 追偿 0.57 亿元,向 DX 会计追偿 0.79 亿元。

二、华泽钴镍案

华泽钴镍案是司法实践中对虚假陈述责任纠纷判决证券公司承担比例连带责任的首次尝试。该案一审法院区分了中介机构的过错程度并据此判决其承担比例连带赔偿责任，但二审改判为中介机构承担连带赔偿责任。

（一）基本案情

华泽钴镍全称为“成都华泽钴镍材料股份有限公司”，原为成都聚友网络股份有限公司（以下简称聚友网络），1997 年 2 月 26 日在深圳证券交易所主板上市。2017 年 5 月 21 日，聚友网络因连续 3 年亏损，被深交所暂停上市。现为全国中小企业股份转让系统挂牌公司。

2010 年 11 月 30 日，聚友网络与首控聚友集团有限公司、陕西华泽镍钴金属有限公司签署《成都聚友网络股份有限公司重大资产重组之框架协议》。

2012 年 3 月 19 日，聚友网络与 GX 证券签署财务顾问协议，聘请 GX 证券担任该次重组的财务顾问。2012 年 12 月，深交所决定核准聚友网络在此次重组完成后恢复上市。聚友网络与 GX 证券签署恢复上市保荐协议，委托 GX 证券为聚友网络恢复上市的保荐人。

2013 年 12 月，GX 证券出具恢复上市保荐书。

2014 年 1 月 10 日，聚友网络更名为华泽钴镍恢复上市。

（二）监管处罚

2015 年 10 月 13 日，华泽钴镍收到四川证监局《关于对华泽钴镍采取责令改正措施的决定》《关于对华泽钴镍采取责令公开说明措施的决定》。

2015 年 11 月 24 日，华泽钴镍发布公告收到中国证监会调查通知书；2017 年 7 月 7 日华泽钴镍发布《关于收到中国证券监督管理委员会〈行政处罚及市场禁入事先告知书〉的公告》；2018 年 1 月 23 日，中国证监会对华泽钴镍及相关人员作出中国证监会行政处罚决定书。

2018 年 6 月 19 日，中国证监会对 GX 证券及相关人员作出行政处罚决定书，处罚事由为：(1)华泽钴镍2013年和2014年年报存在虚假记载、重大遗漏；(2)GX证券出具的《华泽钴镍恢复上市保荐书》《华泽钴镍重大资产出售及发行股份购买资产暨关联交易之持续督导工作报告书》《华泽钴镍重大资产出售及发行股份购买资产暨关联交易之2014年度持续督导工作报告书》存在虚假记载、重大遗漏；(3)GX证券在核查上市公司关联方非经营性占用资金和应收票据，以及利用审计专业意见等方面未勤勉尽责。

(三)诉讼判决

根据华泽钴镍的相关公告，华泽钴镍因证券虚假陈述被214名投资者起诉至法院。一审法院成都市中级人民法院支持了投资者的全部诉讼请求，判决：被告华泽钴镍赔偿因虚假陈述给原告造成的损失；被告GX证券对华泽钴镍的赔偿义务在40%范围内承担连带赔偿责任；被告RH会计师事务所(以下简称RH所)对华泽钴镍的赔偿义务在60%范围内承担连带赔偿责任。案件受理费由被告华泽钴镍、GX证券、RH所负担。

对于一审判决，GX证券、RH所均提起上诉，根据已公开或披露的栗某喜案[1]、周某案[2]民事判决书，二审判决全面改判，具体可分为两种类型。

1. 华泽钴镍、GX证券、RH所无须承担赔偿责任——栗某喜案

栗某喜上诉要求判决GX证券、RH所对华泽钴镍的赔偿义务承担连带责任。GX证券、RH所均上诉要求撤销原判，改判驳回投资者全部诉讼请求，一审诉讼费由投资者承担。四川省高级人民法院判决：撤销原判；驳回投资者诉讼请求。一审、二审案件受理费均由投资者负担。

2. 对华泽钴镍赔偿金额作出调整，GX证券、RH所对华泽钴镍的赔偿义务承担连带责任——周某案

周某上诉请求改判GX证券及RH所承担连带责任等；GX证券、RH所均上诉要求撤销原判，改判驳回周某全部诉讼请求，一审诉讼费由周某承担。四川省高级人民法院判决GX证券、RH所对华泽钴镍的赔偿义务承担连带赔偿

[1] 参见四川省高级人民法院民事判决书，(2020)川民终245号。
[2] 参见四川省高级人民法院民事判决书，(2020)川民终293号。

责任。

该案一审认定虚假陈述揭露日为《行政处罚及市场禁入事先告知书》公告之日，据此认定基准日为2019年7月5日，基准价为3.72元；二审根据《九民纪要》将虚假陈述揭露日改为华泽钴镍披露被中国证监会立案调查之日，并对应调整投资差额损失计算的基准日为2015年11月30日，基准价为19.87元。

三、欣泰电气案

欣泰电气是中国证监会于2014年11月出台退市新政后因欺诈发行强制退市的“第一股”，该案也是中国证监会于2013年正式出台“保荐机构先行赔付制度”后首个证券公司出资设立基金先行赔付投资者的案例，是继万福生科、海联讯专项补偿基金之后，证券市场第三次先行赔付的实践。

（一）基本案情

2011年3月30日，欣泰电气公司提出的在创业板上市的申请因持续盈利能力不符合条件而被中国证监会驳回。2011年至2013年6月，欣泰电气公司董事长温某乙与公司财务负责人刘某胜合谋决定采取虚减应收账款、少计坏账准备等手段，虚构有关财务数据，并在向中国证监会报送的首次公开发行股票并在创业板上市申请文件的定期财务报告中载入重大虚假内容。2014年1月3日，中国证监会核准欣泰电气公司在创业板上市。随后欣泰电气公司在《首次公开发行股票并在创业板上市招股说明书》中亦载入了具有重大虚假内容的财务报告。2014年1月27日，欣泰电气公司股票在深圳证券交易所创业板挂牌上市，首次以每股发行价16.31元的价格向社会公众公开发行1577.8万股，共募集资金2.57亿元。欣泰电气公司上市后，董事长温某乙、财务负责人刘某胜继续沿用前述手段进行财务造假，向公众披露了具有重大虚假内容的2014年半年度报告、2014年年度报告等重要信息。

在欣泰电气公司2014年首次公开发行项目中，XY证券股份有限公司（以下简称XY证券）系保荐机构，北京市DY律师事务所系法律服务机构，北京XH会计师事务所系审计机构。

(二)监管处罚

针对欣泰电气公司违规情况,中国证监会对发行人欣泰电气公司及相关责任人、三家中介机构均给予了行政处罚,具体如下。

2016年7月5日,欣泰电气公司被中国证监会责令整改,给予警告,并处以罚款人民币832万元,同时对温某乙、刘某胜等18名责任人员处予合计1075万元的罚款。北京XH会计师事务所被中国证监会责令改正违法行为,没收业务收入322.44万元,并被处以967.32万元罚款。中国证监会对3位责任人给予警告,并分别处以10万元罚款。

2016年7月25日,XY证券因出具的保荐书等文件存在虚假记载的行为、未审慎核查欣泰电气公开发行募集文件的真实性和准确性的行为,被中国证监会给予警告,没收保荐业务收入1200万元,并处以2400万元罚款;没收承销股票违法所得2078万元,并处以60万元罚款,中国证监会对保荐代表人2人给予警告,并分别处以30万元罚款,撤销证券从业资格。

2017年6月27日,北京市DY律师事务所因在欣泰电气IPO提供法律服务过程中未勤勉尽责,违反依法制定的业务规则,出具含有虚假记载的文件,被中国证监会责令改正,没收业务收入90万元,并处以180万元罚款;中国证监会对2位责任人给予警告,并分别处以10万元罚款。

(三)诉讼判决

从2017年开始,陆续有机构及自然人投资者单独起诉XY证券或起诉上市公司相关责任人及中介机构主张要求赔偿其投资损失。主要判决结果有二:[1]一是XY证券在《关于设立先行赔付专项基金的公告》中所公布的赔付方案(包括赔付范围及赔偿金额计算方法等)合理合法。诉讼中,经该专项赔付基金的管理人中国证券投资者保护基金公司确认,按该赔付方案所确定的计算方法确定赔付金额;二是因为投资者主张的损失与欣泰电气的虚假陈述行为没有因果关系,即原告不能证明其因买卖欣泰电气股票所遭受的损失与欣泰电气

〔1〕 参见辽宁省沈阳市中级人民法院民事判决书,(2017)辽01民初959号。

的虚假陈述行为存在因果关系，原告的损失不属于欣泰电气虚假陈述的赔付范围，法院不予支持。

2017 年 7 月，深圳证券交易所决定欣泰电气公司退市、摘牌。根据 XY 证券后续公告内容，该证券公司主承销商 XY 证券先行赔付 1 万余名投资人的损失共计 2.41 亿余元。

四、保千里案

保千里案一审判决是我国证券虚假陈述责任纠纷中首例中介机构承担比例补充赔偿责任的判决，该案二审法院及后续法院判决中介机构承担比例连带赔偿责任。

（一）基本案情

2013 年，江苏中达新材料集团股份有限公司（以下简称中达股份，为江苏保千里视像科技股份有限公司即保千里公司前身）进行破产重整。

2014 年 5 月 27 日，中达股份发布重组预案称，拟出售全部资产、负债及业务，并以非公开发行股份方式收购深圳市保千里电子有限公司（以下简称保千里电子公司）100% 股权，拟购买资产的预估值不超过 30 亿元。

2015 年，庄某（时任保千里电子公司董事长）及其一致行动人深圳日昇创沅资产管理有限公司、陈某昌、庄某 1 及蒋某杰，将他们名下持有的保千里电子公司注入中达股份，并出售上市公司原主要资产，实现借壳上市。4 月底，中达股份更名为保千里，更名后上市公司全称为江苏保千里视像科技集团股份有限公司。

2014 年 5 月，DB 证券接受保千里公司（原中达股份）委托，担任重大资产重组的独立财务顾问（借壳上市），对重大资产重组出具了相应的核查文件，YX 评估公司为评估机构；LX 会计师事务所作为保千里公司 2015 年重组的审计机构及后续保千里公司聘请的审计机构。2015 年 3 月 12 日，上市公司完成了该次发行的股份登记。DB 证券对上市公司重大资产重组项目持续督导期为 2015 年 2 月 17 日至 2018 年 12 月 31 日。

2015 年 6 月，保千里公司启动非公开发行项目。DB 证券接受保千里公司委托,担任保千里公司非公开发行项目的保荐机构和承销商。2016 年 7 月 29 日,非公开发行完成。DB 证券对上市公司非公开发行项目法定督导期为 2016 年 7 月 30 日至 2017 年 12 月 31 日。

2016 年 12 月 29 日,保千里公司发布公告称,公司因涉嫌信息披露违法违规,被中国证监会立案调查;如中国证监会最终认定公司存在重大信息披露违法行为,公司股票可能存在被实施退市风险警示及暂停上市的风险。

2017 年 7 月 24 日,保千里公司开盘价为 11.08 元/股,当日跌停价为 10.39 元/股;当晚,保千里公司宣布停牌。

2017 年 8 月 9 日,中国证监会下发行政处罚决定书,认定时任保千里电子公司董事长庄某及其一致行动人陈某昌、庄某 1 和蒋某杰在收购中达股份过程中,向评估机构提供 9 份虚假协议致使保千里电子公司评估值虚增,虚增评估值 2.74 亿元,损害了被收购公司中达股份及其股东的合法权益——中达股份为此支付的 1.29 亿股股份。中国证监会认定庄某及陈某昌、庄某 1 和蒋某杰的上述行为构成了 2014 年《证券法》第 214 条所述违法行为,中达股份的虚假信息披露行为违反了 2014 年《证券法》第 63 条、第 68 条的规定。中国证监会决定对保千里公司及相关当事人予以处罚。

2017 年 12 月 29 日,保千里公司股票复牌,复牌后股价一路跌停,曾连续 29 个跌停板。自此之后,保千里公司股价一直处在 1 元/股至 2 元/股。投资者损失惨重。

(二)监管处罚

针对保千里公司违规情况,保千里公司及相关责任人、三家中介机构受处罚情况如表 3 – 3 所示。

表 3 – 3　保千里案相关主体受处罚情况

序号	处罚日期	公司名称	处罚文书	处罚类型	处罚对象
1	2017 年 8 月 9 日	江苏保千里视像科技股份有限公司	中国证监会行政处罚决定书(江苏保千里视像科技股份有限公司、庄某、陈某昌等 12 名责任人员)	责令改正	公司本身、自然人股东、实际控制人、时任董事长、时任董事、时任独董

续表

序号	处罚日期	公司名称	处罚文书	处罚类型	处罚对象
2	2018年11月23日	YX资产评估有限公司	中国证监会行政处罚决定书(YX资产评估有限公司、梅某民、李某、龚某璐)	行政处罚	评估机构及其从业人员、法定代表人
3	2019年8月7日	YX资产评估有限公司	关于对江苏保千里视像科技集团股份有限公司评估机构YX资产评估有限公司及评估师梅某民、李某、龚某璐予以公开谴责的决定	公开谴责	评估机构及其从业人员
4	2019年9月17日	DB证券	关于对江苏保千里视像科技集团股份有限公司重大资产重组财务顾问项目主办人予以通报批评的决定	通报批评	证券公司从业人员
5	2019年12月3日	江苏保千里视像科技集团股份有限公司	中国证监会行政处罚决定书(江苏保千里视像科技集团股份有限公司、庄某、鹿某等24名责任人员)	行政处罚	公司本身、实际控制人、时任高管、时任董事长、时任董事、时任独董、时任董秘、时任监事、时任财务总监
6	2021年7月14日	LX会计师事务所(特殊普通合伙)	江苏证监局关于对LX会计师事务所(特殊普通合伙)及宣某辰、陈某采取出具警示函措施的决定	出具警示函	会计师事务所及其从业人员

2017年8月9日,中国证监会对保千里公司及相关人员作出〔2017〕78号行政处罚决定书,认定保千里公司披露的重组报告书草案及修订稿存在虚假记载,责令保千里公司整改,给予警告,并处以人民币40万元罚款,同时对相关责任人给予警告,并合计处以195万元罚款。

2018年11月23日,中国证监会对评估机构及相关人员作出行政处罚(对象为YX资产评估有限公司、梅某民、李某、龚某璐),认定YX评估公司对保千里电子公司全部股权项目进行资产评估时,未勤勉尽责,责令YX评估公司改正,没收评估业务收入100万元,并处以300万元罚款;对相关责任人给予警告,并合计处以13万元罚款。

2019年12月3日,中国证监会对保千里公司及相关人员作出〔2019〕141

号行政处罚决定书,认定保千里公司未按规定披露关联方及关联交易、对外担保情况、大股东股份被司法冻结事项,责令保千里公司整改,给予警告,并处以人民币 60 万元罚款,同时对相关责任人给予警告,并合计处以 260 万元罚款。

2020 年 4 月 1 日,江苏保千里视像科技集团股份有限公司收到上海证券交易所《关于对江苏保千里视像科技集团股份有限公司股票终止上市的决定》(上海证券交易所自律监管决定书〔2020〕85 号),上海证券交易所决定终止公司股票上市。

(三)诉讼判决

从 2017 年开始,陆续有机构及自然人投资者起诉保千里公司、相关责任人及中介机构要求赔偿其投资损失。保千里公司因实施证券虚假陈述行为被中国证监会以〔2017〕78 号、〔2019〕141 号行政处罚决定书处罚;DB 证券作为保千里公司 2015 年重组的独立财务顾问,上海证券交易所对其项目主办人作出〔2019〕76 号纪律处分决定书,且在重组后 DB 证券作为督导券商未能勤勉尽责履行督导义务;被告 YX 评估公司因相关评估违法行为被中国证监会以〔2018〕114 号行政处罚决定书处罚;被告 LX 会计师事务所作为保千里公司 2015 年重组的审计机构及后续保千里公司聘请的审计机构,未能及时发现保千里公司两次虚假陈述行为,没有尽到勤勉义务。投资者起诉请求判令保千里公司、DB 证券、YX 评估公司、LX 会计师事务所连带赔偿由此造成的损失。

该案例的一审法院判决[1]相关中介机构承担比例补充赔偿责任,具体为:

1. 江苏保千里视像科技集团股份有限公司因证券虚假陈述行为对投资者的投资损失承担赔偿责任。

2. YX 资产评估有限公司对保千里公司在 2014 年 10 月 30 日至 2016 年 12 月 29 日因证券虚假陈述行为对原告所负债务的 30% 部分承担补充赔偿责任,超出部分法院不予支持。

3. DB 证券在 10% 的范围内对保千里公司的证券虚假陈述民事责任承担补

〔1〕 参见(2020)粤 03 民初 4119 号、4120 号、4124 号、4202 号、4268 号、4273 号、4281 号、4282 号、4285 - 4287 号、4335 号、4336 号、4338 号、4340 号、4342 号、4344 号、4346 - 4348 号、6110 号、6751 - 6753 号、6774 - 6777 号、6779 号民事判决书。

充赔偿责任，其中，DB 证券在本案中只对原告在 2014 年 10 月 30 日至 2016 年 12 月 29 日的投资损失部分、对保千里公司的赔偿义务承担 10% 的补充赔偿责任，超出部分法院不予支持。

4. LX 会计师事务所就保千里公司在 2016 年 12 月 30 日至 2017 年 12 月 14 日在 15% 的范围内对保千里的证券虚假陈述民事责任承担补充赔偿责任。

该案二审法院改判中介机构承担比例连带赔偿责任，二审改判后的后期一审也判决中介机构承担比例连带赔偿责任。从 2017 年开始，陆续有机构及自然人投资者起诉保千里、相关责任人及中介机构要求赔偿其投资损失。根据法院生效判决，DB 证券对保千里公司在相关判决中对投资者所负债务的 10% 承担连带赔偿责任。

五、中安科案

在中安科案中，ZS 证券股份有限公司（以下简称 ZS 证券）一审被判决承担连带责任而二审被改判为承担比例连带责任，该案判决系我国证券虚假陈述责任纠纷案件中以“比例连带责任”确定中介机构赔偿责任的生效判决。

（一）基本案情

2014 年 6 月 10 日，ZS 证券出具《关于上海飞乐股份有限公司重大资产出售、发行股份购买资产并募集配套资金暨关联交易之独立财务顾问报告》。

2014 年 6 月 11 日，中安科公司发布《上海飞乐股份有限公司重大资产出售、发行股份购买资产并募集配套资金暨关联交易报告书（草案）》，披露了中安科公司通过向中恒汇志公司非公开发行股份的方式购买中恒汇志公司持有的中安消技术公司的 100% 股权。当日，中安科公司公告了包括资产评估报告和审计报告等重大资产重组文件。

2014 年 12 月 30 日，中安科公司就本次向中恒汇志公司发行股份购买资产总计 395, 983, 379 股普通股（A 股）股份向证券登记结算公司提交相关登记材料。同日，本次发行股份购买资产新增的股份完成登记。

2015 年 1 月 23 日，本次配套募集资金新增股份完成登记。至此，被告中安科公司本次重大资产重组实施完成。

(二)监管处罚

2016 年 12 月 24 日,中安科公司发布公告称:2016 年 12 月 22 日,中安科公司收到中国证监会调查通知书,决定对其进行立案调查。

2018 年 1 月 15 日及 2019 年 4 月 1 日,中恒汇志公司、中安科公司及中安消技术公司、相关人员分别收到中国证监会行政处罚及市场禁入事先告知书。

2019 年 5 月 30 日,中安科公司、中安消技术公司、中恒汇志公司、相关人员收到中国证监会行政处罚决定书、市场禁入决定书。中国证监会在处罚决定书中认定中安科公司及其相关责任人员构成 2014 年《证券法》第 193 条第 1 款所述"所披露的信息有虚假记载、误导性陈述或者重大遗漏的"情形。同时,中国证监会认定中安消技术公司属于《上市公司重大资产重组管理办法》第 4 条规定的"有关各方",以及 2014 年《证券法》第 193 条第 1 款规定的"其他信息披露义务人"。

(三)诉讼判决

系列投资者诉请中安科公司、中安消技术公司及该交易所涉的独立财务顾问 ZS 证券、审计机构和律师事务所连带赔偿虚假陈述造成的投资者损失。[1]

中安科案一审判决认定的虚假陈述事实为中安科公司在 2014 年 6 月 11 日公告的重大资产重组文件中虚增置入资产评估值、虚增 2013 年营业收入,一审并未判决 ZS 证券和审计机构对上市公司的赔偿义务承担比例连带责任,而是要求两者承担连带责任。

本案一审判决之后,ZS 证券、审计机构提起上诉,二审认定 ZS 证券应对"班班通"项目涉及的盈利预测事项的虚假陈述负责,审计机构应对"智慧石拐"项目涉及的营业收入事项的虚假陈述负责。二审改判两机构承担比例连带责任,即中安科公司和中安消技术公司向本案投资者承担连带赔偿责任,ZS 证券和审计机构分别对中安科公司的赔偿义务在 25% 和 15% 范围内承担比例连

〔1〕 参见上海金融法院民事判决书,(2019)沪 74 民初 1049 号;上海市高级人民法院民事判决书,(2020)沪民终 666 号。

带责任。

六、雅百特案

(一)基本案情

该案件系证券虚假陈述责任纠纷。山东雅博科技股份有限公司(原名江苏中联电气股份有限公司、江苏雅百特科技股份有限公司,以下简称雅百特公司)系深圳证券交易所上市公司,股票简称原为中联电气,后变更为雅百特。

2015年雅百特公司完成借壳上市,JY证券为雅百特公司借壳江苏中联电气股份有限公司业务的独立财务顾问。重大资产重组完成后,JY证券在法律规定的期限内承担持续督导责任,持续督导期至2018年12月31日。

(二)监管处罚

2017年4月8日,雅百特公司发布《关于收到中国证监会调查通知书的公告》。

2017年12月14日,中国证监会针对雅百特公司、陆某、顾某莉等21名责任人员作出〔2017〕102号行政处罚决定书。

2019年5月24日,中国证监会针对ZH所、孙某、顾某作出〔2019〕37号行政处罚决定书。

2019年7月5日,中国证监会针对JY证券、陈某飞、李某作出〔2019〕70号行政处罚决定书。

(三)诉讼判决

雅百特公司披露的2015年年报、2016年半年报以及2016年第三季报被中国证监会认定存在虚假记载的行为。相关投资者依此向公司及实际控制人提起民事诉讼,大部分投资者选择将JY证券和ZH所作为共同被告。本案2020年的一审判决[1]裁判JY证券和ZH所对雅百特公司的赔偿义务承担连带赔

---

〔1〕 参见山东省济南市中级人民法院民事判决书,(2020)鲁01民初3622号。

偿责任，二审[1]及后续的裁判文书判决[2]JY 证券对雅百特公司的赔偿义务在 20% 的范围内承担连带责任，ZH 所对雅百特公司的赔偿义务在 30% 的范围内承担连带责任。

1. 承担连带赔偿责任的判决

根据 Alpha 数据库检索结果，在本案 2020 年的一审判决中，法院认为证券法基于维护证券市场的公正、公平、公开之要求而给证券承销商、证券上市推荐人或者专业中介服务机构施加了法定的注意义务（勤勉尽责）。如果它们在知道或应当知道发行人或上市公司存在虚假陈述行为时不予纠正或者不出具保留意见，其行为就违反了法律规定的义务，属于共同的虚假陈述行为。这几类主体与发行人或者上市公司构成共同虚假陈述，无须存在意思联络或共同故意，因承销商、中介机构必须尽到勤勉职守的义务，以消除证券发行和交易中可能出现的虚假陈述。未尽到职责必然为发行人或者上市公司的虚假信息的公布提供了方便之门。根据 2014 年《证券法》第 163 条及《虚假陈述引发赔偿规定》第 27 条的规定，应认定 ZH 所和 JY 证券的行为，属于应当知道上市公司虚假陈述而不予纠正或不出具保留意见的情形，其与雅百特公司构成共同侵权，依法应当对投资者的损失承担连带赔偿责任。

2. 按比例承担连带赔偿责任的判决

二审及后续判决中，法院认为证券服务机构向投资者承担侵权赔偿责任以过错推定为归责原则，认定证券服务机构的责任范围应遵从责任与过错程度相当的侵权法基本法理。法院认为，证券服务机构履职时应当勤勉尽责，在各自的工作范围和专业领域应尽注意义务，制作、出具的文件有虚假记载、误导性陈述或重大遗漏的，应根据其故意、过失等不同过错程度确定其责任。本案中，雅百特公司是信息披露的当然义务人，也是披露基础信息的提供者，ZH 所、JY 证券系依据雅百特公司提供的基础信息发表意见，对该基础信息予以核查、验证、确认等。对投资者因证券虚假陈述行为造成的损失，雅百特公司承担严格责任，ZH 所、JY 证券未勤勉尽责、恪尽职守，其中 ZH 所存在获取审计证据不完

---

[1] 参见江苏省高级人民法院民事判决书，(2021)苏民终 563 号。

[2] 参见山东省济南市中级人民法院民事判决书，(2021)鲁 01 民初 1274 号、1302 号、1340 号。

整、执行审计程序不到位情况;JY 证券存在未进行必要审慎核查情况,均存在过失,应根据其过错承担相应的连带赔偿责任。JY 证券收到的中国证监会的行政处罚涉及 3 份报告,但仅向社会公众公告了《2015 年持续督导意见》,另 2 份向江苏证监局报送的专项核查意见未向社会公众公开,且无证据证明该 2 份专项核查意见对投资者的投资产生影响,故在确定 JY 证券责任时仅考虑《2015 年持续督导意见》的影响。《2015 年持续督导意见》涉及 2015 年度木尔坦项目和雅百特公司国内建材销售业务两项虚假陈述,《2015 年持续督导意见》在 2015 年年度报告之后向公众发布,两份报告内容存在部分重合,从雅百特公司股价的变化来看,《2015 年持续督导意见》对市场的影响小于 2015 年年度报告。法院结合 JY 证券的工作职责、过错程度以及不实报告对投资者的影响等因素,酌定 JY 证券在 20% 的范围内对雅百特公司证券虚假陈述民事责任承担连带赔偿责任。

七、昆明机床案

(一)基本案情

沈机集团昆明机床股份有限公司(以下简称昆明机床)系上海证券交易所及香港联合交易所上市公司。

2015 年 11 月 11 日,昆明机床发布《关于大股东转让公司股份签署协议公告》,公告沈机公司已与西藏紫光签署了股份转让协议,[1] 沈机公司拟向西藏紫光转让其持有的昆明机床 25.08% 股份。公告中未披露“3 个月自动解除”“获得云南各部门支持”的相关条款。

2015 年 11 月 12 日,沈机公司通过昆明机床披露了《简式权益变动报告书》,但该报告书未披露“3 个月自动解除”“获得云南各部门支持”的相关条款。

2015 年 11 月 12 日,西藏紫光通过昆明机床披露了《详式权益变动报告书》,该报告书未披露股份转让协议中“3 个月自动解除”条款和包括“获得云南

[1] 2015 年 11 月,沈机公司与西藏紫光还签署了股份转让协议之补充协议。截至 2016 年 2 月,股权转让终止,沈机公司未披露该补充协议。

各部门支持”条款在内的全部生效条件。同日,ZD 证券出具财务顾问声明随详式权益变动报告书一并公告,确认“已履行勤勉尽责义务,对本报告书的内容进行了核查和验证,未发现虚假记载、误导性陈述或者重大遗漏,并对此承担相应的责任”。同日,ZD 证券出具详式权益变动报告书之财务顾问核查意见,认为信息披露义务人已经按照《上市公司收购管理办法》及相关配套文件的规范要求,披露了信息披露义务人的基本情况、权益变动目的等信息,披露内容真实、准确、完整。ZD 证券在出具上述核查意见和声明时,未取得沈机公司和西藏紫光正式签署的股份转让协议,未通过核查发现该协议文本中的新增条款。

2016 年 2 月 5 日,昆明机床发布重大事项进展情况公告,提示协议中存在“3 个月自动解除”条款,股权转让协议将于 2 月 8 日自动解除,转让双方正在协商是否延期。

(二)监管处罚

2016 年 9 月 23 日,中国证监会出具行政处罚决定书(〔2016〕112 号)对 ZD 证券及直接负责的主管人员进行了相应处罚。

另外,中国证监会下发行政处罚决定书(〔2017〕18 号、〔2017〕45 号、〔2018〕17 号),对昆明机床、沈机公司、西藏紫光及直接负责的主管人员进行了相应处罚。

(三)诉讼判决

该案系证券虚假陈述责任纠纷。根据 Alpha 数据库检索结果,该案一审法院判决[1]ZD 证券与昆明机床、沈机公司、西藏紫光承担连带赔偿责任。ZD 证券、昆明机床、沈机公司、西藏紫光单独或共同提起上诉,未得到法院支持,二审法院维持原判。[2]

同时,值得注意的是,本案中部分投资者仅以 ZD 证券为被告提起诉讼,未同时诉请昆明机床、沈机公司、西藏紫光承担赔偿责任,其诉讼请求在一审中得

---

〔1〕 参见云南省昆明市中级人民法院民事判决书,(2017)云 01 民初 507 号。
〔2〕 参见云南省高级人民法院民事判决书,(2019)云民终 327 号。

到了法院的支持。[1] ZD 证券提起上诉，二审法院认为投资者有权诉请 ZD 证券与其委托人就证券虚假陈述行为承担连带赔偿责任，亦可诉请连带责任主体之一 ZD 证券单独承担赔偿责任，投资者对诉讼责任主体的选择，是其对诉权的自由处分，一审基于投资者的诉请及审理查明的事实，仅判令 ZD 证券承担赔偿责任，亦符合上述法律规定。ZD 证券认为一审法院在投资者未诉请西藏紫光承担赔偿责任的情况下，判令 ZD 证券单独承担赔偿责任错误的上诉理由，不能成立，法院未予支持，维持原判。[2]

八、英谷公司案

（一）基本案情

该案件系主办券商成功抗辩的典型案例。[3] 英谷公司股票于 2015 年 11 月 24 日起挂牌转让，ZT 证券股份有限公司（以下简称 ZT 证券）为推荐挂牌主办券商。在该案中，原告王某主张韩某海（系原告的前夫，原为东合公司控股股东，其配偶王某为英谷公司控股股东和实际控制人）在原告不知情的情况下伪造签字，将王某名下东合公司股权非法转让给傅某强、任某林；英谷公司设立后，韩某海伙同傅某强、任某林将东合公司原有客户逐步转移至英谷公司；原告诉称，ZT 证券作为英谷公司在新三板挂牌推荐主办券商，辅导东合公司采用注销、脱壳等手段与被告韩某海等共同恶意侵吞东合公司利益，具有共同侵权的主观故意和客观行为，应当共同承担连带赔偿责任。

（二）诉讼判决

尽管 ZT 证券在执业过程中存在不规范行为，但法院认定原告的损失非由 ZT 证券的行为引起，亦无证据证明 ZT 证券与本案其他被告存在恶意串通的行为，未支持原告要求 ZT 证券承担责任的诉讼请求。本案一审、二审判决均未判

〔1〕 参见云南省昆明市中级人民法院民事判决书，（2017）云 01 民初 2357 号。

〔2〕 参见云南省高级人民法院民事判决书，（2020）云民终 1049 号。

〔3〕 参见山东省青岛市崂山区人民法院民事判决书，（2018）鲁 0212 民初 20 号。

决 ZT 证券承担赔偿责任。

九、新乡日升案

(一)基本案情[1]

该案件亦系主办券商成功抗辩的典型案例,但该案亦警示证券公司,在相关方将中介机构尤其是证券公司列为连带责任赔偿被告的意愿日趋增强的背景下,主办券商如存在执业瑕疵可能面临诉讼隐患和赔付风险。

新乡日升数控轴承装备股份有限公司(以下简称新乡日升)曾申请在创业板上市但未通过,SWHY 证券有限公司(以下简称 SWHY 证券)是其保荐机构。2012 年 6 月,中国证监会对新乡日升首发申请作出不予核准的决定,认为新乡日升与新机公司等关联企业存在多项关联交易,交易必要性存疑,独立性存在瑕疵。新乡日升后于全国中小企业股份转让系统挂牌,SWHY 证券是其推荐挂牌主办券商。

新机公司与银行借款合同项下债权几经转让,剩余债权本息由黑石公司受让。黑石公司为实现案涉债权诉至法院,请求判令新机公司立即偿还黑石公司借款本金及利息,判令新乡日升等相关主体、SWHY 证券对该项请求承担连带清偿责任。黑石公司诉称,SWHY 证券作为主办券商,明知新乡日升与新机公司存在混同的情况下,于 2015 年再次作为新乡日升挂牌新三板的券商,在出具推荐报告时隐瞒了新乡日升与新机公司之间存在混同的情况,损害了黑石公司利益,应当对新机公司的债务承担连带赔偿责任。

(二)诉讼判决

SWHY 证券以出具报告真伪与原告债权无关等事由作为抗辩事由。一审、二审法院均认可该抗辩事由,认为 SWHY 证券因推荐报告的真伪而产生的法律责任与新机公司无关,黑石公司不能证明 SWHY 证券在出具推荐报告时故

---

[1] 参见河南省新乡市人民法院民事判决书,(2016)豫 07 民初 171 号;河南省高级人民法院民事判决书,(2018)豫民终 1567 号。

意隐瞒相关事实，遂驳回了黑石公司关于 SWHY 证券承担连带赔偿责任的诉请。

十、"13 鸿润债"案

本案为债券持有人与承销商就伪造的保证合同产生的纠纷。

(一)基本案情

2013 年 9 月，莒南县鸿润食品有限公司(以下简称鸿润公司)经上海证券交易所批准发行中小企业私募债券，发行规模不超过人民币 1 亿元，债券承销机构为 GZ 证券股份有限公司(2020 年 1 月更名为 ZX 证券 HN 股份有限公司，以下简称 ZXHN 证券)。

案涉债券募集说明书对于担保情况的表述为：莒南国资公司已与鸿润公司就本期私募债券签订了担保函和担保协议，为本期债券的还本付息提供总额不超过 10,000 万元的无条件不可撤销连带责任保证担保。

HJ 证券有限责任公司(2017 年 8 月 7 日更名为 ZTGF 证券有限公司，以下简称 ZTGF 证券)通过国联汇盈 19 号定向资产管理计划持有 5000 万元"13 鸿润债"。宁夏银行股份有限公司认购 5000 万元。

"13 鸿润债"于 2015 年 11 月 6 日到期后，因鸿润公司无法按时向持有人偿付债券本息，鸿润公司与 ZTGF 证券、宁夏银行股份有限公司于 2016 年 3 月 14 日签订《关于莒南县鸿润食品有限公司中小企业私募债券的延期兑付协议》，约定本期债券的延期兑付期限为 2015 年 11 月 6 日至 2016 年 5 月 6 日，延期兑付期间的利息按原票面利率 9.5% 计算。上述协议签订后，鸿润公司仍未按延期期限兑付，案涉债券违约。

(二)监管处罚

2020 年 6 月 5 日，广东证监局出具《关于对 ZX 证券 HN 股份有限公司采取出具警示函措施的决定》。经查，ZXHN 证券在担任"13 鸿润债"承销商过程中，存在尽职调查工作不充分问题，反映出 ZXHN 证券在中小企业私募债券业务开展过程中内部控制不完善。根据《证券公司监督管理条例》第70条的规定，广东证券局决定对ZXHN证券采取出具警示函的行政监管措施。ZXHN证券应完善内部控制，依法合规开展业务，并对责任人员进行内部问责，于收到决定书30日内向广东证券局报送内部问责情况。

（三）诉讼判决

由于债券违约给持有人造成损失，为挽回投资损失，持有人（本篇以ZTGF证券为代表）提起了以下两项诉讼：

1. 对担保人的诉讼

担保人莒南国资公司以担保协议伪造为由，拒绝承担担保责任。ZTGF证券认为，其作为债券持有人在出资购买前，仅能通过上交所、承销商的备案与发行资料和信用评级机构对该私募债的信用评级了解该私募债的基本信息，而无法对包括担保资料在内的备案和发行资料的真实性进行审查，其无义务对担保资料的真实性进行审查，也没有能力去核实与辨别担保资料上印章的真伪，因此要求担保人莒南国资公司承担担保责任。

一审法院认为ZTGF证券要求莒南国资公司为涉案债务的偿还承担担保责任的诉请并无事实和法律依据，未对ZTGF证券的诉讼请求予以支持，ZTGF证券不服一审判决，上诉至山东省高级人民法院，二审维持原判。[1]

2. 对中介机构及发行人董监高的诉讼

由于法院未对ZTGF证券要求担保人莒南国资公司承担担保责任的诉请予以支持，为挽回投资损失，ZTGF证券对案涉债券的中介机构，即承销商ZXHN证券、法律服务机构山东SX律师事务所律师（以下简称SX所）、发行人董监高提起诉讼，要求上述机构和人员承担连带赔偿责任。一审法院认为ZXHN证券在募集文件中存在虚假陈述，判决其承担赔偿责任。

ZXHN证券不服一审判决，ZTGF证券也对一审判决存在部分异议，故ZXHN证券、ZTGF证券均向山东省高级人民法院上诉，要求SX所、发行人董监高承担连带赔偿责任。

[1] 参见山东省高级人民法院民事判决书，（2018）鲁民终577号。

一审、二审法院均认为，ZXHN 证券作为本期债券发行的承销商，在本期债券发行过程中未勤勉尽责，应承担赔偿责任，ZXHN 证券对上述判决不服，向最高人民法院申请再审。最高人民法院于 2022 年 12 月 12 日作出发回重审的判决，目前尚未查询到判决结果。本案虽未有最终结果，但具有一定的典型性，即本案是债券持有人与承销商伪造保证合同纠纷，提请各证券公司注意。

十一、安顺虹阳案

该案件系典型的债券融资项目收费纠纷，涉及回售选择权和发行期限计算，对证券公司规范债券承销协议具有借鉴意义。

（一）基本案情

2016 年 3 月 25 日，安顺虹阳国有资产投资营运有限责任公司（以下简称安顺虹阳）董事会决议通过：同意安顺虹阳非公开发行债券，期限 5 年，附第 3 年末票面利率选择权和投资者回售选择权，该决议由董事签字及安顺虹阳签章确认。

2016 年 3 月 27 日，安顺虹阳与 GJ 证券签订《安顺虹阳国有资产投资营运有限责任公司非公开发行 2016 年公司债券承销协议》，约定 GJ 证券为安顺虹阳非公开发行总额不超过 10 亿元的公司债券；债券发行期限为 5 年，附第 3 年末发行人上调票面利率选择权和投资者回售选择权；经双方协商，在本期债券成功发行后，安顺虹阳向 GJ 证券一次性支付承销费用，承销费为本次实际发债规模的 1.5%。

2017 年 7 月 20 日，安顺虹阳面向合格投资者发布《非公开发行 2016 年公司债券募集说明书》，载明债券发行基本条款，债券期限为 5 年，附第 3 年末发行人上调票面利率选择权和投资者回售选择权。该说明书由安顺虹阳法定代表人、全体董事、全体监事、全体非董事高管以及作为主承销商和受托管理人的 GJ 证券的法定代表人、项目负责人、项目人员的签字确认，同时安顺虹阳、GJ 证券签章确认。

2016 年 7 月 29 日，债券发行成功，发行金额为 10 亿元。同年 8 月 2 日，GJ

证券向安顺虹阳分两笔共计转账 9.85 亿元,一次性扣除了承销费 1500 万元。

2016 年 8 月 18 日,安顺虹阳非公开发行的 2016 年公司债券(第一期)在上海证券交易市场固定收益证券综合电子平台挂牌,公告内容载明债券 16 虹阳 01 发行总额 10 亿元,债券期限 5 年,附第 3 年末票面利率选择权和投资者回售选择权。

(二)诉讼判决

2018 年,GJ 证券告知安顺虹阳债券投资者可要求回售,安顺虹阳在各有关部门的协调下与债券投资者进行展期协商,均未果。安顺虹阳提前兑付了债券 8.5 亿元,剩余 1.5 亿元展期了 6 个月。

安顺虹阳主张,因 GJ 证券一次性收取了 5 年承销期的费用,折抵实际发行期间后,应当按比例向安顺虹阳退还未发行期间的承销费共计 577.5 万元,该诉请未得到法院支持。一审法院认为,安顺虹阳与 GJ 证券在承销协议中明确约定有附第 3 年末发行人上调票面利率选择权和投资者回售选择权,且该项承诺系安顺虹阳通过其董事会决议作出,同时面向合格投资者的募集说明书中也载明了该项内容,经安顺虹阳和 GJ 证券签章及其相关人员签字确认,故安顺虹阳在债券的整个发行过程中均知晓并认可对投资者的该项承诺,即在发行前就知道预期投资者存在第 3 年末选择债券回售的可能,现安顺虹阳称该项内容非其真实意思表示,系 GJ 证券自行添加导致债券提前兑付,要求 GJ 证券按照实际债券发行期限折抵相应承销费用后退还,缺乏事实和法律依据,不予支持。[1] 安顺虹阳提起上诉,二审判决驳回上诉,维持原判。[2]

十二、中融公司案

律师费在诉讼成本中占比并不低,该案涉及律师费损失、保全保险费的承担问题,具有参考意义。

---

〔1〕 参见四川省成都市青羊区人民法院民事判决书,(2020)川 0105 民初 6988 号。

〔2〕 参见四川省成都市中级人民法院民事判决书,(2021)川 01 民终 1066 号。

（一）基本案情

2017年6月26日，茂典公司与XX股份公司及ZX证券签订《茂典多策略5号私募证券投资基金合同》，XX股份公司为基金委托人，茂典公司为基金管理人，ZX证券为基金托管人。基金管理人的权利包括：按照有关规定及合同约定，行使因基金财产投资所产生的权利；以基金管理人的名义，代表私募基金与其他第三方签署基金投资相关协议文件、行使诉讼权利或者实施其他法律行为。上述基金管理计划于2017年6月15日在中国基金业协会备案。

2017年，中融公司公开发行了40亿元的公司债券，茂典公司通过“茂典多策略5号私募证券投资基金”持有上述债券。中融公司聘请GD证券作为债券受托管理人，并与其签订了《中融新大集团有限公司公开发行公司债券受托管理协议》，约定中融公司不能偿还债务时，GD证券可以接受全部或部分债券持有人的委托，以自己的名义代表债券持有人提起民事诉讼、参与重组或者破产的法律程序。

（二）诉讼判决

中融公司未按时支付本期债券的本金和/或利息后，茂典公司起诉中融公司，并追加GD证券为第三人。一审争议焦点为：一是茂典公司是否具有诉讼主体资格；二是中融公司的责任承担。一审法院审理认为：关于争议焦点一，茂典公司作为案涉债券的持有人，可以以自己名义单独采取相关行动，其具备本案诉讼主体资格。关于争议焦点二，虽然募集说明书对于具体违约责任的承担并无约定，但茂典公司有权要求中融公司承担相应的违约责任。因资金被占用，茂典公司必然产生损失，一审法院酌定按票面利率7%计收资金占用期间所造成的损失。另外，茂典公司要求中融公司赔偿律师费损失、保全保险费，因募集说明书未就此明确约定，也不属于茂典公司为实现债权必然产生的费用，中融公司在订立合同时无法预见到该部分损失，故对于茂典公司该项主张，不予支持。中融公司提起上诉，二审法院维持原判。[1]

---

〔1〕 参见上海市静安区人民法院民事判决书，（2021）沪0106民初10014号；上海金融法院民事判决书，（2022）沪74民终978号。

第三章　投资银行业务民事诉讼法理分析

纳入分析的合同纠纷类案件较多涉及合同无约定或约定不明,其法律关系并不复杂。因此,本章主要阐述投资银行业务证券虚假陈述责任纠纷案件涉及的法律问题。

一、中介机构承担责任形式法理分析

就中介机构承担责任的形式而言,一方面,虽然目前司法实践已有大量的证券虚假陈述案件审理经验,但对于中介机构应当承担何种责任,实践中尚未形成统一的结论;另一方面,随着比例连带责任判决数量的增加,法院对比例连带责任的认识也逐渐加深,适用这一责任形式的案件占比逐渐提高。

我国现行法律中,多数人侵权责任类型包括连带责任〔1〕(含不真正连带责任)〔2〕、按份责任〔3〕与补充责任。〔4〕 上市公司与中介机构就信息披露的虚假

〔1〕 连带责任是指两方或多方当事人因同一原因对共同债务承担全部或者部分责任的一种民事责任。不真正的连带责任是指每个债务人因不同的原因对同一债权人有数项与标的相同的债务。区别在于两个以上的债务人因同一原因对债权人承担连带责任,但两个以上的债务人只能以不同的理由对债权人承担不真正的连带责任。连带责任按照责任人承担责任的先后顺序分为一般连带责任和补充连带责任。一般连带责任是指各责任人之间不分主次,任何一个人都无条件对债务(或责任)承担连带责任。补充连带责任则是指连带责任人之间责任的承担有先后顺序,只有在第一责任人不承担或不能承担责任的情况下,其他的责任人才承担连带责任。

〔2〕 在《民法典》侵权责任编一般规定中,与证券虚假陈述相关的连带责任主要包括第1168条的共同侵权、第1171条的连带责任型无意思联络的数人侵权(每个人的侵权行为都足以造成全部损害)。《民法典》第1168条规定:"二人以上共同实施侵权行为,造成他人损害的,应当承担连带责任。"《民法典》第1171条规定:"二人以上分别实施侵权行为造成同一损害,每个人的侵权行为都足以造成全部损害的,行为人承担连带责任。"

〔3〕 按份责任是指《民法典》第1172条规定的按份责任型无意思联络的数人侵权(每个人的侵权行为并不都足以造成全部损害)。《民法典》第1172条规定:"二人以上分别实施侵权行为造成同一损害,能够确定责任大小的,各自承担相应的责任;难以确定责任大小的,平均承担责任。"

〔4〕 补充责任未见于一般规定,仅适用于特别侵权行为,散落在《民法典》及特别法中。

陈述向投资者承担赔偿责任构成多数人侵权责任。比例连带责任基础的实质法理,需在多数人侵权责任的框架下探索。

《证券法》第85条[1]以及《虚假陈述引发赔偿规定》、《虚假陈述侵权赔偿规定》的连带责任规定,构成特别法,证券虚假陈述侵权行为应优先适用相关规定。不过,仍应明确《证券法》规定的连带责任是侵权责任中的特殊规定,这有利于理解相关连带责任的深层原理,进而弄懂"比例连带责任"。

(一)《证券法》规定的连带责任是何种多数人侵权责任

1. 第一种理解:特别法对共同侵权之连带责任的复述或拟制

这一理解的首要工作是明确"共同侵权"的定义,而法律界对此争议颇大。参与《民法典》立法同志主编的书中认为,共同侵权行为的所谓"共同实施",包括共同故意、共同过失、故意行为与过失行为相结合,不能狭义地将共同实施理解为共同故意。[2] 最高人民法院《民法典》贯彻实施工作领导小组在《中华人民共和国民法典侵权责任编理解与适用》一书中强调,除数人对违法行为有通谋或共同认识外,数人所为不法侵权行为在客观上为被害人因此所生损害的共同原因,亦应属于共同侵权。[3] 与上述思路类似,部分学者认为基于共同行为安排而作出存在时间先后的侵权行为,可以构成共同侵权。[4]

上市公司等信息披露义务人作出信息披露,中介机构负责核查、验证信息披露,发表意见。以上活动最终指向信息披露结果,信息披露结果又直接误导投资者并造成损失,信息披露义务人与中介机构的行为可理解为一种具有共同关联性的活动。因此,一种可能的解释是,不论中介机构的过错状态

---

[1] 《证券法》第85条规定:"信息披露义务人未按照规定披露信息,或者公告的证券发行文件、定期报告、临时报告及其他信息披露资料存在虚假记载、误导性陈述或者重大遗漏,致使投资者在证券交易中遭受损失的,信息披露义务人应当承担赔偿责任;发行人的控股股东、实际控制人、董事、监事、高级管理人员和其他直接责任人员以及保荐人、承销的证券公司及其直接责任人员,应当与发行人承担连带赔偿责任,但是能够证明自己没有过错的除外。"

[2] 参见黄薇主编:《中华人民共和国民法典侵权责任编释义》,法律出版社2020年版,第17~18页。

[3] 参见最高人民法院民法典贯彻实施工作领导小组主编:《中华人民共和国民法典侵权责任编理解与适用》,人民法院出版社2020年版,第53~54页。

[4] 参见叶金强:《解释论视野下的共同侵权》,载《交大法学》2014年第1期。

为故意还是过失，其与上市公司等信息披露义务人均构成共同侵权，应负连带责任，《证券法》规定的连带责任只是对共同侵权法律原理的复述而非特别规定。[1]

2. 第二种理解：法政策考量下，特别法实质修改了按份责任型无意思联络的数人侵权

在认定共同侵权需要共同故意、共同侵权应予适当限缩的观点下，在上市公司与中介机构不存在串通合谋而仅有过失时，可将其解释为无意思联络的数人侵权。又因为信息披露错误是披露义务人提供信息有误、多重中介机构把关不严的综合结果，中介机构未尽勤勉义务等行为并不足以造成虚假陈述的全部损害后果，故上市公司与中介机构应构成《民法典》第 1172 条规定的按份责任型无意思联络的数人侵权。[2] 这一理解下，上市公司与中介机构本应各自承担按份责任，而《证券法》规定的连带责任，实质是在证券虚假陈述领域，修改了一般法下按份责任型无意思联络的数人侵权的责任承担形式。

（二）侵权责任体系下比例连带责任如何产生

1. 共同侵权模式下，比例连带责任理论上更应当是由于中介机构等被告仅对部分虚假陈述事项负责，与过错程度、原因力大小等因素无关

共同侵权模式下，只要某主体被认定为共同侵权人，那么其就应当对侵权事实负责并承担连带责任，无须再评估中介机构的过错程度、侵权行为与投资者损失的原因力大小，并在此基础上调减连带责任的比例。原因在于，共同侵权中，责任范围是由侵权行为与损失之间的因果关系调节的，主观过错是侵权人的归责要件，只关乎某一主体是否应承担侵权责任，而不影响责任范围。

---

〔1〕参见张会会、游冕：《"中安科案"评析：比例连带责任和前置程序的新理解|金融汇》，载知乎"天同律师事务所"2021 年 5 月 31 日，https://zhuan/an. zhihu. com/p/376846320。

〔2〕《民法典》第 1172 条规定："二人以上分别实施侵权行为造成同一损害，能够确定责任大小的，各自承担相应的责任；难以确定责任大小的，平均承担责任。"

除非原告起诉了多个侵权事实,而该主体仅对其中部分侵权事实负责,那么该主体相应也就只对部分侵权事实承担连带责任,由此构造出"比例连带责任"。证券虚假陈述责任纠纷中,尤其在行政处罚同时认定多项虚假陈述事实的情况下,投资者可能在同一诉讼中起诉多项虚假陈述行为。此外,有时某一生活用语里的虚假陈述事实,如"财务造假",也可能对应多项数据、多个阶段的虚假陈述,实际上可以分割为法律意义上的多项虚假陈述事实。只要每项虚假陈述事实均满足重大性的要求,那么就可以作为相对独立的虚假陈述责任基础来审理。对此,中介机构因其工作范围、专业领域中特别注意义务与一般注意义务的不同,完全可能仅就多个虚假陈述事实中的部分虚假陈述事项存在过错,最终便只应对部分虚假陈述事项导致的损失承担连带责任,表现出的结果便是"比例连带责任"。

2. 无意思联络的数人侵权模式下,比例连带责任来自裁判者对应负责行为、过错程度、原因力大小的综合衡量

在一般性的无意思联络的数人侵权行为中,只要不构成《民法典》第1171条"每个人的侵权行为都足以造成全部损害的",各侵权人只需对外承担按份责任。至于各自的责任大小如何,应比较各侵权人的过错和原因力来确定,过错有程度差异较为容易理解,原因力是指违法行为对损害结果发生或扩大的作用力。[1]

在证券虚假陈述领域,上市公司、实际控制人等信息披露义务人若有意提供虚假信息,中介机构在没有串通共谋的情况下,因调查手段有限而可能不易发现虚假陈述,过错程度相对较低,在虚假陈述信息产生的过程中亦居于次要地位,且如前所述,中介机构核查存在过失的事项可能只是最终虚假陈述事项的其中一部分。因此,如证券虚假陈述因无特别法规制而适用侵权责任的一般规定,则中介机构在过失情形下应当仅负较小的赔偿责任,而非全额的连带

〔1〕 参见黄薇主编:《中华人民共和国民法典侵权责任编释义》,法律出版社2020年版,第28页;最高人民法院民法典贯彻实施工作领导小组主编:《中华人民共和国民法典侵权责任编理解与适用》,人民法院出版社2020年版,第86~87页。

责任。

但《证券法》规定的连带责任毕竟确定了责任承担形态。就此,裁判者更多依据无意思联络的数人侵权的模型,兼顾“责任与侵权行为、主观过错程度相匹配”的法律适用理念,在连带责任的法律框架内作出调整,形成富有特色的“比例连带责任”。

(三)侵权责任体系下比例连带责任在司法实践中的应用

在华泽钴镍案中,一审法院区分了中介机构的过错程度并据此判决其承担比例连带赔偿责任,这是司法实践中对“比例连带责任”规则的一次尝试,尽管该案二审改判中介机构承担连带责任,但这也是对刚性连带责任的一种突破。

中安科案判决系我国证券虚假陈述责任纠纷案件中以“比例连带责任”确定中介机构赔偿责任的生效裁判。该案适用比例连带责任的基础,是中介机构仅对部分虚假陈述事项负责,同时加入过错程度与原因力的考量,司法理念上偏向无意思联络的数人侵权模式。该案一审判决适用共同侵权模式,判决中介机构承担100%连带责任。二审判决的事实梳理着重于区分独立财务顾问ZS证券与审计机构各自应负责任的虚假陈述事项,并在区分两项虚假陈述事项的基础上作出裁判,似乎是在共同侵权模式下,依据各中介机构仅对部分虚假陈述事项负责而适用比例连带责任。但实际上,二审判决最终认定的重要虚假陈述事项实际就是盈利预测(ZS证券应对“班班通”项目及其导致的盈利预测虚假陈述负责)和营业收入(审计机构应对“智慧石拐”及其导致的虚增营业收入负责),那么在共同侵权模式下,鉴于二审判决认定ZS证券与审计机构两者合起来几乎对全部虚假陈述事实负责,那么理论上两者应承担的连带责任比例相加也会接近100%,而非40%(25% +15%)。而且,二审判决在适用比例连带责任时强调,判决中介机构承担法律责任时,应考量过错程度、原因力等因素。可见,二审判决的观点与共同侵权模式下不依据过错、原因力调减责任范围并不相同。此外,本案判决并未提到“共同侵权”的表述。不难发现，二审判决是在区分信息披露事项的基础上，依据过错与原因力大小调整了中介机构的连带责任范围，该司法理念更偏向无意思联络的数人侵权模式。

此前在保千里案一审中，法院从法律规范的历史沿革背景、中介机构的工作特点和成本考量、侵权责任的基础模式等方面论证了专业中介服务机构对与其有关的证券虚假陈述行为是否承担民事赔偿责任、承担何种性质的民事赔偿责任，认为该责任取决于不同行为的性质、主观过错种类和过错程度，责任与过错应该相适应。最终，该案一审判决相关中介机构承担比例补充赔偿责任。实际上，保千里案一审判决相当契合侵权补充责任的一般模型：侵权人之一实施故意加害行为，侵权人之二仅为过失不作为，侵权人之二在此情境下对被侵权人承担补充责任殊为常见且符合责任分担原理。[1] 而且，补充责任的本质是补充性连带责任，[2]实际也没有超出连带责任的最大范畴，故保千里案一审判决适用补充责任为证券虚假陈述责任的比例划分问题带来了新的实务理解，一定比例的补充责任是在无意思联络的数人侵权模式下对证券虚假陈述责任判定的一种有益探索。后该案二审判决改判相关中介机构承担比例连带责任。

二、证券虚假陈述责任纠纷案件诉讼关键问题

（一）谨慎认定实施日、揭露日、更正日和基准日

实施日、揭露日、更正日和基准日的认定直接关系损失范围的认定和赔偿金额的计算，证券公司在应诉过程中应高度重视这四个日期。

XY 证券作为欣泰电气首次公开发行并上市的保荐机构及主承销商，为充分赔付因欣泰电气欺诈发行而遭受投资损失的投资者，在《关于设立欣泰电气欺诈发行先行赔付专项基金的公告》中所公布的赔付方案中，认定了两

---

〔1〕 参见孙华璞：《关于补充责任问题的思考》，载《人民司法（应用）》2018 年第 1 期。
〔2〕 参见孙华璞：《关于补充责任问题的思考》，载《人民司法（应用）》2018 年第 1 期。

个更正日,[1]扩大了赔付范围。从最终结果来看,超过95%的适格投资者选择接受先行赔付,反映出绝大部分投资者当时是认同XY证券发布的赔付方案的。在相关民事诉讼案件中该赔付方案也被法院认定为合理合法。

华泽钴镍案一审认定虚假陈述揭露日为行政处罚及市场禁入事先告知书公告之日,据此认定基准日为2019年7月5日,基准价为3.72元;二审根据《九民纪要》将虚假陈述揭露日改为华泽钴镍披露被中国证监会立案调查之日,并对应调整投资差额损失计算的基准日,认定基准日为2015年11月30日,基准价为19.87元。

---

[1] 根据XY证券在《关于设立欣泰电气欺诈发行先行赔付专项基金的公告》中公布的赔付方案,赔付范围包括:

(一)一级市场适格投资者赔付

在欣泰电气首次公开发行股票时申购新股(包括欣泰电气向社会公众公开发行的股份和符合公开发售条件的股东向社会公众公开发售的股份),在欣泰电气股票上市后卖出欣泰电气新股或仍持有欣泰电气新股而存在亏损的投资者,为一级市场新股投资损失赔付的适格投资者。

欣泰电气欺诈发行事件责任方和首次公开发行前持有欣泰电气股份的股东,及前述主体的关联人,不属于先行赔付对象。

(二)二级市场适格投资者赔付

欣泰电气股票上市后,投资者对欣泰电气股票的交易具备如下情形之一的,为二级市场损失赔付的适格投资者:

1. 自欣泰电气股票上市之日起至2015年11月26日买入欣泰电气股票,且在2015年11月27日及以后因卖出欣泰电气股票或者因持续持有欣泰电气股票至退市,扣减市场风险因素所致损失后仍存在投资差额损失的;

2. 自2015年11月27日起至2015年12月10日买入欣泰电气股票,且在2015年12月11日及以后因卖出欣泰电气股票或者因持续持有欣泰电气股票至退市,扣减市场风险因素所致损失后仍存在投资差额损失的。

欣泰电气欺诈发行事件责任方和首次公开发行前持有欣泰电气股份的股东,及前述主体的关联人,不属于先行赔付对象;欣泰电气大股东及董事、监事、高级管理人员增持买入欣泰电气股票,不属于先行赔付对象;因政策性增持买入欣泰电气股票的,不属于先行赔付对象。

说明:

①2014年1月15日:欣泰电气在指定媒体刊登《首次公开发行股票并在创业板上市招股说明书》,该日是欣泰电气虚假陈述的实施日。

②2015年11月27日:欣泰电气于该日开市前在指定媒体刊登《关于对以前年度重大会计差错更正与追溯调整的公告》,该日是欣泰电气虚假陈述的第一次更正日。

③2015年12月10日:欣泰电气于该日收市后发布《关于2015年半年度财务报告会计差错更正的公告》,该日是欣泰电气虚假陈述的第二次更正日。

④考虑到欣泰电气欺诈发行将导致欣泰电气退市,为充分保护适格投资者利益,本次先行赔付不设基准日,按适格投资者实际买卖价差计算投资差额损失。

(二)投资损失与虚假陈述之间因果关系的认定

1. 系统风险和非系统风险因素扣除

在虚假陈述民事责任纠纷诉讼中,还应高度关注依法扣除因系统风险和非系统风险造成的损失。以雅百特案为例,该案认定的虚假陈述实施日至基准日,刚好涵盖了我国证券业施行“指数熔断”机制的期间,且在该案的虚假陈述实施日至基准日,上证指数、案涉股票所在的行业板块综合指数确实存在一定程度下跌。故在该期间,该案原告的投资损失部分应是系统风险所致,该部分损失不应由各被告承担,理应在计算投资差额损失赔偿数额时予以扣除。至于应当扣除的比例,我国相关法律没有规定明确的计算标准,法院综合本案实际酌情认定原告损失的30%是系统性风险所致。

中安科案中,法院依据上市公司的申请委托上海交通大学中国金融研究院核定投资者损失金额。该研究院出具的损失核定意见书运用多因子模型法(不仅考虑大盘因素、行业因素、* ST 因素,还考虑了部分个股风格因素)、事件分析法(根据不同投资者的不同交易时间段分别核定其是否受重大事件影响以及受影响程度),核定了虚假陈述外其他因素引发的中安科股票模拟日收益率,据此计算出投资者因系统风险等其他因素产生的投资差额损失。该案最终核定的投资者损失远低于投资者诉请金额。

因此,此类案件中因标的股票在特定期间的走势等差异较大,不同损失计算方法的确定也会带来明显差异,应当予以重视。

2. 过错程度影响责任比例认定

关于证券虚假陈述民事赔偿中,证券服务机构存在过错及虚假陈述行为时是否一概承担全额连带责任问题,亦是相关诉讼过程中的争议焦点。例如,个别证券公司因对再融资认购主体自有资金来源梳理不准确,被认定为未勤勉尽责,但对该事项未勤勉尽责并不是投资者认购的决策关键因素,该事项与投资损失之间不具有因果关系。但在早期的证券虚假陈述民事责任纠纷中,中介机构提出过错及原因力抗辩的作用非常有限,法院一般不认可。

中安科案一审判决适用共同侵权模式，判决中介机构承担100%连带责任。二审判决在适用比例连带责任时强调，判决中介机构承担法律责任时应考量过错程度、原因力等因素。二审判决在区分信息披露事项的基础上，依据过错与原因力调整了中介机构的连带责任范围，该司法理念更偏向无意思联络的数人侵权模式。除此之外，法院在五洋债案中对律师事务所及评估机构的判决、康美药业案判决、雅百特案二审及后续判决中都采取“比例连带责任”的裁判思路，即根据过错程度判决各中介机构在具体比例范围内承担连带赔偿责任。随着法院逐渐意识到机械适用全额连带责任会带来责任承担不公平的结果，在司法判例中，越来越多的法院采用了比例连带责任这一责任承担方式。

（三）认定事由是否满足重大性

如前所述，随着行政处罚前置程序的取消和民事审判的不断精细化，不论裁判者以共同侵权模式还是以无意思联络的数人侵权模式来审视证券虚假陈述责任纠纷，责任划分和减免都应首先厘清每一个虚假陈述事项是否满足重大性，再依据中介机构职责明确其是否仅对其中部分虚假陈述事项负责。因此，证券公司可梳理虚假陈述认定事由是否满足重大性及可能对投资者投资决策具有重要影响，并据此进行抗辩。

（四）行政处罚事由并不必然印证因果关系

在民事审判实务中，虚假陈述民事责任纠纷案件行政前置程序已被取消，相关司法解释也明确取消了行政处罚与虚假陈述民事责任认定的直接关联，无论有无行政处罚，法院均会主动审查证券中介机构的民事责任是否成立。在证券虚假陈述责任纠纷诉讼中，中介机构未被实施行政处罚、行政监管措施或纪律处分，但被法院认定承担责任的案例已屡见不鲜。同时，审判实践中也已经出现个别案例，在这些案例中，监管机构已认定存在虚假陈述事实，但法院认为相关虚假陈述不具有重大性，从而判决中介机构不承担责任。

白兔湖公司案中,[1]因法院认为本案原告在新三板股票定向发行中签订股份认购合同认购股票属于《虚假陈述引发赔偿规定》第3条第2项规定情形,故在案件审理中未适用《虚假陈述引发赔偿规定》。法院认定原告依据白兔湖公司的虚假陈述行为主张赔偿责任,不能适用关于投资损失与虚假陈述之间推定存在因果关系的规则,而应以普通民事侵权构成要件作为行为人归责的前提依据,原告应举证证明其投资损失与白兔湖公司的虚假陈述行为之间存在因果关系,且该因果关系既包括虚假陈述与投资决定之间的因果关系,也包括虚假陈述与投资损失之间的因果关系,两者缺一不可。原告基于对白兔湖公司虚假陈述的信赖,认购该公司股份,应当认定其投资行为与白兔湖公司的虚假陈述存在一定的因果关系。原告在认购白兔湖公司股权后,白兔湖公司因经营不善、资金链断裂等因素进入破产重整程序,依据该重整计划草案,原告所持股份股权价值清零,投资损失亦客观存在。但其投资损失的直接原因为白兔湖公司因资不抵债进入破产程序后股权价值清零,而白兔湖公司的虚假陈述行为并不必然导致该公司进入破产程序,原告投资损失与白兔湖公司的虚假陈述行为之间并未形成完整的因果关系链条,依据现有证据难以认定原告投资损失与白兔湖公司的虚假陈述行为之间存在因果关系。

以登云股份案为例,本案中法院认定上市公司、保荐机构不承担民事责任的主要理由在于:基于系统风险,原告的损失与被告的虚假陈述行为之间没有必然因果关系。在具体案件中,原告的投资损失产生于虚假陈述揭露之前,造成该部分损失的主要原因为系统风险。而虚假陈述揭露后,登云股份的股价并

---

[1] TPY证券是白兔湖公司2014年新三板挂牌及持续督导主办券商,同时是白兔湖公司2016年5月非公开定向发行股票主办券商。投资者(原告)于2016年6月以现金认购被告本次非公开定向发行股票。2020年10月9日,(2020)皖08破1—4号民事裁定书裁定批准白兔湖公司重整计划草案,经重整后原白兔湖公司股东持有的白兔湖公司全部股权清零,让渡至通过债转股方式受偿债权的债权人或投资人名下。原告认为白兔湖公司存在公开造假、虚增利润、重大诉讼仲裁事项未及时披露等问题,同时TPY证券、ZSH会计师事务所等实施相应违法行为给其造成了经济损失,请求法院判令被告赔偿经济损失包括投资款以及利息损失,被告TPY证券、ZSH会计师事务所等对以上债务承担连带赔偿责任。一审法院认为原告诉请无事实和法律依据,依法不予支持,驳回原告诉讼请求。原告上诉,二审法院认为,依据现有证据难以认定原告投资损失与白兔湖公司的虚假陈述行为之间存在因果关系,认定上诉理由不成立,驳回上诉,维持原判。截至2024年8月,尚未发现TPY证券因白兔湖公司案被监管处罚。

未呈现明显劣于大盘或同类股票的走势,反而在截至基准日收盘时实现了上涨,且整体走势优于大盘。截至本案虚假陈述基准日(2015 年 10 月 27 日),登云股份的收盘价为 29. 3 元,相较揭露前(2015 年 10 月 20 日)的收盘价 28. 79 元,不仅未下跌,反而上涨了 1. 77% ,且其上涨幅度亦高于中小板指的 0. 67% 及深证成指的 1. 39% 。因此在"股灾期间",原告损失也与登云股份虚假陈述事件没有任何因果关系,只是证券市场自有风险所致。

第四章　投资银行业务民事诉讼案例的合规应用

一、投资银行业务存在的问题

投资银行业务是资本市场服务实体经济的重要抓手。但对纳入分析范围的民事诉讼案例进行梳理发现,投资银行业务中暴露出如下问题。

(一)业务合同管理方面存在的问题

签署业务合同是开展投资银行业务的前提条件,也是投行项目人员开展尽职调查工作、持续督导工作的基础。在开展投资银行业务之前,与客户签署业务合同,是保证项目顺利进行、维护证券公司利益的重要手段。在实践中,存在以下因业务合同管理不规范引发的民事诉讼。

1. 未及时签署业务合同

在鑫阳科技合同纠纷案中,HC 证券拟推荐鑫阳科技在新三板挂牌,但其与鑫阳科技签订的《HC 证券股权系统业务合作框架协议》《推荐挂牌并持续督导协议书》未加盖印章。虽然该证券公司为鑫阳科技提供了挂牌相关服务,但在鑫阳科技挂牌未成功后,其向法院起诉,以 HC 证券前期尽职调查收取的辅导费未签署协议且未实现挂牌目的为由,要求券商返还,获得法院支持。

2. 业务合同内容约定不明确

在产生业务合同纠纷时,合同内容往往是诉辩双方的争议焦点。因此,在签署业务合同时,对于费用收取方式、双方权利义务、发行失败或审核未通过时费用的支付方式及标准等合同重要内容,应在合同中明确约定。

在安顺虹阳合同纠纷案中,由于发行人及主承销商在承销合同中未约定回售部分债券的承销费收取方式,导致债券回售时,双方就回售部分承销费的收取标准产生争议,最终引发诉讼。就目前市场情况看,绝大部分债券都会设置回售条款。因此,在签署承销协议时,证券公司应综合考虑可能发生的各种情况,并在承销协议中进行明确规定,维护自身利益。

3. 业务合同签署不规范

在辅仁药业合同纠纷案中,辅仁药业与SG证券签订了专业服务协议,协议就服务内容、方式、服务费用及支付方式、双方的权利和义务、违约责任及协议生效条件作了约定,协议加盖双方单位公章及双方法定代表人印章,但未签署日期。同日,双方又签订了专业服务费确认书,约定应付的专业服务费金额,加盖了双方单位公章,但没有明确服务费支付时间,且无法定代表人或经办人签字。辅仁药业以上述协议及确认书签署不规范为由,拒绝支付费用。

(二)尽职调查标准方面存在的问题

尽职调查是投资银行业务工作的核心内容,是项目组出具专业意见的基础,尽职调查方面存在的问题主要有以下几点。

1. 对重要事项的尽职调查不充分

证券公司投资银行业务人员在尽职调查过程中,应当严格按照现行规则,充分、审慎开展尽职调查工作,尤其是对于重要事项,应最大限度采取充分、广泛、全面的核查程序及手段,履行关注义务。重大事项核查不充分是证券公司涉及诉讼案件或被监管处罚的主要原因。

在欣泰电气案中,XY证券未按要求对欣泰电气应收账款情况进行审慎核查,未核查欣泰电气是否存在期末收到销售款项且在期后有不正常流出的情况,业务人员在对主要销售客户进行访谈时,未核查部分客户未对应收账款余额进行确认的情况,其中包括7家欣泰电气虚构应收账款收回的公司,最终导致其未能发现欣泰电气虚增营业收入的问题。

2. 对重要的尽职调查手段控制不到位

为全面、充分地履行尽职调查义务,证券公司投资银行业务人员应采取函证、走访、实地调研、分析性复核、穿行测试等手段开展尽职调查。业务人员在采取上述手段时,应按照业务规则对尽职调查过程实施控制,确保过程的独立性和结果的客观性。

在鞍重股份案中,XN证券在函证程序实施过程中,九好集团总部安排九好集团员工参与填写询证函快递单并寄出，发函工作自始至终均有九好集团员工参与。多家供应商的发函快递单连号，有的询证函发函人即为九好集团；多家供应商回函快递单连号，发函人相同。XN 证券未按照业务规则对函证实施过程进行控制，致使函证过程丧失独立性，函证结果缺乏客观性。同时，XN 证券对平台供应商和客户的实地走访核查程序完全受制于九好集团，许多被访谈对象为供应商的财务人员，只能根据财务入账数据核对往来账目，对双方的业务合作模式不了解。部分供应商甚至直接否认接受过 XN 证券等中介机构访谈。上述行为导致 XN 证券访谈程序独立性丧失，走访过程流于形式。

3. 未对引用的其他中介机构意见及底稿进行必要的核查

在执业过程中，证券公司投资银行业务人员应当结合尽职调查过程中获得的信息对其他中介机构的专业意见进行审核核查、独立判断，排除合理怀疑，对基于其他证券服务机构或者人员的专业意见所形成的结论负责。投资银行业务人员不能简单依赖其他中介机构出具的专业意见，不应未经审慎核查、实质验证而直接引用其他中介机构的专业意见。

在欣泰电气证券虚假陈述案中，XY 证券在对欣泰电气银行存款情况进行核查时，未重点核查大额货币资金的流出和流入，未核查大额银行存款账户，并判断其真实性；未对银行存款账户进行独立函证，而是直接引用会计师事务所审计工作底稿，且未能对审计工作底稿进行审慎核查。

4. 出具的专业意见存在重大遗漏

证券公司作为证券服务机构出具的专业意见应当真实、准确、完整。完整性原则又称充分性原则，要求证券服务机构所披露的信息在数量上和性质上能够为投资者的判断提供分析基础。而证券公司作为证券服务机构出具的文件存在虚假记载、误导性陈述或重大遗漏，也是其受到监管处罚、承担赔偿责任的主要原因。

在纳入分析范围的证券公司虚假陈述案中，如存在涉及行政处罚情形的，证券公司出具的文件均有不同内容涉及虚假记载、误导性陈述或重大遗漏。

5. 尽职调查获取资料来源单一

证券公司投资银行业务人员在尽职调查时应采用不同的调查手段，对包括客户、供应商、交易对方等在内的各相关方进行尽职调查，应在尽职调查过程中获取多方提供的材料，交叉核对，确保其真实性。

在“14吉粮债”案中，ZXHN证券作为主承销商，对发行人股权结构等事项的尽职调查主要依靠发行人提供的材料，核查措施单一，因此广东证监局对其出具了警示函。

（三）审慎核查方面存在的问题

自注册制实施以来，保荐机构的基本职责和执业标准进一步得到明确，进一步压实了证券公司投资银行业务人员的尽职调查责任，明确了审慎核查的要求。目前，投行业务人员在审慎核查方面存在的问题主要表现在以下几个方面。

1. 未对重大异常事项进行深入核查

证券公司投资银行业务部门在尽职调查过程中，如果发现客户提供的底稿存在疑点或异常情形，应进一步充分取得可疑或异常事项相关的业务资料，对于存在的明显异常及诸多疑点予以充分关注，在对可疑及异常情况进行充分风险评估的基础上，有针对性地制定后续核查计划，进一步采取有针对性的核查手段排除合理怀疑。

在中安科案中，ZS证券在发现之前预测的营业收入在当年无法实现后，应对之前的评估值以及交易定价的合理性和公允性提出疑问，但其在更新的财务顾问报告中，未及时采取有效措施对异常事项进行充分核查，仍然认可了之前的收益预测数据和评估值，认为交易作价是公允合理的。

2. 引用其他机构意见未审慎核查

在执业过程中，投资银行业务人员对其他中介机构的专业意见应当结合尽职调查过程中获得的信息进行审核核查、独立判断，以排除合理怀疑，并对利用其他证券服务机构或者人员的专业意见所形成的结论负责。不能简单依赖其他中介机构出具的专业意见，不应未经审慎核查、实质验证而直接引用其他中介机构专业意见。

3. 未对关联交易保持必要关注

关联交易直接影响信息披露的准确性与完整性，也直接关系公司业务的独立性、业绩的真实性及内控的有效性，并对客户是否可以持续、健康、稳定发展具有至关重要的作用。因此,对关联交易的核查是尽职调查的重点内容也是监管重点关注内容。

从分析的案例来看,关联交易的规范性、披露的完整性和及时性,关联方认定的准确性等方面存在问题较多。如登云汽配案中,XSD 证券未勤勉尽责,未发现相关公司与登云汽配公司的关联关系及关联交易;在时空客集团案中,DX 证券未能及时发现时空客公司的关联交易未履行董事会、股东大会审议程序。

4. 未对关联方资金占用进行审慎核查

资金占用的形成本质上与上市公司的财务内控缺失、对控股股东控制权缺乏有效的监督有关。关联方占用资金会侵害上市公司利益,监管层对控股股东、实际控制人等关联方占用上市公司或拟上市公司资金的情况秉承"零容忍"的态度。

在时空客集团案中,DX 证券未能督促时空客公司采取有效措施防范实际控制人资金占用。时空客公司未建立防止股东及其关联方占用或转移公司资金的相关制度,也未采取有效的内控措施防止上述情况发生。

5. 重大资产重组中未审慎核查标的资产

重大资产重组项目由于涉及交易对象多、方案设计复杂、影响因素较多等原因,项目尽职调查存在一定的困难。上市公司重大资产重组中,对交易标的未来盈利的评估和预测是整个交易的核心,相关业绩承诺和盈利预测信息对公司股价和投资者决策有重大影响,也是市场和投资者高度关注的事项。中介机构有义务审慎、客观、公正地发表专业意见,为交易双方确定业绩预测数据与承诺业绩提供合理的参考意见。

在中安科案中,独立财务顾问 ZS 证券应当对重大资产重组中交易定价的公允性、盈利预测的可实现性等事项予以重点关注。鉴于"班班通"项目对标的公司未来收益预测及资产评估具有重大影响,应关注"班班通"项目的实际进展情况,包括标的公司是否中标,但 ZS 证券在出具独立财务顾问报告之前,未采取充分的调查手段,如函询、访谈、现场走访、查询公开招投标信息等方式进行审慎核查,导致未发现中安科已经启动的项目存在未中标的事实。

6. 内控审核意见落实不到位

质量控制是证券公司投资银行类业务内部控制的第二道防线,应当对投资银行类业务实施过程管理和风险控制，及时发现、制止和纠正项目执行过程中的问题。内核、合规、风险管理等部门或机构为内部控制的第三道防线，应当通过介入主要业务环节、把控关键风险节点，以实现公司层面对投资银行类业务风险的整体管控。但在目前实际执业过程中，存在个别投资银行业务人员不够重视内控部门审核意见，及内控部门对审核意见落实情况跟踪不足的问题。

在五洋债案中，DB 证券的质控、内核部门已经关注到五洋建设应收账款占资产总额比例较高的问题，并就该问题及应收账款回收风险问题提请内核委员、项目组关注。但项目组成员未实际查阅有关明细资料，未充分调查企业的应收款项形成原因、收回的可能性，仅通过对发行人进行问询，即简单回复质控、内核部门五洋建设应收账款回收风险较小。尽管 DB 证券质控、内核部门都关注到投资性房地产在发行人资产中占比较高的情况，并提请内核委员予以关注，但项目组并未对投资性房地产进行充分核查，且在东舜百货和华联商厦两处投资性房地产的入账依据仅为房地产价值咨询报告的情况下，即出具了存在虚假记载的主承销商核查意见。

（四）底稿管理方面存在的问题

工作底稿是投资银行业务人员工作成果的重要载体，也是投行业务人员证明其工作过程的重要证据，妥善收集并保管工作底稿，做到底稿检查有迹可循、核查结论有据可依，是投行工作的重中之重。目前，在底稿管理方面存在的问题主要集中在工作底稿与核查结论不一致和工作底稿保存不规范两个方面。

1. 工作底稿与核查结论不一致

工作底稿是评价证券公司及投行业务人员是否勤勉尽责的重要依据，也是投行业务人员发表核查意见的基础，应真实、准确、完整地反映其所实施的尽职调查、持续督导工作。目前，存在个别投行业务人员对工作底稿核查不彻底、发表核查结论不是以工作底稿为基础的情况，从而导致其核查意见与工作底稿不一致。

在五洋债案中，DB 证券在主承销商核查意见中表示其已经获取五洋建设所有投资性房地产的资产评估报告，但其工作底稿显示，其获取的五洋建设投资性房地产入账依据并非全部为评估报告，其东舜百货和华联商厦两处投资性房地产的入账依据为房地产价值咨询报告。

2. 工作底稿保存不规范

工作底稿是投行业务人员工作过程的记录,也是其执业是否勤勉尽责的主要证据,妥善收集并保管工作底稿不仅是监管机构的要求,同时也是记录工作过程、保护投行业务人员的重要手段。

在雅百特案中,JY 证券的工作底稿只保存了木尔坦项目的施工合同,未对该项目进行必要的核查,也未对公司盈利承诺履行情况进行必要的核查,其核查程序及底稿不足以支持其出具的 2015 年持续督导意见。JY 证券提出工作底稿中缺乏关键资料是由于档案管理、留痕工作不到位,但中国证监会并未采纳该辩解理由。

(五)存续期管理方面存在的问题

持续督导工作在促进上市公司规范运行、维护投资者权益方面发挥着重要的作用,相关民事诉讼案件显示目前持续督导工作还存在一些薄弱环节。

1. 未督导客户规范履行信息披露义务

查阅上市公司、挂牌公司、债券发行人的信息披露文件,是投资者了解投资对象的主要渠道,因此,督导客户及时履行信息披露义务,是投资银行业务人员持续督导工作的重要职责,是其履行保荐、承销职责的责任延续,也是监管机构评价证券公司在持续督导过程中是否勤勉尽责的重要考评因素。

在时空客集团案中,时空客实际控制人占用挂牌公司资金,关联交易未履行董事会、股东大会审议程序,DX 证券作为其督导券商,未能及时发现上述事项,并且未能督导时空客集团及时履行信息披露义务,其督导工作不到位,被全国中小企业股份转让系统有限责任公司出具警示函。

2. 未及时开展现场检查

现场检查是履行督导职责的重要手段,也是掌握客户真实状况的重要途径。持续督导期间对客户开展现场检查是中介机构明确的义务,尤其是在发现客户存在违规嫌疑或其他异常情况时,持续督导机构应及时制订现场检查计划并开展现场检查,以掌握相关事项的最新进展及客户的真实情况。

在时空客集团案中,DX 证券作为督导券商,在持续督导过程中未对挂牌公司是否有效执行公司治理和内控制度进行深入的核实和检查；在对挂牌公司资金占用开展现场检查时，未按要求编制检查工作方案和检查工作报告；在挂牌公司出现不能规范履行信息披露义务的情况时，未对其启动相应现场检查，未能督导挂牌公司规范履行信息披露义务。由于其督导工作不到位，被全国中小企业股份转让系统有限责任公司出具警示函。

3. 持续跟踪有效性不足

持续督导机构应采取有效手段对客户进行持续督导、跟踪，尤其是对于督导期内出现的异常情况，应采取有效措施持续跟踪核查，不应让持续督导工作流于形式，更不能由于工作开展存在客观困难影响勤勉尽责履职。在雅百特虚假陈述案中，雅百特建筑材料购销业务异常增加，但 JY 证券未通过日常沟通、定期回访、年报审核等方式关注到该情况，也未与会计师沟通核实公司的业务结构、盈利模式等情况，JY 证券提供的工作底稿无法证明其通过访谈、沟通等方式积极开展督导工作。

二、完善投资银行业务管理的建议

证券公司投资银行类业务面临的首要合规风险是执业未勤勉尽责。勤勉尽责的判断以尽职调查的合理性为核心，以项目人员的胜任能力和底稿管理为支点。从相关民事诉讼案例来看，目前证券公司投资银行类业务尽职调查及内部管理方面存在的问题主要有：投行业务人员尽职调查工作未做到勤勉尽责、工作底稿不完整、获取的资料证据不充分、不适当；内核等环节未能有效控制项目风险；投行业务人员对监管反馈意见的回复及对申报材料的修改流程不规范；对外出具的文件涉及信息披露违规等。

具体工作建议有以下几点。

（一）加强团队管理

投行业务人员的胜任能力是勤勉尽责机制落地的重要基石和关键保障。业务部门应加强队伍建设和人员管理，一要强化内外部培训和交流，提升现有人员专业胜任能力；二要从人员数量、专业结构、实务经验等方面出发不断优化提升、形成合理的人员梯队，补齐可能存在的短板；三要不断优化管理架构及管理模式，提升一线投行业务人员的专业能力和积极性，打造专业、高效、协作的从业人员队伍。

（二）完善尽职调查标准

1. 夯实三道防线建设

投资银行部门应从业务流程各环节全面夯实风险内控各项制度要求，将内控责任落实到岗、细化到人、贯穿于每一个申报项目之中，防止风险控制“走过场”。进一步加强完善以质量控制为主的内部控制体系，对项目从承揽立项、辅导、现场核查、内核、申报、问询、专项核查、发行、持续督导等各个阶段实行动态跟踪，分不同阶段对项目给予不同程度的关注。

在执行尽职调查程序的同时，投行业务部门应建立常规性内部核查机制，明确项目负责人、保荐代表人在项目质量把控方面的职责和分工，确保在重大问题解决、细节核查等方面充分发挥作用，防止出具的核查意见流于形式。

2. 建立健全具有可操作性的尽职调查及持续督导业务标准

如果证券公司已经建立健全具有可操作性的尽职调查标准及存续期督导（或受托）业务标准，就有可能最大限度地发现并披露相关异常事项。华泽钴镍案涉及事项发生在《投行业务内控指引》发布实施前，当时证券行业投资银行业务少有统一、细化的内部控制规则及业务标准，这也是保荐机构因未勤勉尽责被处罚的重要原因。

3. 勤勉尽责履行全面尽职调查义务

项目组作为项目文件质量、尽职调查工作的第一责任人，应严格按照相关法律法规和公司制度的要求做好尽职调查工作，履行勤勉尽责义务，全面核查验证、审慎执业。项目组应以合适的形式、合理的范围充分地完成尽职调查工作，有充分理由确信项目符合法定条件，出具专业意见结论时应审慎、客观，出具文件内容应真实、准确、完整，避免尽职调查流于形式。

业务部门对重要事项应最大限度采取充分、全面的核查程序及手段履行关注义务，对异常事项应采取进一步有针对性的核查手段和方法，按照业务规则对函证实施过程等尽职调查工作实施控制。在鞍重股份案等案例中，实地走访程序独立性丧失、程序不到位、计划内走访比例不高、访谈对象身份与记录不符,走访过程流于形式。

证券公司及人员不能简单依赖其他中介机构出具的专业意见,不应未经审慎核查、实质验证而直接引用其他中介机构专业意见。利用其他证券服务机构专业意见时,证券公司投行业务人员应当进行必要的核查及验证,对委托人提供的资料和披露的信息进行独立判断。业务部门在尽职调查过程中对其他中介机构或客户提供的底稿不能未经核实、复核即作为工作底稿,而应审慎核查,采取其他核查方法和核查程序予以验证,同时应当结合尽职调查过程中获得的信息进行审慎核查、独立判断。

(三)保持应有的职业审慎

证券公司作为证券市场专业的服务机构,在执业过程中应保持应有的"职业审慎",不能仅满足于行业通行做法。即一个具备平均业务水平的专业人士在类似的情况下应发现并披露相关问题,以此为标准认定个案中的专业人士是否做到了职业审慎。完成执业规范表面的形式要求,并不能成为中介机构没有过错的判断标准。客观方面,业务人员应当具备与其提供的服务相匹配的业务技术水平和专业知识储备,并严格遵守执业规范规定的业务要求;应当履行必要的注意义务并进行适当的核查。在实务中,不能仅仅满足行业通行的做法,在遇到重大、特殊风险事项时需要穷尽各种方式排查风险。

1. 关联方、关联交易核查标准与程序

关联交易直接影响信息披露的准确性与完整性,也直接关系公司业务的独立性、业绩的真实性及内控的有效性,并对企业是否可以持续、健康、稳定发展具有至关重要的作用。因此,对关联交易的核查一直是尽职调查的重要内容和监管重点关注的对象。证券公司开展投资银行业务时,对于客户的关联方、关联交易的核查标准与程序,潜在关联交易,客户与关联方历史上的关联关系,高管或股东曾在客户与供应商处任职情况以及异常交易(与新成立的公司交易,与客户有大额资金往来、与注册资本少的公司交易等)情形,要科学选定客户与供应商处的对象进行函证与访谈,无法有效尽调的内容均需在评估后披露。

2. 合理信赖适用尺度

证券公司需要对注册申请文件和信息披露资料进行全面核查验证，对其他中介机构的专业意见以“合理信赖”为一般原则，对存在“重大异常”“前后重大矛盾”“重大差异”等特殊情形进行调查、复核，对未引用其他中介机构专业意见的内容依法承担责任。实践中，由于引用了其他中介机构意见而被处罚的案例层出不穷，如欣泰电气案中，北京市 DY 律师事务所由于引用会计师的专业意见，在其出具的法律意见书中作出了财务会计报告中无虚假记载的表述，被中国证监会予以行政处罚。

证券公司在引用其他中介机构专业意见时应注意以下几点：(1) 区分“专业范围”和“非专业范围”。对于属于“专业范围”的内容，中介机构应当履行符合其行业标准的特殊注意义务，对于“非专业范围”的内容，应履行普通人的一般注意义务，但在注意到有异常情况时，应开展核验工作，直至排除合理怀疑。如果履行了上述义务，其即使引用了其他中介机构出具的虚假陈述内容，也不应当因此承担赔偿责任。(2) 同一事项可能同时属于不同中介机构的专业范围。例如，同一事项有可能同时属于财务方面的专业范围也属于法律方面的专业范围，只不过不同中介机构侧重点不同，不能简单地认为属于财务或法律的某一领域，并由另一领域的中介机构以一般注意义务直接援引，此时无法豁免其赔偿责任。在“13 鸿润债”案中，对于担保协议的核查，既是承销商的专业范围，也是法律服务机构的专业范围，双方均应对该事项履行特别的注意义务。

3. 关注境外业务的核查方式的落实

境外业务核查作为 IPO 核查中的重点，交易所在审查时会花费大量精力关注企业招股书中财务数据的真实性、准确性和完整性。其中，因发行人境外业务所在地政治环境、法律体系、经济状况与国内存在较大差异，发行人可能有虚构收入、操纵利润的空间，对境外销售收入的核查也更具特殊性。正因如此，近年来交易所对拟上市企业境外收入的审查越来越细。

境外销售收入核查方式不能以调查受限为由而减少核查，保荐机构对于发行人境外销售收入的核查框架主要包括业务模式及收入确认政策的匹配度、业务发生真实性与终端客户穿透、客户走访、函证等方面，均需严格开展核查工作。尤其要关注视频访谈的对方身份的真实性。不严格执行境外业务核查会导致合规风险，这在雅百特案、登云案中均有体现。

4. 对业绩补充承诺督促职责的履行

根据《并购重组管理办法》的规定，财务顾问在持续督导期间，应当通过日常沟通、定期回访等方式，结合上市公司定期披露的报告，督促并购重组当事人按照相关程序规范实施并购重组方案；督促和检查申报人落实后续计划及并购重组方案中约定的其他相关义务的情况；结合上市公司定期报告，核查并购重组是否按计划实施、是否达到预期目标。在保千里案中，在重组后，财务顾问项目主办人仅通过书面意见、发函等形式对公司及业绩补偿方进行一般性督促，并未按规定切实核实申报人落实后续计划及并购重组方案中约定义务的情况。这也导致其在收购完成后，未能及时发现标的资产存在问题。财务顾问项目主办人所说的多次向证监局汇报沟通、多次向公司发函督促等行为，主要是在交易所就相关问题向公司发出监管工作函后开展的。

综上所述，在重组持续督导执业过程中，需要特别关注督促交易对方履行业绩补偿及回购义务。重组后，财务顾问应该主动并及时开展持续督导工作，证明自身勤勉尽责，化解风险。

5. 重点事项核查

证券公司在对重大事项进行尽职调查时，应获取多方证据支持，可以从不同侧重点、不同渠道获取相关信息，不同来源的信息可相互验证，提高其可信程度。即使通过多方获取信息仍未发现重要信息存在虚假陈述，证券公司由于已经执行了必要的核查程序，也可以勤勉尽责为由，免于受到行政处罚及承担民事责任。具体内容列举如下。

（1）对担保措施、合同实质要素、内部表决程序、权属登记等事项的核查。例如在“16 正源债”案中，证券公司提示关注对担保事项的核查，不仅包含对于担保协议、担保函等相关文件真实性、合规性的核查，还包括对担保效力的核查。泰和债券案提示关注对合并财务报表内子公司的担保是否为对外担保的核查。“13 鸿润债”案提示关注 ZXHN 证券未有效核查莒南县国资担保的真实性，其盖章为假，此外律师访谈时又在相关材料上盖章确认这一问题的核查。

（2）对诉讼的核查。比如在豫金刚石、“14 吉粮债”案中，发行人涉及的诉讼情况均反映了其对外担保披露不真实，判决书的内容反映了对外担保内容未经充分核查。

(3)对募集资金的监管义务。比如,对发行人募集资金使用报告内容的事后审查深入程度、资金使用现场核查频率的把控。

(4)对发行人持续经营能力的专业判断需要加强。根据《以上市公司质量为导向的保荐机构执业质量评价实施办法(试行)》的规定,在评价体系中上市公司质量评价占比70%,这意味着作为保荐机构在选择并推荐公司上市时,需要更加注重上市公司的经营状况、财务表现、治理结构等方面的质量,以确保上市公司的稳健运营和长期可持续发展。

(5)充分进行风险揭示,不宜过度乐观地发表与发行人情况不符的意见。

(6)对异常因素提高警惕。比如在五洋债案中,DB证券承销债券收取的承销费为1857.44万元,年化承销费率为4.5‰,远高于市场平均水平,同时还存在更换中介机构的情形。

(四)规范工作底稿管理

工作底稿是评价证券公司及其工作人员是否勤勉尽责的重要依据。每一个履行立项程序的投资银行项目,不论其是否继续,均应建立独立的工作底稿。项目组对收集的底稿文件内容应当进行认真审查,关注底稿内容的准确性、完整性、严谨性、规范性。

1.落实工作底稿交叉复核机制

项目组、业务部门应当建立由起草人、复核人及项目主要负责人组成的内部复核“三读”机制。文件起草人是“一读”的直接责任人和执行人;复核人为“二读”直接责任人和执行人;项目主要负责人,即项目负责人/保荐代表人(如有)/独立财务顾问主办人(如有)是“三读”工作直接责任人。除落实“三读”机制外,还应做到“两轮复核”“三个重点”。两轮复核,指项目负责人在投行工作现场对底稿进行第一轮复核,再由公司质控合规对所有底稿进行系统性的第二轮复核。三个重点,指依据工作底稿规则要求,关注三个复核重点:一是关注工作底稿是否形式规范、事实清楚、数据精确、附件完整,二是关注执业标准是否均执行到位,三是关注结论意见与底稿之间、底稿与底稿之间的逻辑关系是否合理。

2. 规范重要科目的留痕管理

工作底稿不仅是投资银行业务人员发表专业意见的基础,也是证明其勤勉履职的重要证据,尤其在目前证券民事纠纷赔偿责任的归责原则为过错推定原则的情况下,一旦发生证券虚假陈述责任纠纷,投行人员需对其没有过错承担举证证明责任。因此,应通过制定操作规范、强化业务培训等手段完善工作底稿留痕管理。

3. 重视工作底稿收集的及时性

投行项目一般周期较长,尤其是 IPO 项目,项目周期往往长达 3—5 年,且项目的不确定因素较多,一旦出现项目终止、审核不通过等情况,可能会引发合同费用等相关诉讼,而工作底稿正是投行业务人员证明自身工作过程、维护自身合法权益的重要材料。

4. 加强工作底稿归档管理

证券公司应进一步规范和指导投资银行业务工作底稿的收集、整理和归档。在项目每一阶段工作完成后,业务部门应当及时整理工作底稿并归档。同时,应对工作底稿申请归档时的状态、形式作出统一规定。例如,申请归档时,工作底稿应当内容完整、格式规范、标识统一、记录清晰。

5. 强化工作底稿的验收管理

内部控制部门应当负责底稿的验收工作。为强化底稿验收工作的实效,应制定内控部门的底稿验收核查比例,同时对于重点项目的验收核查比例应适当提高,对于重要科目、风险较大科目等应列为必要核查科目。

此外,为使项目人员提高对工作底稿的重视程度,可以针对工作底稿验收、归档过程中发现的问题以及工作底稿抽查中发现的质量问题,及时制定补救机制。

6. 规范工作底稿借阅管理

应监管机构的要求,投行项目工作底稿的保管期间较长,在保管期限内,如遇内外部检查、项目人员自查等情况,难免涉及工作底稿借阅,为规范管理工作底稿,应对借阅流程进行统一管理。比如,建立单独的底稿借阅流程、规定借阅期限、强化底稿归还审核等。

7. 加快工作底稿电子化进程

工作底稿电子化是促进公司投资银行类业务工作底稿的标准化和规范化

的重要手段。证券公司应建立工作底稿电子化系统，并由各部门配合、分工协作，对电子化系统的建设、运行、维护、管理进行规范。对于电子工作底稿的扫描、上传、审核、归档等作出统一规定，同时，应确保电子底稿与纸质底稿的一致性。

8. 加强相关培训

投行业务人员的执业水平和执业态度是工作底稿质量的基础，从根本上提高项目人员对于工作底稿的重视程度、提高其执业水平，是提高工作底稿质量的最重要、最有效的手段。可以通过加强对工作底稿重要性、工作底稿收集相关要求和操作规程的培训，提高投行业务人员的执业水平，端正其执业态度，从源头把控工作底稿质量。

（五）加强存续期管理

1. 存续期的风险控制

存续期中的风险点通常包括以下几个方面：一是合规风险。例如，证券公司在存续期管理阶段未勤勉尽责，导致被监管，或被自律部门采取类似监管措施，或被司法机关追究刑事及民事责任等。二是信用风险和声誉风险。例如，在存续期管理阶段可能出现债券或 ABS 等项目违约导致的投资者诉讼、包销损失等。

针对合规风险，证券公司针对存续期管理阶段的特性，建立健全相关制度和工作规程，确保相关人员诚实守信、勤勉尽责地开展持续督导和受托管理工作，避免由此引发的违规风险。对外披露持续督导、受托管理、年度资产管理等报告，履行内核程序。

针对信用风险和声誉风险，对于存续期债券、ABS 等项目信用风险等级进行分类（包括正常、关注、有风险和违约）。对于关注等级以上的债券，纳入证券公司重大风险关注池进行监督管理。证券公司风险管理部门牵头业务部门制订存续期项目风险排查方案，定期对存续期项目开展全面风险排查，并完成排查工作报告。对于出现重大兑付风险的项目，由证券公司成立应急小组并进行应急处理。另外，证券公司对投行类项目建立舆情监控系统，以及时处理影响公司声誉的风险事件。

2. 存续期管理机制

尽管监管机构一再强调持续督导工作的重要性，但“重发行保荐、轻持续督导”的现象持续存在。证券公司更重视发行保荐主要是存在内生的利益驱动：相比动辄上千万元的发行保荐、承销收入，持续督导收费低，甚至不收费，而动用的人力成本却不低，保荐机构自然缺乏进行持续督导的主动性和积极性。此外，保荐代表人往往与上市公司建立了良好的商业关系，因此在持续督导时很可能倾向于忽视，甚至掩盖问题。证券公司与上市公司之间存在信息不对称，使存续期管理存在一定的难度。

证券公司应当建立独立的存续期管理部门，健全存续期管理激励保障机制，完善存续期管理工作标准，加强内控部门对存续期管理的监管与考核，切实使存续期管理工作程序恰当、留痕到位、底稿完善，消除合规风险隐患。

第四篇

信用交易业务民事诉讼案例分析与合规应用

证券公司信用交易业务自2010年开展至今,已发展为证券公司重要业务,在价格发现、减缓波动、增强流动性、实施组合风险管理方面发挥了重要作用。随着信用交易业务的发展,相关纠纷也逐年攀升。自2013年起,与信用交易业务相关的纠纷不断涌现,截至2022年,信用交易纠纷民事诉讼案例已达920起,基本呈逐年递增趋势。因此,围绕信用交易业务民事诉讼案例数量、案由、争议焦点、法院观点及判决结果等维度进行系统性分析和总结,可以从司法实践中获取更多经验,以规范公司信用交易业务的开展。

第一章　信用交易业务裁判数据梳理与分析

2013 年至 2022 年的统计数据显示，与信用交易业务相关的民事诉讼案例有 920 起。案由主要有融资融券交易纠纷、股票质押回购纠纷、确认合同效力纠纷、侵权责任纠纷、欺诈客户责任纠纷等。法院审理层级涉及最高人民法院、高级人民法院、中级人民法院以及基层人民法院，争议焦点主要有证券公司与客户签订的融资融券业务合同是否合法有效、证券公司是否履行了通知提示义务、证券公司强制平仓是否存在过错、律师费用及保全费用由谁承担等。

一、民事诉讼数量分析

从时间维度看案例数量，2013 年至 2022 年与信用交易业务相关的民事诉讼案例共计 920 起，案例数量呈波动状态，自 2013 年起案例数量逐年增加，2019 年案例数量达到顶峰，之后呈逐年下降趋势（见图 4－1）。原因在于融资融券业务在 2015 年股市异常波动后，被强制平仓的数量急剧上升，以及 2018 年及以前股票质押业务量激增且风险事件持续增多。

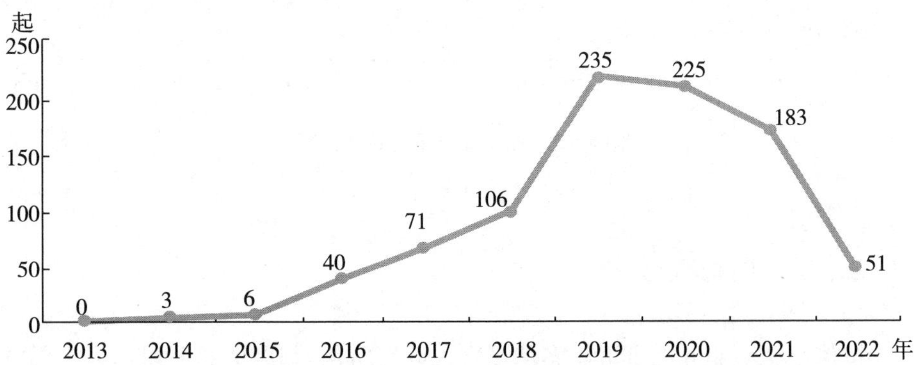

图 4－1　2013 年至 2022 年信用交易业务案件数量分布情况

二、证券公司数量分析

从证券公司涉案数量分析（见图4－2），信用交易业务920起案例中涉诉证券公司共98家，涵盖大部分证券公司，其中GTJA证券和SWHY证券数量最多，分别涉及75起和71起，最少的DT证券为1起。鉴于涉及的证券公司较多，整体比较分散，本次仅列示前十大涉案证券公司数量，分别为GTJA证券75起、SWHY证券71起、ZGYH证券39起、HT证券38起、GX证券32起、GF证券25起、DW证券25起、GD证券23起、DX证券22起、ZS证券20起，其他证券公司550起。

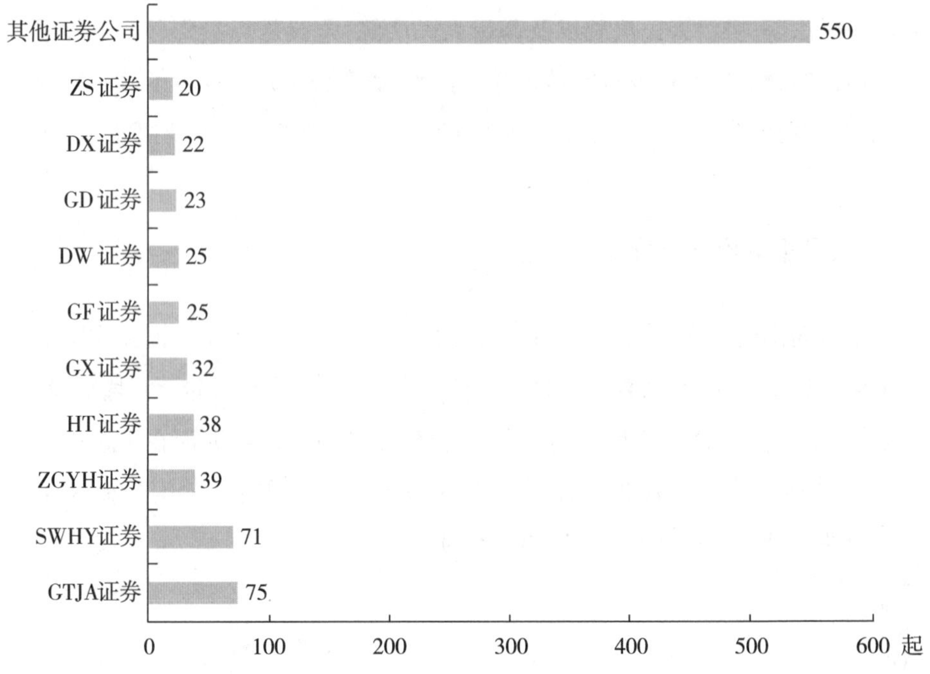

图4－2　涉案证券公司数量分析

三、诉讼主体身份分析

按信用交易业务民事诉讼案例当事人诉讼角色划分，证券公司作为主诉方的数量为738起,作为被诉方的数量为175起,作为第三人参与诉讼的有7起,具体分布如图4-3所示。

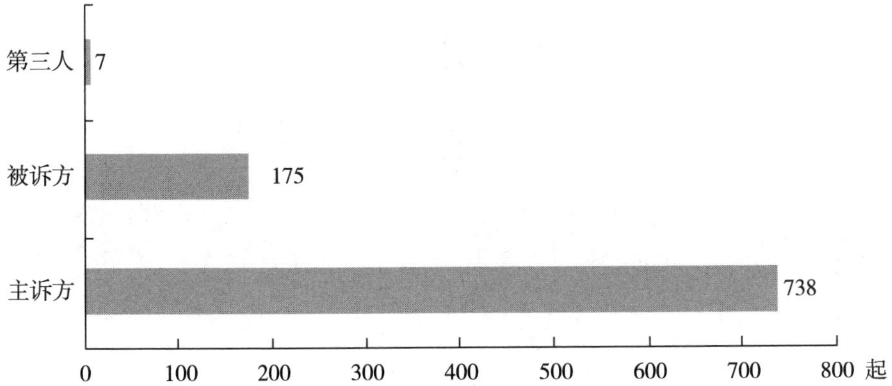

图4-3 证券公司诉讼角色统计

四、民事案由分析

从信用交易业务民事诉讼案例案由来看,各地区法院案由呈现多样化特征。以融资融券交易纠纷为例,各地法院立案的案由有合同纠纷、证券合同纠纷、证券交易纠纷、借款合同纠纷等。股票质押回购纠纷各地法院立案的案由差异性同样较大,包括股票回购合同纠纷、股权质权纠纷、合同纠纷、金融借款合同纠纷、证券回购合同纠纷等。本篇对各地法院同一信用业务不同的立案案由不再进行逐一列示,而是根据实际信用交易业务类型进行区分,统一按融资融券交易纠纷和股票质押回购纠纷进行统计。同样,在信用交易业务的开展过程中,基于交易模式的特殊规则,也会产生证券委托代理合同纠纷、侵权责任纠纷、财产损害赔偿纠纷以及保证合同纠纷等。

所以,基于以上统计规则,上述信用交易业务民事诉讼案例中,融资融券交易纠纷有513起,股票质押回购纠纷有357起,证券委托代理合同纠纷有16起,侵权责任纠纷有15起,保证合同纠纷有19起(见图4-4)。

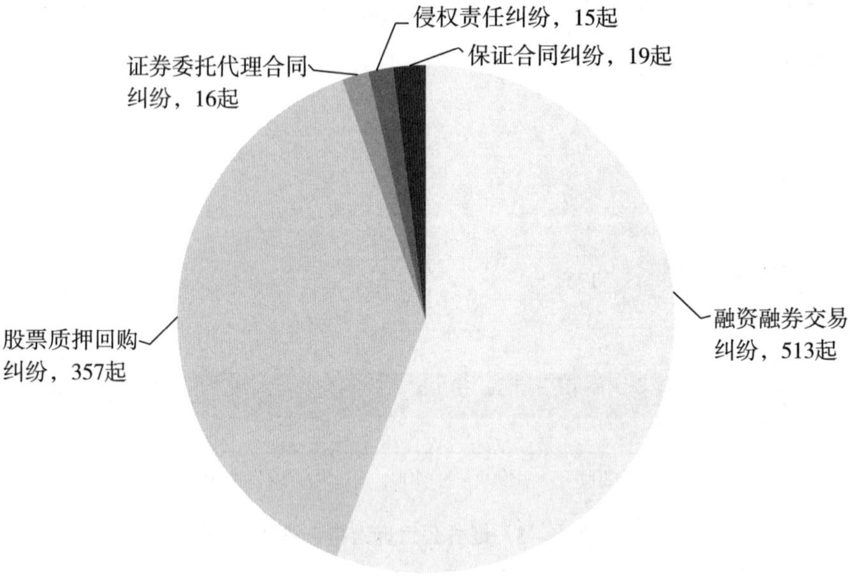

图 4 -4　信用交易业务民事诉讼案例案由分布

通过对信用交易业务民事诉讼案例进行数量统计可知,融资融券交易纠纷及股票质押回购纠纷有 870 起,占比高达 94. 56% ,对案由作进一步细分,可得表 4 -1。

表 4 -1　2013 年至 2022 年信用交易业务民事诉讼案例案由统计

案由	案例数量/起	占比/%
融资融券交易纠纷	513	55. 76
股票质押回购纠纷	357	38. 80
证券委托代理合同纠纷	16	1. 74
侵权责任纠纷	15	1. 63
保证合同纠纷	19	2. 07

五、审理法院层级分析

2013 年至 2022 年,从法院审理层级看,信用交易业务民事诉讼案例相对集中于中级人民法院和基层人民法院，分别为306起、502起，占案例总量的87.83%。最高人民法院和高级人民法院审理的民事诉讼案例明显较少，分别为17起和95起（见图4－5）。

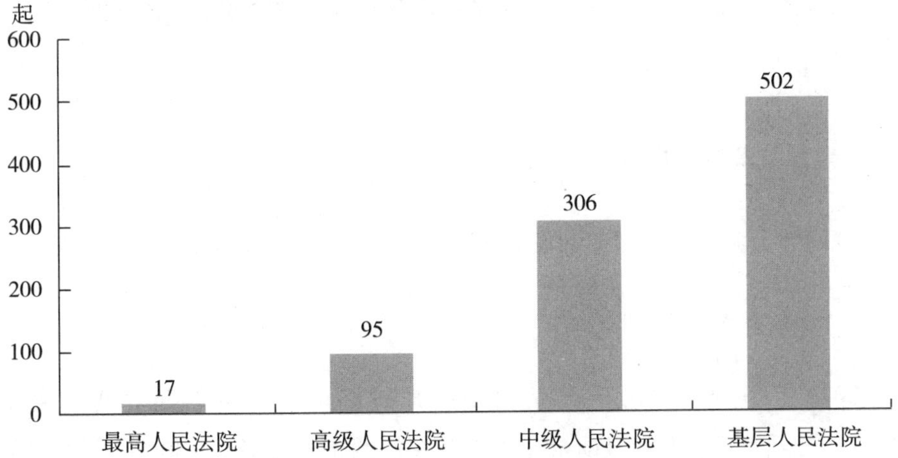

图4－5　案件审理法院层级分布

六、争议焦点分析

信用交易业务民事诉讼案例中，笔者对争议焦点的梳理原则以典型案例为基础，围绕公司在从事信用交易业务过程中的合同效力问题，客户风险提示、客户适当性等客户识别问题，以及在风险监控过程中的强行平仓问题等进行逐一分析和论证，力求能从民事诉讼案例中识别信用业务的合规和法律风险，以规范和完善公司相关制度或业务操作。

第二章 信用交易业务民事诉讼典型案例

一、合同效力典型案例

合同效力方面的典型案例如吴某明与GTJA证券融资融券交易纠纷案。[1]

(一)基本案情

2018年1月25日,吴某明信用账户日终清算后的维持担保比例为128.16%,低于融资融券合同及相关业务规则约定的警戒线130%。根据合同约定,GTJA证券对吴某明的信用账户进行强制平仓,强行平仓后仍不足以覆盖GTJA证券本金及利息,因此,GTJA证券将吴某明诉至法院。吴某明认为,GTJA证券提供的第一份融资融券合同(2012版)系格式合同,其对涉及吴某明利益的强制平仓条件、程序等相关格式条款不加提醒和说明,严重违反法律规定,损害了吴某明的合法权益,对吴某明不具有约束力,不能作为定案依据。GTJA证券提供的第二、第三份融资融券合同,均未经吴某明确认,合同内容非吴某明的真实意思表示,吴某明无法接收到合同变更的通知,吴某明对所谓合同条款变更不知情,该合同对吴某明不生效。

(二)诉讼判决

本案的争议焦点为,案涉融资融券合同是否有效?融资融券合同修订后的条款是否对吴某明适用?

法院认为,双方当事人签订的融资融券合同第76条约定:"若甲、乙双方中任何一方在本合同(包括已延期的本合同)有效期届满前一个月内未提出书面

[1] 参见上海金融法院民事判决书,(2020)沪74民终369号。

异议的，则本合同到期自动延续两年，其他内容不变。若任何一方在合同期满前一个月内书面提出本合同到期后不再延期的，本合同到期自动终止。”现吴某明并未提供证据证明其于合同到期终止合同的事实和行为，依照合同约定，该融资融券合同并未终止，到期后自动续期，仍对吴某明具有约束力。GTJA 证券与吴某明之间签订的融资融券合同系双方当事人的真实意思表示，且不违反法律和行政法规的强制性规定，应为合法有效。

当事人双方在融资融券合同(2012 版)中约定了 GTJA 证券有权适时修改、调整涉及该合同的相关文件、指标、比例等，可通过其分支机构营业场所和互联网网址以公告的形式通知吴某明。若吴某明自 GTJA 证券公告之日起3 个交易日内不提出异议，则公告内容自公告之时即成为本合同的有效组成部分，与本合同具有同等法律效力。故双方已通过合同方式明确了合同条款可以变更及变更后的通知方式，且合同也明确了通知的邮箱地址、密码等信息。GTJA 证券采用在网站上公示的方式变更合同条款符合合同约定，并无不当。就吴某明抗辩其未收到过合同条款变更通知、格式条款理应无效的主张，法院认为，融资融券交易是较高风险的投资，投资者应当对证券公司发送的警示、通知予以充分重视。吴某明并未及时登录、使用证券公司为其提供的邮箱，对证券公司发送的警示、通知的电子邮件未予重视，具有一定的过错，由此产生的后果，应由其自行承担。关于吴某明辩称案涉合同系格式合同，对其不产生效力，法院认为，格式条款只有在提供格式条款的一方免除其责任、加重对方责任、排除对方主要权利时才无效。GTJA 证券变更的条款内容并未涉及上述情形，吴某明亦没有证据证明，故对其辩称，法院不予采信。修订后的融资融券合同对双方当事人仍具有约束力。

二、告知义务相关典型案例

告知义务方面的典型案例如周某秋与 XB 证券融资融券交易纠纷案。[1]

---

〔1〕 参见陕西省西安市中级人民法院民事判决书，(2020)陕 01 民终 6996 号。

（一）基本案情

周某秋上诉称，XB 证券在平仓过程中具有重大过错，导致周某秋损失加重，周某秋不应当向 XB 证券赔偿。周某秋在一审中主张，XB 证券未履行通知义务，违反谨慎审查管理义务、培训学习教育的义务并要求 XB 证券赔偿损失。

（二）诉讼判决

本案的争议焦点为，XB 证券是否在双方签订融资融券业务合同时对周某秋进行了风险告知，XB 证券在平仓之前是否履行了告知义务？

法院认为，从 XB 证券提供的双方签订的融资融券业务合同的签署页看，在周某秋的签名上方有加黑字体标为特别提示的风险告知内容，该页下方也有周某秋的签名，可见周某秋对签订合同的后果是明知的。

根据双方合同中关于送达与通知的约定，发送通知的方式包括自行签领、邮寄、电子邮件、手机短信、录音电话、传真或公告等方式中的任何一种或者多种。在本案纠纷中，XB 证券在融资期间多次发送短信和电子邮件进行了通知。因此，XB 证券的平仓行为在平仓前后均履行了告知义务，符合合同约定及法律规定。

三、客户适当性相关典型案例

客户适当性相关案例如梁某云与 ZGYH 证券融资融券交易纠纷案。[1]

（一）基本案情

2017 年 11 月 3 日，梁某云经 ZGYH 证券浙江分公司风控总监介绍到 ZGYH 证券开立融资融券账户。在账户开立过程中，ZGYH 证券工作人员要求梁某云在部分文件上签署了名字，并未将签署的合同等交给梁某云；梁某云也按 ZGYH 证

[1] 参见北京市西城区人民法院民事判决书，（2022）京 0102 民初 5964 号。

券工作人员提示配合进行了录像。后梁某云多次向ZGYH证券索要签署的合同等,ZGYH证券一直未按规定将签好的合同交给梁某云。融资融券账户开立后,梁某云将该账户交与案外人操作并按照ZGYH证券浙江分公司风控总监的要求配合进行了一次回访。2018年6月11日,梁某云信用账户被ZGYH证券强制平仓,梁某云账户共计损失3400万元。因强制平仓后信用账户资金余额仍为负,ZGYH证券浙江分公司风控总监多次要求梁某云签署还款承诺书,梁某云认为ZGYH证券在梁某云信用账户开立、交易中存有违规行为,故没有签署。

信用账户被强制平仓后,梁某云到ZGYH证券打印了包含交易IP信息在内的交易明细。经咨询专业人士与其他强制平仓客户,梁某云认为,ZGYH证券为专业机构,应遵守《证券法》及监管机构制定的《证券公司监督管理条例》、《证券期货投资者适当性管理办法》、《证券经营机构投资者适当性管理实施指引(试行)》及ZGYH证券自己制定的内控指引等。ZGYH证券应当对梁某云的身份、财产与收入状况、征信状况、证券投资经验和风险偏好进行调查,对投资者风险等级进行客观的评价,以确定梁某云与产品的风险匹配性,并以书面和电子方式予以记载、保存;交易过程中应实时履行对信用账户的监管义务,保障客户合规操作,及时对客户进行风险揭示。综上,梁某云将ZGYH证券诉至法院请求赔偿其损失。

(二)诉讼判决

本案的争议焦点为,ZGYH证券是否尽到适当性义务,是否应当承担赔偿责任?

法院认为,梁某云进行风险测评,填写《融资融券业务申请审批表》《融资融券业务投资者教育记录》《投资者适当性匹配意见确认书(融资融券)》《融资融券客户承诺书》并进行录音录像,ZGYH证券通过上述方式多次进行风险提示,ZGYH证券对梁某云进行风险评估,评估结果与融资融券业务相匹配,梁某云在录音录像视频中认可并签名确认充分了解交易风险,熟悉交易规则,已经知晓、理解并愿意自行承担参与交易的风险及造成的后果,ZGYH证券已经履行了适当性义务。梁某云于2007年开立证券账户,在案涉融资融券账户前在其他券商处亦开立有融资融券账户,梁某云辩称ZGYH证券没有尽到适当性义务,其本人对融资融券业务风险不清楚的意见,法院未予采信。

四、强制平仓相关典型案例

强制平仓相关典型案例如胡某文与GD证券、原审第三人GD证券股份有限公司桂林中山中路证券营业部融资融券交易纠纷二审案。[1]

（一）基本案情

2014年7月18日，胡某文与GD证券签订融资融券合同。2015年7月6日，胡某文信用账户维持担保比例低于130%，GD证券于当日向胡某文发送平仓通知，要求其在（T+2日）通过追加担保物等方式将维持担保比例恢复至150%以上，否则GD证券将于（T+3日）对胡某文账户予以强制平仓；2015年7月7日，胡某文再次收到GD证券的平仓通知；2015年7月8日，当天收市后，胡某文与案外人覃某（原审第三人桂林中山中路营业部负责人）依据《证券公司融资融券业务管理办法》协商，商定由胡某文向GD证券发函（《关于保护客户利益，暂缓信用账户强制平仓的请求》），向GD证券申请暂缓强制平仓。当天晚上，覃某通过电话告知胡某文其暂缓平仓申请已获GD证券批准，要求胡某文于2015年7月9日开市前前往桂林中山中路营业部签署承诺函。2015年7月9日上午，胡某文前往桂林中山中路营业部签署承诺函，申请暂缓至2015年8月8日对胡某文进行强制平仓。胡某文认为，当日下午，GD证券在"美尔雅"股票上午涨停的情况下，将胡某文持有的3,999,600股该股票分4次强制平仓，违反双方关于暂缓强制平仓的新约定；即使可以平仓，GD证券平仓的数量也明显过多，有违诚信、公平原则，故GD证券理应赔偿其错误强制平仓所致胡某文损失。

（二）诉讼判决

本案的争议焦点为，在胡某文信用账户维持担保比例低于130%的情况下，GD证券是否有权采取强制平仓措施？GD证券对胡某文信用账户强制平仓是否合规、合法，额度是否合理？

[1] 参见上海市第二中级人民法院民事判决书，(2017)沪02民终1182号。

法院认为,胡某文希望GD证券对将其信用账户维持担保比例提高至130%以上要求给予一定的时间,并作出相关承诺,体现了胡某文寻求暂缓强制平仓的意思表示。从承诺函签署的主体看,也仅是胡某文向GD证券作出承诺。该承诺函无论是否为GD证券提供,从内容到签署主体都无法反映GD证券有任何意思表示,不存在双方达成暂缓强制平仓的新协议。况且在该承诺函中,胡某文知晓并同意GD证券在信用账户维持担保比例提高至130%之前有权于任何时点对其信用账户执行强制平仓,即使双方达成了新协议,也赋予了GD证券在强制平仓条件成就的情况下可以采取强制平仓措施的权利。融资融券合同约定,胡某文信用账户当日(T日)维持担保比例低于130%(不含本数)时,GD证券将通知胡某文在两个交易日内(T+2日)恢复维持担保比例至150%以上(含本数),否则将于下一个交易日(T+3日)执行强制平仓。合同签订后,GD证券于2015年7月3日在其网站发布公告对强制平仓事项进行调整,将前述恢复维持担保比例的期限从T+2日缩短至T+1日,将需要达到的维持担保比例从150%降低至130%。依据融资融券合同的约定,胡某文未在公告之日起5个工作日内就该公告内容向GD证券提出异议,视为接受相关约定的调整,双方其他关于强制平仓的约定仍以融资融券合同内容为准。按照融资融券合同约定,在待平仓股票连续涨停或跌停等极端情况下,GD证券可在T日之后即对胡某文信用账户内资产予以强制平仓。上述约定对胡某文均有约束力。GD证券在发送给胡某文的平仓通知中亦明确,在要求胡某文恢复维持担保比例期间,其有权按约视情况随时执行强制平仓。本案中,胡某文信用账户持有“美尔雅”股票,随着该股票的连续跌停,胡某文信用账户维持担保比例自2015年7月6日起持续低于130%,GD证券未依据融资融券合同关于极端情况的约定,即在当日即采取强制平仓措施,而是依据一般约定,连续向胡某文发出平仓通知,均系处分其于合同项下的权利,GD证券是否于2015年7月8日实施强制平仓的措施均不能认为其放弃强制平仓的权利。此外,根据融资融券合同的约定,在强制平仓过程中,GD证券有权限制胡某文对账户的委托及操作,但限制账户委托及操作并非执行强制平仓的必经过程,GD证券未对胡某文信用账户进行限制,胡某文在强制平仓时段仍可自行卖出股票,这亦不构成GD证券对其依约采取强制平仓权利的放弃。因此,在胡某文信用账户维持担保比例持续低于130%的情况下,GD证券于7月9日对胡某文信用账户采取强制平仓措施符合双方合同的约定。

根据融资融券合同的约定,强制平仓额度为完全清偿胡某文信用账户因融资融券所欠GD证券全部债务。2015年7月9日,平仓股票连续涨停,胡某文自行平仓共计1,300,000股,GD证券强制平仓3,999,600股,每股成交价为8.6元,且GD证券的强制平仓行为与胡某文在当日14时47分57秒自行平仓300,000股的时间几乎同时发生。股票市场系高风险市场,融资融券交易存在瞬时性、高频性等特点,强制平仓额度虽以偿还全部债务为限,但在要求强制平仓额度的精确程度的同时,亦应结合股票交易市场实践操作,故GD证券强制平仓额度并无不当。

五、追偿维权费用典型案例

追偿维权费用相关典型案例如戴某蓉与DF证券、原审被告张某文股票质押式回购交易纠纷二审案。[1]

(一)基本案情

2015年9月9日,DF证券与戴某蓉签订《DF证券股份有限公司股票质押式回购交易业务协议》,在该协议的基础上,双方于2015年9月10日签订了《股票质押式回购交易协议》。根据业务协议和交易协议的约定:戴某蓉以其持有的邦讯科技3,074,000股股票通过股票质押式回购交易业务向DF证券质押融资25,100,000元;交易期间为2015年9月10日至2016年9月9日,购回价格的利率为年(365天)利率8.5%;最低履约保障比例为130%;待购回期间,T日日终清算后交易履约保障比例低于最低履约保障比例,戴某蓉未按约提前购回且未提供履约保障措施的,DF证券有权进行违约处置,并在提前购回交易金额的基础上另行加收延期利息、利息违约金和本金违约金;DF证券向戴某蓉追偿所产生的所有费用均由戴某蓉承担,包括但不限于诉讼费(或仲裁费)、律师

〔1〕 参见上海金融法院民事判决书,(2020)沪74民终940号。

费、差旅费、评估费、拍卖费等。

该笔交易在2018年6月20日日终清算后履约保障比例为129.90%，2018年6月21日日终清算后履约保障比例为129.15%，均低于交易协议约定的最低履约保障比例130%，经DF证券通知后戴某蓉仍未按业务协议的约定提前购回且未提供履约保障措施，构成违约。DF证券向法院提起诉讼。一审法院查明，2019年7月8日，DF证券与北京市汉坤律师事务所上海分所签订了法律服务合同，合同约定本案基本律师费20万元，DF证券现已支付律师费5万元。因此，一审法院判决戴某蓉向DF证券支付人民币5万元律师费。戴某蓉不服一审判决，提起上诉，请求二审法院驳回向被上诉人DF证券支付律师费的诉讼请求。

（二）诉讼判决

本案的争议焦点为，上诉人戴某蓉是否应偿付被上诉人DF证券律师费用5万元。

法院认为，DF证券与戴某蓉签订的业务协议系当事人真实意思表示，依法成立且合法有效，对当事人具有法律约束力，各方当事人均应按照约定履行。根据业务协议第63条的约定，DF证券向戴某蓉追偿所产生的所有费用均由戴某蓉承担，包括但不限于诉讼费（或仲裁费）、律师费、差旅费、评估费、拍卖费等。DF证券因本案诉讼已支付律师费5万元，现其主张戴某蓉偿付律师费用5万元，有合同依据且已实际发生，一审法院相关判决并无不当。

六、佣金调整相关典型案例

（一）黄某来与GJ证券股份有限公司北京长椿街证券营业部一审股票交易纠纷案〔1〕

1. 基本案情

1999年5月26日，原告黄某来在被告GJ证券开立证券交易账户，接受被

〔1〕 参见北京市西城区人民法院民事判决书，（2015）西民（商）初字第12901号。

告提供的证券交易服务。2009 年,被告工作人员许某与原告协商后将佣金调整为 5‰。2013 年在许某的推荐下原告在被告处开立融资融券账户,但被告方在原告不知情的情况下,擅自将该账户佣金设定为 2‰,远远超出了原告的预期,给原告造成了严重的经济损失,同时自 2009 年起被告在原告普通交易账户的佣金收取中也存在超额收取的行为,原告曾多次向被告提出退还超额收取的佣金,但被告仅同意将佣金比例调回,不同意退还超额收取的佣金。原告提起诉讼,请求人民法院依法判令被告向原告退还超额收取的佣金共计 87,930.4 元,并由被告承担诉讼费。

2. 诉讼判决

本案的争议焦点为,原告黄某来普通账户的佣金标准应为多少,被告是否存在超标准收取的情况?原告黄某来信用账户的佣金标准应为多少?

法院审理查明,原告、被告在签订证券交易委托代理协议之时并未对普通账户的交易佣金比例进行约定,自 2009 年至 2013 年,原告使用该账户进行过 500 余笔证券买卖交易,其中 2010 年 1 月 4 日至 2011 年 10 月 19 日的交易佣金为 8‱,2011 年 10 月 27 日至 2013 年 7 月 30 日的交易佣金为 5‱。原告黄某来在庭审中自述,其从其他证券代理商处转移至被告处是因为被告交易佣金较低,由此可见原告对于佣金情况应当较为关注,而股票交易的佣金情况可以从交割单上反映出来,并可实时查询,原告黄某来作为长期的证券投资者对此应当知晓,其亦未举证证明在 2011 年 10 月 20 日之前就普通账户 8‱的交易佣金标准向被告提出过异议,故对原告黄某来主张其普通账户的交易佣金自 2009 年起即为 5‱的意见,法院不予采信;原告另主张即便是在 2011 年 10 月 20 日之后,被告还存在以超过 5‱的标准收取佣金的情况,对此法院审查了被告提交的原告普通账户的股票交割单,未发现原告主张的情形,因此,对于原告主张的要求被告返还超额收取的普通证券账户交易佣金的诉讼请求,法院不予支持。

2013 年 7 月 22 日,黄某来向被告提交融资融券业务申请表申请开通该业务,并签订融资融券合同与风险提示书。原告黄某来在 2013 年 7 月 31 日的 GJ 证券信用账户开户申请表佣金标准一栏中手写"千分之二"并签名,原告作为完全民事行为能力人,长期的证券投资者,应知道该信用账户独立于普通账户,并且应当知晓该约定内容的含义,且该标准并未超出国家强制性的规定,故该约定合法有效，双方应当按照合同约定履行相关义务。原告黄某来主张被告有隐瞒欺骗行为，与事实不符；原告主张融资融券账户交易佣金应等同于普通账户交易佣金，但没有提供证据和依据，因此对于原告主张被告退还超额收取的融资融券账户交易佣金的诉讼请求，法院不予支持。

（二）王某斌与HX证券股份有限公司合同纠纷一审案[1]

1. 基本案情

原告于2008年7月8日在HX证券北京紫竹院路证券营业部签订了证券交易委托代理协议并开立证券账户，2013年9月被告员工林某给原告打电话说现在的股票行情比较好，被告公司有新政策，如果账户资金达到50万元以上服务费可从1.2‰升级为7‱，100万元以上可升级为3‱，原告当时问被告员工林某，今后会不会有变化？林某称原告可以终身享受HX证券3‱的服务费，且服务费只会降不会升。原告分别于2013年9月、10月8日将账户资金增加到50万元、100万元，2013年11月1日交易服务费降为3‱。2014年2月12日，原告在HX证券北京紫竹院路证券营业部开立了信用证券账户，其签订的合同中的融资融券条款中没有交易服务费变动条款，该合同第82条未约定有关证券委托交易的事宜，适用甲乙双方签订的证券交易委托代理协议，合同内容与被告员工林某介绍的交易服务费相符，原告于2014年2月14日签订了融资融券合同。原告于2014年2月17日向信用账户转入1,024,114.00元担保物，2月18日向信用账户转入302,184.00元担保物。2014年10月13日，原告到HX证券北京紫竹院路证券营业部打印对账单，信用证券账户对账单显示从2014年2月17日至10月9日短短7个月的时间，被告收了原告359,655.00元的服务费，通过计算服务费根本不是按3‱而是按2‰收取的。之后，原告向被告HX证券北京紫竹院路证券营业部提出退还多收的305,707.00元服务费，被告不予理睬。2015年4月28日，原告将HX证券北京紫竹院路证券营业部诉至北京市海淀区人民法院，请求被告退还多收取的交易服务费305,707元。

---

[1] 参见成都高新技术产业开发区人民法院民事判决书，（2016）川0191民初7576号。

2. 诉讼判决

本案的争议焦点为，HX 证券是否应退还原告多收取的交易服务费 305, 707. 00 元？

法院认为，首先，原被告签订的融资融券业务合同载明，原告在被告处开立信用账户的前提为其在被告处已经开立普通账户，且原告在合同有效期内不得办理普通证券账户的转托管、撤销指定交易和销户手续，由此，原告在被告处开立普通账户与被告为原告提供融资融券业务服务并非毫无关联；其次，无论原告在被告处开设的是普通账户还是信用账户，相应佣金的收费标准均呈现不同阶段收费标准相异的特点，即被告有权根据相关法律法规、相应规定制定佣金及其他服务费收取标准，并有权根据市场状况调整相关收取标准，从而导致同一用户的佣金收取在不同时期会有不同标准，不同用户之间的佣金收取标准当然也可能存在差异，因此被告在营业场所公示的 2‰的收费标准及公示办法虽然符合相关国家、行业规定，但该收费标准并非统一、固定适用于任一时期和每一个信用账户。由此，被告未能举证证明在信用账户开设之时及交易过程中除公示以外其还以其他方式向原告告知该账户佣金收取标准为 2‰，亦未能举证证明原告在交易过程中通过相关交易途径应当知悉该收费标准。此外，2014 年 10 月 14 日，被告将原告的信用账户佣金标准降为 3‱，就该变化的原因被告亦未能举证说明原因。基于以上情形，法院认为原告关于其信用账户佣金仍然按 3‱收取的主张成立，原告有权要求被告退还其多收取的佣金 305, 707. 00 元。

七、“绕标”套现相关典型案例

“绕标”套现相关典型案例如 XZDFCF 证券与盛某燕、胡某勇融资融券交易纠纷案。[1]

（一）基本案情

2017 年 11 月 23 日，被告盛某燕在原告处申请从事融资融券交易，开立信

〔1〕 参见上海市静安区人民法院民事判决书，(2018)沪 0106 民初 27067 号。

用账户。双方签订了《XZDFCF 证券股份有限公司融资融券业务合同》，约定追保平仓线为130%，警戒线为150%，追保期限为2个交易日，逾期利息日利率为0.05%，融资年利率为6.99%。2018年11月24日，融资年利率调整为6.5%。2018年4月3日日终，被告盛某燕信用账户维持担保比例低于130%，原告于2018年4月4日通过短信通知被告盛某燕在2个交易日内追加担保至维持担保比例为150%，但被告盛某燕未如约追加，故原告于2018年4月10日短信通知被告盛某燕，原告将对其账户实施强制平仓措施。2018年5月8日被告盛某燕的信用账户证券被平仓卖出。原告实施强制平仓后所得价款不足以偿还被告盛某燕所负融资债务，后经原告多次催讨，被告盛某燕仍未清偿所欠融资负债。被告盛某燕、胡某勇系夫妻关系，被告盛某燕系在婚姻关系存续期间签订融资融券合同，被告盛某燕、胡某勇应共同清偿，故原告XZDFCF证券向法院提起诉讼，请求判令被告盛某燕、胡某勇共同向原告偿还剩余融资本金及相应的融资利息、逾期利息，并承担原告支付的律师费和本案诉讼费。

被告盛某燕辩称，涉案融资融券交易系通过"卖券买券"的方式将融来的款项套现变为"自有资金"，之后再购买非标的证券("尤夫股份")，此类操作方式俗称"绕标"，而原告却允许此类违规的"绕标"操作，由此产生的损失应由原告承担。

(二)诉讼判决

本案的争议焦点为，原告是否须为"绕标"操作产生的损失承担责任？

法院认为，被告盛某燕在开通信用账户后进行融资融券交易，之后通过"绕标"操作将融来的资金套现变为自有资金并购买可冲抵保证金证券("尤夫股份")，因维持担保比例低于130%被强制平仓并产生亏损。被告盛某燕由此认为根据《证券公司融资融券业务管理办法》第18条的规定，客户融资买入不得超出证券交易所规定的范围。而本案中，其购买尤夫股份的资金正是通过融资融券交易获得的，而尤夫股份亦属于非标的证券，故原告允许客户进行此类"绕标"操作系违规行为。原告则认为，被告盛某燕买入"尤夫股份"的操作方法及交易过程符合相关监管规定，交易系统对其交易指令也是接纳并认可的；且原告也不存在限制客户进行此类"绕标"操作的义务。对此，法院认为，首先，从此类“绕标”交易模式来看，尽管被告盛某燕买入“尤夫股份”的最初资金确系通过融资融券交易套现获得，但其一开始获取资金的过程系针对标的证券进行融资交易或融券交易，完全符合《证券公司融资融券业务管理办法》第18条的规定。之后，被告盛某燕使用以“绕标”手段获取的自有资金买入“尤夫股份”，而根据《上海证券交易所融资融券交易实施细则》和《深圳证券交易所融资融券交易实施细则》的相关规定，投资者可以在信用证券账户下用自有资金买入可冲抵保证金证券；本案涉案“尤夫股份”属于原告认可的可冲抵保证金证券，故此类交易模式并未违反现行监管规则的禁止性规定。其次，从责任承担来看，证券公司对投资者的交易行为所产生的风险与损失承担责任的前提，应是其未能履行相关法定义务或约定义务。根据上述监管规定可见，原告作为证券公司并无限制投资者进行“绕标”操作的相关法定义务；而根据融资融券合同和风险揭示书的约定，原告亦不具有控制“绕标”的合同义务。因此，被告盛某燕采取“绕标”操作买入非标的证券后产生亏损，应由其个人承担相应的交易风险，其要求原告承担责任缺乏法律依据或合同依据。

第三章　信用交易业务民事诉讼案例的合规应用

一、重视影响合同效力事项的管理

随着信用交易业务规则的不断更新和变化,信用交易业务合同修改较为常见,因此在合同中约定变更条款就显得尤为重要,证券公司应按合同约定通过官网公告、短信提醒、发送邮件等方式告知投资者,否则可能产生合同修改后对投资者不发生效力的风险。

二、严格履行告知义务

告知义务贯穿信用交易业务全过程,从前端信用账户的开立,再到业务规则变更,最后到业务合同的修改,均需要履行告知义务。因此,应在信用交易业务合同中对告知义务的履行方式、需要告知的具体情形等作出明确约定,并建立明确的公司内部控制机制,切实保障告知义务执行到位。

三、规范履行客户适当性义务

基于证券市场信息的不对称性、信用交易业务的高风险性以及作为自然人的客户风险承受能力相对较弱等因素,证券公司应当在与客户签订信用交易业务合同的过程中尽到适当性审查义务,在客户风险承受能力与信用交易业务的风险程度相匹配的前提下,指导客户进行交易,这与监管方向是一致的。通过书面形式揭示信用交易业务存在的各类风险,了解客户资金情况、交易情况,评估客户的风险承受能力,对风险承受能力与信用交易业务进行匹配。为客户讲解信用交易规则,提示信用交易可能放大投资风险,可能产生本金、超过原始本金亏损的风险。这不仅是业务规则及监管的要求,同样也是法院裁判的关键。

四、关注强制平仓的规范性

在融资融券合同中应明确约定,证券公司有权自主选择强制平仓的时间、担保物品种、顺序、价格、数量等,强制平仓操作后由于行情变化导致未达到合同规定标准的,有权再次实施强制平仓,直至达到合同规定的标准。

五、明确追偿所需的必要费用

应在信用交易业务合同中明确追偿所需的必要费用,包括但不限于诉讼费(或仲裁费)、财产保全费、保全保险费、律师费、差旅费、评估费、拍卖费等。因信用交易业务争议案件标的较大,追偿过程中产生的资金成本较高,容易成为双方争议的焦点。如业务合同明确约定了相关费用,一般会得到法院的支持。因此,在签订信用交易业务合同时,应关注信用交易业务合同对相关费用的约定是否明确。

六、规范佣金调整机制

佣金调整关系投资者的切身利益,在普通账户佣金与信用账户佣金不一致的情形下,证券公司为客户开立信用账户时,应当明确约定客户信用账户下佣金的收取标准,否则可能会承担返还客户信用账户与普通账户佣金差额的责任。

七、关注"绕标"套现交易模式的监管风险

从"绕标"套现交易模式看,结合法院裁判观点可知,对于"绕标"套现交易,现行监管规则没有禁止性规定。就证券公司而言,并无限制投资者进行"绕标"套现操作的相关法定义务,也不具有控制"绕标"套现的合同义务。因此,投

资者因“绕标”套现产生损失进而要求证券公司承担责任缺乏法律依据或合同依据。但在监管从严的背景下，证券公司如为客户融资融券“绕标”等不正当交易活动提供便利，将面临监管处罚风险。

第五篇

证券资产管理业务民事诉讼案例分析与合规应用

近年来,受到非标投资违约、债券爆雷、证券虚假陈述等事件频发、市场行情波动的影响,证券公司资产管理业务相关案件(以下简称资管业务纠纷案件)数量明显增加。《资管新规》和《九民纪要》的发布,拉开了资管行业转型和规范化发展的序幕,为资产管理业务奠定了良好的制度基础,也对资产管理相关机构的尽责履职提出了更高要求。本篇通过对2013年至2022年法院审理的资管业务纠纷案例(共467起)的整理和归纳,以期了解法院相关裁判观点,发现司法裁判与监管规定的差异,挖掘业务开展中存在的风险点,探索优化公司资产管理业务合规管理工作。

第一章　证券资产管理业务裁判数据梳理与分析

一、民事诉讼数量与判决金额分析

如图 5－1 所示，在统计的资管业务纠纷案件中，案件数量在 2014 年至 2017 年逐步增加，[1] 2019 年开始激增，2020 年达到最高点 125 起，2021 年和 2022 年相关案件数量有所下降。

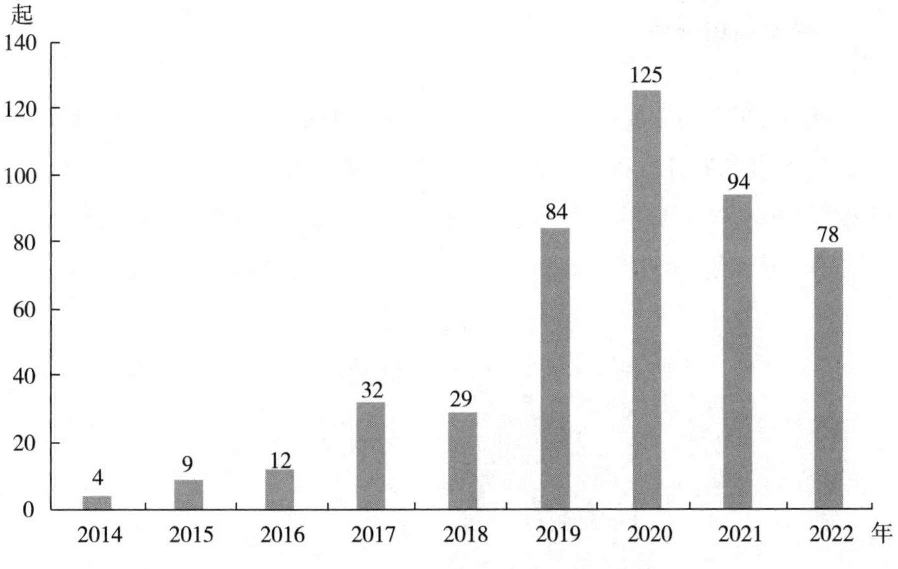

图 5－1　2014 年至 2022 年相关案件数量

每年案件累计判决金额变化趋势与资管业务纠纷案件的案件数量基本吻合，相关案件各年的判决总额于 2018 年激增，2020 年达到顶点，共计近 160 亿元，2021 年和 2022 年显著回落（见图 5－2）。

---

〔1〕 统计期内，2013 年无资管业务纠纷案件。

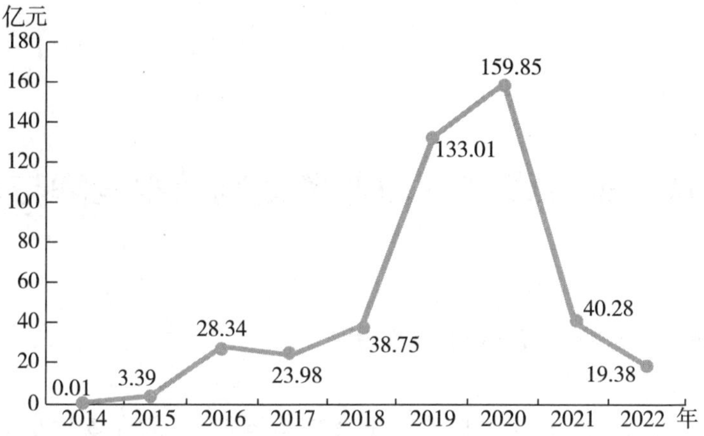

图 5-2　2014 年至 2022 年相关案件判决总额

二、民事案由分析

上述案件的案由主要有合同纠纷、证券纠纷、物权保护纠纷、信托纠纷和票据纠纷等,合同纠纷和证券纠纷数量最多,共占了案件总量的 80% 以上,其中合同纠纷占到了 50%。合同纠纷主要为委托理财合同纠纷,证券纠纷主要为证券回购纠纷和债券交易纠纷,物权保护纠纷主要涉及财产损害赔偿纠纷(见图 5-3)。

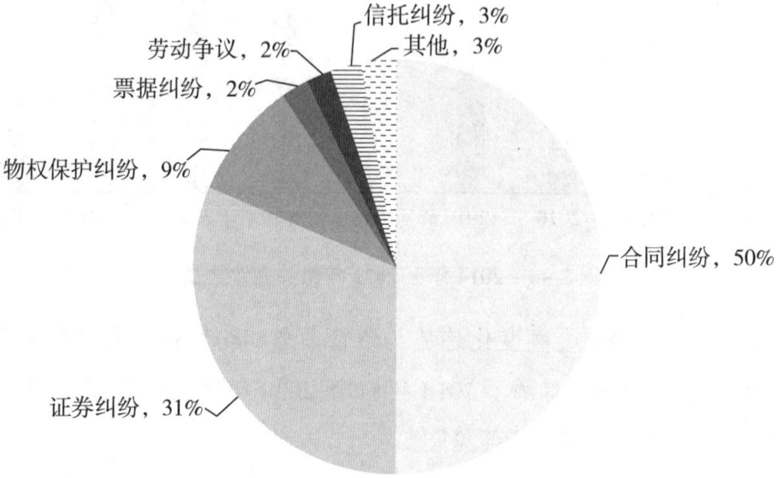

图 5-3　各案由涉及案件数量分布情况

三、审理法院层级分析

上述案件中约70%是一审案件，约30%是二审案件，再审案件只有1起。审理法院中约83%为基层人民法院和中级人民法院，最高人民法院审理的案件有9起（见图5－4、图5－5）。北京金融法院和上海金融法院审理的案件约占全部案件的22%，共有77起。

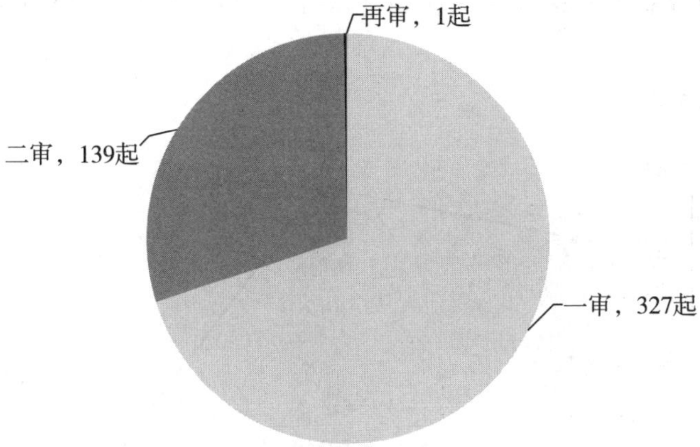

图5－4　案件审级分布情况

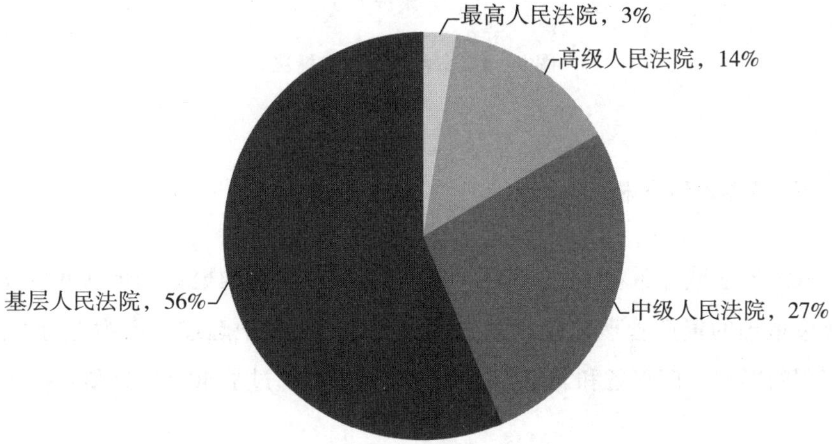

图5－5　审理法院分布情况

四、诉讼主体身份分析

资管业务纠纷案件中,证券公司作为被诉方的案件多于主诉方。证券公司作为主诉方的案件共206起,其中证券纠纷案件最多,证券纠纷和合同纠纷案件占比近90%;证券公司作为被诉方的案件共241起,其中合同纠纷案件最多,证券纠纷和合同纠纷案件占比超过70%;证券公司作为第三人的案件共35起,其中合同纠纷案件最多,证券纠纷和合同纠纷案件占比超过70%(见图5-6)。

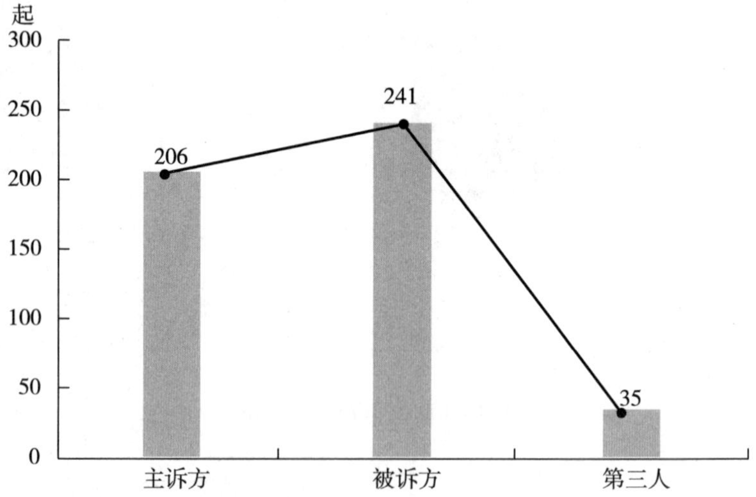

图5-6　案件角色分布情况

五、案件地域分析

从案件地域分布看,此类案件在经济发达、金融机构聚集的地区较为集中。上海市审理的资产管理案件最多,达到了126起,其中超过一半为上海金融法院审理的案件。广东省和北京市的案件数量也均超过了40起(见图5-7)。

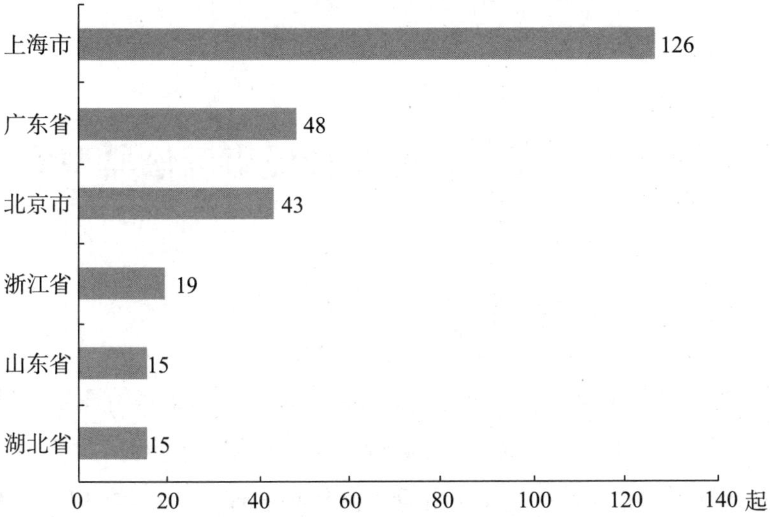

图 5 –7　案件地域分布情况

注:案件数量前 6 名。

第二章　证券资产管理业务民事诉讼典型案例

一、适当性义务履行相关案例

适当性义务要求金融机构将适当的金融产品或服务销售给适当的投资者，这对于实现金融市场中“卖者尽责，买者自负”、打破“刚性兑付”具有重要意义。在资管业务纠纷案件中，关于资管产品管理人或代销机构（以下统称销售机构）适当性义务履行的争议屡见不鲜。在笔者统计的涉及募集阶段的案件中，2018 年至 2022 年 5 年间涉及适当性义务履行的案件分别有 1 起、16 起、6 起、39 起和 57 起，近年来有逐渐增加的趋势，因此关注、分析法院关于金融机构适当性义务的裁判思路和判断标准的重要性显得尤为突出。

（一）法院认定销售机构履行了适当性义务的常见情形

如无其他相左的证据，投资者在合同、风险揭示书、投资者承诺书等文件中进行了签名确认并且该等文件中已经充分揭示了相应风险和作出提示的，法院通常会认为销售机构已履行了适当性义务，投资者已知悉文件内容并应承担相应风险。

在（2019）粤 0304 民初 32000 号案中，投资者签署了列明资产变现风险、现状交付风险、延期交付风险等各类风险的风险揭示书，明确愿意自行承担参与资管业务的风险和损失，且资管合同多处载明不承诺保本付息。该案审理法院认为，产品管理人在实质上已经进行了特别的风险警示，已履行投资者适当性管理义务。

（二）适当性匹配不仅是等级之间的匹配

在（2018）沪 02 民终 7807 号案中，案涉产品投资者认为其虽签署相关账户类、交易类及适当性相关材料，但对签署的材料内容完全不知情，并提出系争产品的投资期限与其在投资者风险测评问卷填写的期望投资期限不符；产品管理人出具的《适当性评估结果确认书》中系争产品的投资期限登载错误，且监管机构相关监管提示函中也就此对产品管理人提出了批评。审理法院认为，该投资者作为具有完全民事行为能力的自然人，接受过高等教育且从事企业管理、投资业务，应对其签名确认的文件内容有知晓、理解的能力。投资者确认的《适当性评估结果确认书》显示，投资者的投资风险偏好、拟投资的品种均与系争产品情况一致，投资者拟投资期限为1—5年，而系争产品的投资期限为1年，亦完全符合投资者的要求。且投资者在系争产品存续期间，还追加了投资，更说明投资者对系争产品的认可。《适当性评估结果确认书》产品投资期限错误登载为0—1年的情况不足以让投资者作出错误判断，投资者欲借此证明产品管理人在投资者适当性评估中有过错，法院不予支持，审理法院认为投资者投资的系争产品与其适当性评估结果完全匹配。

上述案件审理法院不是对投资者风险承受能力评级和案涉产品风险等级是否匹配进行简单审查，而是结合投资者投资经历、职业特点、交易情况以及投资者提交的《适当性评估结果确认书》中具体内容和案涉产品要素，对匹配结果是否恰当进行综合判断。

在(2021)粤19民终8299号案中，审理法院认可销售机构已经履行了适当性义务，除了依据投资者在案涉产品法律文件、适当性评估材料等文件上的签名确认情况，还结合投资者的文化水平以及具有多年投资经验等情形判断投资者是在充分了解案涉基金风险的基础上作出购买案涉基金的决定。

销售机构在出具适当性匹配意见时，往往直接将投资者风险承受能力等级与拟投资产品(或服务)的风险等级进行简单配对，容易忽略投资者期望投资期限、投资者是否愿意承受风险、投资者投资经验等因素在投资者风险承受能力评估和拟投资产品(或接受服务)的适当性匹配中的重要影响。

(三)销售机构违反适当性义务可能对投资者损失承担全部赔偿责任

在(2017)辽0802民初1400号案中，投资者购入案涉产品后，代销机构才对该案投资者购入案涉产品进行了适当性评估。对此，监管机构亦出具了相应文件，明确代销机构在代销案涉产品过程中“未能全面、公正、准确地介绍金融产品有关信息，充分说明金融产品的主要风险特征”。审理法院认为代销机构在代理投资者购买案涉产品时就应当对该产品的性质和风险向投资者进行说明，根据上述情况并结合监管机构出具的文件，审理法院认为代销机构未能全部履行说明和提示义务，在本案产品的代销中存在过错，应当赔偿因此给投资者造成的投资损失。此案较为特殊的地方在于，审理法院基于合同法相关规定认为，有偿的委托合同因受托人的过错给委托人造成损失的，委托人可以要求赔偿损失，该案代销机构未履行告知及风险揭示义务属于违约行为，因此审理法院要求代销机构赔偿投资者全部投资损失（按照原始投资款扣减所有已支付投资者回款后的差额计算）。

（四）管理人在代销机构违反适当性义务时承担连带责任

在 LC 证券（管理人）与投资者关于 JCX5 号产品资产管理合同纠纷等案件中，客户风险承受能力调查问卷、资管合同、风险承诺函、委托人信息等文件投资者签名处签名字样经鉴定非案涉投资者本人签名，案涉产品委托的代销机构未能严格要求投资者本人在相关文件上签名，存在销售不规范的情形。审理法院认为代销机构未恰当履行适当性义务，因案涉产品管理人与销售机构之间为委托代理关系，管理人应对销售机构的销售行为承担法律责任，且管理人未能举证证明其履行了适当性义务，管理人须承担举证不能的法律后果。

实践中，管理人不直接接触代销机构客户，普遍无法做到直接对代销机构的客户履行适当性义务，十分依赖合作的代销机构开展相关工作并保留有效的工作底稿。若涉及相关纠纷，代销机构未履行适当性义务或不配合提供相应证明材料的，管理人承担连带责任的风险较大。

（五）销售环节其他先合同义务

在（2021）沪 0115 民初 69414 号案中，案涉产品使用摊余成本法估值，产品开放时其持仓债券评级已不符合合同约定且管理人未就此事项对开放期申购客户进行信息披露或风险提示，随后案涉产品包含的相关债券违约导致投资者损失。该案争议焦点之一是案涉资管产品开放销售时，管理人是否有向投资者告知资管产品所持仓部分债券信用评级不符合资管合同约定的义务。管理人认为，案涉产品资管合同中约定管理人仅需于约定时间内调整产品持仓即可，前述事项并非信息披露事项，且若向潜在投资者告知相关债券评级下调的信息会违反行业关于持仓信息保密的规定，并对原有投资者不公平。

该案审理法院认为，案涉产品采用摊余成本法作为估值方法且每9个月定期开放，因摊余成本法具有特殊性，无法及时反映产品净值波动情况，且定期开放产品的投资者一旦买入无法及时止损，故开放期时的重要风险揭示尤为重要。同时，案涉产品在开放期时持仓的相关债券已发生对产品风险有重大影响的市场变化，管理人应履行先合同义务，将前述债券持仓风险告知潜在投资者，充分揭示产品风险以保证投资者作出真实意思表示。

对于管理人主张的披露该信息违反行业关于持仓信息保密的规定及对原有投资者不公平的意见，审理法院未予采纳。法院认为，管理人可以以“资管产品中有某只债券或部分债券目前不符合合同约定的信用评级”等概括性表述向潜在投资者说明信息，如此可以不与行业保密规则冲突也不损害原有投资者的利益。

在私募产品信息披露实践中，对于对投资者有关的重大事项的披露，产品管理人有着较大的“自由裁量权”，且在合规的前提下管理人多倾向于“少披露”，认为“多披露多错”。该案具有一定特殊性，在现有的证券公司资管产品估值和相应的开放期安排规定下，不一定会再出现类似情形，但对产品管理人仍具有参考价值。管理人需根据产品本身的特征、信息的重要性程度、信息对投资者决策的影响等因素加以综合考量，进一步优化、完善产品的信息披露及风险揭示工作。

二、合同效力争议相关案例

在近年资产管理业务民事诉讼案中，合同纠纷比例占据了约50%。而在合同纠纷案件中，合同的效力较容易产生争议，成为案件的争议焦点。《合同法》(已废止)第52条、《民法典》第143条对于合同无效情形或民事法律行为有效条件进行了规定，但规则本身较为概括和抽象，在实践中对于规则的理解也容易产生争议。

(一)违反法律、行政法规强制性规定的合同无效

《合同法》(已废止)第52条规定,违反法律、行政法规的强制性规定的合同无效。《最高人民法院关于适用〈中华人民共和国合同法〉若干问题的解释(一)》(已废止)第4条规定:"合同法实施以后,人民法院确认合同无效,应当以全国人大及其常委会制定的法律和国务院制定的行政法规为依据,不得以地方性法规、行政规章为依据。"实践中,直接规范证券公司资产管理业务的规定多为行政规章、其他规范性文件或自律规则,如违反前述规定需结合其他上位规定综合判断,不必然导致相关合同或协议无效。

在(2018)最高法民终667号案中,当事方主张其参与订立的差额补足合同因违反《证券法》、《证券公司监督管理条例》、《证券公司集合资产管理业务实施细则》(已废止)、《证券期货经营机构私募资产管理业务运作管理暂行规定》等规定属于无效合同。审理法院认为,《证券公司集合资产管理业务实施细则》(已废止)、《证券期货经营机构私募资产管理业务运作管理暂行规定》均属于部门规章,不属于《合同法》(已废止)第52条第5项"违反法律、行政法规的强制性规定"可以认定合同无效的情形。

在(2018)浙01民初1538号案中,案涉股票发行人认为股票质押合同中约定的回购到期日早于解除限售日,有违当时《股票质押式回购交易及登记结算业务办法(试行)》的规定。审理法院认为,上述规定并不属于法律、行政法规的强制性规定。案涉股票发行人主张案涉股票质押合同无效的该项理由亦不能成立。

在(2021)辽01民终5295号案中,审理法院认为,管理人未在中国证券业协会对案涉产品进行备案的行为并不符合《九民纪要》第31条规定的涉及金融安全、市场秩序、国家宏观政策等公序良俗应当认定合同无效的情形。《证券公司客户资产管理业务管理办法》(已废止)对于证券公司发起设立集合资产管理计划后应当向中国证券业协会备案的规定亦为管理性规定,而非效力性规定,故案涉产品管理人违反相关法律、法规,未作备案,并不直接影响资产管理合同的法律效力。

(二)恶意串通,损害国家、集体或者第三人利益的合同无效

在(2015)民二终字第386号案中,审理法院认为,合法有效的合同应体现当事人的真实意思表示,内容也不得违反法律和行政法规的强制性效力性的规定。该案中,陈某某代表HT公司与李某某以管理人的名义签订资产委托管理等系列协议的真实目的是"利用绝对优势共同控制壳资源股票的流通盘";在协议的实际履行过程中,陈某某委托陈某、刘某某直接参与操纵相关公司股票价格进行违法犯罪活动。审理法院根据《合同法》(已废止)第52条第3项的规定,认为资产委托管理等系列协议因目的违法应属无效协议。

对于案涉双方签署的资产委托管理等系列协议是否有效,不应仅以协议约定内容确认合同是否存在无效情形,还应结合协议目的、协议签订过程、业务运作中的资金流转等情况综合判断。

三、产品投资管理相关案例

司法实践中,管理人是否依据资产管理合同约定全面、审慎履行投资义务是投资阶段的主要争议焦点。资产管理合同应当对投资目标、投资范围、投资限制等进行明确约定。与此同时,若管理人未审慎履行管理义务,可能造成产品财产损失进而造成投资者损失,则需要承担赔偿责任。

(一)管理人明显违反管理人职责

在(2021)沪74民终375号案中,案涉产品私募股权投资基金合同约定募集资金投资于合伙企业,由合伙企业对上市公司进行股权投资。而基金管理人未审慎调查合伙企业普通合伙人变更原因,贸然将基金募集款划付至合伙企业,导致基金募集款被执行事务合伙人挪用,未实际投向上市公司股权。审理法院认为,管理人未对投资范围内的投资标的进行详细调查,对合伙企业是否将基金款项用于受让上市公司股权未尽审慎审核义务,轻信普通合伙人告知的上市公司股权代持及合同锁定收益的说辞,且对股权代持的法律风险未作披露和核实,基金到期后轻信合伙人资金回款事实,在基金募集、投资、管理阶段,均

存在严重违反监管规定及管理人职责的行为。

（二）管理人管理义务履行

1. 管理人未尽勤勉尽责义务

在(2022)沪74民终965号案中，AJ证券在发起、运作和管理案涉资管产品过程中存在诸多违约行为，包括没有全面、详尽、及时地向投资者披露投资标的资产情况、经营情况、财务情况、诚信记录和各种风险信息；未完整披露会计师事务所出具的审计报告。监管机构分别就AJ证券及其相应分公司在销售、管理案涉资管产品过程中所存在的问题采取了相应的监管措施，证明AJ证券就案涉资管产品未能完全尽到谨慎勤勉的管理义务。审理法院认为，AJ证券作为专业的金融机构，在案涉资管计划的风险控制上应当尽到专业审慎的注意义务。但AJ证券在发起、运作和管理案涉资管产品过程中并未充分履行案涉产品资产管理合同项下管理人应尽的谨慎勤勉的管理义务，存在违约行为。

在(2022)沪74民终376号、384号案中，案涉产品管理人对案涉资管产品所投标的相关方违反《股权收益权转让与回购合同》中的陈述和保证条款的诸多情形，未及时进行披露和控制相应风险，亦未采取积极有效的措施促使《股权收益权转让与回购合同》项下的义务得以履行，维护投资者在资管合同项下的合法利益，存在一定的违反勤勉尽责义务的行为。根据监管机构出具的行政监管措施决定书及对投资者的回复，案涉产品管理人存在部分资管计划信息披露不及时、销售不规范、份额种类划分不当、合同条款缺失、资管业务内部控制不到位、部分资管计划投资比例超标、对案涉产品的尽职调查不充分等具体违规行为，并受到相应的行政处罚。审理法院认为，LC证券作为案涉资管计划的受托人应当为委托人的最大利益处理受托事务，必须恪尽职守，履行诚实、信用、谨慎、有效管理的义务。产品管理人职责不仅包括披露信息、提示风险，还包括进行风险控制在内的独立运作职能，案涉产品管理人不能仅以其完成了信息披露、分配收益、代为行使权利等义务而主张已经妥善完成了资管合同项下的全部管理人义务。案涉产品管理人作为专业金融投资机构，在案涉资管计划的风险控制上应当尽到专业审慎的注意义务，没有及时采取措施应对股权转让交易相关方的违约行为，违反了勤勉尽责义务。

在(2018)最高法民终363号案中，管理人未经委托人同意擅自解除800万股JN股票的质押，导致委托人对该800万股流通股无法享有质权，丧失就该800万股股票价款优先受偿的权利，且损失已经实际发生。审理法院认为，管理人擅自解除对案涉股票的质押，违反资产管理人受托理财秉承的诚实守信、审慎尽责，保护委托资产安全等资管合同约定的义务，与资本市场专业管理人应遵守的基本职业操守相悖，构成违约，依法应承担相应的违约赔偿责任。

在本篇分析、整理的案例中，管理人勤勉尽责义务履行过程中可能存在的风险不只发生在具体投资环节，而是覆盖了资产管理的事前、事中和事后的全过程，包括事前是否对投资标的、交易对手进行充分尽职调查，事中是否审慎跟踪核查投资运作过程，严控、防范各类风险，事后是否采取积极有效的措施处置风险，维护投资者合法权益，以及是否按要求及时进行了信息披露等，任何不恰当或“不专业”的作为或不作为都有可能使管理人违反勤勉尽责义务。而勤勉尽责义务作为法定义务，在我国法律法规、制度体系中往往作为原则加以规定，法律法规条文缺乏对其内涵、外延以及具体构成要件的规定，如何认定管理人是否善尽勤勉尽责义务也一直是司法实践中的难点。对于管理人而言，对勤勉尽责义务相关案例进行分析、整理和应用，对业务开展具有重要意义。

2. 管理人主动管理义务的履行

在(2018)沪02民终7807号案中，投资者认为案涉产品管理人存在没有设立三级投资体系，将下单权限下放至顾问单位HT公司，对投资顾问下单系统控制不足，对顾问单位资质不足的问题未予充分关注，资产管理委员会未对系争产品采取针对性措施等问题。因此主张案涉产品管理人未尽主动管理义务。管理人举证证明其设立了三级投资体系，对于投资顾问的建议也有相应的判断和处理方式。

审理法院认为，监管机构对案涉产品有关情况进行了现场检查并作出了监管提示，其中也未提到发现案涉管理人将下单权下放至顾问单位的情形。管理人提供了证据证明其设立了三级投资体系，对于投资顾问的建议也有相应的判断和处理方式，履行了主动管理义务，甚至表明其投资主办可以在一定程度上无视投资顾问的意见。投资者混淆了投资顾问下达的“投资建议”与针对系争产品的“管理权限或买卖指令权限”的区别，将产品管理人错误地认定为顾问单位 HT 公司,进而探讨其人员和资质问题,但这与事实相违背。

本案的争议焦点之一是管理人在管理系争资管计划中是否有过错,是否切实履行了主动管理义务。本案中,基于诉讼双方主张及提交的证据材料,审理法院根据管理人对于投资顾问建议是否有相应的判断和处理方式、是否有拒绝权以及监管机构作出的监管提示,综合判断管理人是否将管理权让渡于第三方。

在实际产品运作过程中,管理人应当清晰认识到自己的义务,厘清管理人、投资顾问的权利义务关系。管理人应当在其投资管理和风险控制的框架下,审慎进行产品投资运作,尤其对于聘请投资顾问的产品,谨慎对待投资顾问建议,切实履行管理人义务。

3. "实质管理人"未尽勤勉尽责义务

在(2020)沪 74 民初 1801 号案中,[1]HT 证券公司明知原始权益人的公司实力和基础资产不具备设立专项计划、发行证券的条件,但仍帮助其策划相应融资方案,甚至放任 DD 公司制作虚假信息主导并最终促成专项计划的设立以及证券的发行。HT 证券公司构成《虚假陈述侵权赔偿规定》第 13 条规定的"行为人……明知信息披露文件存在虚假陈述而不予指明、予以发布"、第 22 条规定的为发行人提供服务的金融机构等明知发行人实施财务造假活动仍予以配合,故意隐瞒重要事实致使发行人的信息披露文件存在虚假陈述,应当承担赔偿责任的情形。审理法院认为,HT 证券公司事实上承担了证券发行阶段管理人的主要职责,未审慎、全面进行尽职调查,未能证明自身不存在过错,应对投资损失承担连带赔偿责任。

资产支持证券管理人在资产支持专项计划设立发行过程中,应切实履行各项职责,审慎全面开展尽职调查工作,保持高度的注意义务,在对基础资产、原始权益人信息进行审查的过程中应保持职业怀疑,运用职业判断进行分析并采取必要的手段进行印证,审慎核查中介机构出具的文件,对于存疑事项应进行必要的调查、复核工作,慎用"合理信赖"。[1]

[1] 该案于 2023 年审结,不在本次案例分析范围内,但作为典型案例其具有重要意义,故对此案进行分析。

（三）管理人对其投资符合产品相关合同约定负有举证责任

在（2022）京74民终416号案中，案涉产品管理人在一审诉讼中自认案涉信托计划底层资产变现困难，无法收回相应资金。审理法院认为在此情况下，管理人应当对其管理的信托财产的投资行为符合案涉产品信托合同的约定承担相应的举证责任。在一审法院予以释明的情况下，案涉产品管理人仍未说明信托财产的具体投资指向，亦未说明底层资产情况，且拒绝提交信托专户的银行流水，故一审法院无法查明其是否按照合同的约定进行了适当的投资。管理人在一审法院释明后拒绝提供产品的投资指向，一审法院依据在案已经查实的证据，判决案涉信托计划管理人承担相应的不利后果，二审法院在此基础上维持了一审判决。

《九民纪要》第94条对资产管理产品的受托人举证责任进行了规定，产品委托人以受托人未履行勤勉尽责、公平对待客户等义务损害其合法权益为由，请求受托人承担损害赔偿责任的，应当由受托人举证证明其已经履行了义务。受托人不能举证证明，委托人请求其承担相应赔偿责任的，人民法院依法予以支持。

（四）通道业务管理人职责履行

在（2020）鲁民终3001号案中，案涉产品资管合同约定“委托人向管理人以发送委托人投资指令形式通知管理人关于委托资金的投资方向、资产规模、期限等情况并将相关投资合同样本作为附件提交给管理人。管理人按照委托人的投资指令进行投资，因管理人执行委托人投资指令给委托资产造成的风险或损失，由委托人承担”。基于此，审理法院认为，投资者作为案涉资金的委托人，自主决定信托设立、信托财产运用对象、信托财产管理运用处分方式等事宜，自行承担信托资产的风险管理责任和相应风险损失，包括管理人在内的受托人仅提供必要的事务协助或者服务，不承担主动管理职责，故案涉业务应当认定为通道业务。即若委托人与受托人明确约定由委托人自主决定财产的管理与处分并自担风险，受托人仅提供协助而不主动管理，则受托人不需要承担管理不善的责任。

在（2018）最高法民终1209号案中，审理法院认为，案涉融资项目实质上系

TF 证券基于委托人 BC 信用社的指令进行的定向投资,风险应由委托人 BC 信用社自担。TF 证券、信托产品管理人不负有事前审查和尽职调查的义务,且不存在提供虚假信息、隐瞒事实,故无欺骗委托人 BC 信用社作出投资行为的问题。审理法院认为,委托人 BC 信用社怠于行使自己的合法权益,因此,虽然 TF 证券、信托产品管理人违反了信息披露的义务,但不能据此认定其应当承担因未请求相关方履行债权回购义务给委托人 BC 信用社造成的损失。

基于通道业务的特殊性,以及相关产品法律文件约定将部分管理人职责转移至投资者或委托人的情况,在投资者怠于行使自己的合法权益的情形下,如果产品管理人亦违反了勤勉尽责义务但不违反法律文件约定,法院也可能支持管理人不承担投资者损失的主张。

四、产品退出阶段相关民事诉讼案例

资管产品到期后,管理人应当按约定对资管产品进行清算,但实践中,受投资项目退出、非现金资产变现、底层资产违约涉及诉讼等各种因素影响,资管产品短期内难以完成清算,资管产品退出和清算耗时较长。管理人是否及时对资管产品进行清算、资管产品未经清算情形下投资者的损失如何认定是目前资管业务纠纷案件中常见的争议问题。

(一)外规变化导致投资资产无法变现时管理人的责任

在(2018)京 0102 民初 40684 号案中,管理人在对案涉产品进行清算时,因受到当时《上海证券交易所上市公司股东及董事、监事、高级管理人员减持股份实施细则》(已废止)及《深圳证券交易所上市公司股东及董事、监事、高级管理人员减持股份实施细则》(已废止)的影响,其无法于案涉产品资产管理合同约定的合同到期日及第一次清算前完成投资变现。管理人根据案涉产品资产管理合同约定宣布对案涉合同进行延期,于第二次清算时完成了流动性受限资产的变现并向投资者支付了剩余的投资本金和收益。审理法院认为,案涉产品资产管理合同已就投资案涉产品所面临的政策风险和特有风险对投资者进行了提示,投资者在投资前,应当预见到投资非公开上市股份(定向增发)会面临各种风险。管理人应当也必须在监管规则的框架下从事资产管理活动,依照中国证监会、交易所的有关规定履行合同义务。虽然在清算的时间节点上不符合案涉产品的资产管理合同中关于管理期限的约定,但是符合中国证监会和交易所新颁布规定的要求,亦符合案涉产品资产管理合同关于管理人义务一节中管理人应遵守中国证监会有关规定的约定。审理法院认为,管理人已经勤勉、诚信地完成了对资产管理计划的管理义务,进而认定管理人二次清算没有损害投资者的权益。

仍需要关注的是,案涉产品资产管理合同在风险揭示一章专门对相应风险向投资者进行了提示,审理法院据此认为投资者在签署案涉产品资产管理合同前,应当预见到投资非公开上市股份(定向增发)会面临各种风险。对于法律法规及政策变化,管理人固然无法在资管产品设立时就全面考虑到,但专业机构在设计资管产品或服务时在充分考虑当下规则的同时,为避免陷入合同履行困境或违约,仍应根据自身的专业充分识别产品运作过程中的风险并尽可能地向投资者进行提前充分揭示。

(二)投资者损失形成的认定

部分审理法院认为,资管计划项下投资者的损失能否确定原则上应以案涉资管产品清算为前提,未经清算,损失不能确定。如在(2020)湘民终 1852 号案中,因案涉产品持仓债券停牌不能交易,债券发行人于案涉产品到期后亦未能兑付。在此情况下,投资者的损失可能存在,但案涉资产管理计划尚未终止,也未办理清算。审理法院认为,投资者主张以 5000 万元本金的利息作为其损失没有事实依据,不予支持。如投资者通过清算或者诉讼确定了损失大小,可以另行主张权利。如在(2022)鲁民终 305 号及 579 号案中,审理法院亦认为在基金财产未清算完毕前,投资者因案涉基金所导致的损失数额尚不能确定。投资者可待损失确定以后,另行主张。

部分审理法院认为,即便尚未清算完毕,投资者损失也已经产生,应该予以认定。如在(2022)沪 74 民终 1142 号案中,审理法院认为,虽然案涉资管计划尚未清算完毕,最终兑付金额以及投资者损失金额目前无法确定,但其在案涉资管计划终止后未获清偿的损失已经客观产生,投资者存在经济损失的事实应予认定。

第三章 证券资产管理业务民事诉讼案例的合规应用

一、证券资产管理业务典型案例的启示

(一)对卖方机构适当性义务要求越来越严格

1. 监管制度及审判思路不断更新完善

适当性义务看似只是金融产品发行人、销售者以及金融服务提供者(以下合称卖方机构)销售环节的义务履行问题,但适当性义务的内涵与外延、对卖方机构的要求严格程度以及对投资者的保护程度往往受到宏观经济环境影响。受国际金融危机影响,2007 年起监管机构和自律组织陆续在各自相关规定中对金融机构及相关主体、特殊产品或服务销售环节设置了适当性义务规则。[1]

2007 年,《证券投资基金销售适用性指导意见》发布,提出"基金销售适用性"原则,对基金销售机构销售产品时的风险评估、投资者承受能力等进行详细规定。2012 年颁布的《证券公司客户资产管理业务规范》制定专门章节,规定证券公司开展客户资产管理业务时的投资者适当性管理义务,要求证券公司"了解客户",划分客户风险承受能力类型,划分资产管理产品、服务风险等级,并根据划分结果向客户销售与之匹配的产品、服务。

2017 年,《证券期货投资者适当性管理办法》及配套自律规则《证券经营机构投资者适当性管理实施指引》《基金募集机构投资者适当性管理实施指引(试行)》实施。《证券期货投资者适当性管理办法》明确了投资者分类、产品分级、适当性匹配等适当性管理各环节的标准或底线,归纳整合了各市场、产品、服务

[1] 参见翟艳:《我国投资者适当性义务法制化研究》,载《政治与法律》2015 年第 9 期。

的适当性相关要求，成为各市场、产品、服务适当性管理的基本依据；《证券期货投资者适当性管理办法》首次对投资者基本分类作出了统一安排，明确了产品分级和适当性匹配的底线要求。[1]

分业监管导致金融及相关行业涉及适当性管理的规定中存在适当性义务含义不统一、义务履行要求不统一、适用有分歧等情况。2018 年，中国人民银行、银监会[2]、中国证监会、保监会[3]、外汇局共同制定并发布了《资管新规》。《资管新规》第 6 条规定，金融机构发行和销售资产管理产品，应当坚持“了解产品”和“了解客户”的经营理念，加强投资者适当性管理，向投资者销售与其风险识别能力和风险承担能力相适应的资产管理产品。禁止欺诈或者误导投资者购买与其风险承担能力不匹配的资产管理产品。金融机构不得通过拆分资产管理产品的方式，向风险识别能力和风险承担能力低于产品风险等级的投资者销售资产管理产品。《资管新规》对统一资产管理产品监管标准有着较大意义。

2019 年《九民纪要》颁布前，我国司法审判对于违反适当性义务承担责任的依据、金融机构或销售机构适当性义务的含义和外延均没有统一标准，裁判时有依据《合同法》（已废止）、《侵权责任法》（已废止）进行论证；有援引《证券投资基金销售管理办法》（已废止）、《证券投资基金销售适用性指导意见》等部门规章、规范性文件进行认定；还有根据法律中的原则性规定直接进行说理。

《九民纪要》明确了卖方机构适当性义务履行要求以及卖方机构违反适当性义务应承担相应的民事责任，一定程度上统一了裁判思路。在本篇分析、整理的案例中，对于《九民纪要》生效后涉及卖方机构是否履行适当性义务的争议，审理法院大体是按照《九民纪要》的规定进行说理和裁判的。

2.《九民纪要》进一步强化了卖方机构适当性义务

（1）管理人连带责任与举证责任倒置

在涉及金融产品适当性义务履行争议的案件中，由于代销机构与投资者直

---

[1] 参见《证监会新闻发言人邓舸就〈证券期货投资者适当性管理办法〉正式实施答记者问》，载中国证券监督管理委员会网站 2017 年 6 月 28 日，http://www.csrc.gov.cn/csrc/c100028/c1001506/content.shtml。

[2] 现为国家金融监督管理总局。

[3] 现为国家金融监督管理总局。

接接触，代销机构尤其是银行具有较强的赔付能力，投资者往往选择代销机构作为被告而“忽略”了产品管理人。

产品管理人作为被告或与代销机构作为共同被告时，资管产品管理人与代销机构之间是何种法律关系，对于管理人责任承担有着很大的影响。《九民纪要》明确了产品管理人与代销机构之间的委托代理关系。《九民纪要》第74条规定：“金融产品发行人、销售者未尽适当性义务，导致金融消费者在购买金融产品过程中遭受损失的，金融消费者既可以请求金融产品的发行人承担赔偿责任，也可以请求金融产品的销售者承担赔偿责任，还可以根据《民法总则》第167条的规定，请求金融产品的发行人、销售者共同承担连带赔偿责任。……”第75条规定：“在案件审理过程中，金融消费者应当对购买产品（或者接受服务）、遭受的损失等事实承担举证责任。卖方机构对其是否履行了适当性义务承担举证责任。卖方机构不能提供其已经建立了金融产品（或者服务）的风险评估及相应管理制度、对金融消费者的风险认知、风险偏好和风险承受能力进行了测试、向金融消费者告知产品（或者服务）的收益和主要风险因素等相关证据的，应当承担举证不能的法律后果。”

前述规定明确了管理人和代销机构均负有适当性义务且管理人需为代销机构的行为承担相应责任，同时是否履行适当性义务的举证责任由管理人和代销机构承担，如管理人无法证明自己或销售机构履行了适当性义务，则需承担举证不能的不利后果。

（2）卖方机构仅凭投资者知悉本金损失风险声明可能难以免责

《九民纪要》第76条规定，人民法院应当根据产品、投资活动的风险和金融消费者的实际情况，综合理性人能够理解的客观标准和金融消费者能够理解的主观标准来确定卖方机构是否已经履行了告知说明义务。卖方机构简单地以金融消费者手写了诸如“本人明确知悉可能存在本金损失风险”等内容主张其已经履行了告知说明义务，不能提供其他相关证据的，人民法院对其抗辩理由不予支持。

投资者手写确认诸如“知悉风险”“知悉并愿意承担风险”等材料，过往是卖方机构最有力的已经履行告知义务、风险揭示义务的证明。而根据《九民纪要》第76条的规定，法院在判断卖方机构是否充分履行了告知说明义务时，还会根据产品、投资活动的风险和金融消费者的实际情况，结合主观客观标准综合判断。如在(2021)粤19民终8299号案中，法院在考虑投资者签署的法律文件的基础上，还综合考虑了投资者的文化水平、投资经验等情况，判断投资者是不是在充分了解案涉基金风险的基础上作出购买案涉基金的决定。

(3)未履行适当性义务与损失之间的因果关系

《九民纪要》生效后，在涉及资产管理合同的相关案件中，争议焦点往往集中在管理人是否履行了谨慎勤勉义务、适当性义务以及与投资者损失之间是否存在因果关系等问题。对于适当性义务相关争议，《九民纪要》第75条也仅规定了金融消费者应当对购买产品(或者接受服务)、遭受的损失等事实承担举证责任。卖方机构对其是否履行了适当性义务承担举证责任，对于二者之间是否存在因果关系，由哪一方承担举证责任，目前尚无明确规定。

在本篇分析、整理的案件中，《九民纪要》颁布后审理的案件，如管理人切实存在未尽到勤勉尽责或适当性义务的，审理法院往往不会对其是否与投资者损失之间存在因果关系进行详细阐述，较多情况下是直接认定二者之间存在因果关系，并运用司法自由裁量权，直接判令卖方机构对投资者损失承担相应比例的责任。

3. 适当性匹配从“弱匹配”向“强匹配”过渡

《证券期货投资者适当性管理办法》及相关自律规则将投资者分为普通投资者和专业投资者，对普通投资者在信息告知、风险警示、适当性匹配等方面进行特别保护。《证券期货投资者适当性管理办法》及相关自律规则规定，对于普通投资者主动要求购买风险等级高于其风险承受能力的产品或者接受相关服务的，证券期货经营机构或基金募集机构在确认其不属于风险承受能力最低类别的投资者并进行特别风险警示等程序后，普通投资者仍坚持购买的，可以向其销售相关产品或者提供相关服务。对普通投资者中风险承受能力最低类别的投资者适用“强匹配”规则，即不得向其销售或提供风险等级高于其风险承受能力等级的产品或服务，对于其他普通投资者在履行特别风险警示等程序后则可以，即“弱匹配”。

《资管新规》在适当性匹配方面规定，金融机构应当向投资者销售与其风险识别能力和风险承担能力相适应的资产管理产品；禁止欺诈或者误导投资者购买与其风险承担能力不匹配的资产管理产品；不得通过拆分资产管理产品的方式，向风险识别能力和风险承担能力低于产品风险等级的投资者销售资产管理产品。中国证监会于2018年10月发布的《资管新规》配套规定《证券期货经营机构私募资产管理业务管理办法》《证券期货经营机构私募资产管理计划运作管理规定》，禁止证券期货经营机构向风险识别能力和风险承受能力低于产品风险等级的投资者销售私募资产管理计划，即明确了私募产品销售的"强匹配"要求。

《证券法》第88条在法律层面完善了证券相关领域适当性义务规定，规定包括了解投资者、告知说明与风险揭示、风险匹配以及责任承担等内容。2023年1月13日，《证券经纪业务管理办法》发布。《证券经纪业务管理办法》第16条规定，证券公司向普通投资者提供的交易服务的风险等级应当与投资者分类结果相匹配。证券公司认为投资者参与相关交易不适当，或者无法判断是否适当的，应当拒绝提供相关服务。投资者不符合中国证监会、自律组织针对特定市场、产品、交易规定的投资者准入要求的，证券公司不得为其提供相关服务。《证券经纪业务管理办法》第51条第2款规定，证券公司接受投资者委托，为其进行证券以外其他金融产品交易的，参照适用该办法。

《证券经纪业务管理办法》第16条规定，对于证券经纪业务而言，改变了除风险承受能力最低类别的投资者以外对其他投资者可使用"弱匹配"规则，全面转向了"强匹配"规则。《证券法》第2条第2款规定，"证券投资基金份额的上市交易，适用本法；其他法律、行政法规另有规定的，适用其规定"，《证券经纪业务管理办法》为《证券法》下位法，其是否适用于证券公司销售、交易所有类型基金份额的情形，或许尚无明确定论，但"强匹配"规则的全面落地或为大势所趋。

（二）通道业务管理人的义务向主动管理业务靠拢

信义义务是管理人义务的核心。信义义务主要是指诚实信用、勤勉尽责义务。一般来说，信义义务并不规定在合同当中，但就信义义务来说，即使合同没有规定，其也是一种管理人的法定义务。[1]

---

〔1〕 参见王涌：《什么是信托的信义义务》，载《家族企业》2019年第6期。

资产管理业务发展早期,金融机构尤其是银行为规避监管,需要借助其他类型金融机构发行产品以开展自身受限业务。在证券行业创新发展时期,监管机构对于通道业务采取相对默许的态度,人民法院也倾向于直接依据资管合同的约定判断管理人是否履行了相应的管理人义务。

2017 年 11 月,中国证监会发布了主题为“通道有风险,通道不免责”的监管通报,引导行业正确认识通道业务的法律风险,严格履行管理人职责、回归资产管理主业,并对通道业务中管理人的法律责任进行了分析。监管通报对通道业务中的管理人义务、承担的法律责任以及界定原则作了比较详细的规定,要求逐步缩减非标类通道规模。随后《资管新规》及其细则陆续出台,规定金融机构不得为其他金融机构的资产管理产品提供规避投资范围、杠杆约束等监管要求的通道服务,即禁止开展套利的通道业务。

《九民纪要》明确了对存量通道业务采取“新老划断”的处理方式。在资产管理合同效力认定方面,对于过渡期内的存量通道业务,一般倾向于若无违反法律、行政法规强制性规定的情形,则认定合同中通道业务相关条款有效。如在(2015)民二终字第 393 号案中,管理人的义务和责任依据资管合同的约定加以确定,相较主动管理类业务管理人的要求有一定限缩。在(2017)川民初 66 号案中,审理法院接受了通道业务中管理人依据相关协议不负有事前审查和尽职调查的义务,而由指定投资方向的委托人自行承担相应投资风险的意见。在《九民纪要》明确的过渡期内,部分法院对于通道业务中管理人义务范围也不仅局限于产品相关法律文件的约定。如在(2020)粤 03 民终 22461 号案中,审理法院认为即便是“通道业务”,管理人信义义务既有合同约定的成分也有法定义务的成分。即便是“通道业务”案涉产品管理人也并非仅仅完全按照委托关系执行委托人的指令,而完全没有注意义务。

(三)《资管新规》以及公序良俗原则司法审查的影响

2018 年 4 月 27 日,《资管新规》正式发布,拉开了资管行业转型和规范化发展的序幕。《资管新规》既是防范化解金融风险的一项重要举措,同时也是资管行业乃至整个金融领域的一项重大改革举措。以《资管新规》出台为标志,监管趋严,穿透式监管力度不断加强,打破刚性兑付、禁止通道类业务等具体监管措施陆续发布，对后续出台的系列金融监管文件、对资管纠纷的裁判有着举足轻重的影响。

根据《立法法》以及《最高人民法院关于裁判文书引用法律、法规等规范性法律文件的规定》等规定，《资管新规》作为规范性文件，审理法院无法直接依据《资管新规》的规定对案件结果作出认定和裁判，而仅能在裁判文书说理部分援引以作为法院论理的依据。

根据《九民纪要》第31条的规定，违反规章一般情况下不影响合同效力，但规章的内容涉及金融安全、市场秩序、国家宏观政策等公序良俗的，应当认定合同无效。虽然《资管新规》效力层级较低，违反《资管新规》通常不会直接因为"违反法律、行政法规的强制性规定"导致相关合同或民事法律行为无效，但如因违反《资管新规》或其他层级相对较低的金融规章，而涉及违反金融市场秩序等情形，则不排除会因违反公序良俗而导致合同无效或相关民事法律行为无效。

在(2017)最高法民申2454号案中，最高人民法院在阐述双方签订的委托投资协议书违反公司上市系列监管规定而无效时认为，有些规定虽层级较低，但因经法律授权且与法律并不冲突，并属于证券行业监管基本要求与业内共识，对广大非特定投资者利益构成重要保障，对社会公共利益亦有保障作用，故依据《合同法》(已废止)第52条对违反社会公共利益的合同的规定，诉争协议应认定为无效。在(2017)最高法民终529号案中，最高人民法院认为案涉信托持股协议的内容明显违反相关部门规章关于禁止代持保险公司股权的规定。对该案涉协议的效力审查，最高人民法院从相关部门规章禁止代持保险公司股权规定的规范目的、内容实质，以及实践中允许代持保险公司股权可能出现的危害后果入手，认为违反相关部门规章中有关禁止代持保险公司股权规定的行为，在一定程度上具有与直接违反《保险法》等法律、行政法规一样的法律后果，同时还将出现破坏国家金融管理秩序、损害包括众多保险法律关系主体在内的社会公共利益的危害后果。最高人民法院依据《合同法》(已废止)第52条的规定，认定信托持股协议无效。

在上述案件中，最高人民法院均在说理环节援引了效力层级较低的规范性文件，通过论证相关规定是否涉及金融安全、市场秩序、国家宏观政策等公序良俗，以及违反相关规定是否损害社会公共利益，来认定诉争协议是否因此无效。从目前的司法裁判情况来看，司法机关与金融机构关于金融市场秩序维护等的态度是较为趋同的。

二、加强证券资产管理业务合规管理的建议

（一）销售环节管理

1. 加强产品风险揭示及揭示留痕

在制作信息披露、风险揭示材料时，除须具备法律法规、自律规则规定必须登载的内容外，还需要综合考量产品本身的特征、信息的重要程度、信息对投资者决策的影响等因素，进一步优化、完善产品的信息披露及风险揭示工作，向投资者全面、充分地揭示风险。在线下渠道销售时，应根据相关规定对推介销售过程进行录音录像或通过其他方式妥善留存履行风险揭示义务的证明，并重视后续回访、留痕材料事后稽核检查；通过线上渠道进行销售的，关注业务流程完备性，以及重要信息是否展示清晰、位置显著。

2. 优化适当性匹配机制

结合监管案例、民事诉讼案例及公司实际业务开展情况，持续优化公司适当性匹配机制，调整评价体系，对于明显反映投资者不愿意承担风险、风险厌恶特征的选项考虑设置“一票否决”机制，直接将其判定为风险承受能力最低等级投资者；增加个性化的风险揭示环节，如对于流动性要求高的客户拟购买锁定期长的产品的，在交易前增加对此风险的揭示；根据《证券法》等相关法律法规要求，完善相关产品和服务的适当性匹配机制。

3. 加强投资者识别及交易结构审查

防范投资者或客户借助与公司业务合作进行非法活动的情形。在前期磋商、业务准入前，结合具体业务模式、投资者身份及关联方信息等，加强对投资者及其资金来源的审核。此外，在后续运作过程中，对交易行为进行监控时需结合投资者及其关联方情况综合判断，防止操纵市场、进行利益输送等违法行为的发生。

4. 加强代销机构及从业人员管理

在销售机构准入和合作过程中需加强对销售机构的管理，将销售机构涉及诉讼情况作为事前准入评估指标和事中履职监督的重要参考，增加考核权重。针对不同产品的风险等级和预期风险，谨慎选择代销机构。加强对从业人员执业行为的监督和培训；对购买风险等级较高产品的客户，可提高回访比例和频率，以及时发现可能的违规行为。

（二）产品投资运作环节

1. 不断完善投资运作环节管理

（1）以规则与案例为导向

管理人常因未在产品投资运作环节尽到勤勉尽责义务而被要求承担相应责任。又因勤勉尽责义务为法律原则性规定，外延难以穷尽，全面履行该义务的标准亦不够具体、明确，给管理人实际业务开展带来一定困扰。

可考虑从与管理人及业务相关的法律法规、自律规则等规定中，提炼管理人职责和义务，以外规为基础、以相关监管案例及民事诉讼案例为补充不断完善投资运作环节管理制度与管理措施。

（2）关注投资实质风险

相关资管业务纠纷多是由于发生风险导致受托财产损失，亦可考虑从投资风险控制的角度出发完善对投资运作环节的管理。

由于不同业务之间存在较大差异，与之对应的投资风险及管理人具体职责履行的要求均会有所不同。基于此，管理人需结合不同业务情况，对投资管理过程中可能产生的风险进行充分识别与评估，据此制定相适应的“事前”“事中”“事后”工作规程及相应管控措施，并根据风险评估和监控预警的结果选择适当的应对策略和应对机制，以防范和化解相应投资风险，避免因可预见、可避免的原因导致受托财产损失的情形。

2. 加强对主动管理义务履行的监督

严格遵守《资管新规》及相关外规规定，切实履行管理人义务，严禁违规开展通道业务。加强对产品立项、产品合同签订环节的审查，防止出现违规让渡管理权、免除管理人义务的情形；加强对产品投资决策及交易的管控，依据相关规定将不同组合纳入统一管理，防止产品投资交易脱离公司对于投资标的、交易对手等的管理，防止违规进行委托人或其他第三方指定的交易。

3. 完善信息披露工作

产品的信息披露范围不能仅局限于外部规定或公司制度明确列举的披露情形，还应发挥管理人自身专业能力以识别可能对投资者权益、受托财产产生重大影响的信息，并及时对前述信息进行披露或向投资者告知。如前述信息涉及投资、交易等产品敏感信息的，还应当综合评估具体敏感信息情况及影响投资者决策的因素，遵守敏感信息管控规定的同时采取恰当的方式向投资者履行披露、告知义务。

（三）产品清算退出环节

明确和细化产品清算退出相关工作流程，约束相关部门或人员严格履行相应职责，以保障管理人能够按照相关规定及合同约定进行产品清退工作；完善并有效落实相应应急机制及处置措施，有序推进相关资产退出、变现工作，根据具体情况代表受托资产积极向相关主体主张权利，以防范和化解产品清算退出环节风险。对于因相关方违约或流动性受限等原因无法及时变现的标的资产，应制定相应资产变现和清算分配方案，同时做好信息披露和投资者沟通等工作，避免在延期清算、二次清算过程中发生相关纠纷。

后续，公司将继续跟进民事诉讼案例分析工作，加强推进分析成果的落地和应用。将民事诉讼案例分析成果有机融入合规管理工作，为进一步完善公司制度体系、业务流程、内控基础体系等提供有力的保障和支持。

第六篇

证券自营业务民事诉讼案例分析与合规应用

第一章　证券自营业务裁判数据梳理与分析

一、民事诉讼数量分析

从历年证券自营业务民事诉讼案例分布来看,2016 年之前案例很少,仅为个位数,2016 年至 2017 年 GD 证券"乌龙指"事件引发大量诉讼,案例数量显著增多。自 2018 年以来,由于债券违约常态化,相关民事诉讼案例数量大幅增加,并于 2019 年达到阶段峰值,2021 年及 2022 年明显下降(见图 6 - 1)。

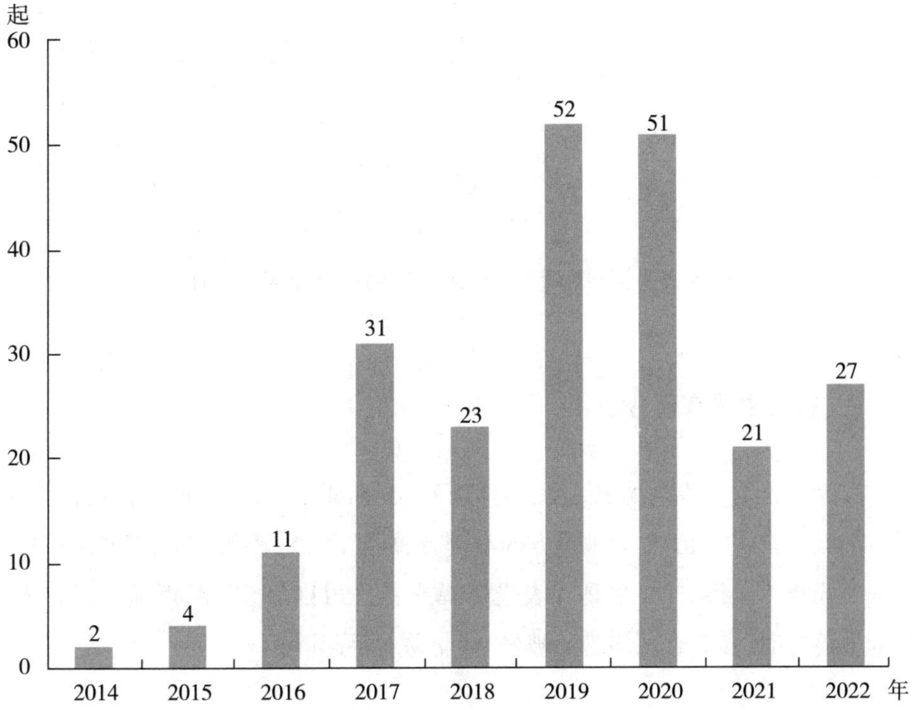

图 6 - 1　2014 年至 2022 年证券公司自营业务案件数量分布统计

二、民事案由分析

从案由分布来看,证券内幕交易责任纠纷与期货内幕交易责任纠纷大多为GD证券"乌龙指"案所涉及的案例,其他均为合同类纠纷。在合同类纠纷中,债券交易纠纷案例数量最多(见图6-2)。在债券交易类案例中,证券公司既可作为受托管理人代投资人起诉债券发行人,亦可能成为被告被债券的投资者及债券发行人起诉。

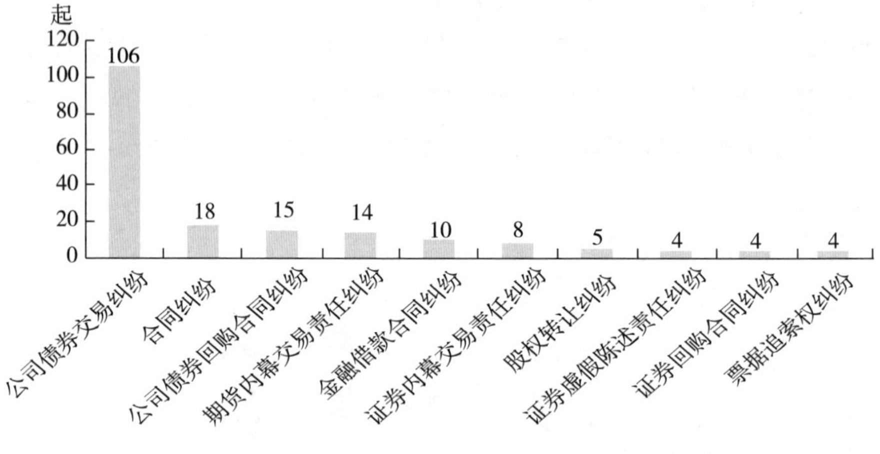

图6-2 证券公司自营业务相关案件前十大案由统计

三、诉讼主体身份分析

在参与证券自营业务相关民事诉讼的61家证券公司中,证券公司作为主诉方的案例有177起,作为被诉方的案例有38起(两类案例的占比见图6-3)。证券公司作为主诉方时,多是代表投资者或者公司自营部门起诉债券发行人;作为被诉方时,多为合同纠纷的被告,被交易对手起诉。

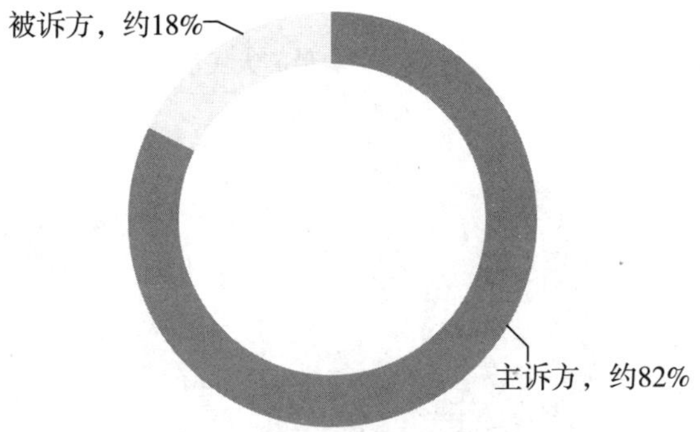

图6－3 证券公司自营业务相关案件诉讼主体身份分布

四、案件地域分析

从上述民事诉讼案例审理法院的地域分布来看，北京市与上海市的案例较多，均超过50起。之后依次是广东省、重庆市、浙江省、陕西省、深圳市、辽宁省、安徽省、福建省等地区（见图6－4）。

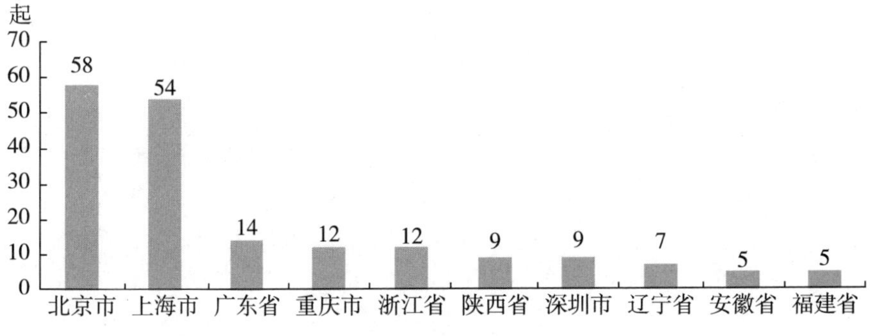

图6－4 证券公司自营业务相关案件地域分布

五、审理法院层级分析

从审理法院层级来看，中级人民法院受理的案件最多，达到100起，高级人民法院受理63起，基层人民法院受理49起，还有10起案件为最高人民法院受理审判，且均为二审诉讼（不同类型案件占比情况如图6－5所示）。

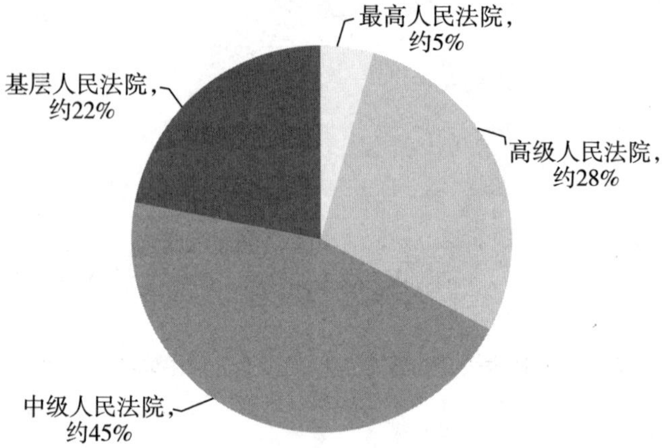

图6－5　2014年至2022年证券公司自营业务相关案件法院审级分布

第二章 证券自营业务民事诉讼典型案例

一、GD证券股份有限公司证券内幕交易纠纷

(一)基本案情

2013年8月16日上午,GD证券资深交易员分析判断ETF出现套利机会,通过套利策略订单生成系统发出三组订单买入ETF成分股,其中有24只股票未成交,之后尝试使用系统中的“重下”(重新下单)功能对未成交的股票自动补单,这个新功能尚未经过实盘验证。程序员在交易员电脑上演示按下“重下”按钮后,系统显示补单买入24只股票被执行,但事实上程序实际执行的指令为“买入24组ETF一篮子股票”而非仅仅24只股票。程序在没有监控系统防止异常大笔交易的情况下,2秒内瞬间生成2万多笔委托订单。交易员在未能第一时间联系部门领导的情况下,紧急调用账户内所有期货保证金卖空股指期货对冲买入的巨量股票。

13时开盘后,GD证券策略投资部将已买入的股票申购成ETF在二级市场上卖出,同时逐步卖出股指期货空头合约。下午交易时段策略投资部总共卖出ETF金额约18.9亿元,其累计用于对冲而卖出的股指期货合约共计6877张,全天用于对冲而新增的股指期货空头合约总计为7130张。

(二)监管处罚

2013年8月30日,中国证监会对外通报对GD证券“乌龙指”事件的处罚决定。中国证监会认定GD证券异常交易构成内幕交易、信息误导、违反证券公司内控管理规定等多项违法违规行为。行政处罚内容如下:

鉴于GD证券异常交易事件对证券期货市场造成很大的负面影响,给公众

投资者特别是广大中小投资者造成较大损失，本着严格执法、严肃追责的原则，根据2005年《证券法》第150条、第202条、第207条、第233条，《证券公司监督管理条例》第70条，《期货交易管理条例》第70条、第78条以及《证券市场禁入规定》的规定，中国证监会将依照法定程序，对GD证券和相关责任人员作出以下行政处罚和行政监管、市场禁入措施：

1. 没收GD证券违法所得87,214,278.08元，并处以5倍罚款，罚没款金额总计523,285,668.48元。

2. 对徐某某、杨某1、沈某某、杨某2分别给予警告，罚款60万元并采取终身的证券市场禁入措施，宣布徐某某、杨某1、沈某某、杨某2为期货市场禁止进入者。

3. 对梅某某责令改正并处以罚款20万元。

4. 停止GD证券从事证券自营业务（固定收益证券除外），暂停审批GD证券新业务，责令GD证券整改并处分有关责任人员，并将整改情况和处理结果报告中国证监会。

（三）诉讼判决

2016年至2017年，在GD证券内幕交易期间购买相关股票、基金及股指期货的投资者陆续以GD证券为被告提起民事赔偿诉讼。[1]

在诉讼过程中，法院确定的原告与被告之间争议焦点为：一是GD证券是否存在内幕交易行为；二是GD证券作为内幕交易行为人是否具有主观过错；三是投资者的经济损失与GD证券内幕交易是否存在因果关系。

结合不同投资者起诉GD证券的法院判决结果，法院均判定GD证券存在内幕交易行为且具有主观过错，但在投资者的经济损失与GD证券内幕交易是否存在因果关系的判定上并不相同。根据各法院判决书中对因果关系的认定表述，法院一般认为证券市场中因果关系不同于传统的民事因果关系，且投资者往往难以通过证据有效证明内幕交易的因果关系，这相当于架空内幕交易惩罚制度，不符合立法的本意。同时，我国目前法律法规或者司法解释并未对内幕交易与投资者损失的因果关系方面作出具体明确规定，但与此最为类似、同样涉及证券市场投

[1] 参见上海市高级人民法院民事判决书，（2015）沪高民五（商）终字第61号。

资者民事赔偿的《虚假诉讼引发赔偿规定》第18条对因果关系作出如下规定："投资人具有以下情形的，人民法院应当认定虚假陈述与损害结果之间存在因果关系：(一)投资人所投资的是与虚假陈述直接关联的证券；(二)投资人在虚假陈述实施日及以后，至揭露日或者更正日之前买入该证券；(三)投资人在虚假陈述揭露日或者更正日及以后，因卖出该证券发生亏损，或者因持续持有该证券而产生亏损。"根据该规定，在具备一定条件的情况下，推定因果关系成立。

考虑到上述因素，在内幕信息具有价格敏感性的情况下，如果投资者在内幕交易行为人实施内幕交易行为期间，从事过与内幕交易行为主要交易方向相反的证券交易行为，而且投资者买卖的是与内幕信息直接关联的证券、证券衍生产品或期货并最终遭受损失，则法院往往倾向于认定内幕交易与投资者损失具有因果关系，并判决投资者胜诉。

二、SWHY证券有限公司与四川省煤炭产业集团有限责任公司债券回购合同纠纷

(一)基本案情

2015年11月4日，SWHY证券购买四川省煤炭产业集团有限责任公司(以下简称四川煤炭)的中期债券，券面总额5000万元。票据应于2017年5月15日兑付本金及当期利息，但发行人未能按约足额兑付本金。SWHY证券为挽回损失，起诉四川煤炭。由于四川煤炭认可尚欠SWHY证券主张的票据本金5000万元，因此就本金赔偿问题双方不存在争议，本案在一审、二审的庭审过程中主要争议焦点在于逾期利息的判定。一审法院认为，因四川煤炭在中期票据募集说明书、发行公告、证券要素等文件中都明确表明该中期票据"按面值兑付、采用5年期固定利率5.94%、采用单利按年计息、不计复利、逾期不另计息"等内容，并未对罚息、违约金进行约定，SWHY证券主张四川煤炭按银行罚息的标准向其支付逾期付款的利息，无事实依据。因此，一审法院判定仍以票面利率5.94%作为逾期期间利息的计算标准。

之后，四川煤炭虽然认同法院对逾期利息的判定标准，但因一审判决逾期

利息的计算期限与实际情况不符,故向四川省高级人民法院提起上诉,希望改判为"四川煤炭于判决生效之日起一年内向 SWHY 证券兑付票据本金人民币 5000 万元及利息(利息按每年 5.94%、自 2018 年 5 月 16 日起计算至款项付清之日止)"。上诉主要理由为:《四川省煤炭产业集团有限责任公司 2012 年度第一期中期票据 2018 年付息完成公告》载明 2018 年 5 月 25 日利息已经足额完成支付,即 2017 年 5 月 16 日至 2018 年 5 月 15 日的利息上诉人已经支付,一审判决利息自 2017 年 5 月 16 日起计算至款项付清之日止与事实不符。

由于二审庭审中双方当事人均认可 2017 年 5 月 16 日至 2018 年 5 月 15 日的利息四川煤炭已经支付,因此,法院判决支持上诉人四川煤炭关于逾期利息支付期限的诉讼请求。

(二)诉讼判决[1]

针对逾期利息的判定,由于现阶段债券募集说明书的惯用格式中对逾期利息的表述往往约定为"逾期不另计利息",若募集说明书中对逾期/违约后的违约金亦无明确约定,则投资者通常较难以高于票面利率的计息标准要求违约方承担罚息或违约金。本案中,一审法院以缺乏事实依据为由,对 SWHY 证券提出的以银行罚息标准计算逾期利息不予支持,最终判决以票面利率 5.94% 作为逾期利息的计算标准。在另一起关于逾期利息的争议案件"GF 证券、天广中茂股份有限公司等公司债券交易纠纷"中,判决结果则对投资者更为不利。该案中,由于募集说明书中未对逾期利息进行约定,且未约定违约金,因此法院认为原告 GF 证券要求继续以票面利率 6% 计算逾期期间利息缺乏合同依据,不予支持,最后酌情判定被告天广中茂股份有限公司按同期全国银行间同业拆借中心公布的一年期贷款市场报价利率标准计付逾期利息。因此,在实际判决中,募集说明书的约定详尽程度将很大程度影响法院对逾期利息的判决结果。

本案一审、二审法院均未支持四川煤炭以资金紧张为由申请在判决生效后 1 年内支持本息的请求,而是判决其在判决生效后 15 日内支付判决确定的本息。

---

〔1〕 参见四川省成都市中级人民法院民事判决书,(2018)川 01 民初 1635 号;四川省高级人民法院民事判决书,(2019)川民终 442 号。

三、ZX证券HN股份有限公司与AX证券股份有限公司、吉林粮食集团收储经销有限公司、吉林粮食集团有限公司证券虚假陈述民事赔偿纠纷

(一)基本案情

ZX证券HN股份有限公司(以下简称ZXHN证券,原GZ证券)作为主承销商承销吉林粮食集团收储经销有限公司(以下简称吉粮收储公司)的公司债券("14吉粮债"),上述债券违约后,作为投资者的AX证券为挽回投资损失,以ZXHN证券尽职调查未勤勉尽责、申报文件存在虚假陈述为由,起诉ZXHN证券,要求其承担赔偿责任。一审法院判决ZXHN证券承担全部连带赔偿责任,后ZXHN证券不服,向吉林省高级人民法院上诉,吉林省高级人民法院主持调解,本案中最具争议的事项,即AX证券起诉债券主承销商ZXHN证券承担连带责任的事项已达成调解。

(二)监管处罚

对于"14吉粮债"发行中存在的虚假陈述和ZXHN证券未履行基本的核查义务并存在明显过错的责任,广东证监局出具的《关于对GZ证券股份有限公司采取出具警示函措施的决定》,以及中国证券业协会出具的《关于对GZ证券股份有限公司采取自律惩戒措施的决定》均认定ZXHN证券在"14吉粮债"项目的尽职调查工作中存在问题,导致发行人和实际控制人的股权披露与事实不符、对发行人对外担保情况披露不足、未能充分核查发行人吉粮收储公司和担保人吉林粮食集团有限公司(以下简称吉粮集团)财务状况与实际情况的差异。

(三)诉讼判决

1. 一审诉讼判决[1]

在本案一审判决中,针对本案主承销商是否应承担连带赔偿责任的争议,一审法院判决ZXHN证券承担全部连带赔偿责任,相关争议焦点及判决依据

〔1〕 参见吉林省长春市中级人民法院民事判决书,(2017)吉01民初251号。

如下。

(1)关于是否需将行政处罚作为虚假陈述判决的前置程序

《最高人民法院关于受理证券市场因虚假陈述引发的民事侵权纠纷案件有关问题的通知》(已废止)第 2 条规定:“人民法院受理的虚假陈述民事赔偿案件,其虚假陈述行为,须经中国证券监督管理委员会及其派出机构调查并作出生效处罚决定。……”而 ZXHN 证券至一审判决时仅收到广东证监局出具的监管警示函,无生效的行政处罚。但一审法院根据第八次全国法院民事商事审判工作会议的精神,认为“虚假陈述、内幕交易和市场操纵行为引发的民事赔偿案件,立案受理时不再以监管部门的行政处罚和生效的刑事判决认定为前置条件”,并以此作为一审判决相关依据。

由于《虚假陈述侵权赔偿规定》于 2022 年 1 月 21 日颁布实施并明确“人民法院不得仅以虚假陈述未经监管部门行政处罚或人民法院生效刑事判决的认定为由裁定不予受理”,《虚假陈述引发赔偿规定》与《最高人民法院关于受理证券市场因虚假陈述引发的民事侵权纠纷案件有关问题的通知》同时废止。而在一审判决时,该司法解释仍未颁布实施,上述两规定仍然适用,这也是 ZXHN 证券不服一审判决并提起上诉的原因之一。

(2)关于私募债是否适用虚假陈述的相关要求

由于涉案债券属于中小企业私募债,是根据《上海证券交易所中小企业私募债券业务试点办法》发行的试点债券品种,其是否属于《证券法》中规定的“公司债券”并适用其虚假陈述的相关要求尚存在争议。一审法院在判决文书中引用《公司债券发行与交易管理办法》第 65 条的相关规定,即“非公开发行公司债券,发行人及其他信息披露义务人未按规定披露信息,或者所披露的信息存在虚假记载、误导性陈述或者重大遗漏的,依照《证券法》和中国证监会有关规定处理”,并认为“《公司债券发行与交易管理办法》虽系中国证券监督管理委员会公布实施于 2015 年 1 月 15 日,并不适用于案涉债券,但由该规定可知非公开发行的公司债券虚假陈述所导致的侵权案件亦适用证券法关于虚假陈述的相关规定”。据此,一审法院判定 ZXHN 证券承担连带赔偿责任。

但由于一审判决时,《虚假陈述侵权赔偿规定》仍未颁布执行,而《虚假陈述引发赔偿规定》第 2 条明确规定“本规定所称证券市场,是指发行人向社会公开募集股份的发行市场，通过证券交易所报价系统进行证券交易的市场，证券公司代办股份转让市场以及国家批准设立的其他证券市场”。即“私募债券”并不在《虚假陈述引发赔偿规定》的适用范围内，这也成为 ZXHN 证券不服一审判决并提起上诉的另一主要原因。

2. 二审诉讼判决[1]

二审判决中的焦点问题仍为 ZXHN 证券是否应当承担连带责任，但针对此事项，在二审法院主持下，ZXHN 证券已和 AX 证券达成调解，因此二审法院未对此事项进行判决。

从二审判决中双方能接受调解的底层逻辑来看，一方面，由于“14 吉粮债”属于仍在试点期间发行的中小企业私募债，与《公司债券发行与交易管理办法》所规定的非公开发行公司债券的发行标准和要求并不一样，且此时《虚假陈述侵权赔偿规定》尚未颁布实施，《虚假陈述引发赔偿规定》并不适用于私募债，因此就 AX 证券而言，如放弃法院调解，二审存在败诉可能；另一方面，就被告 ZXHN 证券而言，由于其确实存在尽调失职及信息披露错误，并收到相应的监管警示函，难以逃避全部赔偿责任，在调解时可进一步对赔偿的比例进行协商，以减轻赔偿责任。这也成为二者达成调解的基础。

由于《虚假陈述侵权赔偿规定》已明确“信息披露义务人在证券交易场所发行、交易证券过程中实施虚假陈述引发的侵权民事赔偿案件，适用本规定”，并于 2022 年 1 月正式颁布实施，这也意味着未来中小企业私募债、非公开发行公司债券均适用于虚假陈述的最新规定。

[1] 参见吉林省高级人民法院民事判决书，(2019)吉民终 458 号。

第三章　证券自营业务民事诉讼案例的合规应用

一、证券自营业务民事诉讼案例分析的问题

证券自营业务民事诉讼案件,除个别因内幕交易、虚假陈述而引起,绝大多数为合同类纠纷。相关合同约定不明或合同约定存在争议往往是产生纠纷的主要原因。

(一)逾期利益约定不明存在隐患

根据相关案例统计,在当事人对逾期利息约定不明的情况下,法院对于逾期利息的裁判差异较大。比如,在 GF 证券、天广中茂股份有限公司等公司债券交易纠纷[1]中,法院判决逾期利息以同业拆借中心 1 年期报价利率确定;而在 GK 证券、春和集团有限公司公司债券交易纠纷[2]中,虽然募集说明书中明确约定"单利按年付息,不计复利,逾期不另计息",但法院仍判决以票面利息继续计算逾期利息。

(二)逾期利息与违约金难以同时主张

根据案例统计,如果募集说明书中明确约定了具体比例的违约金,法院一般予以支持。逾期利息是对逾期后本金无法收回的补偿,《民法典》对违约金的规定也以填平为原则,法院允许原告自主进行选择,二者不可兼得。例如,在 TPY 证券、宜华生活科技股份有限公司等公司债券交易纠纷[3]以及 ZS 证券与

〔1〕 参见广东省广州市中级人民法院民事判决书,(2021)粤 01 民初 2156 号。

〔2〕 参见浙江省宁波市中级人民法院民事判决书,(2021)浙 02 民初 1873 号。

〔3〕 参见广东省汕头市澄海区人民法院民事判决书,(2021)粤 0515 民初 2133 号。

泛海控股股份有限公司公司债券交易纠纷[1]中，因为募集文件中已存在违约金相关约定，因此法院对逾期利息均不予支持。

（三）当事人维权相关费用未得到充分关注

证券自营业务相关合同（如投资标的募集文件或相关协议）往往难以直接对违约处置过程的律师费、财产保全费、保险费以及工作人员的差旅费进行明确约定。因此，不同法院对相关费用是否认可、认可的标准等存在较大差异，比如，在SWHY证券有限公司与山东山水水泥集团有限公司公司债券交易纠纷[2]中，法院认为，SWHY证券要求被告支付因本次诉讼所支出的差旅费，因双方当事人在本案中未对该费用进行明确约定，且未提供相应证据，于法无据，不予支持；在GF证券、天广中茂股份有限公司等公司债券交易纠纷[3]中，由于GF证券已向法院提交律师费支付凭证、律师费发票、诉讼财产保全保险单、保险费发票及银行支付回单等，法院认为上述费用有合同依据且实际发生并予以据实认定。

（四）证券自营业务类民事诉讼案件执行难

证券自营业务类民事案例启动时，被诉方多数已陷入经营困境，存在"起诉容易、进程缓慢、执行艰难"的问题。部分被诉主体可能会进入破产程序，比如在前文提及的AX证券与ZXHN证券虚假陈述纠纷中，由于一审期间法院裁定受理吉粮集团及吉粮收储公司的破产清算申请，并对该虚假陈述纠纷中止审理，直到2018年8月吉粮收储公司及吉粮集团的破产管理人出具恢复审理通知书，本案才得以继续审理。法院判决可能从法律法规层面上支持债权人的合理诉求，但在实际执行层面仍然存在种种困难。加快建设健康、完善的债券市场，优化债券退出机制，在违约常态化的市场环境下保持资本市场稳定发展的工作依然任重道远。

---

〔1〕参见北京市东城区人民法院民事判决书，（2021）京0101民初18029号。
〔2〕参见山东省济南市中级人民法院民事判决书，（2016）鲁01民初1160号。
〔3〕参见广东省广州市中级人民法院民事判决书，（2021）粤01民初2156号。

二、加强证券自营业务合规管理的建议

(一)严格投资准入管理,从源头控制自营业务投资风险

完善自营业务投资决策制度,涉及规模、风险限额、资产配置、业务授权等方面的重大决策应当进行集体决策,严格执行分级授权政策。自营业务部门应当严格执行尽职调查程序和内部评级制度,区分不同的风险等级,建立交易标的产品库制度,建立交易对手管理制度和白名单制度,明确内部分级管理标准。

(二)完善操作流程

证券公司在债券入池审核过程中需额外关注募集说明书中的相关约定,重点关注逾期利息、违约金、律师费等维权费用以及管辖权等相关条款,争取实现约定清晰。案件审理过程中发生的律师费、财产保全费、案件受理费等,应保留实际支出的发票等证明文件,以便提交法院审核追偿。

(三)加强对员工的日常培训

应在日常管理中加强员工培训,尤其是对于尽职调查的标准和手段,要结合外部法律法规的变化、最新民事诉讼案例的裁判、监管案例的处罚结果,综合考虑日常项目执行过程中遇到的问题,及时更新尽职调查的标准,并对从业人员进行培训。

第七篇

发布研究报告业务民事诉讼案例分析与合规应用

第一章 发布研究报告业务裁判数据梳理与分析

与发布证券研究报告业务相关的民事诉讼案例较少,2013 年至 2022 年仅有 2 起案例,但 2 起案例具有较强的典型性,而且与当前监管机构关注重点高度一致。

2 起案例中,第一起系 2015 年杭州海康威视数字技术股份有限公司与 AX 证券股份有限公司名誉权纠纷(以下简称海康威视与 AX 证券名誉权纠纷),第二起系 2020 年凯盛融英信息科技(上海)股份有限公司与 CC 证券股份有限公司服务合同纠纷(以下简称凯盛融英与 CC 证券服务合同纠纷)。2 起案例一审程序中证券公司均作为被诉方,最终判决结果均支持主诉方诉讼请求。

第二章　发布研究报告业务民事诉讼典型案例

一、海康威视与 AX 证券名誉权纠纷案例分析

(一)基本案情

海康威视与 AX 证券名誉权纠纷一审主诉方为海康威视,被诉方为 AX 证券。一审法院于 2015 年 4 月 14 日受理,2015 年 7 月 2 日作出判决。AX 证券提起上诉,二审法院于 2015 年 10 月 13 日裁定维持原判。

1. 当事人的诉讼请求与答辩

主诉方的诉求有 3 个:一是被诉方停止侵权,撤销发布于被诉方官网上的涉案研报;二是恢复主诉方名誉,消除影响,在《中国证券报》这一级别报刊上向主诉方公开赔礼道歉;三是由被诉方承担本案诉讼费用。主诉方称,被诉方于 2015 年 2 月 27 日发布的证券研究报告,在未合法、完整地获得信息来源且未经任何调查核实的情况下公开散布主诉方爆发"'棱镜门'后最严重安全事故",研究报告中使用不符合事实、夸大和误导性言辞,诋毁主诉方名誉。被诉方发表该研报后被新浪财经、财经网等多家网络媒体转载,之后主诉方受研报影响股价跌停。被诉方的行为严重损害了主诉方名誉,并造成主诉方重大经济损失。

被诉方认为,其研报中的内容是基于客观事实作出的,报告引用了江苏省公安厅科技信息化处发布的通知,且主诉方在其官网发布的说明证实了江苏省公安厅发布的通知内容。研报不存在夸大、误导性言辞,主观上无诋毁主诉方名誉权的恶意。涉案研报仅供被诉方的客户使用,并未授权任何机构和个人转载,不存在将研报扩散的授意。网络媒体对被诉方向特定客户发送的研报进行转载均未取得被诉方的书面同意,都是网络媒体自身行为,并非来自被诉方的

授意或者故意扩散。主诉方自身股票价格下跌并不是主诉方的经济损失，且与涉案研报并无因果关系。

2. 本案证据与事实认定

主诉方提交的证据主要有两类，第一类系与研报及研报的转载相关内容，证明研报内容不实以及给主诉方带来了名誉和经济损失；第二类系主诉方先后对此事件原因作出公开说明的证据。证据均为书面文件材料，无证人证词、专家意见等。被诉方的证据主要也有两类，第一类系证明研报引用的内容合法合规，无夸大行为，内容客观审慎；第二类系证明媒体已事先有相关新闻转发，且后续转载不能证明公众对主诉方有负面评价，该研报并没有侵害主诉方名誉权。

一审法院认定，AX 证券在官网发布了《"棱镜门"后最严重安全事故爆发信息安全保卫战刻不容缓》的证券研究报告，报告中涉及海康威视的部分事件及点评内容。报告内容在发布前后均有被媒体转载的记录。二审认定的事实与一审一致。

（二）诉讼判决〔1〕

法院认为，证券研究报告内容是否属实是判断证券公司是否存在名誉权侵权的根本。关于如何界定证券研究报告是否属实，法院认为应当根据证券分析师在制作证券研究报告时是否尽到应当尽到的审慎注意义务进行判断。这种特殊注意义务的具体要求主要源自中国证监会对此的相关规定以及证券行业自律管理的相关执行规范和行为准则。

法院认为，涉案证券研究报告使用的用语明显存在夸大性、诱导性，导致部分内容不实；证券分析师在未能看到江苏省公安厅的紧急通知、未对信息来源进行核实的情况下，直接采信网络媒介传播的信息，武断地得出所谓专业性结论。

根据《民法通则》（已废止）的相关规定，法人依法享有名誉不受侵害的权

〔1〕参见浙江省杭州市余杭区人民法院民事判决书，(2015)杭西民初字第 1250 号；浙江省杭州市中级人民法院民事判决书，(2015)浙杭民终字第 2103 号。

利。AX 证券作为专业证券机构,其所制作的研究报告对发布对象的投资、判断能力具有较大的影响力,并进而对分析对象的商业信誉、经济利益产生影响,故AX 证券在制作研究报告时应当合法、客观、专业、谨慎,对研究报告的内容、观点应当保证信息来源合法合规,研究方法专业谨慎,分析结论依据合理。根据《发布证券研究报告暂行规定》第 9 条的规定,制作证券研究报告应当合规、客观、专业、审慎。署名的证券分析师应当对证券研究报告的内容和观点负责,保证信息来源合法合规,研究方法专业审慎,分析结论具有合理依据。

AX 证券发布的研究报告虽然引用了江苏省公安厅的紧急通知,但并未看到该紧急通知原文,内容不完整,AX 证券在未审慎核实江苏省公安厅紧急通知的全文,特别是在未全面核查海康威视监控设备存在严重安全隐患原因的情况下,在研究报告点评部分用词过分夸大,作出的结论缺乏合理依据,丧失公正性、客观性,对不知情的发布对象具有诱导性,降低了公众对海康威视的社会评价,造成主诉方名誉受损,被诉方理应就此承担侵权民事责任。主诉方要求被诉方停止侵权,撤销发布于被诉方官网上的涉案研报,要求被诉方公开赔礼道歉,合法有据。因侵权研究报告涉及证券行业,故主诉方要求在《中国证券报》上向其公开赔礼道歉的请求,法院予以支持。

二、凯盛融英与 CC 证券服务合同纠纷案例分析

(一)基本案情

人民法院于 2020 年 6 月 8 日受理凯盛融英与 CC 证券服务合同纠纷案,一审法院于 2020 年 11 月 2 日作出判决。CC 证券提起上诉,二审法院于 2021 年 5 月 25 日裁定维持原判。

1. 当事人的诉讼请求与答辩

一审原告的诉讼请求包括:一是要求被告支付专家顾问服务费;二是要求被告支付按中国人民银行同期存款利率计收的逾期支付专家顾问服务费的违约金;三是要求案件诉讼费由被告承担。原告称,2018 年 5 月 25 日原告与被告签订行业专家顾问使用服务协议,约定原告向被告指定对象提供行业专家顾问

服务。后原告依约提供专家顾问服务，被告以每季度从接受服务的对象处收取的席位佣金的80%作为专家顾问服务费支付给原告。2018年第一季度至第三季度，双方均按此交易习惯结算完毕，但从2018年第四季度开始，被告未再按约支付专家顾问服务费。

被告的理由有三：一是行业专家顾问使用服务协议明确约定了专家顾问服务费的收费计算标准及支付流程，双方之间并没有将佣金的80%作为服务费的约定；二是原告未提供证据证明其已按约真实提供了行业专家顾问服务，原告要求被告支付服务费的条件尚未成就；三是原告向被告上级单位投诉，根据上级纪检监察机关的要求，被告不能向原告支付服务费，是原告的行为导致被告违约，被告不应承担相应的违约责任。

2. 法院认定的事实和证据

原告提供的证据主要包括双方业务合同、相关结算单与发票等证明被诉方代理人确认过金额的书面文件，以及被告员工潘某某向原告发送的邮件及服务结算书等附件。被告在一审时未提交证据材料，二审双方未提交新的证据材料。一审法院认定，2018年5月25日，CC证券与凯盛融英签订行业专家顾问使用服务协议，并约定了收费计算标准与结算支付方式。同时认定了2018年第一季度至第三季度已完成的费用结算及支付方式，进而认定了2018年第四季度至2019年第三季度尚未支付的费用，按惯例应当支付的结算金额。二审经审理查明，认为一审法院认定的事实清楚，予以确认。

（二）诉讼判决[1]

法院认为本案存在以下争议焦点：一是被告员工潘某某发送邮件的行为对被诉方是否具有约束力；二是服务费的结算方式，是按照从服务对象处收取席位佣金的80%作为专家顾问服务费，还是按照合同约定的方式付费。

法院认为，无论在产生争议费用的期间潘某某是有权代理还是无权代理，其向原告发送邮件的行为对被告具有约束力。即使潘某某在争议期间离职是

[1] 参见上海市静安区人民法院民事判决书，(2020)沪0106民初17984号；上海金融法院民事判决书，(2021)沪74民终139号。

无权代理,被告未提供证据证明其已告知原告,潘某某已构成表见代理,其代理行为有效,对被告具有约束力。潘某某向原告发送的邮件内容证明是被告先向原告发送服务费结算书等材料,要求原告用印,再进行付款。原告、被告双方并非按照合同约定的服务费收费计算标准进行服务费结算,而是依据被告收取的指定客户的佣金金额的80%与原告结算服务费。这说明双方在系争合同中关于依据服务费收费计算标准结算服务费的相关约定流于形式,双方并无根据具体工作量一一计算服务费的意思表示。被告一直怠于履行其向原告发送专家顾问服务费结算书的义务,致使双方之间的服务费用迟迟无法结算,被告违约,应承担相应的违约责任。

法院判决被告于判决生效之日起10日内按照其收取指定客户佣金金额的80%向原告支付专家顾问服务费、按中国人民银行同期存款利率计收的违约金,并承担案件的受理费。

第三章　发布研究报告业务民事诉讼案例的合规应用

近年来,监管机构组织对全行业的发布研究报告业务进行集中整顿,十余家证券公司因发布研究报告业务受到了行政监管处罚,监管要求正变得越来越严格和复杂。证券公司应当不断提高研究报告的质量,保障发布研究报告业务的专业性和规范性,减少该类业务可能导致的监管处罚和降低潜在的民事诉讼风险。

一、提高研究报告的质量

证券公司应建立内部质量审核机制,提高研究报告质量。防止公众媒体或者其他机构未经授权私自刊载或者转发公司的证券研究报告。结合海康威视与 AX 证券名誉权纠纷案,AX 证券从业人员将尚未履行发布程序的报告提供给公众媒体,这已经触碰了合规底线,也为民事纠纷埋下隐患。证券公司应严格核实数据来源,确保信息的合法性和真实性,并确保其能够作为主要的论证依据。涉及重大事件或风险事件的,需要对信息来源进行穿透跟踪,对信息的真实性进行充分的论证,必要时应与当事公司、权威机构进行核实。避免基于片面信息作出简单推断,最大限度客观陈述事件,确保研究报告内容客观、审慎、合理。

二、邀请第三方专家参与

建立明确的邀请外部专家的管理制度,确保专家具备合适的资质,严禁通过外包或分成协议等方式聘请无资质的机构或个人。完善邀请专家服务协议，明确专家的核实责任和守法义务，严格根据协议约定结算方式支付费用。同时，证券公司要对专家身份进行必要的核实，并对专家义务进行合规提示。

第八篇

证券做市业务民事诉讼案例分析与合规应用

对2013年至2022年法院审理所涉证券做市业务各类司法案件进行系统梳理和甄别后，共筛选出69起可供分析的民事诉讼案例，其中7起可作为重点案例进行分析解读。

第一章　证券做市业务裁判数据梳理与分析

一、民事诉讼数量分析

股转做市业务始于2014年8月,2013年至2017年司法案件数量均为0,自2018年起案件数量开始增多,呈波状起伏趋势,2019年达到峰值(27起),2020年大幅回落(11起),2020年至2022年案件数量趋于平稳(见图8-1)。

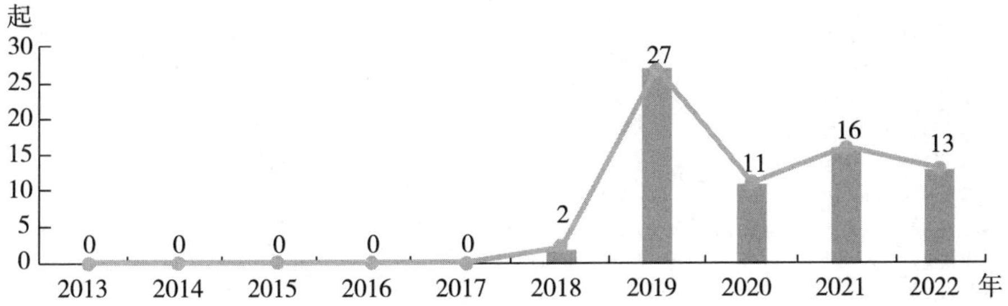

图8-1　2013年至2022年案件数量分布

二、民事案由分析

涉证券做市业务的民事诉讼案由较多,包括股权转让纠纷(45起),占比约65%;证券纠纷(9起),占比约14%;合同纠纷(9起),占比约14%;其他类型案由(6起),占比约7%。高发争议点是股权转让和股票回购。

三、诉讼主体身份分析

从证券公司涉诉的数量来看,共计有30家证券公司涉诉,其中JZ证券数量最多(10起),且作为主诉方的次数明显高于被诉方。从总体上来看,证券公司作为主诉方的有66起,占比约96%;作为被诉方的有3起,占比约4%。作为主诉方次数较多的证券公司有JZ证券(9起)、SWHY证券(5起)、HR证券、TPY证券和HJ证券(各4起)。JZ证券、YK证券、ZXHN证券作为被诉方各1起(见图8-2)。

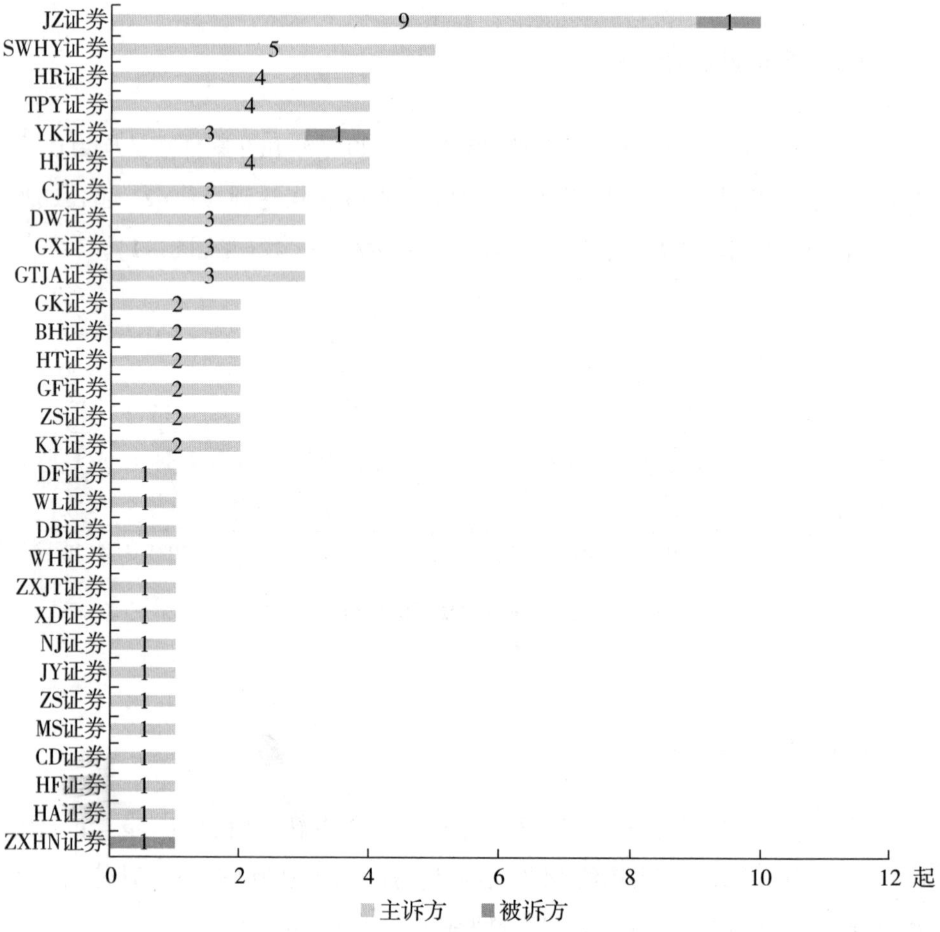

图8-2　涉诉证券公司主诉方和被诉方分布

进一步分析诉讼请求被支持的情况,可以发现涉诉证券公司多为胜诉方,占比约88%;少数情况下作为主诉方败诉,占比约12%(见图8-3)。在证券做市业务诉讼中,证券公司的诉讼请求多数能够得到法院支持。

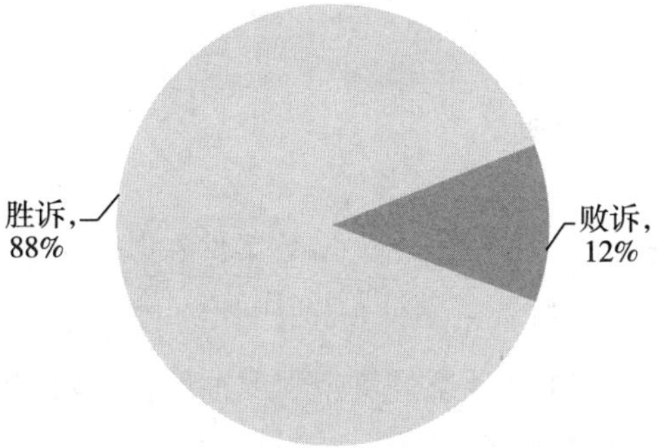

图 8－3　证券公司诉讼请求被支持的情况

注：败诉案件 8 起，证券公司均作为主诉方。胜诉案件中，证券公司作为主诉方和被诉方的情况均有。

通过分析，2015 年至 2017 年为股转市场最为活跃的时期，其间参与股转做市的证券公司比较多。随着 2018 年证券市场低迷，股转市场股票发行次数、数量、规模均大幅下降，很多大券商已经退出股转做市业务或者减少业务规模。

四、案件地域分析

从案件地域分布看，案件多集中北京市、上海市和广东省这三个地区，所涉案件数量均超过 10 起，湖北省和江苏省案件数量次之，均为个位数（见图 8－4）。

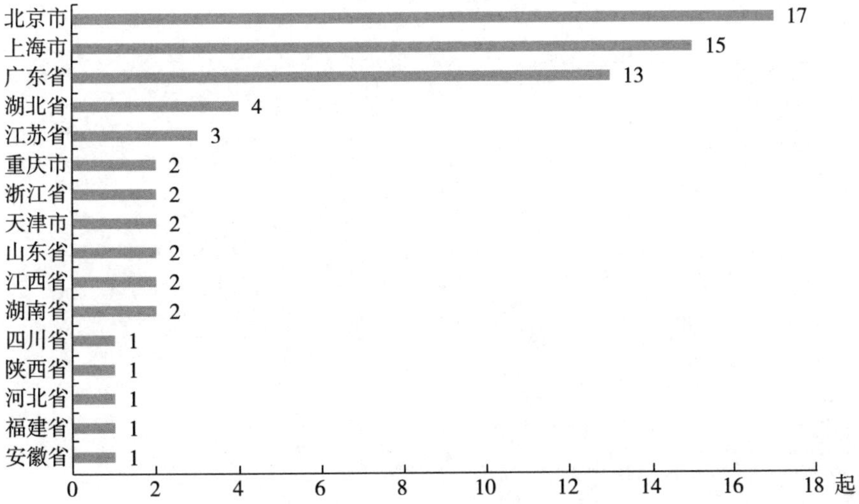

图 8－4　案件地域分布情况

五、审理法院层级分析

从审理法院层级分布情况看，绝大多数案件在基层人民法院审理(61 起)，占比约 88%；中级人民法院裁判案件 8 起，占比约 12%；无高级人民法院裁判案例(见图 8－5)。证券做市业务案件复杂程度一般，案涉标的额较小，这与此类案件的审理法院层级直接相关。

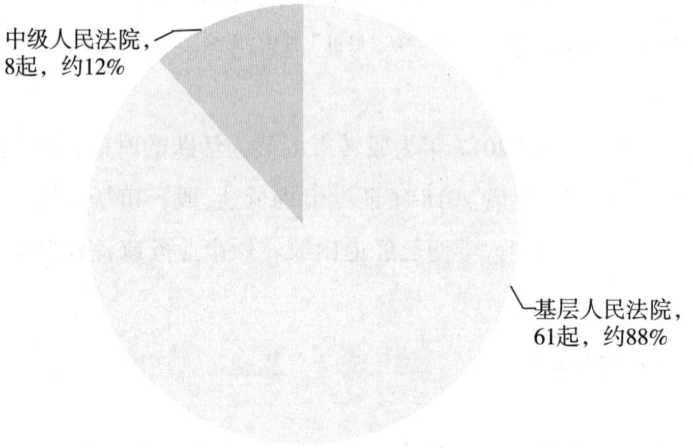

图 8－5　审理法院层级分布情况

第二章　证券做市业务民事诉讼典型案例

一、JZ 证券股份有限公司、林某军股权转让纠纷[1]

(一)基本案情

视纪印象实控人林某军向 JZ 证券出具股份受让承诺函,承诺本人或本人指定第三方通过股转系统协议转让方式受让 JZ 证券持有的全部视纪印象股份,前提是 JZ 证券必须于 2017 年 11 月 13 日前出具做市转让协议同意函及配合视纪印象顺利完成将股票交易变更为协议转让方式。JZ 证券退出做市后,林某军未按照承诺函内容履约,JZ 证券要求其承担股份受让款、违约金以及其他合理费用。

(二)诉讼判决

法院认为林某军向 JZ 证券出具股份受让承诺函合法有效。林某军承诺受让案涉股票的前提是 JZ 证券必须于 2017 年 11 月 13 日前出具做市转让协议同意函及配合视纪印象顺利完成将股票交易变更为协议转让方式,但是 JZ 证券出具的关于退出做市的有关文件落款时间均为空白,难以认定其已按照约定期限履行了义务。视纪印象股本变动、全国中小企业股份转让系统的交易规则发生重要变化等客观原因导致股份受让承诺函难以依法履行,且双方又没有达成新的合意。

一审法院驳回了 JZ 证券的全部诉讼请求,二审维持原判。

---

〔1〕 参见湖北省鹤峰县人民法院民事判决书,(2019)鄂 2828 民初 355 号;湖北省恩施土家族苗族自治州中级人民法院民事判决书,(2019)鄂 28 民终 1837 号。

二、吴某玉、TPY 证券股份有限公司合同纠纷[1]

(一)基本案情

2016 年 TPY 证券为中钰公司提供做市服务。2017 年吴某玉(中钰公司董事长、实际控制人)向 TPY 证券出具《关于投资者保护的情况说明》,表示因公司在 6 月 30 日前无法披露年报,面临摘牌风险,为保护投资者利益,实际控制人将以不低于成本的价格回购做市商持有股票。2018 年 TPY 证券退出做市,2019 年中钰公司摘牌,吴某玉未履行股票回购义务。

(二)诉讼判决

根据吴某玉签署的《关于投资者保护的情况说明》,回购标的为 TPY 证券持有中钰公司的 54.6 万股股票,回购主体为吴某玉,回购价格为成本价格,回购触发条件为中钰公司无法在 2017 年 6 月 30 日前披露年报,面临被摘牌的风险。吴某玉在《关于投资者保护的情况说明》中明确了回购标的、回购主体、回购价格和回购原因,该说明不属于要约邀请,应视为对 TPY 证券的承诺。吴某玉承诺回购案涉股票,不违反法律、行政法规的效力性强制性规定。

一审判决吴某玉向 TPY 证券支付股权转让款和利息。二审法院驳回吴某玉的上诉请求,维持原判。

三、DB 证券股份有限公司与高某涛股票回购合同纠纷等 4 起案件[2]

(一)基本案情与诉讼判决

4 起案件均涉及转回售协议、回购协议的效力认定问题,转回售或承诺回购

[1] 参见广东省广州市越秀区人民法院民事判决书,(2019)粤 0104 民初 3546 号;广东省广州市中级人民法院民事判决书,(2019)粤 01 民终 23987 号。

[2] DB 证券与高某涛股票回购合同纠纷案,上海市浦东新区人民法院(2019)沪 0115 民初 82828 号民事判决书;JZ 证券与安徽美佳新材料股份有限公司股票交易纠纷案,安徽省繁昌县人民法院(2019)皖 0222 民初 464 号民事判决书;安徽美佳新材料股份有限公司、ZXHN 证券确认合同无效纠纷案,广东省广州市天河区人民法院(2020)粤 0106 民初 16223 号民事判决书;TPY 证券与余某涛等股票回购合同纠纷案,北京市东城区人民法院(2021)京 0101 民初 21918 号民事判决书。

以及受让主体是标的公司还是其实际控制人或者股东会影响上述协议的法律效力。

具体对比情况如表 8－1 所示。

表 8－1　4 起案件对比

民事诉讼案例名称	对比分析点	法院判决结果
DB 证券与高某涛股票回购合同纠纷	控股股东及实际控制人高某涛出具的回购承诺书中涉及转回售的效力问题(有效)	被告高某涛支付原告 DB 证券股票回购款及待回购股票利息
JZ 证券与安徽美佳新材料股份有限公司股票交易纠纷	转回售承诺作出方为标的公司(无效)	驳回原告 JZ 证券的诉讼请求
安徽美佳新材料股份有限公司、ZXHN 证券确认合同无效纠纷	承诺回购作出方为标的公司,但约定交易对手另行通知(有效)	驳回原告安徽美佳新材料股份有限公司的全部诉讼请求
TPY 证券与余某涛等股票回购合同纠纷	回购协议主体为标的公司和第一大股东及实际控制人余某涛(有效)	被告余某涛向原告 TPY 证券支付股份转让款、违约金、律师费损失

(二)重点分析:转回售或承诺回购以及受让主体不同而导致的相关法律文件的效力差异

做市商在取得做市库存股时,可与挂牌公司股东就一定条件下回售或转售做市库存股作出约定。做市库存股回售约定,是指做市商在协议受让挂牌公司股东股份时,与该股东约定的在一定条件下将不超过受让数量的股份回售给该股东的协议安排;做市库存股转售约定,是指做市商在认购挂牌公司定向发行股份时,与挂牌公司股东约定的在一定条件下将不超过认购数量的股份转售给该股东的协议安排。

《全国中小企业股份转让系统做市商做市业务管理细则(试行)》第 15 条规定:“做市商与挂牌公司股东作出回售或转售约定的,应当符合下列规定:(一)做市商单次约定的回售或转售数量不得超过本次受让或认购的股份数量;(二)做市商申请为股票做市前获取的库存股,回售或转售数量不得超过申请为股票做市时的初始库存股数量,因挂牌公司权益分派导致的超出初始库存股数量的部分除外;(三)做市商不得存在对做市后的申报或成交价格、数量、金额进行承诺等可能影响做市报价的情形。做市商应当自回售或转售协议签署日起2个交易日内披露相关协议,并于回售或转售安排变更或终止之日起2个交易日内披露相关情况。"

由上可知,法律和监管规则允许标的公司股东或者实际控制人回购股份。同时,我国公司法采取"原则禁止、例外许可"的股份回购政策,其禁止公司取得自己股权的理由主要有:(1)逻辑上的矛盾。公司因回购而持有自己的股权,权利、义务主体合一,公司同时具有双重身份,这一现象在法律逻辑上自相矛盾。(2)违反资本维持原则。公司回购股权花费自有资金,结果是用公司本金偿还股东出资,违反"股东不得抽逃出资"原则,事实上减少公司资本,有损公司债权人利益。(3)诱发不公平交易的担忧。公司掌握自己的财务信息,可能借助股权回购操纵股价或者进行内幕交易;公司可能区别对待不同股东,如选择性回购或者对股东实行不同的回购条件和价格;此外,公司董事可能通过回购股权操纵公司,巩固自己的地位。[1]

2018年《公司法》第74条和第142条涉及收购本公司股份。在不违反"股东不得抽逃出资"的效力性强制性规定的情况下,股东可以要求公司回购其股权。公司必须先履行减少注册资本的义务,以保护公司债权人的利益。实际上,按照法律规定,仅在"减少公司注册资本"这一情形下,投资者才有可能请求标的公司回购股份。在标的公司没有履行减资程序以保护债权人利益的情况下,法院对投资方要求目标公司回购其股权的请求,不予支持。

结合上述案例,在回购主体为标的公司股东或者实际控制人时,法院会认定回购协议或承诺有效;在回购主体为标的公司并且未履行减资程序时,法院会认定回购协议或承诺无效;在回购主体中不仅有标的公司,还可能存在其他适格主体的情况下,法院仍认定回购协议或承诺有效,但可能会因义务主体不明确而导致回购协议或承诺无法履行。

---

〔1〕 参见李建伟:《公司法学》(第3版),中国人民大学出版社2014年版,第247~248页。

四、HT证券股份有限公司与北京星通创时物联网科技股份有限公司等股权转让纠纷[1]

（一）基本案情

2015年HT证券认购星通公司股份并为其提供做市服务。2017年HT证券与张某升签订股份转让协议，约定星通公司终止挂牌后由张某升指定第三方受让股份。2018年星通公司终止挂牌，HT证券与张某升签订股份转让协议之补充协议对原协议转让事宜进行了调整。星通公司向HT证券出具承诺函，承诺自承诺函出具之日起3个月内完成上述首次股份受让并支付相应股份价款。HT证券二审要求改判星通公司对张某升的全部债务承担连带责任。

（二）诉讼判决

HT证券与张某升签订的股份转让协议及股份转让协议之补充协议合法有效，星通公司出具承诺函应是债务加入，在法律后果上与公司对外担保具有类似性，应参照公司为他人提供担保的有关规则处理。张某升系星通公司股东和实际控制人，星通公司为张某升在股份转让协议及股份转让协议之补充协议项下付款义务承担连带责任，属于公司经营管理重大事项，应当经过股东会决议。星通公司为张某升的债务承担连带责任，未经股东会决议，在星通公司不予追认的情况下，对星通公司不具有约束力，承诺函应属无效。HT证券未依法就股东会决议进行审查，具有过错。此外，股份转让协议及股份转让协议之补充协议签署的背景原因是星通公司已申请终止公司股票在“股转系统”挂牌，故HT证券所持星通公司无限售流通股不再具备在二级市场交易的基础，HT证券、张某升均成为具有一定封闭性质的星通公司的股东，应明知星通公司以债务加入的方式对股东之间股权转让承担连带付款义务应经过其他无利益关系股东同意，张某升等其他任一主体均无权代表星通公司其他股东同意加入对HT证券的债务履行，并承担连带责任；HT证券作为原股东亦不能仅依据张某升或者某

---

[1] 参见北京市第一中级人民法院民事判决书，(2020)京01民终5011号。

一股东、董事等的同意,就从星通公司收取资金或者要求星通公司承担连带责任,其行为损害其他股东的合法权益,亦可能在实质上产生抽回出资的法律后果,损害星通公司潜在债权人利益。故HT证券不属于善意相对人,且明知承诺函具有越权出具的情形,无权请求星通公司承担合同无效后的民事责任。

一审判决张某升支付股权转让款及违约金。二审法院驳回了HT证券的上诉请求,维持原判。

(三)重点分析:公司债务加入等类担保行为未经股东会同意的法律后果

债务加入,学说亦称并存的债务承担,系指第三人加入既存的债务关系中,与债务人就其债务对债权人负连带之责。因相当于在债务人之外为债权人增加了一个新债务人,债务加入和保证一样具有担保债权实现的功能。

《最高人民法院关于适用〈中华人民共和国民法典〉有关担保制度的解释》第36条规定:第三人向债权人提供差额补足、流动性支持等类似承诺文件作为增信措施,具有提供担保的意思表示,债权人请求第三人承担保证责任的,人民法院应当依照保证的有关规定处理。第三人向债权人提供的承诺文件,具有加入债务或者与债务人共同承担债务等意思表示的,人民法院应当认定为《民法典》第552条规定的债务加入。上述第三人提供的承诺文件难以确定是保证还是债务加入的,人民法院应当将其认定为保证。

鉴于上述法律和司法解释的规定,可以发现我国现行法律中保证和债务加入制度并存,如何准确区分两者成为司法实践的新问题。

关于保证和债务加入的区别,司法实践中一般认为,"二者在案件的实质处理上并无不同,只是在性质上有所不同。保证系从合同,保证人是从债务人,是为他人的债务负责;并存的债务承担系独立的合同,承担人是主债务人之一,是为自己的债务负责,也是单一债务人增加为二人以上的共同债务人。判断一个行为是保证还是并存的债务承担,应根据具体情况确定。如承担人承担债务的意思表示中有较为明显的保证含义,可以认定为保证;如果没有,则应当从保护债权人利益的立法目的出发,认定为并存的债务承担"[1]。

---

〔1〕 参见最高人民法院民事判决书,(2005)民二终字第200号。

结合本案分析，星通公司出具承诺函应是债务加入，依据《最高人民法院关于适用〈中华人民共和国民法典〉有关担保制度的解释》第12条的规定，可以参照该解释中关于公司为他人提供担保的有关规则确认行为效力。2018年《公司法》第16条第2款规定，公司为公司股东或者实际控制人提供担保的，必须经股东会或者股东大会决议。违反2018年《公司法》第16条构成越权代表，应根据订立合同时债权人是否善意分别认定合同效力：债权人善意的，合同有效；反之，合同无效。HT证券未依法就股东会决议进行审查，具有过错，不是善意相对人。综合判断，法院确认星通公司出具的承诺函无效。

公司向其他企业或者他人提供担保的，依据公司章程的规定，由董事会或者股东会、股东大会决议；公司为公司股东或者实际控制人提供担保的，必须经股东会或者股东大会决议。为防止法定代表人随意代表公司为他人提供担保给公司造成损失，损害中小股东利益，2018年《公司法》第16条对法定代表人的代表权进行了限制。

第三章 证券做市业务民事诉讼案例的合规应用

一、重视交易规则变化对业务执行的影响

证券行业监管规则变动较快,要高度重视规范变动对业务的影响。在与客户签订业务合同时,应在合同中明确规则变动造成合同难以履行时的协商程序、合同解除通知义务等,避免监管规则变动对业务开展的不利影响。

在 JZ 证券诉林某军股权转让纠纷中,林某军承诺受让案涉股票的前提是 JZ 证券必须在 2017 年 11 月 13 日前出具做市转让协议同意函及配合视纪印象顺利完成将股票交易变更为协议转让方式。2017 年 12 月 22 日,全国股转系统发布的《全国中小企业股份转让系统股票转让细则》规定,自该细则施行之日起原采取协议转让的股票改为采取集合竞价转让方式进行转让;原采取做市转让方式的股票仍采取做市转让方式转让;采取集合竞价和做市转让方式的股票符合转让细则规定的,均可以进行协议转让。《全国中小企业股份转让系统股票转让细则》实施后,案涉股票交易转变为协议转让方式已不具有现实性,林某军受让案涉股票的前提难以达成。双方未提前就此作出安排,从而引发纠纷。

二、重视合同内容与合同签订程序管理

在业务实践中,应当注意区分要约邀请与要约、要约与承诺,不同的法律行为会产生不同的法律后果。在对方发出要约后,受要约方应当在规定时限内作出承诺或者明确拒绝,以免影响双方达成合意或在一方疏忽情况下达成合意。在拟定股权回购等协议时,应当规范协议形式,避免将单方承诺作为协议。严格审查协议内容,保障协议必要条款清晰,减少当事方对承诺性质、协议效力或

协议内容的争议。

三、慎重选择股份回购主体

在开展股份回购时,慎重选择投资标的公司作为对手方,可以选择标的公司股东、实际控制人或其他关联方作为对手方。尽管《九民纪要》明确法院不再一概否认公司回购自身投资方股份协议的效力,但回购前提应以履行公司内部减资程序为前提。

四、重视审查对手方增信措施内部审批程序

在证券做市业务实践中,证券公司可能因“对赌”、回购、股权转让等成为标的公司的债权人,应进一步取得相关对手方提供的担保或者其他增信措施。在合同审查和决策过程中,应当严格审查对手方对外提供担保和类担保等增信措施时内部是否履行了必要的审议程序,防止出现担保无效的情况,造成证券公司投资损失。

第九篇

私募投资基金子公司业务民事诉讼案例分析与合规应用

对2013年至2022年法院审理所涉私募投资基金子公司(以下简称私募基金子公司)业务各类民事诉讼案件进行系统梳理和甄别,共筛选出125起案例(包括39起涉私募基金业务各类纠纷的裁定书),本篇将对这些案例进行深入分析并对重点案件进行解读。

第一章　私募基金业务裁判数据梳理与分析

一、案件数量及标的金额分析

案件数量整体波动明显：案件数量峰值出现在 2018 年（共 25 起），但涉案金额于 2018 年以后呈现明显上升趋势，2021 年涉案总额达到 44.43 亿元，案件数量和涉案金额在 2022 年大幅回落（见图 9－1）。

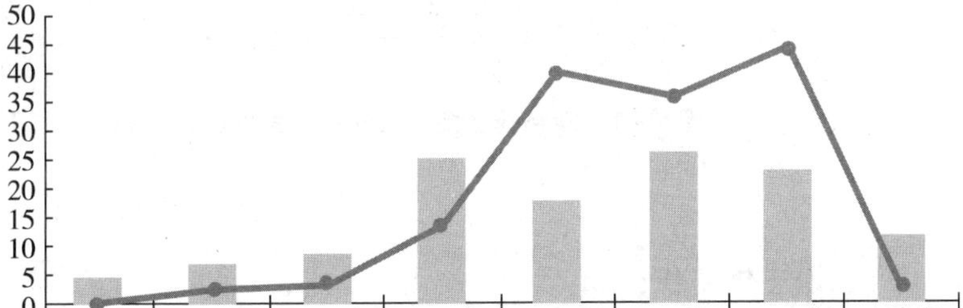

	2015年	2016年	2017年	2018年	2019年	2020年	2021年	2022年
案件数量/起	5	7	9	25	18	26	23	12
涉案金额/亿元	0.59	3.19	3.61	13.62	40.06	36.14	44.43	2.35

图 9－1　2015 年至 2022 年案件数量及涉案金额变化

二、民事案由分析

涉私募基金子公司业务案由多样：与公司有关的纠纷（46 起）和合同纠纷（45 起）案由占比较高；与公司有关的纠纷中，股权转让纠纷占一半，公司增资纠纷和新增资本认购纠纷案件也较多，共有 16 起；合同纠纷中，借款合同纠纷占比将近 1/3，其他主要涉及预约合同纠纷、合伙合同纠纷及委托理财合同纠纷类型；劳动争议案件数量占比 16%，20 起均为劳动合同纠纷（见图 9－2）。

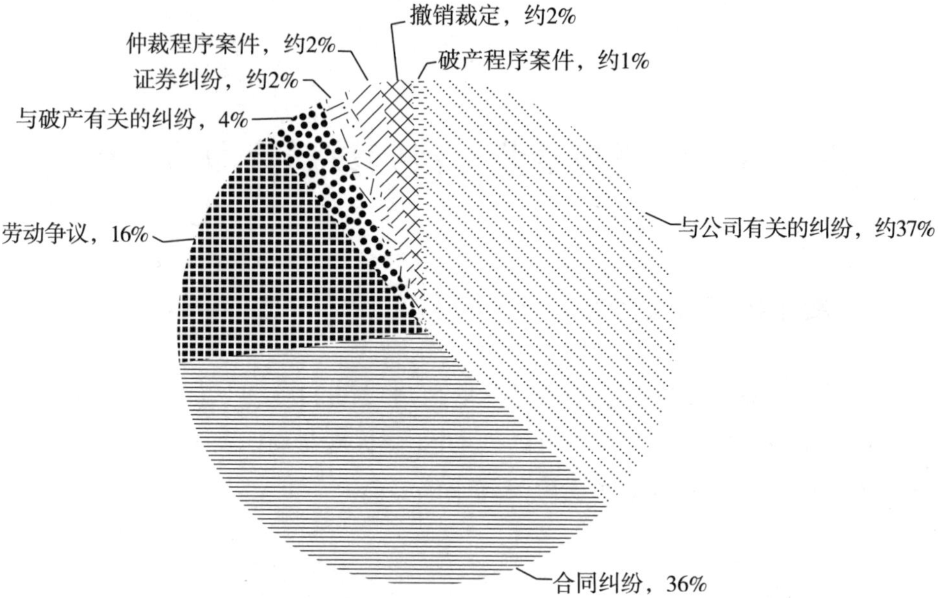

图 9-2　涉私募基金子公司业务案件案由分布

三、诉讼主体身份分析

证券公司私募基金子公司作为主诉方的情形明显多于作为被诉方的情形，证券公司私募基金子公司作为主诉方的案件共计 76 起，其中与公司有关的纠纷 35 起，合同纠纷 23 起，二者合计约占主诉方类案件总数的 76%。与公司有关的纠纷中，85% 以上属于股权投资后回购义务方未按约进行回购所引发的纠纷，如增资或新增资本认购纠纷以及股权转让纠纷；合同类纠纷中，80% 以上属于私募基金子公司主张债权，如可转债、因股权回购或股东借款所产生的债权和委托贷款。证券公司私募基金子公司作为被诉方的案件共计 47 起，其中合同纠纷 21 起，劳动争议 10 起，与公司有关的纠纷 9 起。证券公司私募基金子公司作为第三方的情况较少，仅涉及 2 起，1 起为服务合同纠纷，另 1 起为股东知情权（见图 9-3）。

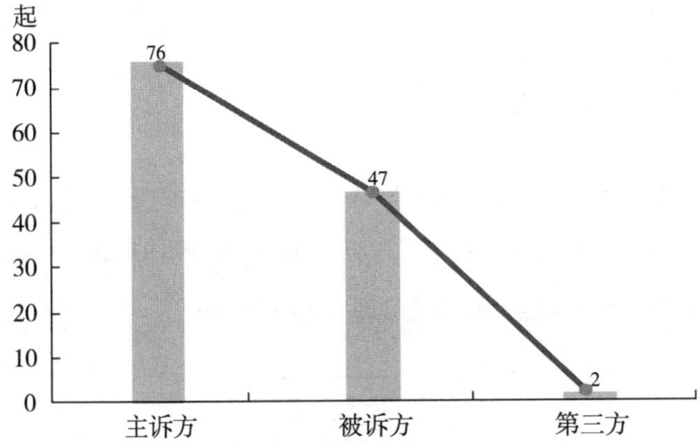

图 9－3　案件角色及案由分布情况

四、证券公司涉案数量分析

作为主诉方涉案数量最多的前 5 家证券公司分别为 DB 证券、GF 证券、HT 证券、CC 证券和 ZY 证券；而作为被诉方的涉案证券公司主要集中在 DB 证券、GD 证券、ZY 证券、GF 证券；DYCY 证券除在 2 起案件中为主诉方外，还在 1 起案件中为第三方（见图 9－4）。DB 证券涉案数量最多(21 起)，案件中 DB 证券多作为主诉方，均属对违约回购义务方提起的诉讼或对破产债权确认之诉，且其作为被诉方的案件也均为一审案件对方上诉后形成的二审案件。从案件数量来看，DB 证券显然更倾向于通过诉讼而非证券行业内普遍适用的仲裁方式解决争议。

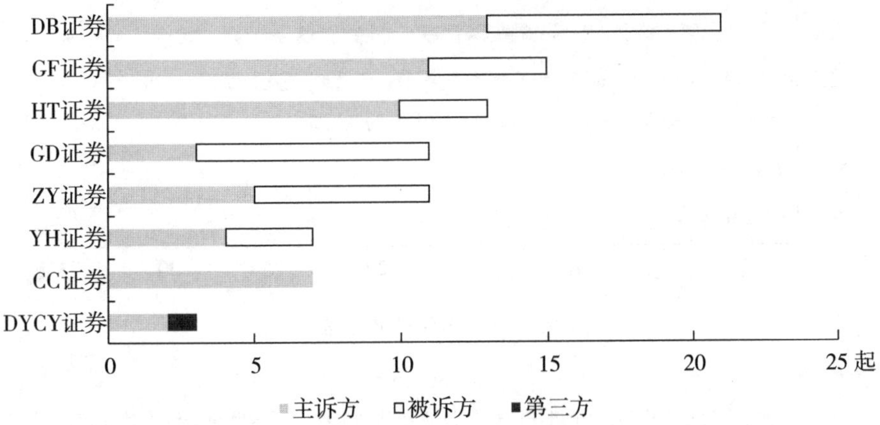

图 9－4　证券公司涉案数量分布

五、审理法院层级分析

案件主要在中级人民法院和基层人民法院进行审理:最高人民法院审理3起,高级人民法院审理23起,中级人民法院审理案件共计45起,基层人民法院审理案件共计51起,上海金融法院审理3起[1](见图9-5)。

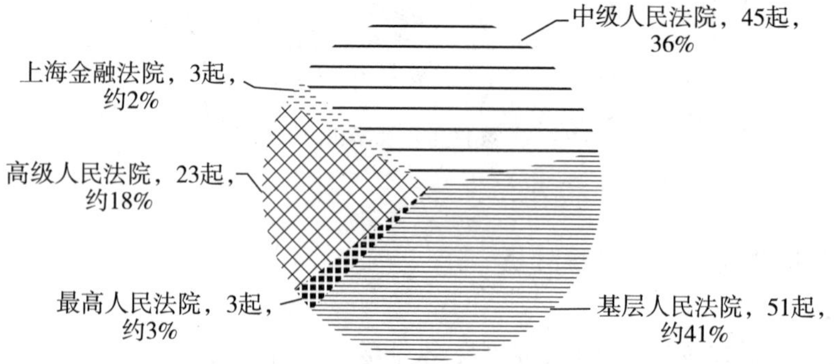

图9-5　审理法院层级分布

六、案件地域分析

案件多集中在上海、北京和广东这三地区,所涉案件数量明显较多,其他涉案数量超过5起的地区还有河南和新疆。其他地区案件较分散,未列示(见图9-6)。

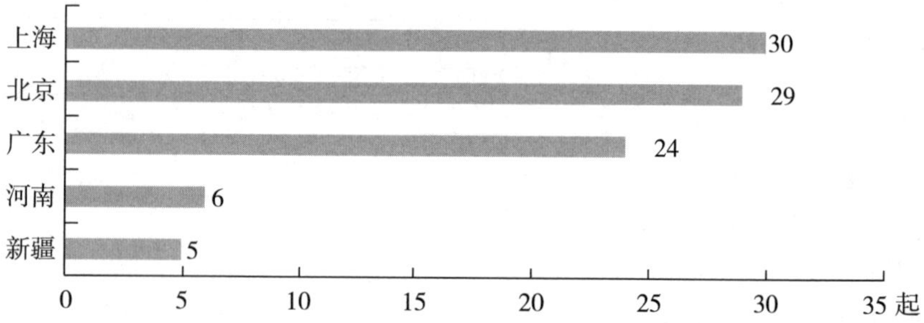

图9-6　案件地域分布

---

〔1〕 上海金融法院为专门法院,因金融法院也将包括私募基金在内的金融纠纷纳入其管辖范围,故对其审理案件数量单独列示。

七、业务阶段分析

募投管退各阶段中，案件多发于投资、退出阶段：除劳动争议类案件外，剩余的105起案件中，案件大多（约87%）发生于退出期（见图9－7）。需要特别说明的是，因绝大部分案件纠纷事由发生在《证券公司私募投资基金子公司管理规范》实施之前，纠纷多源于私募基金子公司整改前所开展的股权直投、可转债、通道业务甚至委托贷款等，而真正属于私募基金业务案件比例极低，究其原因，主要归结于私募基金本身具有合伙企业或公司的法律主体性质，涉案主体绝大多数为私募基金合伙企业本身，而非作为私募基金管理人的私募基金子公司。同社会私募一样，无论是私募基金还是作为其管理人的私募基金子公司，普遍倾向于通过仲裁而非诉讼方式解决争议。因此，本篇的案例分析选择将股权或可转债等参照私募基金的投资和退出进行归纳。

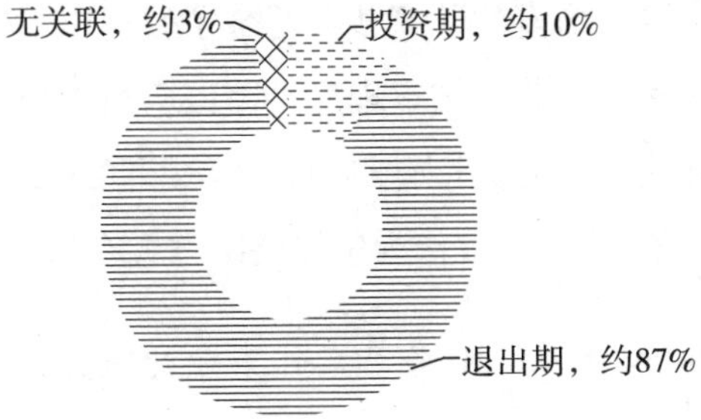

图9－7　案件纠纷事由所处阶段情况

八、其他

如前所述，上述民事诉讼案例的时间维度为2013年至2022年，主体为证券公司私募基金子公司，2016年底《证券公司私募投资基金子公司管理规范》[1]、2018年《证券期货经营机构私募资产管理业务管理办法》[2]及其配套

〔1〕 该规范已于2024年修订。
〔2〕 该办法已于2023年修订。

文件《证券期货经营机构私募资产管理计划运作管理规定》[1]（以下简称2018年《资管细则》）相继发布，使绝大部分私募基金子公司在2017年至2020年着力于全面推进私募基金子公司规范整改和按《资管新规》整改，之前的各类另类直投、通道业务、可转债业务和委贷业务等，已不再属于私募基金子公司的合规业务，而历史业务所引发的纠纷尚待解决，诉讼的延迟效应全面反映在2018年至2022年趋高的案件数量上。实践中，仲裁相较于诉讼的争议解决方式显然更受私募基金子公司的青睐，因此，可分析的案例数据无法客观反映出私募基金子公司私募基金投资业务相关纠纷的典型特征和实际情况，更多体现的是偏重诉讼作为争议解决的私募基金子公司的案件情况，或因不服之前仲裁裁决而进入法院程序的案件，但这些案件绝大多数也是与私募基金子公司规范整改前的历史业务相关，而非真正意义上的私募基金投资业务类案件。

对于私募基金子公司倾向仲裁的情况，其实从筛选出来的案例数据中即可窥得一二。涉及案件数量居多的几家私募基金子公司中，均有不小比例的法院裁定案例是主体案件先由仲裁机构审理后再由该案衍生出法院裁定的案例，大多数体现为管辖权异议类裁定，比如ZY证券（12起）、ZX证券（10起）和HT证券（7起）。与之相较，选择仲裁作为争议解决方式有如下优点。

（一）仲裁机构的私募基金业务类案件审理标准更为明确

长期以来，因社会私募机构多选择仲裁，案件数量的绝对优势让仲裁机构在审理私募基金业务过程中积累了大量专业经验，并早已建立较为明确的案件裁判标准，如北京仲裁委员会2021年制定的《私募基金纠纷案件裁判指引》。相比之下，诉讼中因受管辖限制，各类案件会被分散在各层级、各地域的不同法院，同时私募基金商事立法供给不足，缺乏统一和具体的裁判标准，经常会出现同案不同判的现象。

---

〔1〕 该规定已于2023年修订。

（二）仲裁员的专业性更强

因仲裁规则和机制的特殊性，仲裁机构对仲裁员的专业性、资历和背景都有更高的要求，仲裁员多来自行业顶尖的公司、专业服务机构，甚至监管部门，专业性较强，对创新业务和复杂案件能够作出更为专业的判断。

（三）仲裁的保密性有利于公司声誉保护

民事诉讼案件审判以公开为原则，而仲裁以保密为原则。这可在实现有效化解纠纷的前提下，将对公司声誉的不利影响控制在最低限度。

第二章　私募基金子公司业务民事诉讼典型案例

本篇分析的民事诉讼案例中纯粹涉私募基金投资业务类案件数量有限，绝大多数为私募基金子公司规范整改前发生的由私募基金子公司进行直投或者债类投资所涉及的各类合同纠纷或股权转让纠纷类案件，且并无私募基金民事诉讼案例中常见的基金管理人因违反适当性义务类案件，绝大多数为基金（或私募基金子公司）投资、退出阶段产生的“对赌”或股权回购类争议，劳动纠纷占比亦不少。现选取各类典型案例进行分析如下。

一、确认合同效力之诉类案件

（一）GD 银行股份有限公司 DS 支行与 DZRT 投资管理有限公司、JCFY 有限公司、王某某、JCSM 集团有限公司合同纠纷[1]

1. 基本案情

GD 银行股份有限公司 DS 支行（以下简称 GD 银行 DS 支行）不服原审判决，认为原审判决认定 DZRT 投资管理有限公司（以下简称 DZRT 公司）与 JCFY 有限公司（以下简称 JCFY 公司）签订的可转债投资协议有效以及认定 GD 银行 DS 支行承担补充责任是错误的，该协议是以合法形式掩盖非法目的的无效协议，该支行出具的确认函，只是一个说明函，并非要约行为。DZRT 公司是否向 JCFY 公司贷款，完全取决于其公司的决策行为，与该支行出具的确认函无关。JCFY 公司违约，应由借款人、保证人承担责任。

---

〔1〕 参见吉林省高级人民法院民事判决书，（2015）吉民二终字第 65 号。

2. 诉讼判决

法院判决的主要观点如下。

首先,合同虽然名为可转债投资协议,但约定了明确的金额、期限、利率等,实则为企业之间的临时性资金拆借行为,后续也未转为股权,无证据证明DZRT公司存在以放贷为常业及存在违反法律、行政法规的强制性规定的情形,且合同为双方真实意思表示,应为合法有效。

其次,GD银行DS支行向DZRT公司出具确认函的内容具体确定,即只要DZRT公司向JCFY公司提供3500万元借款,GD银行DS支行即向JCFY公司发放3500万元贷款,并督促其用以偿还DZRT公司的借款。因此,该确认函的内容符合上述关于要约的规定,系发出的与该公司订立合同的意思表示,在DZRT公司向JCFY公司提供3500万元后,双方之间的合同已经成立并生效。现GD银行DS支行未依约向JCFY公司提供3500万元贷款用以偿还DZRT公司的借款,已构成违约,应当赔偿DZRT公司因GD银行DS支行违约所遭受的实际损失,即其向JCFY公司出借的3500万元借款不能获得清偿的本金、利息以及因此发生的必要费用。

二审法院判决驳回上诉,维持原判。

(二)GDZB投资有限公司与HR银行股份有限公司合同纠纷[1]

1. 基本案情

GDZB投资有限公司(以下简称GDZB公司)上诉请求撤销一审民事判决,驳回被上诉人的全部诉讼请求或发回重审。GDZB公司主张AJ信托有限责任公司与HR银行股份有限公司(以下简称HR银行)之间的通道业务因违反《资管新规》的规定而无效。HR银行作为专业金融机构未尽审查注意义务,为取得差额补足函,故意降低审查标准,主观非善意,GDZB公司主张差额补足函及承诺函属于越权担保而归于无效。

2. 诉讼判决

法院判决的主要观点如下。

[1] 参见上海市高级人民法院民事判决书,(2020)沪民终618号。

HR银行并非合伙协议及股权回购协议的签约主体及直接债权人。法院认为差额补足函、承诺函系双方之间独立的合同关系,保证法律关系的成立必须以主债务存在为前提,且保证人与主债务人系针对同一笔债务向同一债权人作出履约承诺,因此,GDZB公司主张两函属于保证不成立。

AJ信托有限责任公司与HR银行之间的通道业务未超过《资管新规》规定的过渡期,GDZB公司主张HR银行的投资行为无效法院不予采信。关于保本保收益承诺,一审法院认为,刚性兑付表述本身并非法律意义上的概念,在资产管理业务中,刚性兑付是指资产管理产品的发行人或者管理人对投资者承诺保本保收益的行为。因刚性兑付违反了资管业务"受人之托,代人理财"的法律关系本质,转嫁损失风险,且不利于金融资源的合理配置,损害了金融秩序及金融市场的稳定,故对于资产管理产品的发行人或者管理人对投资者承诺保本保收益的行为应依法认定无效。但本案中,GDZB公司并非所涉投资资金的管理人或者销售机构,不属于《私募投资基金监督管理暂行办法》所规制的私募基金管理人,其行为也不属于私募基金销售机构承诺投资本金不受损失或者承诺最低收益的行为。故GDZB公司以此为由主张差额补足函、承诺函无效,依法不能成立。

虽然该案因主体不适格未致保底条款无效,但仍明确了"对于资产管理产品的发行人或者管理人对投资者承诺保本保收益的行为应依法认定无效"的裁判观点。

二审法院判决驳回上诉,维持原判。

(三)GDZB投资有限公司与ZS银行股份有限公司合同纠纷[1]

1.基本案情

GDZB投资有限公司(以下简称GDZB公司)上诉请求撤销一审判决,依法驳回ZS银行股份有限公司(以下简称ZS银行)的全部诉讼请求或者将本案发回重审。关于差额补足函的法律性质和效力,GDZB公司认为差额补足函的权利人并非ZS银行,而是JX合伙企业,主张差额补足函是合伙协议和回购协议

---

〔1〕 参见上海市高级人民法院民事判决书,(2020)沪民终567号。

的从合同,内容符合担保特征,且差额补足函的出具未经过董事会决议和股东(大)会等公司机关决议通过,存在严重瑕疵;其母公司 GD 证券不知晓亦不同意 GDZB 公司对外担保,故差额补足函不产生法律效力。

2. 诉讼判决

法院判决的主要观点如下。

一审、二审法院均认为 GDZB 公司在差额补足函中向 ZS 银行承诺的差额补足义务与 BF 集团公司在回购协议中承诺的回购债务并不具有同一性,ZS 银行不是合伙协议及回购协议中的直接债权人,系争差额补足函中并无明确的连带责任保证担保表意,也没有担保对象,应认定为独立合同。而对于 GDZB 公司唯一股东母公司 GD 证券明确"已知悉并认可 GDZB 公司对 ZS 银行的补足安排"的情况,一审法院认为,即使子公司 GDZB 公司出具差额补足函时在程序上未经其董事会或者股东会决议,亦不影响其有效性,而二审法院并未提及程序瑕疵问题,只针对 GD 证券是否知晓和同意该函进行了事实认定,同时因差额补足函并非担保,故认定并不存在越权担保事宜。二审法院依据《九民纪要》第 91 条的规定,认为对于差额补足等增信措施是何种性质,不能一概而论。符合保证规定的,理应按照保证担保处理;属于其他法律性质,则应当按照差额补足的实际性质认定法律关系确定法律责任。

二审法院判决驳回上诉,维持原判。

二、私募基金管理人违反信义义务类案件

(一)SHDX 投资控股发展有限公司与 GDJH 投资管理有限公司等合同纠纷[1]

1. 基本案情

原告 SHDX 投资控股发展有限公司(以下简称 SHDX 公司)主张两被告承担违约责任的合同依据是 GDJH 投资管理有限公司(以下简称 GDJH 公司)向

[1] 参见上海金融法院民事判决书,(2021)沪 74 民初 283 号。

原告出具的《GDJH关于××跨境并购基金的函》,且认为被告未履行该函中明确的"尽职履责、积极协调、安排收购"的义务,错失了标的股权转让机会,致使原告等投资人的巨额投资无法退出,造成损失。

2. 诉讼判决

法院判决的主要观点如下。

此案争议集中于GDJH公司所出具的《GDJH关于××跨境并购基金的函》,该函约定"积极协调、安排"的内容不明确,指向不清晰,不具有法律约束力,投资者认为基金管理人履职不当的,无法通过该函主张权利。法院认为,证据不足难以证明GDJH公司违反"协调、安排"的义务以及此种义务违反与投资损失之间具有因果关系。

法院驳回原告全部诉讼请求。

(二)沈某某与HXKZ投资有限公司等其他合同纠纷[1]

1. 基本案情

投资人沈某某与HXKZ投资有限公司(以下简称HXKZ公司)签署《SCYH基金合同》,约定HX证券为SCYH基金的托管人及该基金运营的外包服务机构。投资人认为HXKZ公司、HX证券在SCYH基金3年存续期内从未依照基金合同的约定履行信息披露义务,导致其对该基金的运营状况完全不了解,HXKZ公司迟迟不启动退出清算,已严重违反其作为基金管理人应履行的风险管控及谨慎勤勉管理之基本职责,给投资人造成了不可挽回的巨大损失,而HX证券作为基金的外包服务机构,对投资人的损失亦负有不可推卸的责任。HXKZ公司代表SCYH基金投资2500万元、代表SCEH基金投资1000万元,投资存在资金混同,属于违反合同约定的行为。投资人主张HXKZ公司赔偿其投资损失及利息损失,HX证券承担连带清偿责任。

2. 诉讼判决

法院判决的主要观点如下。

法院认为,首先,HXKZ公司将管理的两只基金投资于同一个项目,并不违

---

〔1〕 参见上海市徐汇区人民法院民事判决书,(2021)沪0104民初30321号。

反法律规定，亦不违反合同约定，投资人所述该违约行为不成立。其次，股权投资的退出方式并不是法律规定的股权投资类合同的强制性条款，且后续管理人已同所投资标的公司实控人和控股股东签订了补充协议就回购事项达成了相关约定，并按约定及时发送了回购函及律师函，并通过诉讼方式要求其承担回购义务。故 HXKZ 公司作为基金管理人，在基金终止后已依约履行管理人职责，不构成违约。

关于 HXKZ 公司、HX 证券未按照合同约定进行信息披露是否须赔偿沈某某投资损失，法院审理后认为，HX 证券已按要求将相关年报、季度报告、半年报以及基金净值表等资料寄送，亦在其官方网站上披露了历年基金报告，更为重要的是，投资人在本案中提起的系违约赔偿诉讼，即使 HXKZ 公司未及时进行信息披露，该行为与投资损失也不存在任何关联。基金到期后，HXKZ 公司已及时履行了清算义务，法院据此认定投资人认为 HXKZ 公司未及时信息披露导致的相应投资损失实则是投资风险所致。

法院最终驳回了原告全部诉讼请求。

三、“对赌”纠纷（股权回购纠纷）类案件

（一）GFXD 投资管理有限公司、ZHKY 投资企业等与徐某、苏某某、YG 公司等新增资本认购纠纷、买卖合同纠纷[1]

1. 基本案情

因所投资标的公司即 YG 公司 3 年收入和利润均未达承诺，未能在 2018 年 12 月 31 日前实现首次公开发行股票并上市，而触发补充条款及股份回购条款，故原告投资方要求连带责任方 YG 公司按照补充协议三的约定对相关补偿款项或股权回购款和违约金承担连带清偿责任。双方争议主要为协议约定的连带清偿责任是否有效。

[1] 参见广东省广州市黄埔区人民法院民事判决书，(2019)粤 0112 民初 9400 号。

2. 诉讼判决

法院判决的主要观点如下。

法院审理认为,YG公司的全体股东对协议中约定的YG公司承担连带责任的条款是知情且同意的,即YG公司承担连带责任的意思表示可以视为全体股东的决定,故补充协议三中约定的关于YG公司承担连带清偿责任的条款合法有效,原告投资方要求其承担连带清偿责任有事实及法律依据,法院予以支持。

法院判决被告向原告支付股权回购款,连带责任方YG公司对被告的付款义务承担连带清偿责任。

(二)HTKY投资有限公司与JSZL集团有限公司、LTJM有限公司、陆某等公司增资纠纷[1]

1. 基本案情

原告HTKY投资有限公司(以下简称HTKY公司)与三被告JSZL集团有限公司(以下简称JSZL集团)、LTJM有限公司(以下简称LTJM公司)和陆某共同签署投资协议认购标的公司,即LTJM公司新增注册资本,各方签署的补充协议约定了"对赌"条款:若触发,则HTKY公司有权要求JSZL集团、陆某或标的公司LTJM公司受让HTKY公司所持LTJM公司全部或部分股权。另根据补充协议约定,JSZL集团、陆某和标的公司LTJM公司对补充协议约定的相关责任和义务承担连带责任。原告HTKY公司诉请法院判令JSZL集团、陆某及标的公司LTJM公司按约完成股权回购及承担相应的连带责任。原被告双方主要有三个争议焦点:一是涉案股权的回购主体应如何确定;二是原告关于股权回购款与逾期利息的主张是否合法合理;三是被告陆某与标的公司应承担何种责任。

2. 诉讼判决

法院判决的主要观点如下。

关于涉案股权回购主体的认定,因补充协议中仅约定了三被告JSZL集

---

〔1〕 参见上海市中级人民法院民事判决书,(2020)沪02民初31号。

团、陆某及标的公司 LTJM 公司对相关的责任和义务承担连带责任，并未明确约定各自回购的股权比例如何分配，而审理中三被告对原告要求由 JSZL 集团作为回购主体进行股权回购表示认可，此举并未影响原告 HTKY 公司的权利，原告再要求被告陆某对 JSZL 集团回购股权义务承担连带责任的主张缺乏依据，法院不予支持。但因补充协议明确约定了被告陆某、标的公司 LTJM 公司应对 JSZL 集团支付股权回购款及逾期利息的义务承担连带责任，法院认定协议对该款义务的连带责任约定为有效。原告 HTKY 公司主张的回购款逾期利息计算基数约为最初投入资金的 1.5 倍，法院酌情将逾期利率的标准调整为同期中国人民银行公布的贷款基准利率的 2 倍或全国银行间同业拆借中心公布的贷款市场报价利率的 2 倍。法院认为，标的公司为其控股股东提供担保的，需要符合《公司法》规定的法定程序，必须经其最高权力机构决议，本案中原告 HTKY 公司未能提供有效证据证明标的公司已履行法定程序，该担保于法无据。

法院判决被告 JSZL 集团向原告 HTKY 公司支付股权回购款，被告陆某对 JSZL 集团的股权回购款付款义务承担连带清偿责任，驳回原告其他诉讼请求（包括要求标的公司 LTJM 公司承担连带责任）。

（三）GY 股权投资有限公司与 TPYDL 集团有限公司、TPYDL 股份公司、黄某等股权转让纠纷[1]

1. 基本案情

原告 GY 股权投资有限公司（以下简称 GY 公司）与被告标的公司控股股东 TPYDL 集团有限公司（以下简称 TPYDL 集团）和实控人黄某约定了上市“对赌”条款，后标的公司未能按约上市，触发补充协议关于股份回购的约定，两被告未能履行回购义务构成违约。双方争议焦点在于：一是股份转让协议及补充协议关于“对赌”的约定是否合法有效；二是原告要求被告支付现金补偿、回购股权及承担违约责任的条件是否已经成就，要求被告赔偿直接经济损失是否

〔1〕 参见安徽省无为市人民法院民事判决书，(2021) 皖 0225 民初 7786 号。

有依据,请求现金补偿及支付违约金是否已过诉讼时效,回购股权是否属形成权;三是承担责任的主体是谁、赔偿或补偿的具体数额如何确定和计算方式、标准是否合理。

2. 诉讼判决

法院判决的主要观点如下。

标的公司因净利润未达标、未在2018年12月31日之前上市,法院认定股权回购条件成就。标的公司虽通报了主动暂时性撤回上市申请材料的情况,但并未明确表示放弃上市申报,法院认为诉讼时效不应从通报撤材料之日(2018年5月16日)起算,至少应从2018年12月31日之后起算,但因履约时间约定不明,视为没有约定履行时间,不能确定履行期限的,诉讼时效期间从债权人要求债务人履行义务的宽限期届满之日起算,现金补偿及回购权并未超过诉讼时效。回购请求权不符合形成权特征,不适用除斥期间。原告起诉要求标的公司承担现金补偿、回购责任,因合同未明确约定现金补偿的履行时间,法院视为未约定,不予支持。同时,法院认为,现金补偿款和回购款分别计算时,因现金补偿金额已计算出并已列入被告应履行的义务范围,在计算回购款时应当将现金补偿款金额进行扣除,否则构成重复计算。另外,双方约定违约金过高,法院按照公平原则进行了调减。

法院判令被告TPYDL集团向原告支付现金补偿款及违约金外加回购款及违约金(重复金额扣除,违约金调减),被告黄某对上述给付义务承担连带责任,驳回原告其他诉讼请求(要求标的公司承担现金补偿、回购责任)。

(四)HTZY顾问股份有限公司与SJCX创业投资企业(有限合伙)等公司增资纠纷[1]

1. 基本案情

原告HTZY顾问股份有限公司(以下简称HTZY公司)认为,双方签署投资协议后,在协议第4条约定之先决条件已全部满足且公司已遵照协议约定提

[1] 参见北京市海淀区人民法院民事判决书,(2019)京0108民初47000号。

交了全部档案的情况下，SJCX 创业投资企业（以下简称 SJCX 合伙）并未遵照协议约定支付投资款，其违约行为给 HTZY 公司造成巨大经济损失，SJCX 合伙应当对此承担赔偿责任，同时要求 SJCX 合伙的执行事务合伙人 SJ 投资公司及 SJCX 合伙的认缴出资人、实际控制人 ZY 投资公司，依法对此承担连带赔偿责任。

2. 诉讼判决

法院判决的主要观点如下。

法院审理认为，双方已签署的投资协议合法有效，协议明确约定 SJCX 合伙向 HTZY 公司的投资需要满足 7 个先决条件，7 个先决条件全部满足后投资方可进行。其中涉及本案争议事实的主要为如下两个条件：本次投资已通过了各方的内部批准及标的公司 HTZY 公司未出现重大不利变化。HTZY 公司终止挂牌的事实明显属于公司出现的重大不利变化，同时对于该增资，SJCX 合伙内部程序并未批准投资，故该两个先决条件均未达成，其有权拒绝支付相应款项。HTZY 公司在本案中因未支付款项所产生的相应损失缺乏前提基础，法院对其诉讼请求不予支持。

法院驳回原告全部诉讼请求。

（五）股权回购系列案件——GFXD 投资管理有限公司与 FL 科技发展有限公司中外合作勘探开发自然资源合同纠纷；ZHKY 投资企业（有限合伙）、GFXD 投资管理有限公司等股权转让纠纷；ZT 资本股权投资管理有限公司与庞某某与公司有关的纠纷；YTZH 投资发展有限公司与 DZRT 投资管理有限公司等股权转让纠纷[1]

上述股权转让纠纷案件均属于因“对赌”回购所引发的纠纷，审理法院对于此类案件审理的基本原则为：如回购款及违约金约定明确，并有证据支持，法院均支持；如条件未成立或不满足支付条件，法院不予支持。

[1] 参见广东省高级人民法院民事判决书，（2019）粤民终 1694 号；福建省漳州市芗城区人民法院民事判决书，（2021）闽 0602 民初 2536 号；山东省济南高新技术产业开发区人民法院民事判决书，（2021）鲁 0191 民初 95 号；上海市虹口区人民法院民事判决书，（2021）沪 0109 民初 13802 号。

四、劳动纠纷案件

(一)GDCY 投资有限责任公司与刘某劳动合同纠纷[1]

1. 基本案情

原告认为被告刘某依据的由原告公司发布的《公司薪酬及绩效管理办法》这一制度不具有合法性,因为该制度没有根据公司章程的规定由董事会进行决议,也没有经过《劳动合同法》第 4 条规定的民主流程,请求法院判令无须向被告支付对应的绩效奖励。

2. 诉讼判决

法院判决的主要观点如下。

审理法院认为,《公司薪酬及绩效管理办法》系由时任总经理制作颁布,虽不符合公司章程的规定亦未经过民主程序制定,但上述管理办法已经对劳动者发布且内容有利于劳动者,因此不能因流程瑕疵而认定该管理办法为无效,即使原告 GDCY 投资有限责任公司自行撤销该管理办法,撤销前对劳动者亦具有法律效力,故原告 GDCY 投资有限责任公司仍应按上述管理办法的规定向被告刘某支付绩效提成。

法院判决被告应向原告支付绩效提成。

(二)YHCX 资本管理有限公司与张某某、黄某劳动纠纷[2]

1. 基本案情

该案中,YHCX 资本管理有限公司的投资项目发生重大损失,两名项目责任人因违反公司制度被公司问责(包括降级、扣奖金,要求返还已领取的奖金),劳动仲裁委和一审、二审法院均认定,公司对当事人的处理意见和处罚具有事实和制度依据,均驳回了当事人提出撤回处理决定的请求。上述案件中,上诉

[1] 参见江苏省苏州市吴江区人民法院民事判决书,(2020)苏 0509 民初 00867 号。

[2] 参见北京市第二中级人民法院民事判决书,(2022)京 02 民终 9169 号;北京市第二中级人民法院民事判决书,(2022)京 02 民终 2451 号。

人 YHCX 资本管理有限公司认为一审判决认定其向两责任人主张经济损失赔偿的请求已超过法定的申请仲裁时效期间是错误的。

2. 诉讼判决

法院审理后认为，该劳动争议自二审法院作出终审判决之日起，公司即应当知道或者应当知道其权利被侵害，当事人提请再审并不影响已生效判决、裁定的执行，不发生诉讼时效中断、中止的法律后果，处理决定持续有效，但公司并未就该处罚决定中经济损失赔偿部分及时向当事人主张权利，导致超过申请仲裁时效，法院对已超过劳动争议申请仲裁 1 年时效期间的请求不予支持。

二审法院驳回上诉，维持原判。

五、争议解决方式及管辖权争议类案件

(一) WXDL 科技有限公司与 GFXD 投资管理有限公司新增资本认购纠纷、买卖合同纠纷；HTKY 投资有限公司与李某某等公司增资纠纷[1]

1. 基本案情

上述案例均涉及增资纠纷中的管辖权异议裁定。

2. 诉讼裁定

第一起案件中，对于被告标的公司提出的管辖权异议，一审、二审法院均认定本案为新增资本认购纠纷，根据《最高人民法院民事案件案由规定》第 246 条的规定，属于与公司有关的纠纷，但不属于《民事诉讼法》第 33 条规定的专属管辖案件范围。二审法院进一步明确，《民事诉讼法》第 26 条关于公司诉讼的规定应当理解为特殊地域管辖的规定而不属于专属管辖，法律所规定的特殊地域管辖条款并不排除当事人的协议管辖约定，因此，当事人对于争议解决方式有约定的应从其约定，无约定或者约定不具有可操作性的则依照法律规定确定案件的管辖法院。法院因此认定原审法院具有管辖权，驳回上诉。

---

[1] 参见广东省高级人民法院民事裁定书，(2018) 粤民辖终 409 号；上海市黄浦区人民法院民事裁定书，(2021) 沪 0101 民初 15769 号。

同样，在第二起案件中，法院也确认了民事诉讼法相关司法解释规定的公司诉讼管辖，其性质属于特殊地域管辖，驳回被告对本案管辖权提出的异议。

（二）尚某、彭某某等合同纠纷[1]

1. 基本案情

本案争议焦点在于双方将争议处理方式约定为向“原被告双方所在地人民法院”起诉，原告向其所在地人民法院提起诉讼是否有效。

2. 诉讼裁定

法院审理后认为，将该约定理解为由双方各自所在地人民法院管辖并无不当，双方关于将案涉合同争议提交原告所在地人民法院诉讼解决的约定清楚明确，根据其约定完全能够确定管辖法院，且相关约定未违反法律对级别管辖和专属管辖的规定，依法应属有效。

二审法院驳回上诉，维持原裁定。

（三）HXYF投资有限责任公司、HXJZ投资有限责任公司与SCXF产业集团有限公司等公司增资纠纷[2]

1. 基本案情

被告SCXF产业集团有限公司对本案管辖权提出异议，认为HXYF投资有限责任公司（以下简称HXYF公司）和HXJZ投资有限责任公司（以下简称HXJZ公司）是两个独立的企业法人，两公司应分别主张自己的权利，不应合并起诉。

2. 诉讼裁定

审理法院四川省高级人民法院认为，本案原告HXYF公司和HXJZ公司在本合同中属于同一方当事人，二者诉请被告返还投资款并承担违约责任，在本案中具有共同的权利义务，且诉讼标的相同，作为原告起诉符合《民事诉讼法》第52条第1款关于“共同诉讼”的规定。另外，就本案情况而言，原告有权决定是否共同提起诉讼；根据规定本院可管辖诉讼标的额在1亿元以上的第一审民

---

〔1〕 参见广东省广州市中级人民法院民事裁定书，（2022）粤01民辖终338号。

〔2〕 参见四川省高级人民法院民事裁定书，（2015）川民管字第4号。

商事案件，以及诉讼标的额在5000万元以上且当事人一方住所地不在本辖区的第一审民商事案件。即使HXJZ公司分开起诉后的标的不到1亿元，但因所涉及的案件事实与HXYF公司提起诉讼的相关事实一致，从节约司法成本、统一裁判尺度、减少当事人讼累以及诉前两原告共同申请对被告财产进行保全等具体情况考虑，本院也可根据《民事诉讼法》第38条关于“上级人民法院有权审理下级人民法院管辖的第一审民事案件”的规定，对两案进行合并审理。

法院驳回被告SCXF产业集团有限公司对本案管辖权提出的异议。

（四）庞某与CCCF投资管理有限公司股权转让纠纷[1]

1. 基本案情

庞某上诉称，本案应当按照增资协议的约定执行，由上海仲裁委员会进行仲裁，故原审法院对本案无管辖权，请求法院撤销原审裁定，将本案移送上海仲裁委员会仲裁。

2. 诉讼裁定

审理法院认为，涉案增资协议虽约定将争议提交仲裁处理，但后来新增的股份回购协议已将争议解决条款变更为由标的公司所在地法院管辖，该约定不违反法律，应属有效。

法院驳回上诉，维持原裁定。

（五）HR银行股份有限公司与GDZB投资有限公司证券虚假陈述责任纠纷[2]

1. 基本案情

HR银行股份有限公司先向上海国际经济贸易仲裁委员会申请仲裁，请求裁决GDJH公司向其支付基金份额受让款中的投资本金及投资收益、罚息等，同时又诉请法院要求GDZB投资有限公司支付偿付款中的投资本金及投资收益。GDZB投资有限公司因此提出中止审理本案的申请。

---

〔1〕 参见上海市第一中级人民法院民事裁定书，(2018)沪01民辖终661号。

〔2〕 参见上海金融法院民事裁定书，(2018)沪74民初730号之三。

2. 诉讼裁定

法院认为,虽原告分别向 GDJH 公司及被告 GDZB 投资有限公司提起仲裁和本案诉讼,但原告在仲裁案件中的请求与在本案中的诉讼请求所指向的是同一笔投资本金,且仲裁案件的裁决结果对本案审理具有影响,故本案应中止审理。

第三章　私募基金子公司业务民事诉讼案例的合规应用

一、民事审判存在的问题

(一)立案案由分散不统一和裁判依据标准不统一

本篇分析的125起案件呈现出案件案由较为分散的特点。最高人民法院颁行的《民事案件案由规定》并未将私募基金纠纷单列为某一级案由,也未明确指出私募基金对应哪一级具体案由,"证券投资基金交易纠纷"这一案由并不能涵盖私募股权投资基金、资产配置类私募基金以及其他因私募基金合同产生的纠纷。法院多以"合同纠纷""与公司有关的纠纷"之类的案由审理私募基金纠纷。案由的混乱,主要影响案件法律关系的定性,带来了法律适用和实体处理中请求权基础的差异,也是间接导致裁判标准不统一的原因之一。[1]

(二)私募基金部分常见纠纷仍未明确纳入金融法院的管辖范围

随着上海金融法院、北京金融法院、成渝金融法院的相继挂牌,金融法院对新型案件的裁判和法律适用将对市场起到警示和示范效应。金融法院均将包括私募基金在内的金融纠纷纳入其管辖范围,但因最高人民法院对于金融法院案件管辖规定中并未就"私募基金业务"做进一步的解释或限制,导致实操过程中,私募投资基金在退出阶段因股权回购引发的争议应属于一般法院管辖范围,还是属于金融法院管辖范围仍存在较大争议。实践中,基于基金合同所产生的各类纠纷,及与投资人之间的就募资、适当性义务、份额回购及兑付等明显

[1] 参见秦拓、刘一瑶:《当前涉私募基金民商事案件审判实务中存在的问题及建议——以深圳两级法院100份涉私募基金民事裁判文书分析为中心》,载《资本市场前沿》2022年第4期。

属于私募基金“资金端”层面的纠纷，被纳入金融法院管辖范畴争议并不大，但因私募基金“资产端”股权投资退出所引发的纠纷，多数情况下，法院普遍会按照一般的股权转让纠纷确认管辖。

（三）行政监管政策口径与法院裁判观点不统一

行政监管的直接依据是部门规章及大量的规范性文件，而法院民事审判适用的是法律、行政法规和司法解释，二者的规范依据存在较大差异。同时，二者的工作目标和重点不同。行政监管多从行业监督管理角度出发，致力打击扰乱金融监管秩序和市场的行为，维护正常市场秩序；而法院民事审判往往着眼于法律主体合法权益的保护。因此，监管口径与裁判会出现观点不统一的情况。2023 年《私募投资基金监督管理条例》的颁布为民事审判提供了可以直接引用的行政法规，这将为弥合监管政策口径与司法裁判观点之间的差异奠定良好基础。

（四）《民法典》带来合同纠纷审判规则的变化

《民法典》重构了合同无效的认定规则，取消了合同法弹性最大的“以合法形式掩盖非法目的”的合同无效情形。《九民纪要》没有一概否定“对赌”协议的效力，而是对《公司法》的资本维持原则和《民法典》的契约原则进行了融合性的探索。在《民法典》对有效的民事法律行为清晰的原则界定下，投资人与标的公司的“对赌”协议既要受《公司法》的约束规制，同时又要受《民法典》的规范调整。现金补偿、股权回购等金钱债务的履行因违反资本维持原则受阻，资本维持原则的审查不能由标的公司自行抗辩决定，而应由法院依法判定。

二、私募基金子公司业务类风险点及实务操作

1. 投资及“对赌”协议签署应明确行权条款细节，保证行权的可操作性和合理性，“对赌”条款触发后的权利履行时限（现金补偿款和回购款支付）应当尽量约定明确，可约定如触发后“可随时提起现金补偿及回购要求”以保证灵活性，并应在“对赌”条款触发后及时行使权利，避免发生超过诉讼时效问题。

2. 约定“对赌”条款时，特别注意如将标的公司也纳入回购主体，则需要遵

循《九民纪要》第5条的法定程序，否则将陷入条款虽有效但履行不能的困境。

3. 对于"对赌"协议中对现金补偿和股权回购义务追加连带保证条款的，应确保连带保证的担保范围、行权条件、承担责任先后顺序、违约金等约定明确并具有可操作性，且连带保证方的担保经有效程序确认，还应注意连带责任行权的及时性。

4. 投后管理过程中应当及时跟踪标的公司经营情况及上市计划落实情况和进度，如发现确实无法按计划上市，应当及时沟通并取得标的公司回复，保证投资方尽早取得上市"对赌"回购的主动权。

5. "募投管退"中严格履行管理人职责，最大化留存履职底稿，妥善留存证据，同时重视诉讼时效问题。

6. 关注合同生效和行权所依据的各项要件是否已经满足，内部流程等前置要件是否完成，涉外股权转让投资协议应关注是否需经行政主管部门批准（或备案）。

三、劳动争议类风险点与实务操作

1. 因劳动争议申请仲裁的时效期为1年，公司对员工进行问责并实施处罚尤其经济罚后，应当及时对未按期履行处罚决定的人员提起劳动仲裁，避免权利因超时效而丧失。

2. 在公司制度制定过程中应充分考虑各项处罚，包括经济罚的制度规定要清晰，处理决定下发要及时。

3. 公司各项劳动制度应当经民主程序通过，避免程序瑕疵。

四、其他案件相关风险点及实务操作

协议中的争议解决条款，无论约定是仲裁还是诉讼，均应约定得清楚明确，避免出现两可的适用情况。

五、私募基金业务法律风险点与实务操作

虽然本篇分析的民事诉讼案例无法全面覆盖和体现私募投资基金“募投管退”各环节的法律风险点，但参考近年来各级法院审理的其他涉私募基金案件，并结合证券公司私募基金子公司自身特点，将相关法律风险防范建议总结为以下几点。

（一）基金募集阶段充分履行投资者适当性义务

适当性义务的充分履行关乎“卖者尽责、买者自负”的实现，履行瑕疵不仅可直接导致基金管理人承担缔约过失责任，还可导致合同效力认定问题。应当进一步加大对适当性异常情况的管控力度，将风险承受能力等级变化较大的投资者、短期多次风险测评、购买高风险产品的投资者纳入适当性异常情况监控范围，通过在系统中对测评次数、测评间隔、变更的测评事项等设置阈值以有效识别异常情况。

（二）通过不断完善合同条款避免争议

合同纠纷是涉私募基金案件最为频发的案由，就基金管理人而言，在基金合同及投资协议中预判后续可能发生争议的风险点，然后进行条款设计，从而实现源头治理，可极大降低争议发生概率、减轻自身举证责任、尽快得到救济和保障相关利益。尤其对于可能直接影响各方利益的核心条款如责任承担、赔偿金额、亏损计算、清算安排、财产分配、回购条件和金额计算等，均应当尽量满足“依约可确定”的基本原则。

（三）严守忠实和勤勉的信义义务

信义义务贯穿私募基金“募投管退”整个周期，私募基金管理人应当以“优先保护投资者利益”为履职的基本原则，在基金合同和委托管理合同中明确勤勉义务的相关职责，同时通过强化内控机制严格把控各阶段法定职责和约定履职情况，专业、尽责地履行管理人义务，如实将可能影响投资者利益的事项及时

向投资者进行充分披露,同时应重视全流程工作底稿的归档留痕备查。私募基金子公司因较一般社会私募基金管理人受到更为严苛的监管约束,故应更加规范和专业地履行基金管理人职责。

(四)基金退出阶段应关注义务履行的及时性

基金退出期是投资者实现最终投资利益的关键阶段,尤其是在基金产品收益并不理想甚至投资项目存在退出问题时,基金管理人的履职不当极易触发投资者的不满情绪进而引发纠纷,为此,管理人对于完成退出可进行清算或达到清算条件的基金应当及时进行清算,公平对待投资者。在基金到期无法变现退出的情况下,可通过现状分配或者债权转让的方式将请求权让渡于投资者,并在债权分配时及时履行通知义务以减少纷争。

(五)根据实际需求选择适用合理的争议解决方式

争议解决方式的选择对私募基金业务相关纠纷的有效解决存在一定的影响,尤其对于高发的“资产端”纠纷类案件,基金管理人及基金产品应当结合案件具体情况及其实际诉求选择最有利于自身的争议解决方式。同时,应当保证争议解决方式的约定清晰明确,符合法律法规并具有可操作性,避免双方当事人就法院管辖权问题互相拉扯,影响案件的审理进度和纠纷的解决。

第十篇

另类投资子公司业务民事诉讼案例分析与合规应用

通过对2013年至2022年法院审理涉及另类投资子公司业务的民事诉讼案件进行系统梳理和甄别，共134起，经筛选挑选了六大类11起与另类投资子公司业务相关的案例，本篇从投资业务相关实质风险、争议解决程序适用两大方向进行深入分析并对重点案件进行解读。

第一章　另类投资子公司业务裁判数据梳理与分析

一、民事诉讼数量分析

由于2018年以前证券公司另类投资子公司处于成立初期,职责和业务范围不明确,2013年至2018年民事诉讼案例共有28起,纠纷范围主要集中在借贷纠纷、建筑工程施工纠纷、股权转让纠纷等,自2019年起案件数量趋于平缓,涉及的案由包括合伙企业纠纷、劳动争议、申请保全案件等(见图10－1)。

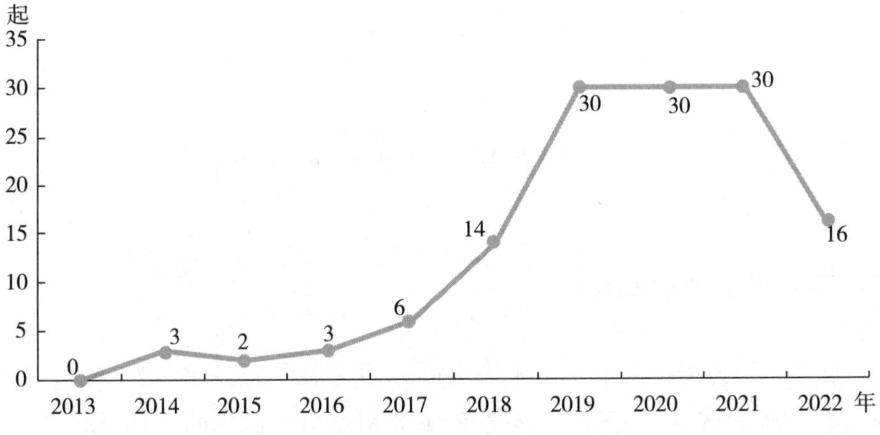

图10－1　2013年至2022年案件数量分布情况

二、民事案由分析

另类投资子公司所涉民事诉讼案例案由多样,但以合同纠纷中的借款合同纠纷为主。合同纠纷案件占比最高,共计 89 起,约占总数的 66%,合同纠纷中一半为借款合同纠纷;与公司有关的纠纷 20 起,占比将近 15%,其中股权转让纠纷和股东资格确认纠纷案件最多;执行程序中的异议之诉共有 11 起(见图 10-2)。

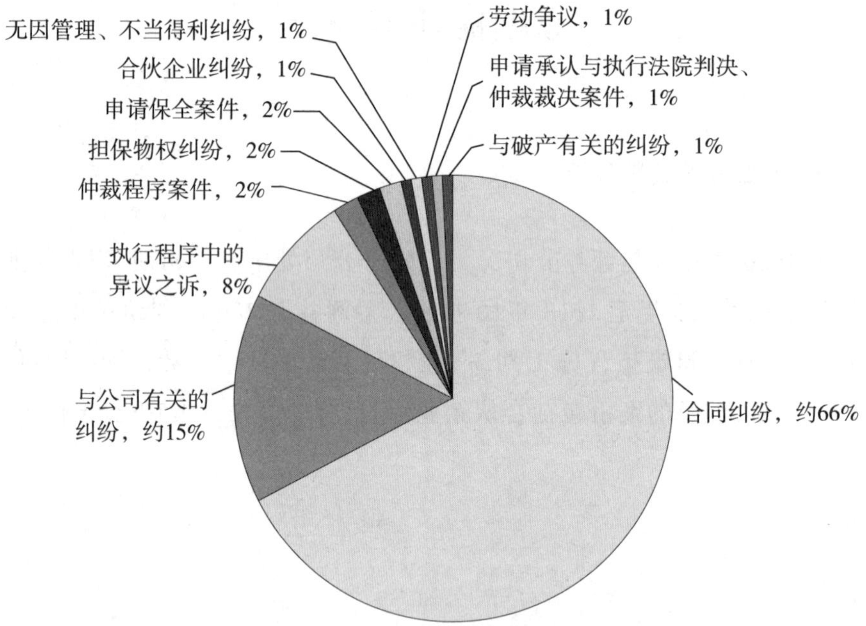

图 10-2 另类投资子公司民事诉讼案由分布

三、诉讼主体身份分析

证券公司另类投资子公司作为主诉方的情形明显多于作为被诉方的情形,其中合同纠纷占比最高:另类投资子公司作为主诉方的案件共计 73 起,其中合同纠纷(54 起)和与公司有关的纠纷(12 起),共计占 90.4% 以上;作为被诉方的案件共计 24 起,合同纠纷占一半(12 起),其次为与公司有关的纠纷(4 起);而作为第三方的案件共计 37 起,主要为合同纠纷(22 起)和执行程序中的异议之诉(11 起)(见图 10-3)。

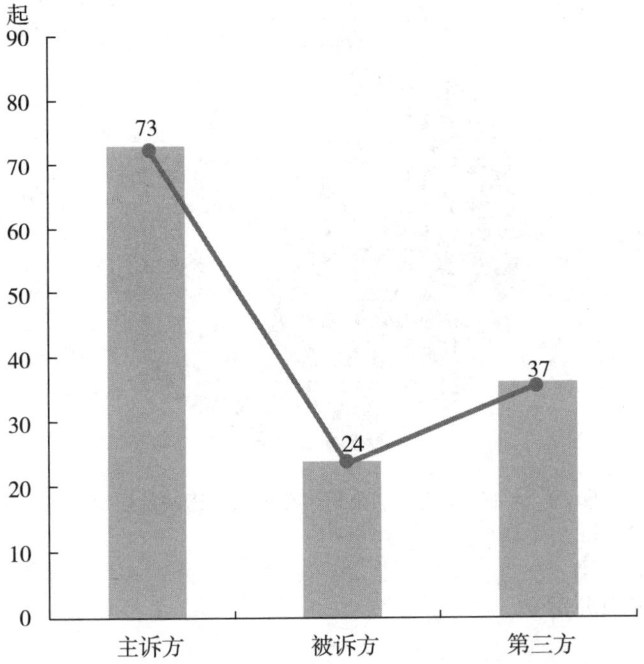

图 10－3　另类投资子公司民事诉讼案件角色分布情况

四、另类投资子公司涉案数量分析

从另类投资子公司涉案数量看，DF 证券数量最多（共计 29 起），均为主诉方，基本与其不良资产处置相关，不具有另类投资业务的普适性，其余涉案证券公司有 XB 证券、ZY 证券、MS 证券、SWHY 证券、HX 证券、CC 证券等，案例数量整体较少，而且比较分散。

五、审理法院层级分析

从审理的法院层级看，绝大多数案件在中级人民法院和基层人民法院进行审理。最高人民法院涉及 7 起，高级人民法院涉及 6 起，中级人民法院审理案件共计 38 起，基层人民法院审理案件共计 83 起（见图 10－4）。

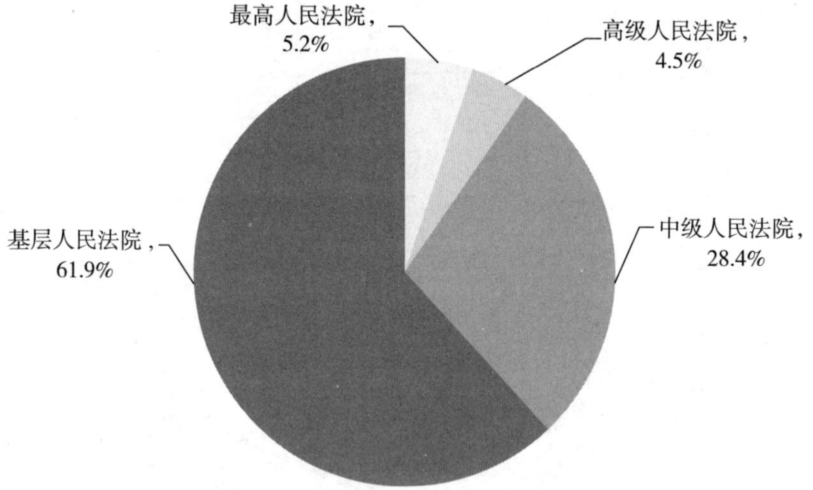

图10－4　另类投资子公司民事诉讼审理法院层级分布

六、案件地域分析

从案件地域分布看，案件多集中在北京、上海、广东、江苏，所涉案件数量分别为24起、18起、17起、17起（见图10－5），总计占比达到统计案件的一半以上。

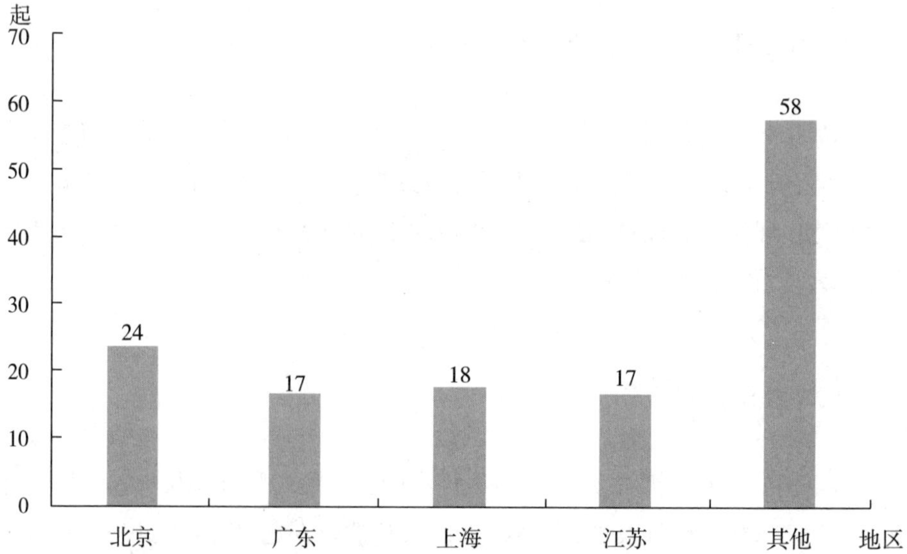

图10－5　另类投资子公司民事诉讼审理案件地域分布

第二章　另类投资子公司业务民事诉讼典型案例

一、投资业务实质风险——股权回购协议纠纷

公司以IPO申报、被收购并购退出、业绩承诺等相关内容作为“对赌”条件，与标的公司或股东签订约定固定利率回购协议，法院认定协议系各方当事人真实意思表示，不违反法律、行政法规的强制性规定，合法有效，予以支持。因违约产生的滞纳金以及守约方因主张权利支付的必要费用由违约方一并支付。相关案件一共6起。

（一）DH证券创新产品投资有限公司与深圳市梧桐山投资管理合伙企业、王某锋股权转让纠纷[1]

1. 基本案情

DH证券创新产品投资有限公司（以下简称DH证券）与深圳市梧桐山投资管理合伙企业（以下简称梧桐山企业）、中视丰德影视版权代理有限公司（以下简称中视公司）、王某锋签订的股权转让协议约定，由于被投标的公司中视公司未能在约定的期限内实现首次公开发行股票并上市或被上市公司整体收购，梧桐山企业应依约回购DH证券持有的标的公司全部股权并给予年化15%的利息，梧桐山企业普通合伙人王某锋对合伙企业回购义务承担不可撤销的连带责任保证。

2. 诉讼判决

法院认为：

（1）当事人一方明确表示或者以自己的行为表明不履行合同义务的，对方

---

〔1〕 参见江苏省常州市中级人民法院民事判决书，（2017）苏04民辖终165号。

可以在履行期限届满之前要求其承担违约责任。本案中,鉴于被告梧桐山企业、王某锋在一审中明确表示其无资金向原告支付,也即无法履行合同的全部付款义务,故原告 DH 证券要求被告实际履行全部付款义务于法有据,股权转让款的支付条件成就。

(2)当事人有权在法律规定的范围内处分自己的民事权利和诉讼权利。DH 证券在一审中变更其诉讼请求,应属对自己权利的处分,且不违反法律法规的规定,法院予以尊重。

(3)《合伙企业法》第 38 条规定,合伙企业对其债务,应先以其全部财产进行清偿;第 39 条规定,合伙企业不能清偿到期债务的,合伙人承担无限连带责任。本案中,由于 DH 证券的交易对象是合伙企业而非合伙人,合伙企业作为与债权人直接发生关系的主体,应先以其全部财产进行清偿。因合伙企业不具备法人资格,普通合伙人不享受有限责任的保护,当合伙企业的财产不足清偿债务时,普通合伙人应对合伙企业未能清偿的部分承担无限连带清偿责任。

法院判决梧桐山企业支付 DH 证券剩余股权转让款,并承担逾期滞纳金,DH 证券依约办理标的公司股权转让的工商变更登记手续,普通合伙人对梧桐山企业不能清偿的上述债务部分承担无限连带清偿责任;如果未按判决指定的期间履行给付金钱义务,应当加倍支付迟延履行期间的债务利息。

(二)张某悦、黄某军等股权转让纠纷[1]

1. 基本案情

GF 乾和投资有限公司、张某悦、黄某军、乐活天下基于股份购买协议签订的补充协议约定,被投标的公司乐活天下未按协议的约定提供审计报告的,视为触发业绩补偿条件和股权回售条件;作为异议股东,GF 乾和投资有限公司可在公告有效期内向公告指定联系人提出书面回购申请,被投标的公司控股股东、实际控制人张某悦、黄某军应当对异议股东所持公司股份进行回购。

2. 诉讼判决

法院认为:

---

〔1〕 参见广东省深圳市中级人民法院民事判决书,(2020)粤 03 民终 11460 号。

(1)关于补充协议触发回购的条件是否成就。补充协议其实质是估值调整协议,是投资方与融资方在达成股权性融资协议时,为解决交易双方对目标公司未来发展的不确定性、信息不对称以及代理成本而设计的包含了股权回购、金钱补偿等对未来目标公司的估值进行调整的协议。上述协议系 GF 乾和投资有限公司与目标公司的实际控制人进行的"对赌",系双方真实意思的表示,不存在法定无效的事由,应当依法认定为合法有效,双方当事人应当依照合同的约定履行自己的义务。

(2)关于 GF 乾和投资有限公司作为异议股东是否在公告规定的有效期内,将回购申请有效送达被投公司相关人员。根据庭审查明的事实,GF 乾和投资有限公司向张某悦、黄某军、乐活天下发出股权回购申请函件的时间处于乐活天下公告中的异议股东申请股权回购的期间。

二审法院驳回上诉,维持原判。张某悦、黄某军等应向 GF 乾和投资有限公司支付股权回购款本金及其利息。

(三)上海 DF 证券创新投资有限公司与童某平股权转让纠纷[1]

1. 基本案情

上海 DF 证券创新投资有限公司、童某平、澳某龙基于增资扩股协议签订的补充协议约定,若标的公司营业收入及经营性净利润低于协议约定金额,原告上海 DF 证券创新投资有限公司有权要求标的公司控股股东或实际控制人童某平回购其持有的标的公司股权。

2. 诉讼判决

法院认为:

(1)关于补充协议触发回购的条件是否成就。根据标的公司发布的 2017 年度报告,其营业收入及经营性净利润低于补充协议约定的触发回购义务的金额,原告要求被告回购其持有的标的公司全部股权符合双方间的约定,被告应在收到回购通知函之日起 20 个工作日回购原告持有的标的公司股份。

(2)关于股权回购金额的计算方式。在存在案外人受让股权的情况下,投

[1] 参见上海市黄浦区人民法院民事判决书,(2020)沪 0101 民初 16407 号。

资价款本金应扣除已实际转让金额,以此为基数计算股权回购金额。

(3)违约金的计算基数应与股权回购价款的基数一致。

法院判决被告支付原告股权回购款,并承担逾期违约金,原告依约办理标的公司股权转让的工商变更登记手续,履行法院认定的付款义务;如果被告未按本判决指定的期间履行给付金钱义务,应当加倍支付迟延履行期间的债务利息。

(四)ZZLH投资管理有限公司与刘某亮、王某宽合同纠纷[1]

1. 基本案情

根据ZZLH投资管理有限公司与刘某亮、王某宽等签订的投资协议、股权投资协议之补充协议以及股份回购协议约定,若被投标的公司在约定时间前未将IPO申请文件报送至中国证监会并取得受理函,原告ZZLH投资管理有限公司要求标的公司原股东(被告)给予年化10%的业绩现金补偿并按照约定价格回购原告持有的标的公司股权。

2. 诉讼判决

被告认为,原告投资款并非真实的股权投资,而是“名股实债”,应当认定为借款,由实际借款人(标的公司)承担还款义务。投资协议、投资协议之补充协议、股份回购协议中关于保底收益的条款属无效条款,业绩补偿款不应得到支持。

法院认为,原告与被投标的公司签订的股权投资协议,以及原告与被投标的公司及原股东签订的股权投资协议之补充协议、股份回购协议均系各方的真实意思表示,不违反法律、行政法规的强制性规定,合法有效,法院判决各方依照合同约定履行义务。被告应向原告支付剩余股权回购价款及违约金。

(五)GF乾和投资有限公司与傅某军、周某贵合同纠纷[2]

1. 基本案情

根据GF乾和投资有限公司、傅某军、周某贵、陈某、鼎泰数控签订的投资协

---

[1] 参见河南省郑州市高新区人民法院民事判决书,(2020)豫0191民初21023号。

[2] 参见广东省广州市中级人民法院民事判决书,(2020)粤01民终21689号。

议、股权投资协议之补充协议的约定，被投标的公司存在未能在约定时间内实现在上海或深圳证券交易所上市或在股票上市或被并购过程中中途退出等任一情形的，则原审原告GF乾和投资有限公司有权向原审被告傅某军、周某贵、陈某回售原审原告所持标的公司全部股份。

2. 诉讼判决

一审法院判决被告向原告支付股权回购款及相应违约金，原告不服，提起上诉，二审法院酌情调整为以GF乾和投资有限公司实际出资金额为基数，从逾期付款之日起按日5‱的利率标准计算违约金。

（六）SZZF创新投资（北京）有限公司与彭某等公司增资纠纷[1]

1. 基本案情

根据SZZF创新投资（北京）有限公司与王某巍、彭某、王某、云动力公司签订的增资协议之补充协议的约定，被投标的公司未能在约定时间内实现在上海或深圳证券交易所上市或以原告同意的估值被上市公司收购，则原告SZZF创新投资（北京）有限公司有权向被告全体或任何一方以现金形式回购原告所持标的公司股权。

2. 诉讼判决

法院认为：

（1）补充协议约定的按未支付金额日5‱的标准计算违约金，标准过高。被告逾期支付回购款给原告造成最直接的损失是资金占用损失，在原告不能举证证明除此之外还有其他损失的情况下，法院认为补充协议约定的5‱的违约金计算标准过高，应调整为全国银行间同业拆借中心公布的贷款市场报价利率的4倍。

（2）关于律师费。被告不同意向原告支付律师费，补充协议相关条款没有明确约定要求被告承担律师费，也不能预计律师费的金额。原告主张的律师费，属于被告逾期支付回购款给其造成的经济损失，应当予以赔偿，但金额应以原告实际支付金额10万元为准，超出部分的金额，法院不予支持。

---

[1] 参见北京市海淀区人民法院民事判决书，（2021）京0108民初31483号。

由于涉案增资协议、补充协议系各方当事人真实意思表示，内容不违反法律、行政法规的强制性规定，合法有效，各方均应按协议约定履行。法院判决被告向原告支付回购款及相应的资金占用费、违约金、律师费。

二、投资业务实质风险——追收未缴出资纠纷

投资公司作为被投资公司的股东，负有缴付出资的义务。被投资公司破产清算，股东的认缴出资期限因破产清算而加速到期，出资义务不会因破产清算而与破产债务抵销。

相关典型案例如湖南顺农惠投资管理有限公司与 SZHH 投资有限公司追收未缴出资纠纷、股东出资纠纷。[1]

1. 基本案情

根据《公司法》及被投资企业章程，股东负有缴付出资义务，应在章程规定的出资期限前完成出资。因被投资单位破产清算，股东认缴出资期限加速到期，被投资单位要求股东补足其认缴出资。

2. 诉讼判决

案件的争议点和法院认定意见如下：被告以"与原告互负到期债务"为由，主张抵销未缴纳注册资本金，法院未支持。法院认为，股东依法负有缴纳认缴出资的法定义务。同时根据《企业破产法》的规定，人民法院受理破产申请后，债务人的出资人尚未完全履行出资义务的，破产管理人应当要求该出资人缴纳所认缴的出资，而不受出资期限的限制。股东主张将其享有的破产债权与出资债务进行抵销，因破产债权与其应缴的注册资本的性质不同，所属的法律关系也不同，故行使抵销权的抗辩意见不成立。

法院判决股东应于判决生效之日起 15 日内向被投资单位交纳出资款。

---

〔1〕 参见湖南省长沙市中级人民法院民事判决书，(2020) 湘 01 民初 1257 号。

三、投资业务实质风险——解除投资合同纠纷

投资公司向股东支付了投资款，被投标的公司未按照合同约定办理相关审批手续和工商变更登记，投资公司主张对方退回投资款，并按照合同约定支付违约金及投资款资金占用费，法院予以支持。

相关典型案例如四川昊鑫融资担保有限公司、泸州鑫福矿业集团有限公司与公司有关的纠纷。[1]

1. 基本案情

根据 HXYF 有限责任公司、HXJZ 投资有限责任公司与昊鑫公司、四川鑫福、泸州鑫福签订的增资合同和补充合同的约定，股东 HXYF 有限责任公司、HXJZ 投资有限责任公司支付了相应增资款，但被投标的公司（昊鑫公司）一直不履行办理增资审批及工商变更登记手续的义务，故投资公司书面通知被投标的公司及保证担保方四川鑫福、泸州鑫福，要求解除合同、返还投资款并承担违约责任。

2. 诉讼判决

法院认为：

（1）本案中被投标的公司及保证担保方是否构成违约。法院认为，案涉增资合同和补充合同系各方当事人在平等自愿的基础上签订的，为各方当事人真实意思表示，合同内容不违反我国法律及行政法规的禁止性规定，合法有效。双方当事人应严格按照合同约定履行各自的义务。

双方合同明确约定，涉及合同履行过程中的相关事宜，均应以书面方式通知对方，被投标的公司现提供不出书面通知对方的依据，应视为履行合同不符合合同约定。

根据《担保法》（已废止）第 18 条第 1 款关于“当事人在保证合同中约定保证人与债务人对债务承担连带责任的，为连带责任保证”的规定，以及《最高人民法院关于适用〈中华人民共和国担保法〉若干问题的解释》（已废止）

---

〔1〕 参见最高人民法院民事判决书，（2017）最高法民终 585 号。

第10条关于"主合同解除后,担保人对债务人应当承担的民事责任仍应承担担保责任"的规定,保证担保方应当按其承诺对被投标的公司的债务承担连带清偿责任。依据《担保法》(已废止)第31条关于"保证人承担保证责任后,有权向债务人追偿"的规定,保证担保方承担保证责任后,可向被投标的公司追偿。

(2)投资方单方解除案涉增资合同及补充合同的行为应否得到支持。被上诉人(HXYF有限责任公司)主张解除案涉合同,要求被投标的公司退还投资款,支付违约金及资金占用费,按合同约定承担违约责任合法有据,应当予以支持。

二审法院判决驳回上诉,维持原判。上诉人于本判决生效后10日内各自向HXYF有限责任公司支付逾期付款违约金。

四、争议解决程序适用——财产保全执行案件

诉前财产保全是申请人为了保障生效判决得以顺利执行而请求法院在诉讼程序开始之前对被申请人财产进行查封冻结的强制性保全措施,法院查封冻结的财产价值应与申请保全的金额基本相当。

相关典型案例如HXYF投资有限责任公司、HXJZ投资有限责任公司与泸州鑫福矿业集团有限公司、四川鑫福产业集团有限公司等申请承认与执行法院判决、仲裁裁决。[1]

1. 基本案情

法院解除对被申请人四川鑫福、四川昊鑫持有鑫福高速公司的股权的冻结,申请人提出异议,认为现有冻结股权的价值不能依据单方委托审计结果,现有股权设定有高额质押,清偿质押债务后的剩余价值不足以清偿其对申请人负有的债务,在现有冻结股权的价值不能覆盖保全金额的情况下再行保全被申请人持有的鑫福高速公司的股权并无不妥,四川省高级人民法院在二审中裁定对鑫福高速公司股权解封缺乏法律依据。

[1] 参见最高人民法院执行裁定书,(2015)执复字第52号。

2. 诉讼判决

关于法院解除对被申请人持有鑫福高速公司的股权的冻结是否符合法律规定。针对这一争议,最高人民法院认为申请人已对被申请人鑫福矿业持有的泸州市商业银行12,000万股股权进行冻结,泸州商业银行2014年审计报告由三方会计师事务所出具,该标的公司作为股份制银行,其企业年度审计报告属于企业年检时必须提交的重要财务材料,具有较强的证明效力。

诉前财产保全的制度价值是为避免申请人的合法权益受到难以弥补的损害,其保全财产范围亦应当与申请人请求保全的财产价值基本相当。法院对被申请人财产的保全数额已经超出了申请保全方申请保全的数额和范围,属于人民法院认为应当解除保全的其他情形,据此解除对被申请人持有的其他公司股权的冻结并无不妥。

最高人民法院判决驳回申请人HXYF投资有限责任公司、HXJZ投资有限责任公司的复议请求。

五、争议解决程序适用——仲裁协议效力

相关典型案例如上海世联行股权投资管理有限公司与SYWG创新证券投资有限公司申请确认仲裁协议效力特别程序纠纷。[1]

1. 基本案情

申请人上海世联行股权投资管理有限公司请求确认合伙企业补充协议合同项下的仲裁协议条款无效。

2. 诉讼裁定

法院裁定驳回上海世联行股权投资管理有限公司的申请。理由如下:仲裁协议具有独立性;补充协议与合伙协议签订主体与协议内容不同,约定两个不同仲裁机构分别进行仲裁并不违反相应的法律规定;不论上述合伙协议与补充协议签订的时间顺序如何,均不影响对补充协议中仲裁条款效力的判定。

---

〔1〕参见上海市第二中级人民法院民事判决书,(2021)沪02民特161号。

六、争议解决程序适用——案件不属于民事诉讼范围

投资公司与其他投资者共同设立有限合伙，因无法通过自愿协商方式解散该企业，投资公司作为原告请求法院予以解散，同时请求以投资金额作为基数，按照全国银行间同业拆借中心公布的贷款市场报价利率为标准返还利息。

相关典型案例如 TZFF 投资有限公司与霍某 1、霍某 2 合伙协议纠纷、退伙纠纷。[1]

1. 基本案情

合伙企业的合伙人之间就合伙企业解散事宜未达成一致，合伙企业无法自行清算，TZFF 投资有限公司提出民事诉讼请求，要求解散合伙企业，由三被告霍某 1、霍某 2、合伙企业返还投资款，同时以投资金额作为基数，按照全国银行间同业拆借中心公布的贷款市场报价利率为标准返还利息。

2. 诉讼裁定

关于 TZFF 投资有限公司的起诉是否属于人民法院受理民事诉讼的范围。法院认为：合伙企业符合解散的法定情形，在双方不能自行清算的情况下，应当依据法律规定向人民法院提交强制清算申请书，由人民法院审查是否受理强制清算申请，作出裁定书。如裁定受理强制清算申请，则由人民法院依法指定清算人，按照破产清算的相关规定进行清算，根据清算结果清偿合伙企业债务后再由合伙人分割合伙企业财产。因此，原告应向人民法院提交强制清算申请而非提起民事诉讼。

法院裁定驳回原告 TZFF 投资有限公司的起诉。

[1] 参见江西省新余市中级人民法院民事裁定书，(2021)赣 05 民初 15 号。

第三章　另类投资子公司业务民事诉讼案例的合规应用

一、另类投资案件常见法律问题

（一）关于“对赌”与回购安排

1. 在涉及另类投资子公司“对赌”相关案例中，法院普遍认为当事人之间的约定不违反法律、行政法规的强制性规定，相关约定合法有效。在股权投资项目投资方案中，相关主体可以要求签署相应对赌条款，作为项目风险控制措施。

2. 根据《九民纪要》，投资人与投资标的公司签订“对赌”协议，在触发“对赌”条款情况下，标的公司履行“对赌”协议约定义务要以公司自身可履行为前提。[1]因此，为保障投资人利益，应最大限度增加“对赌”协议的可履行性，同时增加标的公司股东或其他关联方为“对赌”义务对手方，增加“对赌”义务履行主体。《最高人民法院关于为深化新三板改革、设立北京证券交易所提供司法保障的若干意见》第 9 条规定，在上市公司定向增发等再融资过程中，对于投资方利用优势地位与上市公司及其控股股东、实际控制人或者主要股东订定的

---

〔1〕《九民纪要》第 5 条规定：“投资方与目标公司订立的‘对赌协议’在不存在法定无效事由的情况下，目标公司仅以存在股权回购或者金钱补偿约定为由，主张‘对赌协议’无效的，人民法院不予支持，但投资方主张实际履行的，人民法院应当审查是否符合公司法关于‘股东不得抽逃出资’及股份回购的强制性规定，判决是否支持其诉讼请求。投资方请求目标公司回购股权的，人民法院应当依据《公司法》第 35 条关于‘股东不得抽逃出资’或者第 142 条关于股份回购的强制性规定进行审查。经审查，目标公司未完成减资程序的，人民法院应当驳回其诉讼请求。投资方请求目标公司承担金钱补偿义务的，人民法院应当依据《公司法》第 35 条关于‘股东不得抽逃出资’和第 166 条关于利润分配的强制性规定进行审查。经审查，目标公司没有利润或者虽有利润但不足以补偿投资方的，人民法院应当驳回或者部分支持其诉讼请求。今后目标公司有利润时，投资方还可以依据该事实另行提起诉讼。”

"定增保底"性质条款,因其赋予了投资方优越于其他同类股东的保证收益特殊权利,变相推高了中小企业融资成本,违反了证券法公平原则和相关监管规定,人民法院应依法认定该条款无效。另类投资子公司直接或通过产品参与上市公司再融资时,应避免以"对赌"名义作出类似安排,避免被人民法院按照穿透审判原则否定"对赌"约定效力。

3. 做好"对赌"项目的投后管理。做好投资项目的投后跟踪,如果出现触发回购条件、对方违约的事项,应及时向对方发送履约通知函,标注日期,并留存送达证据。

(二)关于投资协议条款

投资协议应当就容易引发争议的事项作出明确规定,如出资缴纳期限、"对赌"条款、清算条款、退出条款、通过诉讼或仲裁维护权利的费用由哪一方支付等。

二、民事诉讼案件对业务自查的启示

虽然直接以另类投资子公司为主体的民事诉讼案例有限,但是从证券公司主体、投资业务涉及的相关案例中也可以获取另类投资业务相关合规与风险管理的经验。

(一)股权回购协议注意事项

1. 以 IPO 申报相关内容作为"对赌"条件,与标的公司股东签订约定固定利率回购协议,法院一般会认定不违反法律、行政法规的强制性规定,协议合法有效,予以支持。

2. 在股权投资项目投资方案中,可以要求签署相应"对赌"条款,作为项目风险控制措施。

3. 扎实落实投资协议及其补充协议对应条款履约情况的投后管理。

4. 如果出现触发回购条件、对方违约的事项,应及时向对方发送履约通知函,标注日期,并留存送达证据。

（二）追收未缴出资注意事项

1. 在开展股权投资业务时，股东应当按照协议约定和章程的约定，在规定时间内缴付出资。

2. 若与被投资单位有债权债务关系，应尽快收回应收账款，防止被投资单位因经营不善出现坏账而产生损失。

3. 投后管理中关注被投标的公司是否出现经营不善情况，及早介入，厘清债权债务关系，评估是否会对投资业务产生重大不利影响，尽早开展风险处置措施。

（三）解除投资合同注意事项

1. 在开展股权投资业务时，股东应当按照协议约定，在规定时间内缴付出资。

2. 若被投标的公司为特殊类企业，需要监管部门审批办理工商变更手续，需在投前综合评估审批手续和流程，避免无法进行工商变更的情况。

（四）财产保全执行注意事项

进行诉前财产保全前，需谨慎评估保全资产价值，使其与申请保全的财产价值相当。

（五）合同审查注意事项

1. 审查合同时须注意审查争议解决条款，保证诉讼地点约定清楚，避免管辖纠纷。

2. 协议签署时须保证合同签订时间无误。

与其他合伙人共同设立有限合伙企业之时，合伙协议应充分约定合伙的解散事由及清算事由，避免因无法协商一致出现无法解散清算的情形。

三、另类投资子公司业务合规风险防范建议

1. 在日常的合规工作中，应当对合同及法律文件建立有效的事前审查机

制,优先保障拟签署合同合法并合规,再进一步关注权责约定情况和合同条款设计问题。尤其对于可能直接影响各方利益的核心条款,如责任承担、赔偿金额、亏损计算、清算安排、财产分配、回购条件和金额计算等的约定,均应当尽量满足"依约可确定"的基本原则。

2. 由于《证券公司另类投资子公司管理规范》于 2016 年 12 月 30 日发布,原部分另类投资业务(如金融借款纠纷、建筑工程施工纠纷、委托理财纠纷等)被划入禁止性业务,在项目事前合规审查中应注意业务是否合规。

3. 在进行股权项目投资时,投前除审慎开展尽职调查外,还应特别关注回购义务人的回购能力和增信保障措施;签署投资协议时尽可能扩大承担回购义务主体的范围;投后管理工作要及时和深入,及时跟进和关注标的公司各类重大事项和情况变动,提高警觉性,保持对类似风险事件的评估持缜密和谨慎的态度。

4. 在严格评估项目风险的同时,做好从项目立项、尽调直到项目退出的全流程管控,并扎实落实日常沟通、资料审阅、现场调研、舆情监控等投后管理工作,比对项目预期与运行实际,推进项目有序退出,做好风险的及早发现和有效控制。强化项目审查内控机制,严格把控各阶段情况,重视全流程工作底稿的归档。同时持续跟踪、分析民事诉讼案例对业务的影响与启示,做好及时宣导与落实。

由于另类投资子公司业务为自有资金投资,只有不断强化自身合规意识和风控管理,做好事前合规风控评判审查,才能尽可能确保投资款的安全以及退出的及时性。

附件1

证券公司民事诉讼案例相关法律法规汇编

第一部分　法　　律

一、中华人民共和国民法典

第三条　民事主体的人身权利、财产权利以及其他合法权益受法律保护，任何组织或者个人不得侵犯。

第六条　民事主体从事民事活动，应当遵循公平原则，合理确定各方的权利和义务。

第七条　民事主体从事民事活动，应当遵循诚信原则，秉持诚实，恪守承诺。

第七十四条　法人可以依法设立分支机构。法律、行政法规规定分支机构应当登记的，依照其规定。

分支机构以自己的名义从事民事活动，产生的民事责任由法人承担；也可以先以该分支机构管理的财产承担，不足以承担的，由法人承担。

第一百一十九条　依法成立的合同，对当事人具有法律约束力。

第一百四十六条　行为人与相对人以虚假的意思表示实施的民事法律行为无效。

以虚假的意思表示隐藏的民事法律行为的效力，依照有关法律规定处理。

第一百五十七条　民事法律行为无效、被撤销或者确定不发生效力后，行为人因该行为取得的财产，应当予以返还；不能返还或者没有必要返还的，应当折价补偿。有过错的一方应当赔偿对方由此所受到的损失；各方都有过错的，应当各自承担相应的责任。法律另有规定的，依照其规定。

第一百七十六条　民事主体依照法律规定或者按照当事人约定，履行民事义务，承担民事责任。

第一百八十八条　向人民法院请求保护民事权利的诉讼时效期间为三年。法律另有规定的，依照其规定。

诉讼时效期间自权利人知道或者应当知道权利受到损害以及义务人之日

起计算。法律另有规定的,依照其规定。但是,自权利受到损害之日起超过二十年的,人民法院不予保护,有特殊情况的,人民法院可以根据权利人的申请决定延长。

第三百二十一条 天然孳息,由所有权人取得;既有所有权人又有用益物权人的,由用益物权人取得。当事人另有约定的,按照其约定。

法定孳息,当事人有约定的,按照约定取得;没有约定或者约定不明确的,按照交易习惯取得。

第三百八十六条 担保物权人在债务人不履行到期债务或者发生当事人约定的实现担保物权的情形,依法享有就担保财产优先受偿的权利,但是法律另有规定的除外。

第三百八十九条 担保物权的担保范围包括主债权及其利息、违约金、损害赔偿金、保管担保财产和实现担保物权的费用。当事人另有约定的,按照其约定。

第三百九十二条 被担保的债权既有物的担保又有人的担保的,债务人不履行到期债务或者发生当事人约定的实现担保物权的情形,债权人应当按照约定实现债权;没有约定或者约定不明确,债务人自己提供物的担保的,债权人应当先就该物的担保实现债权;第三人提供物的担保的,债权人可以就物的担保实现债权,也可以请求保证人承担保证责任。提供担保的第三人承担担保责任后,有权向债务人追偿。

第四百四十条 债务人或者第三人有权处分的下列权利可以出质:

(一)汇票、本票、支票;

(二)债券、存款单;

(三)仓单、提单;

(四)可以转让的基金份额、股权;

(五)可以转让的注册商标专用权、专利权、著作权等知识产权中的财产权;

(六)现有的以及将有的应收账款;

(七)法律、行政法规规定可以出质的其他财产权利。

第四百六十四条 合同是民事主体之间设立、变更、终止民事法律关系的协议。

婚姻、收养、监护等有关身份关系的协议,适用有关该身份关系的法律规定;没有规定的,可以根据其性质参照适用本编规定。

第四百六十五条　依法成立的合同,受法律保护。

依法成立的合同,仅对当事人具有法律约束力,但是法律另有规定的除外。

第四百六十九条　当事人订立合同,可以采用书面形式、口头形式或者其他形式。

书面形式是合同书、信件、电报、电传、传真等可以有形地表现所载内容的形式。

以电子数据交换、电子邮件等方式能够有形地表现所载内容,并可以随时调取查用的数据电文,视为书面形式。

第五百零二条　依法成立的合同,自成立时生效,但是法律另有规定或者当事人另有约定的除外。

依照法律、行政法规的规定,合同应当办理批准等手续的,依照其规定。未办理批准等手续影响合同生效的,不影响合同中履行报批等义务条款以及相关条款的效力。应当办理申请批准等手续的当事人未履行义务的,对方可以请求其承担违反该义务的责任。

依照法律、行政法规的规定,合同的变更、转让、解除等情形应当办理批准等手续的,适用前款规定。

第五百零九条　当事人应当按照约定全面履行自己的义务。

当事人应当遵循诚信原则,根据合同的性质、目的和交易习惯履行通知、协助、保密等义务。

当事人在履行合同过程中,应当避免浪费资源、污染环境和破坏生态。

第五百六十一条　债务人在履行主债务外还应当支付利息和实现债权的有关费用,其给付不足以清偿全部债务的,除当事人另有约定外,应当按照下列顺序履行:

(一)实现债权的有关费用;

(二)利息;

(三)主债务。

第五百七十七条　当事人一方不履行合同义务或者履行合同义务不符合

约定的，应当承担继续履行、采取补救措施或者赔偿损失等违约责任。

第五百七十九条 当事人一方未支付价款、报酬、租金、利息，或者不履行其他金钱债务的，对方可以请求其支付。

第五百八十条 当事人一方不履行非金钱债务或者履行非金钱债务不符合约定的，对方可以请求履行，但是有下列情形之一的除外：

（一）法律上或者事实上不能履行；

（二）债务的标的不适于强制履行或者履行费用过高；

（三）债权人在合理期限内未请求履行。

有前款规定的除外情形之一，致使不能实现合同目的的，人民法院或者仲裁机构可以根据当事人的请求终止合同权利义务关系，但是不影响违约责任的承担。

第五百八十三条 当事人一方不履行合同义务或者履行合同义务不符合约定的，在履行义务或者采取补救措施后，对方还有其他损失的，应当赔偿损失。

第五百八十四条 当事人一方不履行合同义务或者履行合同义务不符合约定，造成对方损失的，损失赔偿额应当相当于因违约所造成的损失，包括合同履行后可以获得的利益；但是，不得超过违约一方订立合同时预见到或者应当预见到的因违约可能造成的损失。

第五百八十五条 当事人可以约定一方违约时应当根据违约情况向对方支付一定数额的违约金，也可以约定因违约产生的损失赔偿额的计算方法。

约定的违约金低于造成的损失的，人民法院或者仲裁机构可以根据当事人的请求予以增加；约定的违约金过分高于造成的损失的，人民法院或者仲裁机构可以根据当事人的请求予以适当减少。

当事人就迟延履行约定违约金的，违约方支付违约金后，还应当履行债务。

第六百八十八条 当事人在保证合同中约定保证人和债务人对债务承担连带责任的，为连带责任保证。

连带责任保证的债务人不履行到期债务或者发生当事人约定的情形时，债权人可以请求债务人履行债务，也可以请求保证人在其保证范围内承担保证责任。

第六百九十一条　保证的范围包括主债权及其利息、违约金、损害赔偿金和实现债权的费用。当事人另有约定的，按照其约定。

第七百条　保证人承担保证责任后，除当事人另有约定外，有权在其承担保证责任的范围内向债务人追偿，享有债权人对债务人的权利，但是不得损害债权人的利益。

第九百九十条　人格权是民事主体享有的生命权、身体权、健康权、姓名权、名称权、肖像权、名誉权、荣誉权、隐私权等权利。

除前款规定的人格权外，自然人享有基于人身自由、人格尊严产生的其他人格权益。

第九百九十五条　人格权受到侵害的，受害人有权依照本法和其他法律的规定请求行为人承担民事责任。受害人的停止侵害、排除妨碍、消除危险、消除影响、恢复名誉、赔礼道歉请求权，不适用诉讼时效的规定。

第一千零二十五条　行为人为公共利益实施新闻报道、舆论监督等行为，影响他人名誉的，不承担民事责任，但是有下列情形之一的除外：

（一）捏造、歪曲事实；

（二）对他人提供的严重失实内容未尽到合理核实义务；

（三）使用侮辱性言辞等贬损他人名誉。

第一千一百六十四条　本编调整因侵害民事权益产生的民事关系。

第一千一百六十五条　行为人因过错侵害他人民事权益造成损害的，应当承担侵权责任。

依照法律规定推定行为人有过错，其不能证明自己没有过错的，应当承担侵权责任。

第一千一百七十三条　被侵权人对同一损害的发生或者扩大有过错的，可以减轻侵权人的责任。

第一千一百七十四条　损害是因受害人故意造成的，行为人不承担责任。

第一千一百七十五条　损害是因第三人造成的，第三人应当承担侵权责任。

第一千一百八十四条　侵害他人财产的，财产损失按照损失发生时的市场价格或者其他合理方式计算。

二、中华人民共和国证券法(2019年修订)

第四条 证券发行、交易活动的当事人具有平等的法律地位，应当遵守自愿、有偿、诚实信用的原则。

第五条 证券的发行、交易活动，必须遵守法律、行政法规；禁止欺诈、内幕交易和操纵证券市场的行为。

第十条 发行人申请公开发行股票、可转换为股票的公司债券，依法采取承销方式的，或者公开发行法律、行政法规规定实行保荐制度的其他证券的，应当聘请证券公司担任保荐人。

保荐人应当遵守业务规则和行业规范，诚实守信，勤勉尽责，对发行人的申请文件和信息披露资料进行审慎核查，督导发行人规范运作。

保荐人的管理办法由国务院证券监督管理机构规定。

第十九条 发行人报送的证券发行申请文件，应当充分披露投资者作出价值判断和投资决策所必需的信息，内容应当真实、准确、完整。

为证券发行出具有关文件的证券服务机构和人员，必须严格履行法定职责，保证所出具文件的真实性、准确性和完整性。

第四十条 证券交易场所、证券公司和证券登记结算机构的从业人员，证券监督管理机构的工作人员以及法律、行政法规规定禁止参与股票交易的其他人员，在任期或者法定限期内，不得直接或者以化名、借他人名义持有、买卖股票或者其他具有股权性质的证券，也不得收受他人赠送的股票或者其他具有股权性质的证券。

任何人在成为前款所列人员时，其原已持有的股票或者其他具有股权性质的证券，必须依法转让。

实施股权激励计划或者员工持股计划的证券公司的从业人员，可以按照国务院证券监督管理机构的规定持有、卖出本公司股票或者其他具有股权性质的证券。

第五十四条 禁止证券交易场所、证券公司、证券登记结算机构、证券服务机构和其他金融机构的从业人员、有关监管部门或者行业协会的工作人员，利用因职务便利获取的内幕信息以外的其他未公开的信息，违反规定，从事与该信息相关的证券交易活动，或者明示、暗示他人从事相关交易活动。

利用未公开信息进行交易给投资者造成损失的，应当依法承担赔偿责任。

第五十五条　禁止任何人以下列手段操纵证券市场，影响或者意图影响证券交易价格或者证券交易量：

（一）单独或者通过合谋，集中资金优势、持股优势或者利用信息优势联合或者连续买卖；

（二）与他人串通，以事先约定的时间、价格和方式相互进行证券交易；

（三）在自己实际控制的账户之间进行证券交易；

（四）不以成交为目的，频繁或者大量申报并撤销申报；

（五）利用虚假或者不确定的重大信息，诱导投资者进行证券交易；

（六）对证券、发行人公开作出评价、预测或者投资建议，并进行反向证券交易；

（七）利用在其他相关市场的活动操纵证券市场；

（八）操纵证券市场的其他手段。

操纵证券市场行为给投资者造成损失的，应当依法承担赔偿责任。

第五十七条　禁止证券公司及其从业人员从事下列损害客户利益的行为：

（一）违背客户的委托为其买卖证券；

（二）不在规定时间内向客户提供交易的确认文件；

（三）未经客户的委托，擅自为客户买卖证券，或者假借客户的名义买卖证券；

（四）为牟取佣金收入，诱使客户进行不必要的证券买卖；

（五）其他违背客户真实意思表示，损害客户利益的行为。

违反前款规定给客户造成损失的，应当依法承担赔偿责任。

第七十九条　上市公司、公司债券上市交易的公司、股票在国务院批准的其他全国性证券交易场所交易的公司，应当按照国务院证券监督管理机构和证券交易场所规定的内容和格式编制定期报告，并按照以下规定报送和公告：

（一）在每一会计年度结束之日起四个月内，报送并公告年度报告，其中的年度财务会计报告应当经符合本法规定的会计师事务所审计；

（二）在每一会计年度的上半年结束之日起二个月内，报送并公告中期报告。

第八十条 发生可能对上市公司、股票在国务院批准的其他全国性证券交易场所交易的公司的股票交易价格产生较大影响的重大事件，投资者尚未得知时，公司应当立即将有关该重大事件的情况向国务院证券监督管理机构和证券交易场所报送临时报告，并予公告，说明事件的起因、目前的状态和可能产生的法律后果。

前款所称重大事件包括：

（一）公司的经营方针和经营范围的重大变化；

（二）公司的重大投资行为，公司在一年内购买、出售重大资产超过公司资产总额百分之三十，或者公司营业用主要资产的抵押、质押、出售或者报废一次超过该资产的百分之三十；

（三）公司订立重要合同、提供重大担保或者从事关联交易，可能对公司的资产、负债、权益和经营成果产生重要影响；

（四）公司发生重大债务和未能清偿到期重大债务的违约情况；

（五）公司发生重大亏损或者重大损失；

（六）公司生产经营的外部条件发生的重大变化；

（七）公司的董事、三分之一以上监事或者经理发生变动，董事长或者经理无法履行职责；

（八）持有公司百分之五以上股份的股东或者实际控制人持有股份或者控制公司的情况发生较大变化，公司的实际控制人及其控制的其他企业从事与公司相同或者相似业务的情况发生较大变化；

（九）公司分配股利、增资的计划，公司股权结构的重要变化，公司减资、合并、分立、解散及申请破产的决定，或者依法进入破产程序、被责令关闭；

（十）涉及公司的重大诉讼、仲裁，股东大会、董事会决议被依法撤销或者宣告无效；

（十一）公司涉嫌犯罪被依法立案调查，公司的控股股东、实际控制人、董事、监事、高级管理人员涉嫌犯罪被依法采取强制措施；

（十二）国务院证券监督管理机构规定的其他事项。

公司的控股股东或者实际控制人对重大事件的发生、进展产生较大影响的，应当及时将其知悉的有关情况书面告知公司，并配合公司履行信息披露义务。

第九十二条　公开发行公司债券的，应当设立债券持有人会议，并应当在募集说明书中说明债券持有人会议的召集程序、会议规则和其他重要事项。

公开发行公司债券的，发行人应当为债券持有人聘请债券受托管理人，并订立债券受托管理协议。受托管理人应当由本次发行的承销机构或者其他经国务院证券监督管理机构认可的机构担任，债券持有人会议可以决议变更债券受托管理人。债券受托管理人应当勤勉尽责，公正履行受托管理职责，不得损害债券持有人利益。

债券发行人未能按期兑付债券本息的，债券受托管理人可以接受全部或者部分债券持有人的委托，以自己名义代表债券持有人提起、参加民事诉讼或者清算程序。

第九十三条　发行人因欺诈发行、虚假陈述或者其他重大违法行为给投资者造成损失的，发行人的控股股东、实际控制人、相关的证券公司可以委托投资者保护机构，就赔偿事宜与受到损失的投资者达成协议，予以先行赔付。先行赔付后，可以依法向发行人以及其他连带责任人追偿。

第九十四条　投资者与发行人、证券公司等发生纠纷的，双方可以向投资者保护机构申请调解。普通投资者与证券公司发生证券业务纠纷，普通投资者提出调解请求的，证券公司不得拒绝。

投资者保护机构对损害投资者利益的行为，可以依法支持投资者向人民法院提起诉讼。

发行人的董事、监事、高级管理人员执行公司职务时违反法律、行政法规或者公司章程的规定给公司造成损失，发行人的控股股东、实际控制人等侵犯公司合法权益给公司造成损失，投资者保护机构持有该公司股份的，可以为公司的利益以自己的名义向人民法院提起诉讼，持股比例和持股期限不受《中华人民共和国公司法》规定的限制。

第九十五条　投资者提起虚假陈述等证券民事赔偿诉讼时，诉讼标的是同一种类，且当事人一方人数众多的，可以依法推选代表人进行诉讼。

对按照前款规定提起的诉讼,可能存在有相同诉讼请求的其他众多投资者的,人民法院可以发出公告,说明该诉讼请求的案件情况,通知投资者在一定期间向人民法院登记。人民法院作出的判决、裁定,对参加登记的投资者发生效力。

投资者保护机构受五十名以上投资者委托,可以作为代表人参加诉讼,并为经证券登记结算机构确认的权利人依照前款规定向人民法院登记,但投资者明确表示不愿意参加该诉讼的除外。

第一百零八条 证券公司根据投资者的委托,按照证券交易规则提出交易申报,参与证券交易所场内的集中交易,并根据成交结果承担相应的清算交收责任。证券登记结算机构根据成交结果,按照清算交收规则,与证券公司进行证券和资金的清算交收,并为证券公司客户办理证券的登记过户手续。

第一百一十七条 按照依法制定的交易规则进行的交易,不得改变其交易结果,但本法第一百一十一条第二款规定的除外。对交易中违规交易者应负的民事责任不得免除;在违规交易中所获利益,依照有关规定处理。

第一百二十条 经国务院证券监督管理机构核准,取得经营证券业务许可证,证券公司可以经营下列部分或者全部证券业务:

(一)证券经纪;

(二)证券投资咨询;

(三)与证券交易、证券投资活动有关的财务顾问;

(四)证券承销与保荐;

(五)证券融资融券;

(六)证券做市交易;

(七)证券自营;

(八)其他证券业务。

国务院证券监督管理机构应当自受理前款规定事项申请之日起三个月内,依照法定条件和程序进行审查,作出核准或者不予核准的决定,并通知申请人;不予核准的,应当说明理由。

证券公司经营证券资产管理业务的,应当符合《中华人民共和国证券投资基金法》等法律、行政法规的规定。

除证券公司外，任何单位和个人不得从事证券承销、证券保荐、证券经纪和证券融资融券业务。

证券公司从事证券融资融券业务，应当采取措施，严格防范和控制风险，不得违反规定向客户出借资金或者证券。

第一百二十三条 国务院证券监督管理机构应当对证券公司净资本和其他风险控制指标作出规定。

证券公司除依照规定为其客户提供融资融券外，不得为其股东或者股东的关联人提供融资或者担保。

第一百二十五条 证券公司从事证券业务的人员应当品行良好，具备从事证券业务所需的专业能力。

因违法行为或者违纪行为被开除的证券交易场所、证券公司、证券登记结算机构、证券服务机构的从业人员和被开除的国家机关工作人员，不得招聘为证券公司的从业人员。

国家机关工作人员和法律、行政法规规定的禁止在公司中兼职的其他人员，不得在证券公司中兼任职务。

第一百三十条 证券公司应当依法审慎经营，勤勉尽责，诚实守信。

证券公司的业务活动，应当与其治理结构、内部控制、合规管理、风险管理以及风险控制指标、从业人员构成等情况相适应，符合审慎监管和保护投资者合法权益的要求。

证券公司依法享有自主经营的权利，其合法经营不受干涉。

第一百三十一条 证券公司客户的交易结算资金应当存放在商业银行，以每个客户的名义单独立户管理。

证券公司不得将客户的交易结算资金和证券归入其自有财产。禁止任何单位或者个人以任何形式挪用客户的交易结算资金和证券。证券公司破产或者清算时，客户的交易结算资金和证券不属于其破产财产或者清算财产。非因客户本身的债务或者法律规定的其他情形，不得查封、冻结、扣划或者强制执行客户的交易结算资金和证券。

第一百三十五条 证券公司不得对客户证券买卖的收益或者赔偿证券买卖的损失作出承诺。

第一百三十六条 证券公司的从业人员在证券交易活动中，执行所属的证券公司的指令或者利用职务违反交易规则的，由所属的证券公司承担全部责任。

证券公司的从业人员不得私下接受客户委托买卖证券。

第一百四十条 证券公司的治理结构、合规管理、风险控制指标不符合规定的，国务院证券监督管理机构应当责令其限期改正；逾期未改正，或者其行为严重危及该证券公司的稳健运行、损害客户合法权益的，国务院证券监督管理机构可以区别情形，对其采取下列措施：

（一）限制业务活动，责令暂停部分业务，停止核准新业务；

（二）限制分配红利，限制向董事、监事、高级管理人员支付报酬、提供福利；

（三）限制转让财产或者在财产上设定其他权利；

（四）责令更换董事、监事、高级管理人员或者限制其权利；

（五）撤销有关业务许可；

（六）认定负有责任的董事、监事、高级管理人员为不适当人选；

（七）责令负有责任的股东转让股权，限制负有责任的股东行使股东权利。

证券公司整改后，应当向国务院证券监督管理机构提交报告。国务院证券监督管理机构经验收，治理结构、合规管理、风险控制指标符合规定的，应当自验收完毕之日起三日内解除对其采取的前款规定的有关限制措施。

第一百四十三条 证券公司违法经营或者出现重大风险，严重危害证券市场秩序、损害投资者利益的，国务院证券监督管理机构可以对该证券公司采取责令停业整顿、指定其他机构托管、接管或者撤销等监管措施。

第一百六十一条 证券投资咨询机构及其从业人员从事证券服务业务不得有下列行为：

（一）代理委托人从事证券投资；

（二）与委托人约定分享证券投资收益或者分担证券投资损失；

（三）买卖本证券投资咨询机构提供服务的证券；

（四）法律、行政法规禁止的其他行为。

有前款所列行为之一，给投资者造成损失的，应当依法承担赔偿责任。

第一百六十三条 证券服务机构为证券的发行、上市、交易等证券业务活动制作、出具审计报告及其他鉴证报告、资产评估报告、财务顾问报告、资信评级报告或者法律意见书等文件，应当勤勉尽责，对所依据的文件资料内容的真实性、准确性、完整性进行核查和验证。其制作、出具的文件有虚假记载、误导性陈述或者重大遗漏，给他人造成损失的，应当与委托人承担连带赔偿责任，但是能够证明自己没有过错的除外。

第一百七十条　国务院证券监督管理机构依法履行职责，有权采取下列措施：

（一）对证券发行人、证券公司、证券服务机构、证券交易场所、证券登记结算机构进行现场检查；

（二）进入涉嫌违法行为发生场所调查取证；

（三）询问当事人和与被调查事件有关的单位和个人，要求其对与被调查事件有关的事项作出说明；或者要求其按照指定的方式报送与被调查事件有关的文件和资料；

（四）查阅、复制与被调查事件有关的财产权登记、通讯记录等文件和资料；

（五）查阅、复制当事人和与被调查事件有关的单位和个人的证券交易记录、登记过户记录、财务会计资料及其他相关文件和资料；对可能被转移、隐匿或者毁损的文件和资料，可以予以封存、扣押；

（六）查询当事人和与被调查事件有关的单位和个人的资金账户、证券账户、银行账户以及其他具有支付、托管、结算等功能的账户信息，可以对有关文件和资料进行复制；对有证据证明已经或者可能转移或者隐匿违法资金、证券等涉案财产或者隐匿、伪造、毁损重要证据的，经国务院证券监督管理机构主要负责人或者其授权的其他负责人批准，可以冻结或者查封，期限为六个月；因特殊原因需要延长的，每次延长期限不得超过三个月，冻结、查封期限最长不得超过二年；

（七）在调查操纵证券市场、内幕交易等重大证券违法行为时，经国务院证券监督管理机构主要负责人或者其授权的其他负责人批准，可以限制被调查的当事人的证券买卖，但限制的期限不得超过三个月；案情复杂的，可以延长三个月；

（八）通知出境入境管理机关依法阻止涉嫌违法人员、涉嫌违法单位的主管人员和其他直接责任人员出境。

为防范证券市场风险，维护市场秩序，国务院证券监督管理机构可以采取责令改正、监管谈话、出具警示函等措施。

第一百八十二条 保荐人出具有虚假记载、误导性陈述或者重大遗漏的保荐书，或者不履行其他法定职责的，责令改正，给予警告，没收业务收入，并处以业务收入一倍以上十倍以下的罚款；没有业务收入或者业务收入不足一百万元的，处以一百万元以上一千万元以下的罚款；情节严重的，并处暂停或者撤销保荐业务许可。对直接负责的主管人员和其他直接责任人员给予警告，并处以五十万元以上五百万元以下的罚款。

第一百八十七条 法律、行政法规规定禁止参与股票交易的人员，违反本法第四十条的规定，直接或者以化名、借他人名义持有、买卖股票或者其他具有股权性质的证券的，责令依法处理非法持有的股票、其他具有股权性质的证券，没收违法所得，并处以买卖证券等值以下的罚款；属于国家工作人员的，还应当依法给予处分。

第一百九十一条 证券交易内幕信息的知情人或者非法获取内幕信息的人违反本法第五十三条的规定从事内幕交易的，责令依法处理非法持有的证券，没收违法所得，并处以违法所得一倍以上十倍以下的罚款；没有违法所得或者违法所得不足五十万元的，处以五十万元以上五百万元以下的罚款。单位从事内幕交易的，还应当对直接负责的主管人员和其他直接责任人员给予警告，并处以二十万元以上二百万元以下的罚款。国务院证券监督管理机构工作人员从事内幕交易的，从重处罚。

违反本法第五十四条的规定，利用未公开信息进行交易的，依照前款的规定处罚。

第二百一十条 证券公司的从业人员违反本法第一百三十六条的规定，私下接受客户委托买卖证券的，责令改正，给予警告，没收违法所得，并处以违法所得一倍以上十倍以下的罚款；没有违法所得的，处以五十万元以下的罚款。

三、中华人民共和国证券投资基金法(2015 年修正)

第三条　基金管理人、基金托管人和基金份额持有人的权利、义务,依照本法在基金合同中约定。

基金管理人、基金托管人依照本法和基金合同的约定,履行受托职责。

通过公开募集方式设立的基金(以下简称公开募集基金)的基金份额持有人按其所持基金份额享受收益和承担风险,通过非公开募集方式设立的基金(以下简称非公开募集基金)的收益分配和风险承担由基金合同约定。

第五条　基金财产的债务由基金财产本身承担,基金份额持有人以其出资为限对基金财产的债务承担责任。但基金合同依照本法另有约定的,从其约定。

基金财产独立于基金管理人、基金托管人的固有财产。基金管理人、基金托管人不得将基金财产归入其固有财产。

基金管理人、基金托管人因基金财产的管理、运用或者其他情形而取得的财产和收益,归入基金财产。

基金管理人、基金托管人因依法解散、被依法撤销或者被依法宣告破产等原因进行清算的,基金财产不属于其清算财产。

第九条　基金管理人、基金托管人管理、运用基金财产,基金服务机构从事基金服务活动,应当恪尽职守,履行诚实信用、谨慎勤勉的义务。

基金管理人运用基金财产进行证券投资,应当遵守审慎经营规则,制定科学合理的投资策略和风险管理制度,有效防范和控制风险。

基金从业人员应当具备基金从业资格,遵守法律、行政法规,恪守职业道德和行为规范。

第二十条　公开募集基金的基金管理人及其董事、监事、高级管理人员和其他从业人员不得有下列行为:

(一)将其固有财产或者他人财产混同于基金财产从事证券投资;

(二)不公平地对待其管理的不同基金财产;

(三)利用基金财产或者职务之便为基金份额持有人以外的人牟取利益;

（四）向基金份额持有人违规承诺收益或者承担损失；

（五）侵占、挪用基金财产；

（六）泄露因职务便利获取的未公开信息、利用该信息从事或者明示、暗示他人从事相关的交易活动；

（七）玩忽职守，不按照规定履行职责；

（八）法律、行政法规和国务院证券监督管理机构规定禁止的其他行为。

第二十四条 公开募集基金的基金管理人违法违规，或者其内部治理结构、稽核监控和风险控制管理不符合规定的，国务院证券监督管理机构应当责令其限期改正；逾期未改正，或者其行为严重危及该基金管理人的稳健运行、损害基金份额持有人合法权益的，国务院证券监督管理机构可以区别情形，对其采取下列措施：

（一）限制业务活动，责令暂停部分或者全部业务；

（二）限制分配红利，限制向董事、监事、高级管理人员支付报酬、提供福利；

（三）限制转让固有财产或者在固有财产上设定其他权利；

（四）责令更换董事、监事、高级管理人员或者限制其权利；

（五）责令有关股东转让股权或者限制有关股东行使股东权利。

公开募集基金的基金管理人整改后，应当向国务院证券监督管理机构提交报告。国务院证券监督管理机构经验收，符合有关要求的，应当自验收完毕之日起三日内解除对其采取的有关措施。

第七十四条 基金管理人、基金托管人和其他基金信息披露义务人应当依法披露基金信息，并保证所披露信息的真实性、准确性和完整性。

第七十五条 基金信息披露义务人应当确保应予披露的基金信息在国务院证券监督管理机构规定时间内披露，并保证投资人能够按照基金合同约定的时间和方式查阅或者复制公开披露的信息资料。

第七十九条 封闭式基金扩募或者延长基金合同期限，应当符合下列条件，并报国务院证券监督管理机构备案：

（一）基金运营业绩良好；

（二）基金管理人最近二年内没有因违法违规行为受到行政处罚或者刑事处罚；

（三）基金份额持有人大会决议通过；

（四）本法规定的其他条件。

第八十七条 非公开募集基金应当向合格投资者募集，合格投资者累计不得超过二百人。

前款所称合格投资者，是指达到规定资产规模或者收入水平，并且具备相应的风险识别能力和风险承担能力、其基金份额认购金额不低于规定限额的单位和个人。

合格投资者的具体标准由国务院证券监督管理机构规定。

第九十一条 非公开募集基金，不得向合格投资者之外的单位和个人募集资金，不得通过报刊、电台、电视台、互联网等公众传播媒体或者讲座、报告会、分析会等方式向不特定对象宣传推介。

第九十三条 按照基金合同约定，非公开募集基金可以由部分基金份额持有人作为基金管理人负责基金的投资管理活动，并在基金财产不足以清偿其债务时对基金财产的债务承担无限连带责任。

前款规定的非公开募集基金，其基金合同还应载明：

（一）承担无限连带责任的基金份额持有人和其他基金份额持有人的姓名或者名称、住所；

（二）承担无限连带责任的基金份额持有人的除名条件和更换程序；

（三）基金份额持有人增加、退出的条件、程序以及相关责任；

（四）承担无限连带责任的基金份额持有人和其他基金份额持有人的转换程序。

第九十四条 非公开募集基金募集完毕，基金管理人应当向基金行业协会备案。对募集的资金总额或者基金份额持有人的人数达到规定标准的基金，基金行业协会应当向国务院证券监督管理机构报告。

非公开募集基金财产的证券投资，包括买卖公开发行的股份有限公司股票、债券、基金份额，以及国务院证券监督管理机构规定的其他证券及其衍生品种。

第九十八条 基金销售机构应当向投资人充分揭示投资风险，并根据投资人的风险承担能力销售不同风险等级的基金产品。

第一百二十三条 基金管理人、基金托管人及其董事、监事、高级管理人员和其他从业人员有本法第二十条所列行为之一的，责令改正，没收违法所得，并处违法所得一倍以上五倍以下罚款；没有违法所得或者违法所得不足一百万元的，并处十万元以上一百万元以下罚款；基金管理人、基金托管人有上述行为的，还应当对其直接负责的主管人员和其他直接责任人员给予警告，暂停或者撤销基金从业资格，并处三万元以上三十万元以下罚款。

基金管理人、基金托管人及其董事、监事、高级管理人员和其他从业人员侵占、挪用基金财产而取得的财产和收益，归入基金财产。但是，法律、行政法规另有规定的，依照其规定。

第一百四十五条 违反本法规定，给基金财产、基金份额持有人或者投资人造成损害的，依法承担赔偿责任。

基金管理人、基金托管人在履行各自职责的过程中，违反本法规定或者基金合同约定，给基金财产或者基金份额持有人造成损害的，应当分别对各自的行为依法承担赔偿责任；因共同行为给基金财产或者基金份额持有人造成损害的，应当承担连带赔偿责任。

四、中华人民共和国反洗钱法〔1〕

第三条 在中华人民共和国境内设立的金融机构和按照规定应当履行反洗钱义务的特定非金融机构，应当依法采取预防、监控措施，建立健全客户身份识别制度、客户身份资料和交易记录保存制度、大额交易和可疑交易报告制度，履行反洗钱义务。

第十六条 金融机构应当按照规定建立客户身份识别制度。

金融机构在与客户建立业务关系或者为客户提供规定金额以上的现金汇款、现钞兑换、票据兑付等一次性金融服务时，应当要求客户出示真实有效的身份证件或者其他身份证明文件，进行核对并登记。

〔1〕 2024年11月8日修订的《反洗钱法》，于2025年1月1日起施行。本书此处《反洗钱法》的版本是对应书中案例审判时所使用的当时有效版本。

客户由他人代理办理业务的,金融机构应当同时对代理人和被代理人的身份证件或者其他身份证明文件进行核对并登记。

与客户建立人身保险、信托等业务关系,合同的受益人不是客户本人的,金融机构还应当对受益人的身份证件或者其他身份证明文件进行核对并登记。

金融机构不得为身份不明的客户提供服务或者与其进行交易,不得为客户开立匿名账户或者假名账户。

金融机构对先前获得的客户身份资料的真实性、有效性或者完整性有疑问的,应当重新识别客户身份。

任何单位和个人在与金融机构建立业务关系或者要求金融机构为其提供一次性金融服务时,都应当提供真实有效的身份证件或者其他身份证明文件。

第二十条　金融机构应当按照规定执行大额交易和可疑交易报告制度。

金融机构办理的单笔交易或者在规定期限内的累计交易超过规定金额或者发现可疑交易的,应当及时向反洗钱信息中心报告。

第三十二条　金融机构有下列行为之一的,由国务院反洗钱行政主管部门或者其授权的设区的市一级以上派出机构责令限期改正;情节严重的,处二十万元以上五十万元以下罚款,并对直接负责的董事、高级管理人员和其他直接责任人员,处一万元以上五万元以下罚款:

(一)未按照规定履行客户身份识别义务的;

(二)未按照规定保存客户身份资料和交易记录的;

(三)未按照规定报送大额交易报告或者可疑交易报告的;

(四)与身份不明的客户进行交易或者为客户开立匿名账户、假名账户的;

(五)违反保密规定,泄露有关信息的;

(六)拒绝、阻碍反洗钱检查、调查的;

(七)拒绝提供调查材料或者故意提供虚假材料的。

金融机构有前款行为,致使洗钱后果发生的,处五十万元以上五百万元以下罚款,并对直接负责的董事、高级管理人员和其他直接责任人员处五万元以上五十万元以下罚款;情节特别严重的,反洗钱行政主管部门可以建议有关金融监督管理机构责令停业整顿或者吊销其经营许可证。

对有前两款规定情形的金融机构直接负责的董事、高级管理人员和其他直接责任人员，反洗钱行政主管部门可以建议有关金融监督管理机构依法责令金融机构给予纪律处分，或者建议依法取消其任职资格、禁止其从事有关金融行业工作。

五、中华人民共和国公司法（2018年修正）[1]

第十四条 公司可以设立分公司。设立分公司，应当向公司登记机关申请登记，领取营业执照。分公司不具有法人资格，其民事责任由公司承担。

公司可以设立子公司，子公司具有法人资格，依法独立承担民事责任。

第十六条 公司向其他企业投资或者为他人提供担保，依照公司章程的规定，由董事会或者股东会、股东大会决议；公司章程对投资或者担保的总额及单项投资或者担保的数额有限额规定的，不得超过规定的限额。

公司为公司股东或者实际控制人提供担保的，必须经股东会或者股东大会决议。

前款规定的股东或者受前款规定的实际控制人支配的股东，不得参加前款规定事项的表决。该项表决由出席会议的其他股东所持表决权的过半数通过。

第二十八条 股东应当按期足额缴纳公司章程中规定的各自所认缴的出资额。股东以货币出资的，应当将货币出资足额存入有限责任公司在银行开设的账户；以非货币财产出资的，应当依法办理其财产权的转移手续。

股东不按照前款规定缴纳出资的，除应当向公司足额缴纳外，还应当向已按期足额缴纳出资的股东承担违约责任。

第三十二条 有限责任公司应当置备股东名册，记载下列事项：

（一）股东的姓名或者名称及住所；

（二）股东的出资额；

（三）出资证明书编号。

记载于股东名册的股东，可以依股东名册主张行使股东权利。

---

〔1〕 2023年12月29日修订的《公司法》，于2024年7月1日起施行。本书此处《公司法》的版本是对应书中案例审判时所使用的当时有效版本。

公司应当将股东的姓名或者名称向公司登记机关登记；登记事项发生变更的，应当办理变更登记。未经登记或者变更登记的，不得对抗第三人。

第三十七条 股东会行使下列职权：

（一）决定公司的经营方针和投资计划；

（二）选举和更换非由职工代表担任的董事、监事，决定有关董事、监事的报酬事项；

（三）审议批准董事会的报告；

（四）审议批准监事会或者监事的报告；

（五）审议批准公司的年度财务预算方案、决算方案；

（六）审议批准公司的利润分配方案和弥补亏损方案；

（七）对公司增加或者减少注册资本作出决议；

（八）对发行公司债券作出决议；

（九）对公司合并、分立、解散、清算或者变更公司形式作出决议；

（十）修改公司章程；

（十一）公司章程规定的其他职权。

对前款所列事项股东以书面形式一致表示同意的，可以不召开股东会会议，直接作出决定，并由全体股东在决定文件上签名、盖章。

第四十四条 有限责任公司设董事会，其成员为三人至十三人；但是，本法第五十条另有规定的除外。

两个以上的国有企业或者两个以上的其他国有投资主体投资设立的有限责任公司，其董事会成员中应当有公司职工代表；其他有限责任公司董事会成员中可以有公司职工代表。董事会中的职工代表由公司职工通过职工代表大会、职工大会或者其他形式民主选举产生。

董事会设董事长一人，可以设副董事长。董事长、副董事长的产生办法由公司章程规定。

第四十六条 董事会对股东会负责，行使下列职权：

（一）召集股东会会议，并向股东会报告工作；

（二）执行股东会的决议；

（三）决定公司的经营计划和投资方案；

（四）制订公司的年度财务预算方案、决算方案；

（五）制订公司的利润分配方案和弥补亏损方案；

（六）制订公司增加或者减少注册资本以及发行公司债券的方案；

（七）制订公司合并、分立、解散或者变更公司形式的方案；

（八）决定公司内部管理机构的设置；

（九）决定聘任或者解聘公司经理及其报酬事项，并根据经理的提名决定聘任或者解聘公司副经理、财务负责人及其报酬事项；

（十）制定公司的基本管理制度；

（十一）公司章程规定的其他职权。

第六十三条 一人有限责任公司的股东不能证明公司财产独立于股东自己的财产的，应当对公司债务承担连带责任。

第七十一条 有限责任公司的股东之间可以相互转让其全部或者部分股权。

股东向股东以外的人转让股权，应当经其他股东过半数同意。股东应就其股权转让事项书面通知其他股东征求同意，其他股东自接到书面通知之日起满三十日未答复的，视为同意转让。其他股东半数以上不同意转让的，不同意的股东应当购买该转让的股权；不购买的，视为同意转让。

经股东同意转让的股权，在同等条件下，其他股东有优先购买权。两个以上股东主张行使优先购买权的，协商确定各自的购买比例；协商不成的，按照转让时各自的出资比例行使优先购买权。

公司章程对股权转让另有规定的，从其规定。

第七十五条 自然人股东死亡后，其合法继承人可以继承股东资格；但是，公司章程另有规定的除外。

第一百零八条 股份有限公司设董事会，其成员为五人至十九人。

董事会成员中可以有公司职工代表。董事会中的职工代表由公司职工通过职工代表大会、职工大会或者其他形式民主选举产生。

本法第四十五条关于有限责任公司董事任期的规定，适用于股份有限公司董事。

本法第四十六条关于有限责任公司董事会职权的规定，适用于股份有限公司董事会。

第一百二十五条　股份有限公司的资本划分为股份，每一股的金额相等。

公司的股份采取股票的形式。股票是公司签发的证明股东所持股份的凭证。

第一百四十二条　公司不得收购本公司股份。但是，有下列情形之一的除外：

（一）减少公司注册资本；

（二）与持有本公司股份的其他公司合并；

（三）将股份用于员工持股计划或者股权激励；

（四）股东因对股东大会作出的公司合并、分立决议持异议，要求公司收购其股份；

（五）将股份用于转换上市公司发行的可转换为股票的公司债券；

（六）上市公司为维护公司价值及股东权益所必需。

公司因前款第（一）项、第（二）项规定的情形收购本公司股份的，应当经股东大会决议；公司因前款第（三）项、第（五）项、第（六）项规定的情形收购本公司股份的，可以依照公司章程的规定或者股东大会的授权，经三分之二以上董事出席的董事会会议决议。

公司依照本条第一款规定收购本公司股份后，属于第（一）项情形的，应当自收购之日起十日内注销；属于第（二）项、第（四）项情形的，应当在六个月内转让或者注销；属于第（三）项、第（五）项、第（六）项情形的，公司合计持有的本公司股份数不得超过本公司已发行股份总额的百分之十，并应当在三年内转让或者注销。

上市公司收购本公司股份的，应当依照《中华人民共和国证券法》的规定履行信息披露义务。上市公司因本条第一款第（三）项、第（五）项、第（六）项规定的情形收购本公司股份的，应当通过公开的集中交易方式进行。

公司不得接受本公司的股票作为质押权的标的。

第一百六十六条　公司分配当年税后利润时，应当提取利润的百分之十列入公司法定公积金。公司法定公积金累计额为公司注册资本的百分之五十以上的，可以不再提取。

公司的法定公积金不足以弥补以前年度亏损的,在依照前款规定提取法定公积金之前,应当先用当年利润弥补亏损。

公司从税后利润中提取法定公积金后,经股东会或者股东大会决议,还可以从税后利润中提取任意公积金。

公司弥补亏损和提取公积金后所余税后利润,有限责任公司依照本法第三十四条的规定分配;股份有限公司按照股东持有的股份比例分配,但股份有限公司章程规定不按持股比例分配的除外。

股东会、股东大会或者董事会违反前款规定,在公司弥补亏损和提取法定公积金之前向股东分配利润的,股东必须将违反规定分配的利润退还公司。

公司持有的本公司股份不得分配利润。

第一百八十六条 清算组在清理公司财产、编制资产负债表和财产清单后,应当制定清算方案,并报股东会、股东大会或者人民法院确认。

公司财产在分别支付清算费用、职工的工资、社会保险费用和法定补偿金,缴纳所欠税款,清偿公司债务后的剩余财产,有限责任公司按照股东的出资比例分配,股份有限公司按照股东持有的股份比例分配。

清算期间,公司存续,但不得开展与清算无关的经营活动。公司财产在未依照前款规定清偿前,不得分配给股东。

六、中华人民共和国合伙企业法(2006 年修订)

第三十一条 除合伙协议另有约定外,合伙企业的下列事项应当经全体合伙人一致同意:

(一)改变合伙企业的名称;

(二)改变合伙企业的经营范围、主要经营场所的地点;

(三)处分合伙企业的不动产;

(四)转让或者处分合伙企业的知识产权和其他财产权利;

(五)以合伙企业名义为他人提供担保;

(六)聘任合伙人以外的人担任合伙企业的经营管理人员。

第三十八条 合伙企业对其债务,应先以其全部财产进行清偿。

第三十九条 合伙企业不能清偿到期债务的,合伙人承担无限连带责任。

第八十六条 合伙企业解散,应当由清算人进行清算。

清算人由全体合伙人担任;经全体合伙人过半数同意,可以自合伙企业解散事由出现后十五日内指定一个或者数个合伙人,或者委托第三人,担任清算人。

自合伙企业解散事由出现之日起十五日内未确定清算人的,合伙人或者其他利害关系人可以申请人民法院指定清算人。

七、中华人民共和国劳动合同法(2012年修正)

第三十六条 用人单位与劳动者协商一致,可以解除劳动合同。

第四十六条 有下列情形之一的,用人单位应当向劳动者支付经济补偿:

(一)劳动者依照本法第三十八条规定解除劳动合同的;

(二)用人单位依照本法第三十六条规定向劳动者提出解除劳动合同并与劳动者协商一致解除劳动合同的;

(三)用人单位依照本法第四十条规定解除劳动合同的;

(四)用人单位依照本法第四十一条第一款规定解除劳动合同的;

(五)除用人单位维持或者提高劳动合同约定条件续订劳动合同,劳动者不同意续订的情形外,依照本法第四十四条第一项规定终止固定期限劳动合同的;

(六)依照本法第四十四条第四项、第五项规定终止劳动合同的;

(七)法律、行政法规规定的其他情形。

第四十七条 经济补偿按劳动者在本单位工作的年限,每满一年支付一个月工资的标准向劳动者支付。六个月以上不满一年的,按一年计算;不满六个月的,向劳动者支付半个月工资的经济补偿。

劳动者月工资高于用人单位所在直辖市、设区的市级人民政府公布的本地区上年度职工月平均工资三倍的,向其支付经济补偿的标准按职工月平均工资三倍的数额支付,向其支付经济补偿的年限最高不超过十二年。

本条所称月工资是指劳动者在劳动合同解除或者终止前十二个月的平均

工资。

第八十七条 用人单位违反本法规定解除或者终止劳动合同的,应当依照本法第四十七条规定的经济补偿标准的二倍向劳动者支付赔偿金。

八、中华人民共和国企业破产法

第十六条 人民法院受理破产申请后,债务人对个别债权人的债务清偿无效。

第十八条 人民法院受理破产申请后,管理人对破产申请受理前成立而债务人和对方当事人均未履行完毕的合同有权决定解除或者继续履行,并通知对方当事人。管理人自破产申请受理之日起二个月内未通知对方当事人,或者自收到对方当事人催告之日起三十日内未答复的,视为解除合同。

管理人决定继续履行合同的,对方当事人应当履行;但是,对方当事人有权要求管理人提供担保。管理人不提供担保的,视为解除合同。

第十九条 人民法院受理破产申请后,有关债务人财产的保全措施应当解除,执行程序应当中止。

第三十五条 人民法院受理破产申请后,债务人的出资人尚未完全履行出资义务的,管理人应当要求该出资人缴纳所认缴的出资,而不受出资期限的限制。

第三十八条 人民法院受理破产申请后,债务人占有的不属于债务人的财产,该财产的权利人可以通过管理人取回。但是,本法另有规定的除外。

第四十四条 人民法院受理破产申请时对债务人享有债权的债权人,依照本法规定的程序行使权利。

第四十五条 人民法院受理破产申请后,应当确定债权人申报债权的期限。债权申报期限自人民法院发布受理破产申请公告之日起计算,最短不得少于三十日,最长不得超过三个月。

第四十六条 未到期的债权,在破产申请受理时视为到期。

附利息的债权自破产申请受理时起停止计息。

第四十七条 附条件、附期限的债权和诉讼、仲裁未决的债权,债权人可以申报。

第四十八条 债权人应当在人民法院确定的债权申报期限内向管理人申报债权。

债务人所欠职工的工资和医疗、伤残补助、抚恤费用,所欠的应当划入职工个人账户的基本养老保险、基本医疗保险费用,以及法律、行政法规规定应当支付给职工的补偿金,不必申报,由管理人调查后列出清单并予以公示。职工对清单记载有异议的,可以要求管理人更正;管理人不予更正的,职工可以向人民法院提起诉讼。

第五十八条 依照本法第五十七条规定编制的债权表,应当提交第一次债权人会议核查。

债务人、债权人对债权表记载的债权无异议的,由人民法院裁定确认。

债务人、债权人对债权表记载的债权有异议的,可以向受理破产申请的人民法院提起诉讼。

九、中华人民共和国信托法

第二条 本法所称信托,是指委托人基于对受托人的信任,将其财产权委托给受托人,由受托人按委托人的意愿以自己的名义,为受益人的利益或者特定目的,进行管理或者处分的行为。

第八条 设立信托,应当采取书面形式。

书面形式包括信托合同、遗嘱或者法律、行政法规规定的其他书面文件等。

采取信托合同形式设立信托的,信托合同签订时,信托成立。采取其他书面形式设立信托的,受托人承诺信托时,信托成立。

第十一条 有下列情形之一的,信托无效:

(一)信托目的违反法律、行政法规或者损害社会公共利益;

(二)信托财产不能确定;

(三)委托人以非法财产或者本法规定不得设立信托的财产设立信托;

(四)专以诉讼或者讨债为目的设立信托;

(五)受益人或者受益人范围不能确定;

（六）法律、行政法规规定的其他情形。

第十四条 受托人因承诺信托而取得的财产是信托财产。

受托人因信托财产的管理运用、处分或者其他情形而取得的财产，也归入信托财产。

法律、行政法规禁止流通的财产，不得作为信托财产。

法律、行政法规限制流通的财产，依法经有关主管部门批准后，可以作为信托财产。

第二十条 委托人有权了解其信托财产的管理运用、处分及收支情况，并有权要求受托人作出说明。

委托人有权查阅、抄录或者复制与其信托财产有关的信托帐目以及处理信托事务的其他文件。

第二十二条 受托人违反信托目的处分信托财产或者因违背管理职责、处理信托事务不当致使信托财产受到损失的，委托人有权申请人民法院撤销该处分行为，并有权要求受托人恢复信托财产的原状或者予以赔偿；该信托财产的受让人明知是违反信托目的而接受该财产的，应当予以返还或者予以赔偿。

前款规定的申请权，自委托人知道或者应当知道撤销原因之日起一年内不行使的，归于消灭。

第二十八条 受托人不得将其固有财产与信托财产进行交易或者将不同委托人的信托财产进行相互交易，但信托文件另有规定或者经委托人或者受益人同意，并以公平的市场价格进行交易的除外。

受托人违反前款规定，造成信托财产损失的，应当承担赔偿责任。

第三十四条 受托人以信托财产为限向受益人承担支付信托利益的义务。

第三十五条 受托人有权依照信托文件的约定取得报酬。信托文件未作事先约定的，经信托当事人协商同意，可以作出补充约定；未作事先约定和补充约定的，不得收取报酬。

约定的报酬经信托当事人协商同意，可以增减其数额。

第三十七条 受托人因处理信托事务所支出的费用、对第三人所负债务，以信托财产承担。受托人以其固有财产先行支付的，对信托财产享有优先受偿的权利。

受托人违背管理职责或者处理信托事务不当对第三人所负债务或者自己所受到的损失,以其固有财产承担。

第五十四条　信托终止的,信托财产归属于信托文件规定的人;信托文件未规定的,按下列顺序确定归属:

(一)受益人或者其继承人;

(二)委托人或者其继承人。

十、中华人民共和国票据法(2004年修正)

第四条　票据出票人制作票据,应当按照法定条件在票据上签章,并按照所记载的事项承担票据责任。

持票人行使票据权利,应当按照法定程序在票据上签章,并出示票据。

其他票据债务人在票据上签章的,按照票据所记载的事项承担票据责任。

本法所称票据权利,是指持票人向票据债务人请求支付票据金额的权利,包括付款请求权和追索权。

本法所称票据责任,是指票据债务人向持票人支付票据金额的义务。

第五条　票据当事人可以委托其代理人在票据上签章,并应当在票据上表明其代理关系。

没有代理权而以代理人名义在票据上签章的,应当由签章人承担票据责任;代理人超越代理权限的,应当就其超越权限的部分承担票据责任。

第十条　票据的签发、取得和转让,应当遵循诚实信用的原则,具有真实的交易关系和债权债务关系。

票据的取得,必须给付对价,即应当给付票据双方当事人认可的相对应的代价。

第十三条　票据债务人不得以自己与出票人或者与持票人的前手之间的抗辩事由,对抗持票人。但是,持票人明知存在抗辩事由而取得票据的除外。

票据债务人可以对不履行约定义务的与自己有直接债权债务关系的持票人,进行抗辩。

本法所称抗辩,是指票据债务人根据本法规定对票据债权人拒绝履行义务的行为。

第十七条 票据权利在下列期限内不行使而消灭：

（一）持票人对票据的出票人和承兑人的权利，自票据到期日起二年。见票即付的汇票、本票，自出票日起二年；

（二）持票人对支票出票人的权利，自出票日起六个月；

（三）持票人对前手的追索权，自被拒绝承兑或者被拒绝付款之日起六个月；

（四）持票人对前手的再追索权，自清偿日或者被提起诉讼之日起三个月。

票据的出票日、到期日由票据当事人依法确定。

第二十二条 汇票必须记载下列事项：

（一）表明"汇票"的字样；

（二）无条件支付的委托；

（三）确定的金额；

（四）付款人名称；

（五）收款人名称；

（六）出票日期；

（七）出票人签章。

汇票上未记载前款规定事项之一的，汇票无效。

第二十六条 出票人签发汇票后，即承担保证该汇票承兑和付款的责任。出票人在汇票得不到承兑或者付款时，应当向持票人清偿本法第七十条、第七十一条规定的金额和费用。

第三十一条 以背书转让的汇票，背书应当连续。持票人以背书的连续，证明其汇票权利；非经背书转让，而以其他合法方式取得汇票的，依法举证，证明其汇票权利。

前款所称背书连续，是指在票据转让中，转让汇票的背书人与受让汇票的被背书人在汇票上的签章依次前后衔接。

第六十一条 汇票到期被拒绝付款的，持票人可以对背书人、出票人以及汇票的其他债务人行使追索权。

汇票到期日前，有下列情形之一的，持票人也可以行使追索权：

（一）汇票被拒绝承兑的；

（二）承兑人或者付款人死亡、逃匿的；

（三）承兑人或者付款人被依法宣告破产的或者因违法被责令终止业务活动的。

第六十二条　持票人行使追索权时，应当提供被拒绝承兑或者被拒绝付款的有关证明。

持票人提示承兑或者提示付款被拒绝的，承兑人或者付款人必须出具拒绝证明，或者出具退票理由书。未出具拒绝证明或者退票理由书的，应当承担由此产生的民事责任。

第六十三条　持票人因承兑人或者付款人死亡、逃匿或者其他原因，不能取得拒绝证明的，可以依法取得其他有关证明。

第六十八条　汇票的出票人、背书人、承兑人和保证人对持票人承担连带责任。

持票人可以不按照汇票债务人的先后顺序，对其中任何一人、数人或者全体行使追索权。

持票人对汇票债务人中的一人或者数人已经进行追索的，对其他汇票债务人仍可以行使追索权。被追索人清偿债务后，与持票人享有同一权利。

第七十条　持票人行使追索权，可以请求被追索人支付下列金额和费用：

（一）被拒绝付款的汇票金额；

（二）汇票金额自到期日或者提示付款日起至清偿日止，按照中国人民银行规定的利率计算的利息；

（三）取得有关拒绝证明和发出通知书的费用。

被追索人清偿债务时，持票人应当交出汇票和有关拒绝证明，并出具所收到利息和费用的收据。

第二部分　行政法规

一、证券公司监督管理条例(2014年修订)

第十四条　任何单位或者个人有下列情形之一的,应当事先告知证券公司,由证券公司报国务院证券监督管理机构批准:

(一)认购或者受让证券公司的股权后,其持股比例达到证券公司注册资本的5%;

(二)以持有证券公司股东的股权或者其他方式,实际控制证券公司5%以上的股权。

未经国务院证券监督管理机构批准,任何单位或者个人不得委托他人或者接受他人委托持有或者管理证券公司的股权。证券公司的股东不得违反国家规定,约定不按照出资比例行使表决权。

第二十四条　证券公司的董事、监事、高级管理人员应当在任职前取得经国务院证券监督管理机构核准的任职资格。

证券公司不得聘任、选任未取得任职资格的人员担任前款规定的职务;已经聘任、选任的,有关聘任、选任的决议、决定无效。

第二十七条　证券公司应当按照审慎经营的原则,建立健全风险管理与内部控制制度,防范和控制风险。

证券公司应当对分支机构实行集中统一管理,不得与他人合资、合作经营管理分支机构,也不得将分支机构承包、租赁或者委托给他人经营管理。

第二十八条　证券公司受证券登记结算机构委托,为客户开立证券账户,应当按照证券账户管理规则,对客户申报的姓名或者名称、身份的真实性进行审查。同一客户开立的资金账户和证券账户的姓名或者名称应当一致。

证券公司为证券资产管理客户开立的证券账户,应当自开户之日起3个交易日内报证券交易所备案。

证券公司不得将客户的资金账户、证券账户提供给他人使用。

第二十九条　证券公司从事证券资产管理业务、融资融券业务，销售证券类金融产品，应当按照规定程序，了解客户的身份、财产与收入状况、证券投资经验和风险偏好，并以书面和电子方式予以记载、保存。证券公司应当根据所了解的客户情况推荐适当的产品或者服务。具体规则由中国证券业协会制定。

第三十条　证券公司与客户签订证券交易委托、证券资产管理、融资融券等业务合同，应当事先指定专人向客户讲解有关业务规则和合同内容，并将风险揭示书交由客户签字确认。业务合同的必备条款和风险揭示书的标准格式，由中国证券业协会制定，并报国务院证券监督管理机构备案。

第三十三条　证券公司不得违反规定委托其他单位或者个人进行客户招揽、客户服务、产品销售活动。

第三十七条　证券公司从事证券经纪业务，应当对客户账户内的资金、证券是否充足进行审查。客户资金账户内的资金不足的，不得接受其买入委托；客户证券账户内的证券不足的，不得接受其卖出委托。

第三十八条　证券公司从事证券经纪业务，可以委托证券公司以外的人员作为证券经纪人，代理其进行客户招揽、客户服务等活动。证券经纪人应当具有证券从业资格。

证券公司应当与接受委托的证券经纪人签订委托合同，颁发证券经纪人证书，明确对证券经纪人的授权范围，并对证券经纪人的执业行为进行监督。

证券经纪人应当在证券公司的授权范围内从事业务，并应当向客户出示证券经纪人证书。

第四十六条　证券公司从事证券资产管理业务，不得有下列行为：

（一）向客户做出保证其资产本金不受损失或者保证其取得最低收益的承诺；

（二）接受一个客户的单笔委托资产价值，低于国务院证券监督管理机构规定的最低限额；

（三）使用客户资产进行不必要的证券交易；

（四）在证券自营账户与证券资产管理账户之间或者不同的证券资产管理账户之间进行交易，且无充分证据证明已依法实现有效隔离；

（五）法律、行政法规或者国务院证券监督管理机构禁止的其他行为。

第四十九条 证券公司经营融资融券业务,应当具备下列条件:

(一)证券公司治理结构健全,内部控制有效;

(二)风险控制指标符合规定,财务状况、合规状况良好;

(三)有经营融资融券业务所需的专业人员、技术条件、资金和证券;

(四)有完善的融资融券业务管理制度和实施方案;

(五)国务院证券监督管理机构规定的其他条件。

第六十一条 证券公司不得以证券经纪客户或者证券资产管理客户的资产向他人提供融资或者担保。任何单位或者个人不得强令、指使、协助、接受证券公司以其证券经纪客户或者证券资产管理客户的资产提供融资或者担保。

第六十三条 证券公司应当自每一会计年度结束之日起4个月内,向国务院证券监督管理机构报送年度报告;自每月结束之日起7个工作日内,报送月度报告。

发生影响或者可能影响证券公司经营管理、财务状况、风险控制指标或者客户资产安全的重大事件的,证券公司应当立即向国务院证券监督管理机构报送临时报告,说明事件的起因、目前的状态、可能产生的后果和拟采取的相应措施。

第六十四条 证券公司年度报告中的财务会计报告、风险控制指标报告以及国务院证券监督管理机构规定的其他专项报告,应当经具有证券、期货相关业务资格的会计师事务所审计。证券公司年度报告应当附有该会计师事务所出具的内部控制评审报告。

证券公司的董事、高级管理人员应当对证券公司年度报告签署确认意见;经营管理的主要负责人和财务负责人应当对月度报告签署确认意见。在证券公司年度报告、月度报告上签字的人员,应当保证报告的内容真实、准确、完整;对报告内容持有异议的,应当注明自己的意见和理由。

第六十九条 证券公司以及有关单位和个人披露、报送或者提供的资料、信息应当真实、准确、完整,不得有虚假记载、误导性陈述或者重大遗漏。

第七十条 国务院证券监督管理机构对治理结构不健全、内部控制不完善、经营管理混乱、设立账外账或者进行账外经营、拒不执行监督管理决定、违法违规的证券公司,应当责令其限期改正,并可以采取下列措施:

(一)责令增加内部合规检查的次数并提交合规检查报告;

(二)对证券公司及其有关董事、监事、高级管理人员、境内分支机构负责人给予谴责;

(三)责令处分有关责任人员,并报告结果;

(四)责令更换董事、监事、高级管理人员或者限制其权利;

(五)对证券公司进行临时接管,并进行全面核查;

(六)责令暂停证券公司或者其境内分支机构的部分或者全部业务、限期撤销境内分支机构。

证券公司被暂停业务、限期撤销境内分支机构的,应当按照有关规定安置客户、处理未了结的业务。

对证券公司的违法违规行为,合规负责人已经依法履行制止和报告职责的,免除责任。

第七十一条 任何单位或者个人未经批准,持有或者实际控制证券公司5%以上股权的,国务院证券监督管理机构应当责令其限期改正;改正前,相应股权不具有表决权。

第八十六条 违反本条例的规定,有下列情形之一的,责令改正,给予警告,没收违法所得,并处以违法所得1倍以上5倍以下的罚款;没有违法所得或者违法所得不足10万元的,处以10万元以上60万元以下的罚款;情节严重的,撤销相关业务许可。对直接负责的主管人员和其他直接责任人员给予警告,撤销任职资格或者证券从业资格,并处以3万元以上30万元以下的罚款:

(一)未经批准,委托他人或者接受他人委托持有或者管理证券公司的股权,或者认购、受让或者实际控制证券公司的股权;

(二)证券公司股东、实际控制人强令、指使、协助、接受证券公司以证券经纪客户或者证券资产管理客户的资产提供融资或者担保;

(三)证券公司、资产托管机构、证券登记结算机构违反规定动用客户的交易结算资金、委托资金和客户担保账户内的资金、证券;

(四)资产托管机构、证券登记结算机构对违反规定动用委托资金和客户担保账户内的资金、证券的申请、指令予以同意、执行;

(五)资产托管机构、证券登记结算机构发现委托资金和客户担保账户内的资金、证券被违法动用而未向国务院证券监督管理机构报告。

二、期货交易管理条例(2017年修订)

第七十条 任何单位或者个人有下列行为之一,操纵期货交易价格的,责令改正,没收违法所得,并处违法所得1倍以上5倍以下的罚款;没有违法所得或者违法所得不满20万元的,处20万元以上100万元以下的罚款:

(一)单独或者合谋,集中资金优势、持仓优势或者利用信息优势联合或者连续买卖合约,操纵期货交易价格的;

(二)蓄意串通,按事先约定的时间、价格和方式相互进行期货交易,影响期货交易价格或者期货交易量的;

(三)以自己为交易对象,自买自卖,影响期货交易价格或者期货交易量的;

(四)为影响期货市场行情囤积现货的;

(五)国务院期货监督管理机构规定的其他操纵期货交易价格的行为。

单位有前款所列行为之一的,对直接负责的主管人员和其他直接责任人员给予警告,并处1万元以上10万元以下的罚款。

第七十八条 国务院期货监督管理机构、期货交易所、期货保证金安全存管监控机构和期货保证金存管银行等相关单位的工作人员,泄露知悉的国家秘密或者会员、客户商业秘密,或者徇私舞弊、玩忽职守、滥用职权、收受贿赂的,依法给予行政处分或者纪律处分。

三、证券、期货投资咨询管理暂行办法

第三条 从事证券、期货投资咨询业务,必须依照本办法的规定,取得中国证监会的业务许可。未经中国证监会许可,任何机构和个人均不得从事本办法第二条所列各种形式证券、期货投资咨询业务。

证券经营机构、期货经纪机构及其工作人员从事超出本机构范围的证券、期货投资咨询业务,应当遵守本办法的规定。

第十二条 从事证券、期货投资咨询业务的人员,必须取得证券、期货投资

咨询从业资格并加入一家有从业资格的证券、期货投资咨询机构后，方可从事证券、期货投资咨询业务。

任何人未取得证券、期货投资咨询从业资格的，或者取得证券、期货投资咨询从业资格，但是未在证券、期货投资咨询机构工作的，不得从事证券、期货投资咨询业务。

第十九条　证券、期货投资咨询机构及其投资咨询人员，应当以行业公认的谨慎、诚实和勤勉尽责的态度，为投资人或者客户提供证券、期货投资咨询服务。

第三部分　司法解释

一、最高人民法院关于审理证券市场虚假陈述侵权民事赔偿案件的若干规定

第一条　信息披露义务人在证券交易场所发行、交易证券过程中实施虚假陈述引发的侵权民事赔偿案件,适用本规定。

按照国务院规定设立的区域性股权市场中发生的虚假陈述侵权民事赔偿案件,可以参照适用本规定。

第二条　原告提起证券虚假陈述侵权民事赔偿诉讼,符合民事诉讼法第一百二十二条规定,并提交以下证据或者证明材料的,人民法院应当受理:

(一)证明原告身份的相关文件;

(二)信息披露义务人实施虚假陈述的相关证据;

(三)原告因虚假陈述进行交易的凭证及投资损失等相关证据。

人民法院不得仅以虚假陈述未经监管部门行政处罚或者人民法院生效刑事判决的认定为由裁定不予受理。

第四条　信息披露义务人违反法律、行政法规、监管部门制定的规章和规范性文件关于信息披露的规定,在披露的信息中存在虚假记载、误导性陈述或者重大遗漏的,人民法院应当认定为虚假陈述。

虚假记载,是指信息披露义务人披露的信息中对相关财务数据进行重大不实记载,或者对其他重要信息作出与真实情况不符的描述。

误导性陈述,是指信息披露义务人披露的信息隐瞒了与之相关的部分重要事实,或者未及时披露相关更正、确认信息,致使已经披露的信息因不完整、不准确而具有误导性。

重大遗漏,是指信息披露义务人违反关于信息披露的规定,对重大事件或者重要事项等应当披露的信息未予披露。

第七条　虚假陈述实施日,是指信息披露义务人作出虚假陈述或者发生虚

假陈述之日。

信息披露义务人在证券交易场所的网站或者符合监管部门规定条件的媒体上公告发布具有虚假陈述内容的信息披露文件，以披露日为实施日；通过召开业绩说明会、接受新闻媒体采访等方式实施虚假陈述的，以该虚假陈述的内容在具有全国性影响的媒体上首次公布之日为实施日。信息披露文件或者相关报导内容在交易日收市后发布的，以其后的第一个交易日为实施日。

因未及时披露相关更正、确认信息构成误导性陈述，或者未及时披露重大事件或者重要事项等构成重大遗漏的，以应当披露相关信息期限届满后的第一个交易日为实施日。

第八条　虚假陈述揭露日，是指虚假陈述在具有全国性影响的报刊、电台、电视台或监管部门网站、交易场所网站、主要门户网站、行业知名的自媒体等媒体上，首次被公开揭露并为证券市场知悉之日。

人民法院应当根据公开交易市场对相关信息的反应等证据，判断投资者是否知悉了虚假陈述。

除当事人有相反证据足以反驳外，下列日期应当认定为揭露日：

（一）监管部门以涉嫌信息披露违法为由对信息披露义务人立案调查的信息公开之日；

（二）证券交易场所等自律管理组织因虚假陈述对信息披露义务人等责任主体采取自律管理措施的信息公布之日。

信息披露义务人实施的虚假陈述呈连续状态的，以首次被公开揭露并为证券市场知悉之日为揭露日。信息披露义务人实施多个相互独立的虚假陈述的，人民法院应当分别认定其揭露日。

第九条　虚假陈述更正日，是指信息披露义务人在证券交易场所网站或者符合监管部门规定条件的媒体上，自行更正虚假陈述之日。

第十条　有下列情形之一的，人民法院应当认定虚假陈述的内容具有重大性：

（一）虚假陈述的内容属于证券法第八十条第二款、第八十一条第二款规定的重大事件；

（二）虚假陈述的内容属于监管部门制定的规章和规范性文件中要求披露的重大事件或者重要事项；

（三）虚假陈述的实施、揭露或者更正导致相关证券的交易价格或者交易量产生明显的变化。

前款第一项、第二项所列情形，被告提交证据足以证明虚假陈述并未导致相关证券交易价格或者交易量明显变化的，人民法院应当认定虚假陈述的内容不具有重大性。

被告能够证明虚假陈述不具有重大性，并以此抗辩不应当承担民事责任的，人民法院应当予以支持。

第十一条 原告能够证明下列情形的，人民法院应当认定原告的投资决定与虚假陈述之间的交易因果关系成立：

（一）信息披露义务人实施了虚假陈述；

（二）原告交易的是与虚假陈述直接关联的证券；

（三）原告在虚假陈述实施日之后、揭露日或更正日之前实施了相应的交易行为，即在诱多型虚假陈述中买入了相关证券，或者在诱空型虚假陈述中卖出了相关证券。

第十二条 被告能够证明下列情形之一的，人民法院应当认定交易因果关系不成立：

（一）原告的交易行为发生在虚假陈述实施前，或者是在揭露或更正之后；

（二）原告在交易时知道或者应当知道存在虚假陈述，或者虚假陈述已经被证券市场广泛知悉；

（三）原告的交易行为是受到虚假陈述实施后发生的上市公司的收购、重大资产重组等其他重大事件的影响；

（四）原告的交易行为构成内幕交易、操纵证券市场等证券违法行为的；

（五）原告的交易行为与虚假陈述不具有交易因果关系的其他情形。

第十三条 证券法第八十五条、第一百六十三条所称的过错，包括以下两种情形：

（一）行为人故意制作、出具存在虚假陈述的信息披露文件，或者明知信息披露文件存在虚假陈述而不予指明、予以发布；

（二）行为人严重违反注意义务，对信息披露文件中虚假陈述的形成或者发布存在过失。

第十七条　保荐机构、承销机构等机构及其直接责任人员提交的尽职调查工作底稿、尽职调查报告、内部审核意见等证据能够证明下列情形的，人民法院应当认定其没有过错：

（一）已经按照法律、行政法规、监管部门制定的规章和规范性文件、相关行业执业规范的要求，对信息披露文件中的相关内容进行了审慎尽职调查；

（二）对信息披露文件中没有证券服务机构专业意见支持的重要内容，经过审慎尽职调查和独立判断，有合理理由相信该部分内容与真实情况相符；

（三）对信息披露文件中证券服务机构出具专业意见的重要内容，经过审慎核查和必要的调查、复核，有合理理由排除了职业怀疑并形成合理信赖。

在全国中小企业股份转让系统从事挂牌和定向发行推荐业务的证券公司，适用前款规定。

第十八条　会计师事务所、律师事务所、资信评级机构、资产评估机构、财务顾问等证券服务机构制作、出具的文件存在虚假陈述的，人民法院应当按照法律、行政法规、监管部门制定的规章和规范性文件，参考行业执业规范规定的工作范围和程序要求等内容，结合其核查、验证工作底稿等相关证据，认定其是否存在过错。

证券服务机构的责任限于其工作范围和专业领域。证券服务机构依赖保荐机构或者其他证券服务机构的基础工作或者专业意见致使其出具的专业意见存在虚假陈述，能够证明其对所依赖的基础工作或者专业意见经过审慎核查和必要的调查、复核，排除了职业怀疑并形成合理信赖的，人民法院应当认定其没有过错。

第二十四条　发行人在证券发行市场虚假陈述，导致原告损失的，原告有权请求按照本规定第二十五条的规定赔偿损失。

第二十五条　信息披露义务人在证券交易市场承担民事赔偿责任的范围，以原告因虚假陈述而实际发生的损失为限。原告实际损失包括投资差额损失、投资差额损失部分的佣金和印花税。

第二十六条　投资差额损失计算的基准日，是指在虚假陈述揭露或更正后，为将原告应获赔偿限定在虚假陈述所造成的损失范围内，确定损失计算的合理期间而规定的截止日期。

在采用集中竞价的交易市场中，自揭露日或更正日起，被虚假陈述影响的证券集中交易累计成交量达到可流通部分100%之日为基准日。

自揭露日或更正日起，集中交易累计换手率在10个交易日内达到可流通部分100%的，以第10个交易日为基准日；在30个交易日内未达到可流通部分100%的，以第30个交易日为基准日。

虚假陈述揭露日或更正日起至基准日期间每个交易日收盘价的平均价格，为损失计算的基准价格。

无法依前款规定确定基准价格的，人民法院可以根据有专门知识的人的专业意见，参考对相关行业进行投资时的通常估值方法，确定基准价格。

第二十七条 在采用集中竞价的交易市场中，原告因虚假陈述买入相关股票所造成的投资差额损失，按照下列方法计算：

（一）原告在实施日之后、揭露日或更正日之前买入，在揭露日或更正日之后、基准日之前卖出的股票，按买入股票的平均价格与卖出股票的平均价格之间的差额，乘以已卖出的股票数量；

（二）原告在实施日之后、揭露日或更正日之前买入，基准日之前未卖出的股票，按买入股票的平均价格与基准价格之间的差额，乘以未卖出的股票数量。

第二十八条 在采用集中竞价的交易市场中，原告因虚假陈述卖出相关股票所造成的投资差额损失，按照下列方法计算：

（一）原告在实施日之后、揭露日或更正日之前卖出，在揭露日或更正日之后、基准日之前买回的股票，按买回股票的平均价格与卖出股票的平均价格之间的差额，乘以买回的股票数量；

（二）原告在实施日之后、揭露日或更正日之前卖出，基准日之前未买回的股票，按基准价格与卖出股票的平均价格之间的差额，乘以未买回的股票数量。

第二十九条 计算投资差额损失时，已经除权的证券，证券价格和证券数量应当复权计算。

第三十一条 人民法院应当查明虚假陈述与原告损失之间的因果关系，以及导致原告损失的其他原因等案件基本事实，确定赔偿责任范围。

被告能够举证证明原告的损失部分或者全部是由他人操纵市场、证券市场的风险、证券市场对特定事件的过度反应、上市公司内外部经营环境等其他因素所导致的，对其关于相应减轻或者免除责任的抗辩，人民法院应当予以支持。

第三十五条 本规定自2022年1月22日起施行。《最高人民法院关于受理证券市场因虚假陈述引发的民事侵权纠纷案件有关问题的通知》《最高人民法院关于审理证券市场因虚假陈述引发的民事赔偿案件的若干规定》同时废止。《最高人民法院关于审理涉及会计师事务所在审计业务活动中民事侵权赔偿案件的若干规定》与本规定不一致的,以本规定为准。

本规定施行后尚未终审的案件,适用本规定。本规定施行前已经终审,当事人申请再审或者按照审判监督程序决定再审的案件,不适用本规定。

二、最高人民法院关于适用《中华人民共和国民法典》时间效力的若干规定

第一条 民法典施行后的法律事实引起的民事纠纷案件,适用民法典的规定。

民法典施行前的法律事实引起的民事纠纷案件,适用当时的法律、司法解释的规定,但是法律、司法解释另有规定的除外。

民法典施行前的法律事实持续至民法典施行后,该法律事实引起的民事纠纷案件,适用民法典的规定,但是法律、司法解释另有规定的除外。

三、最高人民法院关于审理民事案件适用诉讼时效制度若干问题的规定(2020年修正)

第六条 返还不当得利请求权的诉讼时效期间,从当事人一方知道或者应当知道不当得利事实及对方当事人之日起计算。

四、最高人民法院关于审理民事级别管辖异议案件若干问题的规定(2020年修正)

第一条 被告在提交答辩状期间提出管辖权异议,认为受诉人民法院违反级别管辖规定,案件应当由上级人民法院或者下级人民法院管辖的,受诉人民法院应当审查,并在受理异议之日起十五日内作出裁定:

(一)异议不成立的,裁定驳回;

(二)异议成立的,裁定移送有管辖权的人民法院。

五、最高人民法院关于审理民间借贷案件适用法律若干问题的规定(2020年第二次修正)

第一条 本规定所称的民间借贷,是指自然人、法人和非法人组织之间进行资金融通的行为。

经金融监管部门批准设立的从事贷款业务的金融机构及其分支机构,因发放贷款等相关金融业务引发的纠纷,不适用本规定。

第二十九条 出借人与借款人既约定了逾期利率,又约定了违约金或者其他费用,出借人可以选择主张逾期利息、违约金或者其他费用,也可以一并主张,但是总计超过合同成立时一年期贷款市场报价利率四倍的部分,人民法院不予支持。

第三十一条 本规定施行后,人民法院新受理的一审民间借贷纠纷案件,适用本规定。

2020年8月20日之后新受理的一审民间借贷案件,借贷合同成立于2020年8月20日之前,当事人请求适用当时的司法解释计算自合同成立到2020年8月19日的利息部分的,人民法院应予支持;对于自2020年8月20日到借款返还之日的利息部分,适用起诉时本规定的利率保护标准计算。

本规定施行后,最高人民法院以前作出的相关司法解释与本规定不一致的,以本规定为准。

六、最高人民法院关于审理票据纠纷案件若干问题的规定(2020年修正)

第十四条 票据债务人依照票据法第十二条、第十三条的规定,对持票人提出下列抗辩的,人民法院应予支持:

(一)与票据债务人有直接债权债务关系并且不履行约定义务的;

(二)以欺诈、偷盗或者胁迫等非法手段取得票据,或者明知有前列情形,出于恶意取得票据的；

（三）明知票据债务人与出票人或者与持票人的前手之间存在抗辩事由而取得票据的；

（四）因重大过失取得票据的；

（五）其他依法不得享有票据权利的。

第二十二条　代理付款人在人民法院公示催告公告发布以前按照规定程序善意付款后，承兑人或者付款人以已经公示催告为由拒付代理付款人已经垫付的款项的，人民法院不予支持。

七、最高人民法院关于审理企业破产案件若干问题的规定

第五十五条　下列债权属于破产债权：

（一）破产宣告前发生的无财产担保的债权；

（二）破产宣告前发生的虽有财产担保但是债权人放弃优先受偿的债权；

（三）破产宣告前发生的虽有财产担保但是债权数额超过担保物价值部分的债权；

（四）票据出票人被宣告破产，付款人或者承兑人不知其事实而向持票人付款或者承兑所产生的债权；

（五）清算组解除合同，对方当事人依法或者依照合同约定产生的对债务人可以用货币计算的债权；

（六）债务人的受托人在债务人破产后，为债务人的利益处理委托事务所发生的债权；

（七）债务人发行债券形成的债权；

（八）债务人的保证人代替债务人清偿债务后依法可以向债务人追偿的债权；

（九）债务人的保证人按照《中华人民共和国担保法》第三十二条的规定预先行使追偿权而申报的债权；

（十）债务人为保证人的，在破产宣告前已经被生效的法律文书确定承担的保证责任；

（十一）债务人在破产宣告前因侵权、违约给他人造成财产损失而产生的赔偿责任。

（十二）人民法院认可的其他债权。

以上第（五）项债权以实际损失为计算原则。违约金不作为破产债权，定金不再适用定金罚则。

第六十一条 下列债权不属于破产债权：

（一）行政、司法机关对破产企业的罚款、罚金以及其他有关费用；

（二）人民法院受理破产案件后债务人未支付应付款项的滞纳金，包括债务人未执行生效法律文书应当加倍支付的迟延利息和劳动保险金的滞纳金；

（三）破产宣告后的债务利息；

（四）债权人参加破产程序所支出的费用；

（五）破产企业的股权、股票持有人在股权、股票上的权利；

（六）破产财产分配开始后向清算组申报的债权；

（七）超过诉讼时效的债权；

（八）债务人开办单位对债务人未收取的管理费、承包费。

上述不属于破产债权的权利，人民法院或者清算组也应当对当事人的申报进行登记。

第四部分　司法文件

全国法院民商事审判工作会议纪要

84.【揭露日和更正日的认定】虚假陈述的揭露和更正,是指虚假陈述被市场所知悉、了解,其精确程度并不以“镜像规则”为必要,不要求达到全面、完整、准确的程度。原则上,只要交易市场对监管部门立案调查、权威媒体刊载的揭露文章等信息存在着明显的反应,对一方主张市场已经知悉虚假陈述的抗辩,人民法院依法予以支持。

85.【重大性要件的认定】审判实践中,部分人民法院对重大性要件和信赖要件存在着混淆认识,以行政处罚认定的信息披露违法行为对投资者的交易决定没有影响为由否定违法行为的重大性,应当引起注意。重大性是指可能对投资者进行投资决策具有重要影响的信息,虚假陈述已经被监管部门行政处罚的,应当认为是具有重大性的违法行为。在案件审理过程中,对于一方提出的监管部门作出处罚决定的行为不具有重大性的抗辩,人民法院不予支持,同时应当向其释明,该抗辩并非民商事案件的审理范围,应当通过行政复议、行政诉讼加以解决。

91.【增信文件的性质】信托合同之外的当事人提供第三方差额补足、代为履行到期回购义务、流动性支持等类似承诺文件作为增信措施,其内容符合法律关于保证的规定的,人民法院应当认定当事人之间成立保证合同关系。其内容不符合法律关于保证的规定的,依据承诺文件的具体内容确定相应的权利义务关系,并根据案件事实情况确定相应的民事责任。

附件2

投资银行业务具体民事诉讼案例分析汇编

第一部分 重点分析类案例

本附件对筛选出的50起投资银行业务民事诉讼案件，根据涉案案由与业务具体执业标准的关联度，将其中19起民事诉讼案件作为重点分析类案例进行分析解读，将6起案件作为一般分析类案例进行解读，将25起案件作为简单介绍类案例进行解读。

案例一 XN证券鞍重股份案

一、案情简述

该案件系证券虚假陈述责任纠纷。

鞍山重型矿山机器股份有限公司（以下简称鞍重股份）于2012年3月29日通过公开发行新股的方式，在中小板股票市场上市交易。

（一）投行项目情况

浙江九好办公服务集团有限公司（以下简称九好集团）系与鞍重股份进行重大资产重组方案的重组方，XN证券担任鞍重股份重大资产重组项目财务顾问。

2015年11月14日，鞍重股份发布了重组预案公告。同时公告置入资产标的公司的财务数据。

2016年4月22日，鞍重股份召开董事会讨论通过《鞍山重型矿山机器股份有限公司重大资产置换及发行股份购买资产并募集配套资金暨关联交易报告书》（以下简称《报告书》）。

2016年4月23日，鞍重股份公告《报告书》，其中披露了重组对象九好集团最近3年主要财务数据。

（二）监管处罚

2016年5月28日，鞍重股份公告称收到中国证监会调查通知书。

2017年3月11日，鞍重股份公告称收到中国证监会处罚告知书。

2017年4月28日，鞍重股份公告称鞍重股份、九好集团、相关当事人收到中国证监会行政处罚决定书。

2017年5月16日，中国证监会作出〔2017〕54号行政处罚决定书，认定为鞍重股份本次重大资产重组项目担任财务顾问的XN证券没有履行对并购重组活动进行充分、广泛、合理调查的职责，未发现九好集团2013年至2015年通过虚构业务、改变业务性质等多种方式虚增服务费收入和贸易收入的事实，未发现九好集团虚增3亿元银行存款及未披露3亿元定期存单质押信息的事实，XN证券在对重组标的公司九好集团的尽职调查过程中未勤勉尽责。

2017年5月31日，2017年8月10日及2017年9月20日，中国证监会分别对本次重大资产重组项目提供法律、资产评估、出具审计报告服务的北京市TY律师事务所、ZL资产评估集团有限公司、LAD会计师事务所出具行政处罚决定书。

（三）诉讼判决

后系列投资者对XN证券等主体向辽宁省沈阳市中级人民法院提起证券虚假陈述责任纠纷诉讼。本系列案件抽取投资者赵某利案件[1]进行分析。原告赵某利针对因持续持有该股票产生投资差额损失14,160元、印花税及佣金损失28.32元、利息损失36.28元，请求赔偿。法院认定在揭露日至基准日期间因股价下跌所造成的投资者损失，与虚假陈述行为具有直接的因果关系。结合测算，法院酌情确定投资者投资损失的30%与本案虚假陈述行为存在因果关系，该部分损失应由鞍重股份承担赔偿责任。同时判决鞍重股份、九好科技、XN证券共同赔偿原告赵某利经济损失4237元。

二、法条释义

（一）案涉主要法条汇总

详见本书附件1。

（二）本案争议焦点及相关法条释义

1. 关于鞍重股份应否承担证券虚假陈述民事赔偿责任

根据《虚假陈述引发赔偿规定》第21条的规定，上市公司应对虚假陈述承担无过错责任，因此，不论鞍重股份对本案虚假陈述行为有无过错，鞍重股份均应当承担相应的民事赔偿责任。

2. 本案虚假陈述行为实施日、揭示日、基准日和基准价的确定

根据《虚假陈述引发赔偿规定》第20条第1款的规定，实施日应为鞍重股

〔1〕参见辽宁省沈阳市中级人民法院民事判决书，(2020)辽01民初408号。

份发布《报告书》之日。重组预案的披露并不能向证券市场传递确定的九好集团财务信息,理性投资人不会据此信息对股票价值作出判断,因此实施日不应确定为重组预案公告日。

根据《虚假陈述引发赔偿规定》第20条第2、3款的规定,认定虚假陈述揭露日时,应考虑揭露内容的相关性、充分性、揭露主体的权威性和揭露时间的首次性。鞍重股份2017年3月11日公告的处罚告知书,首次完整地披露了行政处罚决定书中认定的鞍重股份虚假陈述行为,足以影响投资者的投资决策。故应认定该日期为本案虚假陈述行为揭露日。

关于本案基准日和基准价,根据《虚假陈述引发赔偿规定》第32条、第33条的规定确定。

3. 关于XN证券是否应当承担民事赔偿责任

根据《虚假陈述引发赔偿规定》第24条的规定,XN证券承担民事赔偿责任的归责原则为过错推定原则,应由其对没有过错承担举证证明责任。因XN证券未能提供证据支持其主张,应对原告的损失承担民事赔偿责任。

4. 关于鞍重股份、九好集团、XN证券应如何承担民事责任

根据《虚假陈述引发赔偿规定》第19条的规定,投资损失应与虚假陈述行为存在损失因果关系。在本案揭露日至基准日期间,因虚假陈述行为被揭露,鞍重股份股价走势与大盘和行业指数出现明显的背离,此时股价的下跌,主要是由于虚假陈述被揭露后,价格向价值回归的过程中,风险集中被释放导致,而不存在系统风险等其他因素。因此,在本案揭露日至基准日期间因股价下跌所造成的投资者的损失,与虚假陈述行为具有直接的因果关系。结合测算,法院酌情确定投资者投资损失的30%与本案虚假陈述行为存在因果关系,该部分损失应由鞍重股份承担赔偿责任。

同时,根据《虚假陈述引发赔偿规定》第24条、第25条的规定,九好集团存在欺诈的行为。XN证券未勤勉尽责、充分核查,未能提供证据证明其对投资人的损失不存在过错,九好集团、XN证券应与鞍重股份共同赔偿投资者的损失。

三、法理分析

详见第三篇第三章项下第一部分内容。

四、执业分析

本案中,XN证券担任鞍重股份重大资产重组项目财务顾问,主要存在以下

未勤勉尽责事项：

1. 在投资银行业务开展前未签订正式业务协议。

2. 执业中未审慎履行尽调职责。

(1)在对重要事项尽调不充分的情形下出具财务顾问报告。XN 证券在对九好集团银行存款实施函证程序过程中，于 2016 年年初向兴业银行杭州分行发出资金询证函，函证内容为九好集团截至 2015 年年底在兴业银行存款情况及是否存在抵押、质押情形，但截至重组交易报告书和独立财务顾问报告出具日(2016 年 4 月 23 日)，兴业银行一直未回函。XN 证券仅仅通过核对企业信用报告、查看回款记录、访谈九好集团高管、取得九好集团书面确认等核查手段证明 3 亿元银行存款的真实性，未实地走访兴业银行并查清银行未回复函证的缘由，在未获取足够证据证明其核查结论的情况下出具财务顾问报告。

(2)在尽职调查过程中对明显异常情形并未予以充分关注。XN 证券在对九好集团业务和收入核查过程中，收集的资料均为九好集团提供，这些业务资料存在许多疑点和异常情形。XN 证券未对九好集团提供的与其营业收入相关的业务资料中诸多疑点予以充分关注，有针对性地制订后续核查计划，导致其最终未能发现九好集团收入的真实性存在问题。XN 证券未对黑石金融的工商登记资料中九好集团副总裁吴某曾担任法定代表人的事实进行充分关注，未对九好集团营业收入中涉及黑石金融的异常交易事项以及黑石金融和九好集团之间的关联关系进行深入核查。在重组报告书及独立财务顾问报告中未如实披露黑石金融与九好集团在 2014 年存在关联关系。

(3)未按照业务规则对函证实施过程进行控制。XN 证券在函证程序实施过程中，九好集团总部安排九好集团员工参与填写询证函快递单并寄出，发函工作自始至终均有九好集团员工参与。多家供应商的发函快递单连号，有的询证函发函人即为九好集团；多家供应商回函快递单单号连号，发函人相同；多家供应商发函和回函快递单单号连号。

(4)未确保尽职调查中实地走访程序独立实施。XN 证券对平台供应商和客户的实地走访核查程序完全受制于九好集团，许多访谈对象为供应商的财务人员，只能根据财务入账数据核对往来账目，对双方的业务合作模式既不参与也不了解。部分供应商甚至直接否认接受过 XN 证券等中介机构访谈。

3. 利用其他证券服务机构专业意见，未进行必要的核查验证。2013年至2015年，九好集团通过各种手段虚增服务收入，虚增2015年贸易收入，虚构银行存款3亿元、未披露3亿元借款及银行存款质押。九好集团将上述情况列入财务报表，向鞍重股份提供并于2016年4月23日披露了含有虚假内容的审计报告(2013年至2015年)。2016年4月23日，鞍重股份公告了重大资产重组报告书，其中披露了九好集团最近3年主要财务数据。XN证券未对申报文件的真实性、准确性、完整性进行充分核查和验证，导致出具的独立财务顾问报告存在虚假记载、重大遗漏。

五、借鉴与教训

结合本案，在投资者诉证券公司证券虚假陈述案件中，证券公司可得到如下启示：

1. 准确认定实施日、揭露日、基准日是认定责任的第一步。

2. 关注依法扣除因系统风险和非系统风险造成的损失。

本案中，虚假陈述行为实施日前，在大盘和专用设备制造业行业指数均存在明显下跌的情况下，受重大资产重组预期的影响，鞍重股份的股价逆势暴涨，被推至虚高的价位。在鞍重股份基本面没有明显变化的情况下，股票价格已不能充分反映其内在的价值。至本案虚假陈述揭露日前，鞍重股份股价又重新跌至与重组预案发布前基本相同的价位。由于此时鞍重股份股价的大幅回落尚未受到本案虚假陈述被揭露的负面影响，其股价的变化也充分反映了此前的股价具有虚高的成分及证券市场固有的风险。因此，这部分损失不是由本案虚假陈述行为导致的，股价“泡沫”日后被挤出导致的投资者的损失与虚假陈述行为不具有因果关系。

与前述相对应的是，在本案揭露日至基准日期间，因虚假陈述行为被揭露，鞍重股份股价出现明显的下跌走势，而在此期间大盘和行业板块指数均小幅上涨。鞍重股份股价走势与大盘和行业指数出现明显的背离，此时股价的下跌主要是由于虚假陈述被揭露后，价格向价值回归的过程中，风险集中被释放导致，而不存在系统风险等其他因素。因此，在本案揭露日至基准日期间因股价下跌所造成的投资者的损失，与虚假陈述行为具有直接的因果关系。

六、执业建议

1. 业务部门应严格履行投资银行业务内控程序，在投资银行业务开展前签订正式业务协议。

2. 业务部门在投资银行业务执业中应审慎履行尽调职责。

（1）对重要事项应最大限度采取充分、全面的核查程序及手段履行关注义务。

（2）尽职调查过程中对异常事项应采取进一步有针对性的核查手段和方法排除合理怀疑。

（3）尽职调查过程中应按照业务规则对函证实施过程进行控制，确保函证过程具备独立性，函证结果具有客观性。

（4）应确保尽职调查中实地走访程序的独立实施。

3. 利用其他证券服务机构专业意见的，应当进行必要的核查及验证。对委托人提供的资料和披露的信息进行独立判断，不应未经“审慎核查”“实质验证”而直接引用其他中介机构专业意见。

案例二　ZS 证券中安科案

一、案情简述

详见第三篇第二章项下第五部分内容。

二、法条释义

（一）案涉主要法条汇总

详见本书附件 1。

（二）确定证券服务机构应当承担法律责任的主要法条

2005 年《证券法》第 173 条及第 223 条对专业机构的勤勉义务包括对所依据的文件资料的真实性、准确性、完整性的核验义务作了要求。《虚假陈述引发赔偿规定》对证券服务机构的义务和责任作出了进一步规定。中国证监会等监管机构根据不同业务分类，对证券服务机构的具体履职要求和注意义务作出了具体规定。同时，为了实现证券服务机构有效履职，应当考量其工作特点和审核成本，将其注意义务和责任范围界定在合理范围之内，明确其责任边界，实现证券服务机构“各尽其职、各负其责”，对各自专业相关的业务事项履行特别注意义务，对其他业务事项履行普通注意义务。

关于证券虚假陈述民事赔偿中，证券服务机构存在过错及虚假陈述行为的前提下，是否一概承担全额连带责任的问题，1998年《证券法》第161条规定了专业机构和人员应就其负有责任的部分承担连带责任，《虚假陈述引发赔偿规定》第24条也据此对专业中介服务机构及其直接责任人虚假陈述承担相应部分赔偿责任予以进一步明确。根据上述法律规定，证券服务机构的注意义务和应负责任范围，限于各自的工作范围和专业领域，其制作、出具的文件有虚假记载、误导性陈述或者重大遗漏，应当按照证券法及相关司法解释的规定，考量其过错程度、造成投资者损失的原因力等因素，分别确定其应当承担的法律责任。

三、法理分析

详见第三篇第三章项下第一部分内容。

四、执业分析

1. 本案二审分别梳理了ZS证券和审计机构的侵权行为与过错，认定两者对不同信息披露事项的虚假陈述负责。

一审判决认定的虚假陈述事实为中安科在2014年6月11日公告的重大资产重组文件中虚增置入资产评估值[1]、虚增2013年营业收入[2]。该认定与中国证监会认定的事实一致。

二审判决在确认虚假陈述事实的基础上，分别梳理ZS证券与审计机构未尽勤勉而导致虚假陈述的侵权行为。ZS证券依其职责，应当对重大资产重组中交易定价的公允性、盈利预测的可实现性等事项予以重点关注，鉴于"班班通"项目对标的公司未来收益预测及资产评估具有重大影响，应关注"班班通"项目的实际进展情况，包括标的公司是否中标，但ZS证券却未予审慎核查。而对于"智慧石拐"项目和4个"BT"项目，主要涉及收入确认等财务会计、审计问题，并非ZS证券的专业范围。审计机构依其职责，鉴于"智慧石拐"项目虚增收入的后果重要性，出具审计意见时应对"智慧石拐"项目予以审慎关注，但在发送的询证函未显示对方回复或确认的情况下就列示"回函确认销售金额"，缺乏

---

[1] 虚增置入资产评估值，是指标的公司将"班班通"项目计入2014年度盈利预测报告，但标的公司因未中标，实际难以履行"班班通"项目框架协议并据此预测收益，进而影响资产重组的盈利预测。

[2] 虚增2013年营业收入，既包括标的公司在"智慧石拐"项目不符合收入确认条件下将其计入收入，导致营业收入虚增5000万元，还包括标的公司在4个"BT"项目中确认营业收入有误，虚增营业收入515万元。

合理解释，同时未能证明其对该项目实际进展予以应有的关注和必要的数据复核。而对于“班班通”项目，外部审计机构基于标的公司提供的材料进行盈利预测审核并不存在明显过错。至于4个“BT”项目，因所涉虚假陈述金额较小，对于审计重要性而言相对较低。

综上，ZS证券应对“班班通”项目涉及的盈利预测事项的虚假陈述负责，审计机构应对“智慧石拐”项目涉及的营业收入事项的虚假陈述负责。从虚假陈述行为要件来看，判决区分了盈利预测和营业收入，两项虚假陈述事项，这亦分别满足证券虚假陈述的重大性要求。

2. 本案二审判决认为证券服务机构连带赔偿责任应限制在与其行为及过错相适应的范围之内。

ZS证券仅对“班班通”项目导致的盈利预测之虚假陈述事项负责；无证据证明ZS证券与中安科、中安消技术公司存在恶意串通等明知或应当明知的情形（主观过错相比于两者较轻）；“班班通”项目占标的公司2014年度预测营业收入的26%，对中安科股票价格和投资者交易决策造成一定影响。综合行为性质和内容、过错程度、原因力等因素，二审判决酌定ZS证券在上市公司证券虚假陈述民事责任的25%范围内承担连带赔偿责任。可见，法院在判决证券虚假陈述责任纠纷案件时，会考虑将证券公司的赔偿责任限制在与其行为及过错相适应的范围之内，故执业中应对职责范围内重点事项勤勉尽责义务，并及时更新相关底稿材料。

五、借鉴与教训

1. 投资者诉证券公司虚假陈述案件中，随着行政或刑事处罚前置程序的弱化及取消，证券公司作为被告时，即使未受到行政处罚或刑事追究，也不宜提出前置程序抗辩，而应有所侧重地进行实体答辩，并相应举证证明自身不存在虚假陈述行为或/和过错。否则可能因未能及时利用实体答辩与举证的机会，面临诉讼不利的风险。尤其在上市公司已被处罚情况下，中介机构即使在诉讼开始时尚不能提出前置程序抗辩，也应当结合上市公司被处罚事项，细致梳理自身工作，制定实体应诉策略并完善证据。

2. 证券公司可梳理虚假陈述项目，厘清每一认定事由是否满足重大性，以及哪些虚假陈述事实与自身专业职责无关。如前所述，随着审判的精细化发展，不论裁判者是以共同侵权模式还是以无意思联络的数人侵权模式来审视证券虚假陈述责任纠纷,责任划分和减免的重要考量因素都包括,多项虚假陈述事实的具体情况如何、中介机构等被告是否仅对其中部分虚假陈述事实负责。因此,在如中安科案的证券虚假陈述责任纠纷中,中介机构可厘清究竟有多少个虚假陈述的信息披露事项,关注每一信息披露事项的虚假陈述是否满足重大性,再分别考察自己依职责是否与相关信息披露事项的虚假陈述存在关联,对不应由自己负责的虚假陈述事实,要重点提出抗辩。

3. 证券公司应重视对工作范围、专业领域、注意义务等问题的说理,细致说明自身行为内容、过错程度与原因力等因素。

在过往的证券虚假陈述责任纠纷中,中介机构提出的过错和原因力抗辩的作用都非常有限:过错方面,过错仅是确定中介机构等被告是否承担责任的因素,只要认定被告存在过错,下一步就是连带责任(或至少对应负责任的虚假陈述事实承担连带责任),法院基本不再进一步考量过错程度以限缩责任范围;原因力方面,过往案例考察虚假陈述事实与投资者损失之间的因果关系时,通常由被告举证存在系统性风险等其他因素以限缩损失因果关系,法院基本不考虑中介机构的工作对虚假陈述信息之产生的原因力和作用力。但依循中安科案的裁判思路,中介机构的过错程度(如过失)、中介机构工作对虚假陈述信息之产生的原因力和作用力,均被纳入比例责任的衡量范围,故中介机构等被告应重视对相关问题的详细说理。

4. 在确定损失计算方法时,证券公司可适时主张采用“收益率曲线同步对比法”计算模型,对影响股价的其他因素均加以定量分析并依法剔除。

中安科案中,法院依据上市公司的申请委托上海交通大学中国金融研究院核定投资者损失金额。该研究院出具的损失核定意见书运用多因子模型法(不仅考虑大盘因素、行业因素、* ST 因素,还考虑了部分个股风格因素)、事件分析法(根据不同投资者的不同交易时间段分别核定其是否受重大事件影响以及受影响程度),核定了虚假陈述外其他因素引发的中安科股票模拟日收益率,据此计算出投资者因系统风险等其他因素导致的投资差额损失。本案最终核定的投资者损失远低于投资者诉请金额。

因此,在此类案件中因标的股票在特定期间的走势、交易量等差异较大而认定不同实施日、揭露日、基准日会使损失范围存在较大差别之外,不同损失计算方法的确定也会带来明显差异,应当予以重视。

六、执业建议

1. 业务部门需对重大资产重组活动重大事项作审慎尽职调查。

(1)应当重点关注交易定价的公允性、标的公司盈利预测核心项目等事项。

(2)应当重点关注标的公司盈利预测可实现性等事项。[1]

(3)应对异常事项提出合理怀疑及关注。[2]

2. 对引用的其他中介机构出具专业意见的内容,应进行“审慎核查”及“实质验证”。

案例三　GX证券华泽钴镍案

一、案情简述

详见第三篇第二章项下第二部分内容。

二、法条释义

关于本案虚假陈述责任纠纷相关法条释义,详见本书附件1。

根据《上市公司重大资产重组管理办法》第4条[3]的规定,华泽钴镍在恢复上市前实施重大资产重组期间的信息披露义务依然存在。

根据2007年《上市公司信息披露管理办法》(已废止)第2条第1款[4]及

---

[1] 本案中,“班班通”项目系政府项目,依法应当进行招投标程序,有关框架协议中也明确约定由各区县与中安消技术公司签订具体合同,因此该项目收入实现具有不确定性。对于“班班通”项目的实际推进情况,ZS证券应当予以跟进关注。事实上,从2014年4月开始,黔西南各市县陆续启动招投标,但中安消技术公司均未中标。在中国证监会的调查中,中安消技术公司相关项目负责人也表示,2014年4月、5月项目沟通过程中,中安消技术公司无法满足部分县政府所提要求,导致无法开展相关工作。

[2] 从ZS证券公司出具的对申请文件反馈意见的核查意见来看,后续ZS证券已经知悉“班班通”项目的真实情况,即3.42亿元的预测营业收入当年无法实现。ZS证券应对之前的评估值以及交易定价的合理性和公允性提出疑问,但其在2014年12月27日更新的财务顾问报告中,仍然认可了之前的收益、预测数据和评估值,未及时采取有效行为。ZS证券称,中安消技术公司2014年度盈利预测数与实际实现数的差异率仅有11.32%,且并购重组方案中设置了利润补偿机制,故交易作价仍是公允合理的。对此,二审法院认为,即使ZS证券所述属实,但在作为估值基础的重大合同未实际执行的情况下,后续有其他因素导致盈利预测具有实现可能性,仍不能证明ZS证券在出具独立财务顾问报告过程中尽到勤勉尽责义务。

[3] 《上市公司重大资产重组管理办法》第4条规定:“上市公司实施重大资产重组,有关各方必须及时、公平地披露或者提供信息,保证所披露或者提供信息的真实、准确、完整,不得有虚假记载、误导性陈述或者重大遗漏。”

[4] 2007年《上市公司信息披露管理办法》(已废止)第2条第1款规定:“信息披露义务人应当真实、准确、完整、及时地披露信息,不得有虚假记载、误导性陈述或者重大遗漏。”

第5条[1]的规定,上市公司的信息披露义务需要保证真实性与及时性。从上市公司信息披露的方式来看,有定期性的披露方式,如定期发布年报、半年报、季报等,也有临时性的披露方式,如公司披露重大投资行为和重大的购置财产的决定、对外提供重大担保等情形。并且,依照2007年《上市公司信息披露管理办法》(已废止)第6条第2款[2]的规定,华泽钴镍不能以发布2013年年度报告的方式替代其发生关联交易行为之时需要履行的披露义务。

三、法理分析

详见第三篇第三章项下第一部分内容。

四、执业分析

GX证券作为并购重组财务顾问及恢复上市保荐人,在案涉虚假陈述行为中主要过错在于保荐华泽钴镍恢复上市过程及持续督导过程中未勤勉尽责。行政处罚决定书载明《华泽钴镍股票恢复上市保荐书》存在虚假记载、重大遗漏,2013年度和2014年度持续督导工作报告书存在虚假记载,GX证券在核查上市公司关联方非经营性占用资金和应收票据,以及利用审计专业意见等方面未勤勉尽责。该案给证券公司投资银行业务执业带来如下启示:

1. 尽职调查中对于重要事项、异常事项应提高关注标准、履行必要的核查程序及注意义务。

本案中GX证券作为华泽钴镍恢复上市的保荐机构和重大资产重组财务顾问,其在持续督导期间未关注华泽钴镍及下属企业的资金往来情况,重组尽职调查过程中未形成银行流水及现金收支工作底稿,未对华泽钴镍及下属企业大额资金变化进行必要的关注,也未履行必要的核查程序,导致未发现陕西华泽与天慕灏锦、臻泰融佳、陕西盛华、陕西青润和、陕西天港无真实交易背景的资金往来,未发现华泽钴镍资金被关联方占用的事实。

为掩盖关联方长期占用资金的事实,华泽钴镍将无效票据入账充当还款。GX证券未对华泽钴镍2013年年末和2014年年末应收票据快速增加,并于期

[1] 2007年《上市公司信息披露管理办法》(已废止)第5条规定:"信息披露文件主要包括招股说明书、募集说明书、上市公告书、定期报告和临时报告等。"

[2] 2007年《上市公司信息披露管理办法》(已废止)第6条第2款规定:"信息披露义务人在公司网站及其他媒体发布信息的时间不得先于指定媒体,不得以新闻发布或者答记者问等任何形式代替应当履行的报告、公告义务,不得以定期报告形式代替应当履行的临时报告义务。"

后迅速减少的异常情况进行必要关注，也未履行必要的核查程序，未发现华泽钴镍采用虚假票据充当还款的事实。

综上，业务部门在尽职调查过程中，对于关联方占用资金、大额资金异常变化等，应通过全面的尽调程序及调查手段进行必要关注。

2. 对引用的其他中介机构出具专业意见的内容，应当结合尽职调查过程中获得的信息对其进行审慎核查、独立判断。

本案中，GX 证券在出具 2013 年度和 2014 年度持续督导工作报告书时，关于不存在关联方资金占用的表述主要依据的是审计机构的审计结论，GX 证券未按照《上市公司并购重组财务顾问业务管理办法》第 22 条第 1 款的规定对审计专业意见进行必要的审慎核查，未能发现华泽钴镍关联方非经营性占用资金和采用无效票据入账掩盖资金占用的事实。

在执业过程中业务部门对其他中介机构的专业意见、其他中介机构提供的底稿应当审慎核查，排除合理怀疑。不能简单依赖其他中介意见出具的专业意见，不应未经“审慎核查”“实质验证”而直接引用其他中介机构专业意见。

五、借鉴与教训

1. 二审全面改判分析：虚假陈述揭露日认定发生改变，导致基准日、基准价变化。

投资者主张揭露日为 2017 年 7 月 7 日，即华泽钴镍发布《关于收到中国证券监督管理委员会〈行政处罚及市场禁入事先告知书〉的公告》（编号：处罚字〔2017〕80 号）之日；华泽钴镍、GX 证券、RH 所主张揭露日为 2015 年 11 月 24 日，即华泽钴镍发布《关于收到中国证监会立案调查通知书的公告》之日。坦率地说，《九民纪要》通过前，司法实践中各地法院对虚假陈述揭露日认定标准不一，《九民纪要》第 84 条[1]对“虚假陈述揭露日”认定标准进行了统一。四川省高级人民法院支持 GX 证券、RH 所主张的应将揭露日认定为 2015 年 11 月

〔1〕《九民纪要》第 84 条规定：“虚假陈述的揭露和更正，是指虚假陈述被市场所知悉、了解，其精确程度并不以‘镜像规则’为必要，不要求达到全面、完整、准确的程度。原则上，只要交易市场对监管部门立案调查、权威媒体刊载的揭露文章等信息存在着明显的反应，对一方主张市场已经知悉虚假陈述的抗辩，人民法院依法予以支持。”《九民纪要》第 84 条规定，认定揭露日时应当从 3 个方面考量：一是虚假陈述行为属首次被公开，但并不要求达到全面、完整、准确的程度；二是在全国范围发行、传播；三是揭露对证券交易产生了实质性的影响。本案中，华泽钴镍于 2015 年 11 月 24 日早间发布了其因涉嫌信息披露不实等证券违法违规被中国证监会立案调查的公告。

24日的意见，系根据《九民纪要》对虚假陈述揭露日的规定作出的认定。

四川省高级人民法院对GX证券和RH所上诉请求予以部分支持，将虚假陈述揭露日由一审认定的行政处罚及市场禁入事先告知书公告之日，改为华泽钴镍披露被中国证监会立案调查之日，并对应调整投资差额损失计算的基准日。一审判决认定基准日为2019年7月5日，基准价为3.72元；二审法院根据《九民纪要》认定基准日为2015年11月30日，基准价为19.87元。

四川省高级人民法院对虚假陈述揭露日、基准日、基准价的重新认定直接导致众多投资人在揭露日之前的投资差额、佣金、利息均为0，即投资人未因案涉虚假陈述行为产生损失。同时，基准价19.78元与3.72元的巨大差距，也直接导致投资人因案涉虚假陈述行为可得的赔偿额降低。

2. 投资者诉证券公司证券虚假陈述案件对证券公司的启示。

详见第三篇第四章项下第二部分内容。

六、执业建议

1. 证券公司应该建立健全具有可操作性的尽职调查及持续督导业务标准。

2. 证券公司业务部门应建立常规性内部核查机制。

在执行尽职调查及持续督导阶段核查程序的同时，如果前台业务部门已经建立常规性内部核查机制，明确项目负责人、保荐代表人等在项目质量把控方面的职责和分工，其一定程度上可以在重大问题解决、细节核查等方面充分发挥核心作用，防止相关持续督导文件模式化，防止出具的意见流于形式。

案例四　JY证券雅百特案

一、案情简述

详见第三篇第二章项下第六部分内容。

二、法理分析

关于中介机构在虚假陈述责任纠纷诉讼中是承担全额连带责任还是按比例承担连带责任，具体分析详见第三篇第三章项下第一部分内容。

三、借鉴与教训

本案中JY证券的诉讼策略值得借鉴。

（一）本案诉讼情况分析

1. 责任认定原则

证券公司承担证券虚假陈述民事赔偿责任适用过错推定原则。本案中，责任认定的关键在于：JY 证券是否已全面履行了法律法规规定的勤勉尽责义务，对雅百特公司的相关虚假陈述行为是否负有过错。

2. 责任认定过程

在本案中，中国证监会对雅百特公司作出行政处罚，对雅百特公司的信息披露违法行为进行了认定。JY 证券亦因雅百特公司证券虚假陈述行为被中国证监会行政处罚。

JY 证券的答辩意见主要包括：(1) 本案中，JY 证券全面履行了法律法规规定的勤勉尽责义务，对雅百特公司的相关虚假陈述行为不负有过错。中国证监会出具的〔2019〕70 号行政处罚决定书中仅认定 JY 证券与雅百特公司的两项虚假陈述事实有关，即对雅百特公司 2015 年虚构海外工程以及 2015 年虚构国内建材贸易出具了相关意见。据此，投资者仅可就该两项事项向 JY 证券主张损害赔偿，JY 证券应按过错比例承担连带责任。(2) 本案虚假陈述实施日、揭露日、基准日、基准价的认定。(3) 本案投资者买入雅百特公司股票的行为并非雅百特公司案涉虚假陈述行为所致，故其投资差额损失与雅百特公司的虚假陈述行为之间不存在因果关系。即使认定投资者交易雅百特公司股票的决策与雅百特公司虚假陈述行为之间存在因果关系，对于案涉投资差额损失中因系统风险及非系统风险等其他因素造成的部分，也应当依法予以剔除。(4) 本案应采用“先入先出加权平均法”作为投资者平均买入价的计算方法。

据此，在监管已经明确认定 JY 证券未勤勉尽责的情形下，JY 证券举证证明没有过错的难度较高。判决书所引用的 JY 证券的答辩意见重点也在于论述按过错比例承担和投资差额损失计算等。

法院在判决过程中认定，JY 证券未按照《上市公司并购重组财务顾问业务管理办法》第 31 条的规定开展工作，未对木尔坦项目进行必要的核查、未对公司盈利承诺履行情况进行必要的核查，未关注到雅百特公司建筑材料购销业务异常增加，也未与会计师核实雅百特公司的业务结构、盈利模式等情况，在知悉李某松担任多家雅百特公司供应商董事长、相关贸易业务存在异常的情况下，未尽到注意义务，未进一步核实购销情况，未发现雅百特公司存在虚构建材销售收入的情况。JY 证券未能举证证明其在出具案涉不实报告时没有过错，应依法承担相应责任。

法院在过错认定过程中，以重大资产重组相关法律法规中对独立财务顾问的执业要求为出发点，判断证券公司出具文件中是否存在虚假记载、误导性陈述或者重大遗漏，证券公司是否已履行尽勤勉尽责义务。其中过错认定的重点在于证券公司就案涉虚假陈述事项是否已进行必要的核查、对异常事项是否尽到注意义务并采取进一步核查手段。

（二）证券公司在虚假陈述责任纠纷诉讼中的应诉策略建议

本案中，JY 证券最终被判决对雅百特公司的赔偿义务在 20% 的范围内承担连带责任。以过错推定为归责原则的情况下，举证责任倒置。在监管机构已经作出行政处罚决定后，证券公司证明自己没有过错存在较大难度。根据判决书引用的 JY 证券答辩意见，其重点在于降低赔付金额。其在降低赔付金额方面主要采取了如下举措，值得证券公司在虚假陈述责任纠纷诉讼中参考借鉴：

1. 降低赔付比例

在本案诉讼过程中，JY 证券从被认定存在未勤勉尽责事项与发行人虚假陈述事实的占比关系出发主张按比例承担连带责任。JY 证券主张中国证监会出具的〔2019〕70 号行政处罚决定书中仅认定 JY 证券与雅百特公司的两项虚假陈述事实有关，即对雅百特公司 2015 年虚构海外工程以及 2015 年虚构国内建材贸易出具了相关意见。据此，投资者仅可就该两项事项向 JY 证券主张损害赔偿，JY 证券应按过错比例承担连带责任。

最终法院结合 JY 证券的工作职责、过错程度以及不实报告对投资者的影响力等因素，酌定 JY 证券在 20% 的范围内对雅百特公司证券虚假陈述民事责任承担连带赔偿责任。

2. 投资差额损失计算

判决书引用的 JY 证券 4 项答辩意见中 3 项是关于投资差额损失计算，其中重点在于对于案涉投资差额损失中因系统风险及非系统风险等其他因素造成的部分应当予以剔除。本案认定应剔除的系统风险影响比例为 20%。这一系统风险影响比例由山东省高级人民法院业已生效的（2021）鲁民终 457 号证券虚假陈述责任纠纷案生效的民事判决认定。

就这一事项有部分投资者向最高人民法院申请再审，最高人民法院最终驳回再审申请,并在裁定书[1]中认定:证券市场系统风险是证券虚假陈述责任纠纷案件中上市公司的法定免责或者减责事由。若投资者全部或者部分损失系因证券市场系统风险,而非因上市公司虚假陈述行为所致,则在计算投资者损失时应当予以相应扣除。根据《虚假陈述引发赔偿规定》第 19 条第 4 项的规定,损失或者部分损失是由证券市场系统风险等其他因素导致的,虚假陈述与损害结果之间不存在因果关系。案涉虚假陈述行为揭露日至基准日期间深证综指下跌 8.91%,申万建筑材料行业指数下跌 7.62%,雅百特公司股价下跌 35.62%。法院综合考虑大盘和相关板块指数反映的市场影响因素,以及投资者购买雅百特公司股票后市场变化情况,依据上述司法解释规定,酌定系统风险对投资者损失的影响比例为 20%,该部分损失与雅百特公司虚假陈述行为之间不具有因果关系,不应由雅百特公司赔偿。

案例五　ZD 证券昆明机床案

一、案情简述

详见第三篇第二章项下第七部分内容。

二、法理分析

中介机构在证券虚假陈述责任纠纷中承担民事责任的归责原则是过错推定原则。但《证券法》、《虚假陈述引发赔偿规定》并没有明确中介机构的民事责任是否只能是全额连带责任。而本案判决中法院根据《侵权责任法》(已废止)第 11 条之规定,认定四被告应对原告的损失承担连带赔偿责任。具体分析详见第三篇第三章项下第一部分内容。

三、借鉴与教训

(一)一审的争议焦点

1. 关于本案各被告方是否存在证券市场虚假陈述行为

具体争议在于“3 个月自动解除”条款、“获得云南有关部门支持”条款是否属于重大信息,对该条款的遗漏是否构成虚假陈述行为。

法院认为,首先,根据《证券法》第 67 条的规定,“持有公司百分之五以上股份的股东或者实际控制人,其持有股份或者控制公司的情况发生较大变化”的

[1] 参见最高人民法院民事裁定书,(2021)最高法民申 941 号。

情形,属于上市公司应当报送临时报告并予公告的重大事件,故昆明机床第一大股东沈机公司拟将其持有的昆明机床25.08%的股权转让的事件属于应当公告的重大事件。其次,中国证监会出具的行政处罚决定书〔2017〕18号、〔2017〕45号、〔2016〕112号、〔2018〕17号已经明确认定昆明机床涉案行为构成我国《证券法》所述信息披露存在重大遗漏行为,沈机公司、西藏紫光涉案行为构成我国《证券法》所述信息披露存在重大遗漏和未按照规定披露行为,ZD证券涉案行为构成我国《证券法》所述"证券服务机构未勤勉尽责,所制作、出具的文件有虚假记载、误导性陈述或者重大遗漏"的行为。综上,法院认定被告存在证券市场虚假陈述行为。

在监管局已经就中介机构的行为下发行政处罚进行认定的情形下,证券公司以此作为申辩理由很难得到法院认可。

2.关于本案四被告证券市场虚假陈述行为与投资人损失是否存在因果关系

(1)因果关系的认定采用严格责任标准

在判决书中,法院认为,根据《虚假陈述引发赔偿规定》第18条[1]之规定,我国现行司法解释对投资损失与虚假陈述之间因果关系的认定实行的是严格责任标准,即只要符合上述三个条件,即认定因果关系成立,除非被告能举证证明原告具有《虚假陈述引发赔偿规定》第19条规定的不存在因果关系的情形。

(2)剔除系统风险影响

本案中,被告辩称本案实施日至基准日期间,证券市场存在普遍性的系统风险,原告的投资差额损失系证券市场风险影响的结果。目前已经有生效判决将2016年年初"熔断机制"认定为证券市场系统风险。原告的损失系因多种系统风险和其他正常市场交易风险导致,与被告虚假陈述行为无因果关系。

法院认为,最高人民法院《虚假陈述引发赔偿规定》第19条虽然明确了证券市场系统风险是阻断投资者损失与证券虚假陈述行为之间因果关系的法定因素之一,但对系统风险这一概念未作明确定义,故应依据通常理解确定系统

〔1〕《虚假陈述引发赔偿规定》第18条规定:"投资人具有以下情形的,人民法院应当认定虚假陈述与损害结果之间存在因果关系:(一)投资人所投资的是与虚假陈述直接关联的证券;(二)投资人在虚假陈述实施日及以后,至揭露日或者更正日之前买入该证券;(三)投资人在虚假陈述揭露日或者更正日及以后,因卖出该证券发生亏损,或者因持续持有该证券而产生亏损。"

风险的含义。系统风险,特征在于因共同因素所引发,对证券市场所有的股票价格均产生影响,这种影响为个别企业或行业所不能控制。证券市场系统风险的结果必然会体现为包含股市综合指数、行业板块指数、个股在内的股价的普遍性下跌。本案的虚假陈述实施日至基准日,刚好涵盖了我国证券业施行"指数熔断"机制的期间,且在本案的虚假陈述实施日至基准日,表征上证所有股票整体走势的上证指数、案涉股票所在的行业板块综合指数即通用设备制造指数确实存在一定程度下跌。故该期间本案原告的投资损失部分应系由系统风险所致,该部分损失不应由各被告承担,理应在计算投资差额损失赔偿数额时予以扣除。至于应当扣除的比例,我国相关法律规定对此没有明确的计算标准,法院综合本案实际酌情认定原告损失的30%是由于系统性风险所致。

3. 关于四被告证券市场虚假陈述行为的民事赔偿责任该如何承担

法院认为,根据《证券法》第 67 条、第 173 条,《上市公司收购管理办法(2014 年修订)》第 3 条,《公开发行证券的公司信息披露内容与格式准则第 15 号——权益变动报告书(2014 年修订)》第 23 条的规定,上市公司即本案的昆明机床、股权转让方即本案沈机公司、股权受让方即本案西藏紫光、专业中介服务机构即本案 ZD 证券均是信息披露义务人。本案四被告均违反了披露信息必须完整不得有重大遗漏的义务,分别实施了虚假陈述行为,这一事实已被前述的中国证监会相应行政处罚决定书确认。本案四被告的证券市场虚假陈述行为,给投资人造成了经济损失,且每个被告的侵权行为均足以造成全部损害,根据《侵权责任法》(已废止)第 11 条之规定,四被告应对原告的损失承担连带赔偿责任。

关于中介机构是全额还是按比例承担连带责任,在司法实务中均有判例,学术界也有不同的声音。具体分析详见第三篇第三章项下第一部分内容。

(二)二审的争议焦点

1. 被上诉人的投资损失是否与上诉人信息披露遗漏行为具有因果关系

法院认为,ZD 证券未取得并核查沈机集团和西藏紫光公司正式签署的股权转让协议,未发现西藏紫光公司披露的详式权益变动报告书信息披露存在重大遗漏,其出具的财务顾问核查意见存在重大遗漏。上述行为违反了《证券法》第 63 条及第 173 条、《上市公司收购管理办法》第 3 条第 3 款及第 9 条第 2 款之规定,已被中国证监会予以行政处罚,一审判决据此认定昆机公司等四公司存在证券虚假陈述行为有事实和法律依据，法院予以确认。这再次印证了在监管局已经就中介机构的行为下发行政处罚进行认定的情形下，证券公司申辩不存在证券虚假陈述行为很难得到法院认可。

关于虚假陈述行为与投资者投资损失之间是否存在因果关系的问题，法院认为，《虚假陈述引发赔偿规定》第18条的规定表明，证券虚假陈述民事赔偿纠纷适用的是因果关系推定原则，投资者仅需证明其投资的股票具有该条规定的三种情形，原则上即可推定其损失与昆机公司等四公司的过错行为之间存在因果关系。但上述规定第19条在推定因果关系存在的同时，也赋予虚假陈述行为人提出反证的权利。可见，二审仍沿用了一审法院的观点，对因果关系的认定采用严格责任标准。

2. 一审判决对投资损失的计算方式是否妥当

关于投资差额损失的计算问题，根据《虚假陈述引发赔偿规定》第31、32条之规定，我国现行司法解释对买入平均价的计算方法并未有明确规定，实践中确实存在不同认识，本案虽然部分上诉人主张采用先进先出法计算买入平均价，但并未提供充分依据推翻一审判决采用的计算方法，或者证明一审判决采用的该计算方式错误，因此法院确认一审判决采用加权平均法计算买入平均价并无不当。另二审中经询问各方当事人，均表示如按加权平均法计算买入平均价，一审判决以该方法计算得出的金额并无错误，法院对一审判决按加权平均法计算买入平均价得出的损失赔偿金额予以确认。

（三）证券公司在虚假陈述诉讼中的应诉策略分析

本案中，ZD证券被判决全额承担连带责任。在以过错推定为归责原则的情况下，举证责任倒置。监管机构已经作出行政处罚决定后，证券公司证明自己没有过错存在较大难度。本案四被告的答辩意见包括：

1. 揭露日至基准日昆明机床的股价未发生大幅下跌，受到利好消息影响，在此期间有上涨甚至涨停的情况，可见本案涉及的股权转让交易未达成与本案股票价格的波动没有因果关系。对此，法院认为，揭露日后涉案股价的下跌幅度大小，不属于前述法律规定的可以否定因果关系存在的情形，不能直接推导出本案涉及的股权转让交易未达成与本案股票价格的波动没有因果关系这一结论。

2. 本案实施日至基准日期间，证券市场存在普遍性的系统风险，原告的损失系因多种系统风险和其他正常市场交易风险导致，与被告虚假陈述行为无因果关系。对此,法院部分采纳,并酌定原告损失的30%是由于系统性风险所致。

3.除本案原告主张的信息披露违法外,昆明机床还存在巨额的虚增利润或减少亏损等业经中国证监会查实的财务造假行为(详见中国证监会行政处罚决定书〔2018〕9号),故即使本案构成虚假陈述,投资人的损失也系多个虚假陈述行为共同导致,西藏紫光不应为由昆明机床单方面实施的涉及财务造假的信息披露违规行为所导致的投资人损失承担赔偿责任。对此,法院认为,原告主张的损失仅系昆明机床2015年11月虚假陈述行为造成的损失,中国证监会行政处罚决定书〔2018〕9号认定的信息披露违法行为,其揭露日是2017年3月22日,远在本案虚假陈述行为的基准日2016年2月23日以后,故中国证监会行政处罚决定书〔2018〕9号认定的信息披露违法行为造成的损失与本案原告的损失无关。

4.遗漏披露的信息对原告投资决策不构成实质性影响,部分投资者并不依赖涉案信息披露交易股票,在揭露日后仍多次买入涉案股票。法院认为,本案原告并不存在揭露日后还买入案涉股票的情形,被告也不能仅凭投资者的在后的投资行为就推导出原告在先的投资行为并非基于涉案披露信息而进行股票交易,且部分投资者在揭露日后买入涉案股票的股数也并未计入本案原告的损失请求依据。

综上,四被告的4项答辩意见中仅系统性风险这一项被法院部分采纳。剔除系统性风险在司法实践中被法院普遍认可,但剔除比例不一,是证券公司在诉讼中降低赔付金额的一个可以重点论述的事项。

同时,第三篇第三章项下第一部分内容就证券公司应全额还是按比例承担连带责任有相关分析。随着越来越多的法院采用比例连带责任,这也是证券公司在诉讼中应重点答辩的事项,如被法院采纳将大幅度降低赔付压力。

案例六　XY证券欣泰电气案

自2017年以来,丹东欣泰电气股份有限公司卷入证券虚假陈述赔偿诉讼,还涉及刑事案件,该公司及相关责任人因证券、期货犯罪受到刑事处罚,同时成为上市公司在申请上市前后连续财务造假而受到刑事处罚并被依法强制退市的典型案例。

详见第三篇第二章项下第三部分内容。

案例七　XB证券尔康制药案

从2020年开始,湖南尔康制药股份有限公司(以下简称尔康制药公司)因证券虚假陈述卷入诉讼。

一、基本案情

尔康制药公司成立于2003年10月,于2011年9月27日在深圳证券交易所挂牌上市,公司2015年启动了非公开发行项目。XB证券系尔康制药公司2011年首次公开发行及上市、2015年再融资项目的保荐机构;湖南QY律师事务所系其上市法律服务机构;TJ会计师事务所(特殊普通合伙)系其上市前后的审计机构。

尔康制药公司于2016年4月6日公布的2015年年度报告、2017年4月21日公布的2016年年度报告均存在虚假陈述行为。其中:(1)2015年涉嫌虚增营业收入18,058,880.00元,虚增利润15,859,735.04元,占当期合并报表披露营业收入的1.03%、净利润的2.62%。(2)2016年涉嫌虚增营业收入255,075,191.84元,虚增净利润232,254,448.80元,占当期合并报表披露营业收入的8.61%、净利润的22.63%。尔康制药公司于2016年4月、2017年4月分别公布了2015年年度报告、2016年年度报告,均存在虚假记载。

二、监管处罚

2017年8月8日,尔康制药公司收到中国证监会下发的调查通知书(编号:湘稽调查字0607号)。调查通知书内容为:因公司涉嫌信息披露违法违规,根据《证券法》的有关规定,中国证监会决定对公司进行立案稽查。

2018年6月15日,尔康制药公司因2015年、2016年年度报告虚增营业收入和利润构成虚假陈述,收到了湖南证监局出具的行政处罚决定书(编号:〔2018〕2号),即对公司及相关责任人员有关信息披露违法违规行为进行了处罚。

在该案例中,除会计师及相关责任人受到中国证监会湖南监管局的监管谈话和深圳交易所处分外,无其他中介机构受到监管机构的处罚。

三、诉讼判决

尔康制药公司作为一家上市公司,应严格履行法定的信息披露义务,因其虚假陈述行为极可能会给投资者造成重大投资损失,应承担赔偿责任。因为尔康制药公司发布虚假年报,投资者误认为其业绩优良而买入其股票,后因尔康制药公司虚假陈述行为被揭露而遭受重大投资损失,投资者的投资损失与尔康制药公司虚假陈述行为之间存在因果关系。投资者以此为由起诉尔康制药公司、XB 证券和 TJ 会计师事务所,主要诉讼请求为:尔康制药公司赔偿投资损失、佣金损失、印花税损失和利息损失;公司董事长、中介机构与上市公司一起承担连带责任。后续法院判决 XB 证券不承担连带民事赔偿责任。

根据《尔康制药:2020 年度年报》,截至 2020 年 12 月 18 日,共有 936 名原告以证券虚假陈述责任纠纷为由提起诉讼。根据判决与调解结果,公司应向各原告赔偿损失合计 81,107,271.73 元,公司应承担的案件受理费合计 1,028,770.30 元。公司已就上述 936 起案件全部完成赔付。截至目前,尔康制药公司仍系创业板上市公司。

案例八　XSD 证券登云汽配案

2015 年,怀集登云汽配股份有限公司(以下简称登云汽配公司)卷入证券虚假陈述赔偿诉讼。

一、基本案情

2014 年 2 月 19 日,登云汽配公司在深圳证券交易所中小板正式挂牌上市(股票简称:登云股份)。在登云汽配公司 2014 年首次公开发行项目中,XSD 证券股份有限公司(以下简称 XSD 证券)系保荐机构,广东 JX 律师事务所系法律服务机构,XYZH 会计师事务所系审计机构。

2015 年 10 月 20 日,登云汽配公司收到中国证监会调查通知书(编号:稽查总队调查通字 152810 号),对公司予以立案调查,主要原因系发行人在 2014 年 IPO 申请文件、2013 年年度报告、2014 年年度报告、2015 年第一季度报告中存在虚假记载、重大遗漏的行为。

二、监管处罚

2017 年 5 月 31 日,登云汽配公司因 IPO 申请文件、2013 年年度报告、2014 年年度报告、2015 年第一季度报告存在虚假记载、重大遗漏的行为,收到了中国证监会作出的行政处罚决定书(怀集登云汽配股份有限公司、欧某先、潘某等 26 名责任人员)。中国证监会责令登云汽配公司改正,给予警告,并处以 60 万元罚款。对相关责任人给予警告,合计处以 256 万元罚款。

2017年5月31日，中国证监会出具行政处罚决定书（XSD证券股份有限公司、程某雄、王某等4名责任人员），对XSD证券和相关责任人员进行行政处罚。该行政处罚决定书主要内容为：(1)登云汽配公司IPO申请文件存在虚假记载、重大遗漏；(2)XSD证券未勤勉尽责，未发现登云汽配公司申请文件存在虚假记载、重大遗漏；(3)XSD证券未勤勉尽责，未发现相关公司与登云汽配公司的关联关系及关联交易；(4)XSD证券未勤勉尽责，未发现登云汽配公司存在不规范运行情形。责令XSD证券改正，给予警告，没收业务收入1676.96万元，并处以1676.96万元罚款。

2017年5月31日，中国证监会出具行政处罚决定书(广东JX律师事务所、高某阳、陈某生)，对律师事务所及相关责任人进行了行政处罚。责令广东JX律师事务所改正，没收业务收入195万元，并处以195万元罚款。对责任人给予警告，并分别处以5万元罚款。

2017年12月16日，中国证监会出具行政处罚决定书（XYZH会计师事务所、郭某龙、夏某），责令XYZH会计师事务所改正，没收业务收入32万元，没收违法所得188万元，并处以220万元罚款。对2位责任人给予警告，并分别处以5万元罚款。

除上述行政处罚外，深圳证券交易所后续给予全部中介机构及相关责任人通报批评的处分。

三、诉讼判决

投资者将登云汽配公司、XSD证券列为共同被告，要求上市公司赔偿损失，证券公司对上市公司的赔偿责任承担连带责任。后续法院认定原告的损失与被告的虚假陈述行为之间并无必然因果关系，诉讼请求均未被法院支持。

案例九　DX证券时空客案

2020年，时空客集团股份有限公司卷入证券虚假陈述赔偿诉讼。

一、基本案情

2014年11月13日，时空客集团股份有限公司（以下简称时空客公司）在全国中小企业股份转让系统（以下简称新三板）挂牌上市。在时空客集团新三板挂牌并公开转让项目中，DX证券股份有限公司为主办券商，北京DC律师事务所、ZT会计师事务所（特殊普通合伙）、辽宁ZH资产评估有限公司分别为法律服务机构、审计机构、评估机构。

2016 年 5 月 16 日,时空客公司收到中国证监会调查通知书(编号:连调查字 021 号),因公司涉嫌信息披露违法违规,根据《证券法》的有关规定,决定对公司进行立案调查。主要违法事项为时空客公司在 2014 年 10 月至 2016 年 5 月 11 日存在关联资金交易,且未及时披露关联交易信息。

二、监管处罚

2016 年 10 月 26 日,时空客公司因违规关联资金交易未履行关联交易审议程序,未及时披露关联交易信息的行为,收到了中国证监会大连监管局作出的中国证券监督管理委员会大连监管局行政处罚决定书(时空客集团股份有限公司)。处罚决定书对时空客公司给予警告,并处罚款 40 万元;对相关 3 位责任人给予警告,合计罚款 36 万元。

2016 年 10 月 31 日,ZT 会计师事务所因在负责审计的时空客公司 2015 年年报审计工作中存在违规问题,收到了中国证监会大连监管局出具的关于对 ZT 会计师事务所(特殊普通合伙)采取出具警示函措施的决定,大连监管局对 ZT 会计师事务所作出出具警示函的监督管理措施。

除上述行政处罚和自律监管措施外,后续全国股转公司对中介机构 DX 证券股份有限公司、ZT 会计师事务所作出出具警示函的自律监管措施,认定 DX 证券股份有限公司在持续督导过程中未对时空客公司是否有效执行公司治理和内控制度进行进一步的核实和检查,在对时空客公司资金占用现场检查时未按要求编制检查工作方案和检查工作报告,未能督导时空客公司规范履行信息披露义务。

三、诉讼判决

投资者向大连市中级人民法院提起诉讼,请求法院判令时空客公司赔偿其认购股款本金及利息损失,同时要求 DX 证券股份有限公司、北京 DC 律师事务所、ZT 会计师事务所、辽宁 ZH 资产评估有限公司等证券服务机构对上述损失承担连带赔偿责任。后续法院依法作出了判决,支持了对时空客公司的侵权赔偿要求,但驳回了投资者要求其他四家证券服务机构承担连带赔偿责任的诉讼请求。

案例十　DB 证券保千里案

2017 年以来，江苏保千里视像科技集团股份有限公司卷入证券虚假陈述责任诉讼。

详见第三篇第二章项下第四部分内容。

案例十一　TPY 证券白兔湖公司案

本案系证券虚假陈述责任纠纷案。

一、基本案情

TPY 证券股份有限公司（以下简称 TPY 证券）是安徽白兔湖动力科技有限公司（以下简称白兔湖公司）新三板挂牌及持续督导主办券商，2014 年 4 月 30 日白兔湖公司股票挂牌转让（现已摘牌）。白兔湖公司 2014 年年报、2015 年年报、2016 年年报审计机构为 ZSH 会计师事务所（以下简称 ZSH 所）。

TPY 证券是白兔湖公司 2016 年 5 月非公开定向发行股票主办券商，ZSH 所是本次股票发行会计师事务所。2016 年 5 月 25 日，被告白兔湖公司发布股票发行方案，2016 年 12 月 20 日，发布股票发行情况报告书。

原告认为白兔湖公司存在公开造假、虚增利润、重大诉讼仲裁事项未及时披露等问题，TPY 公司、ZSH 所等实施的相应违法行为也给原告造成了经济损失，遂于 2020 年 1 月 16 日提起民事赔偿诉讼。

二、监管处罚

1. 被告 TPY 证券被行政监管情况

经检索安徽证监局网站、TPY 证券披露公告，未发现 TPY 证券被行政监管。

2. 被告 ZSH 会计师事务所被行政监管情况[1]

2019 年 8 月 2 日，安徽证监局出具《关于对 ZSH 会计师事务所（特殊普通合伙）及注册会计师梁某芳、金某平、姚某海采取出具警示函措施的决定》。认

---

〔1〕 参见《关于对 ZSH 会计师事务所（特殊普通合伙）及注册会计师梁某芳、金某平、姚某海采取出具警示函措施的决定》，载中国证券监督管理委员会安徽监管局网站 2019 年 8 月 2 日，http://www.csrc.gov.cn/anhui/c103963/c1074545/content.shtml。

定违规事项为：ZSH 所在白兔湖公司 2014 年年报、2015 年年报、2016 年年报审计项目执业过程中存在违规行为。

3. 被告白兔湖公司及相关人员被行政监管情况

白兔湖公司于 2018 年 4 月 2 日收到安徽证监局对公司作出的行政监管措施决定书，即《关于对安徽白兔湖动力股份有限公司采取出具警示函措施的决定》(〔2018〕5 号)，认定违规事项为：(1)2014 年 5 月至 2017 年 9 月关联交易未履行审议程序并及时披露；(2)2014 年 5 月至 2017 年 9 月关联方占用其资金；(3)2017 年 4 月关联担保未履行审议程序并及时披露。

2020 年 11 月 9 日，安徽监管局对白兔湖公司，时任白兔湖公司董事长、总经理汪某海，时任白兔湖公司董事、财务总监刘某近、吴某芳，出具《中国证券监督管理委员会安徽监管局行政处罚决定书》(〔2020〕7 号)〔1〕。认定违规事项为：(1)白兔湖公司未按规定披露关联交易及关联方占用资金情况，导致相关定期报告存在重大遗漏；(2)白兔湖公司虚增 2015 年度利润 4000 万元，导致 2015 年年报存在虚假记载。

三、诉讼判决

洪某兴、白兔湖公司等证券虚假陈述责任纠纷案基本情况〔2〕：

白兔湖公司于 2016 年 5 月 25 日发布股票发行方案，原告洪某兴于 2016 年 6 月以现金认购被告本次非公开定向发行股票。2019 年 6 月，白兔湖公司以资金链断裂、不能偿还到期债务为由申请进入破产重整程序。2020 年 10 月 9 日，(2020)皖 08 破 1－4 号民事裁定书裁定批准白兔湖公司重整计划草案，经重整后原白兔湖公司股东持有的白兔湖公司全部股权清零，让渡至以债转股方式受偿债权的债权人或投资人名下。

原告认为，白兔湖公司存在公开造假、虚增利润、重大诉讼仲裁事项未及时披露等问题，TPY 公司、ZSH 所等实施相应违法行为也给原告造成了经济损失，请求法院判令被告赔偿经济损失投资款以及利息损失，被告 TPY 证券、ZSH 所等对以上债务承担连带赔偿责任。一审法院认为，原告诉请无事实和法律依

〔1〕 载中国证券监督管理委员会安徽监管局网站 2020 年 11 月 9 日，http://www.csrc.gov.cn/anhui/c103978/c1351324/content.shtml。

〔2〕 案例库中同一案由、同一被告的一审判决有 6 件、二审判决有 15 件。

据，依法不予支持，驳回原告诉讼请求。原告上诉，二审法院认为，依据现有证据难以认定原告投资损失与白兔湖公司的虚假陈述行为之间存在因果关系，认定上诉理由不成立，驳回上诉，维持原判。二审判决日期为2021年9月6日。本案两审法院均未判决由TPY证券、ZSH所承担民事赔偿责任。

案例十二　ZT证券英谷公司案

本案系损害股东利益纠纷案。

一、基本案情

ZT证券股份有限公司（以下简称ZT证券）为青岛英谷教育科技股份有限公司（以下简称英谷公司）进入全国中小企业股份转让系统挂牌的推荐挂牌主办券商。英谷公司（现已摘牌）股票于2015年11月24日起在全国股转系统挂牌公开转让。

1. 王某1与韩某海、王某春与王某1之间的关系。王某1与韩某海原系夫妻[1]。案外人王某春为王某1表妹。王某1与韩某海于2014年9月15日登记结婚。

2. 东合公司工商备案档案显示，王某1为东合公司设立时股东，后东合公司股权工商登记变更、公司注销情况，以及在此期间韩某海任职情况如下（以下为不完全列示）：东合公司于2008年2月1日成立，股东是韩某海（持股60%）、王某1（持股40%），法定代表人韩某海任执行董事兼经理，王某1任监事；2011年5月10日公司增资，股权结构变更为韩某海持股80%、王某1持股20%；2012年9月10日股东变更为韩某海（持股98%）、丁某强（持股2%），2012年9月27日法定代表人变更为韩某海，任执行董事兼总经理；2013年9月9日股东变更为韩某海（持股3%）、丁某强（持股2%）、傅某强（持股95%）；2014年6月5日股东变更为誉金公司（后来的英谷公司，持股2%）、任某林（持股3%）、傅某强（持股95%）；2014年12月5日股东变更为傅某强（持股95%）、任某林（持股5%）。2016年3月2日公司注销。

但经法院查明，2011年4月25日的东合公司股东会决议以及公司章程修正案中的“王某1”签字均非原告本人书写，均为王某春代签。2012年9月10

[1] 两人于2000年2月24日协议离婚。2006年4月24日，两人以原结婚证遗失为由在哈尔滨补办了结婚证。

日,股东会决议中的“王某1”签字均非原告本人书写,均为王某春代签。

3. 英谷公司公示信息显示:英谷公司(原名青岛誉金电子科技有限公司)于2012年12月6日成立,股东王某1(持股51%)、韩某海(持股47%)、丁某强(持股2%);2013年9月10日股权结构变更为王某1持股98%、丁某强持股2%;2014年12月5日,法定代表人变更为韩某海,任执行董事兼总经理。2015年7月8日,法定代表人变更为王某1,任董事长兼总经理。2018年9月7日,韩某海担任董事。

4. ZT证券为英谷公司新三板挂牌推荐主办券商,英谷公司股票于2015年11月24日起挂牌转让。

二、监管处罚

本案未涉及行政监管情况。

三、诉讼判决

原告王某1提出的诉讼理由主要包括:(1)韩某海在原告不知情的情况下伪造签字,将王某1名下东合公司股权非法转让于傅某强、任某林。(2)英谷公司设立后,韩某海伙同傅某强、任某林将东合公司原有客户逐步转移至英谷公司。(3)ZT证券作为英谷公司在新三板挂牌推荐主办券商,知道或应当知道以下事实:①2015年1月16日,崂山区人民法院查封了傅某强在东合公司40%的股份,查封期限至2016年1月15日;②原告王某1与被告韩某海、傅某强、任某林存在股权纠纷[案号为(2015)崂民二初字第848号、(2015)崂民二商重第1号、(2015)崂民二商重第2号];③虽东合公司原有客户逐步转移至英谷公司,部分客户利益在事实上应属于东合公司,但ZT证券依然辅导东合公司采用注销、脱壳等手段与被告韩某海等共同恶意鲸吞东合公司利益,具有共同侵权的主观故意和客观行为,应当共同承担连带赔偿责任。

原告王某1提出的诉讼请求为:判令被告连带赔偿原告在东合公司注销后应享有的剩余财产分配款及利息。

法院一审判决被告韩某海、傅某强、任某林、英谷公司以清算报告数据为基础按原告股权比例返还原告股权收益及利息;驳回原告王某1对被告ZT证券的诉讼请求[1]。

---

[1] 参见山东省青岛市崂山区人民法院民事判决书,(2018)鲁0212民初20号。

后原告因不服一审法院以清算报告作为赔偿数额依据的判定，提起上诉，被上诉人为韩某海、英谷公司，不包括ZT证券。法院二审撤销一审判决并进行改判。[1]

综上，本案判决未认定ZT证券承担赔偿责任，ZT证券亦未受到过与本案股东权益纠纷事项相关的监管措施。

案例十三 DB证券五洋债案

本案系证券虚假陈述责任纠纷案。

详见第三篇第二章项下第一部分内容。

案例十四 ZS证券洛娃债案

本案为破产管理人申请确认债券受托管理人与发行人签署的担保协议无效的案件。

一、基本案情

2018年12月6日，洛娃科技实业集团有限公司（以下简称洛娃集团）发行的"17洛娃科技CP001"短期融资券到期未能兑付，触发该公司发行的其他债券交叉违约条款和加速到期条款，导致洛娃集团陷入债务危机，下属企业卷入大量诉讼。2019年5月13日，北京市朝阳区人民法院裁定受理洛娃集团提出的破产重整申请，并以公开竞争选任的方式，于2019年6月24日指定北京市WH律师事务所为破产管理人（以下简称管理人）。

二、监管处罚

目前，本案主承销商及其他中介机构尚未因该案受到监管机构及自律组织的处罚，发行人洛娃集团被采取的监管措施主要如表附2－1所示。

表附2－1 洛娃集团受处罚情况一览

处罚文书标题	处理人	处罚类型	处罚日期
中国证券监督管理委员会北京监管局行政监管措施决定书（洛娃科技实业集团有限公司）	北京证监局	责令改正	2017年11月30日

[1] 参见山东省青岛市中级人民法院民事判决书，(2022)鲁02民终4631号。

续表

处罚文书标题	处理人	处罚类型	处罚日期
关于对洛娃科技实业集团有限公司予以监管警示的决定	上海证券交易所债券业务中心	书面警示	2019 年 6 月 11 日
关于对洛娃科技实业集团有限公司采取责令改正措施的决定	北京证监局	责令改正	2019 年 7 月 1 日
交易商协会自律处分信息——洛娃科技	中国银行间市场交易商协会	参加培训 责令改正 暂停业务 公开谴责	2019 年 7 月 8 日
关于对洛娃科技实业集团有限公司予以监管警示的决定	上海证券交易所债券业务部	书面警示	2021 年 12 月 1 日
中国证监会行政处罚决定书(洛娃集团、胡某勤、赵某文)	中国证监会	责令改正	2023 年 4 月 11 日

三、诉讼判决

ZS 证券作为“15 洛娃 01”“16 洛娃 01”(以下简称案涉债券)的主承销商及受托管理人,于 2017 年 10 月(受托管理期内)就案涉债券的本息偿还与发行人签署了抵押担保协议,管理人以 ZS 证券不是适格抵押权人、抵押协议非发行人真实意思表示、抵押协议签署未获债券持有人授权为由,向法院提起诉讼,请求法院判决抵押担保协议无效。法院对管理人的诉请予以驳回,管理人于 2020 年 9 月向北京金融法院上诉。2022 年 11 月 23 日,北京金融法院二审驳回上诉,维持原判。

2022 年 8 月,洛娃集团重整计划未获债权人通过,破产重整失败,朝阳区人民法院依法裁定终止重整程序并宣告洛娃集团破产。其后,案涉债券持有人纷纷向北京金融法院提起诉讼,并将发行人、发行人董事长、案涉债券中介机构列为共同被告,要求上述被告对案涉债券虚假陈述给投资者造成的投资损失承担连带赔偿责任。该案涉及多个持有人起诉,2024 年 8 月 15 日,其中一起案件开庭审理,结果暂未查到。其余案件笔者暂未查到最新结果。因本案具有一定的典型性,故在此列示,提请各证券公司注意。

案例十五 ZXHN证券"14吉粮债"案

本案为证券虚假陈述责任纠纷案。

一、基本案情

（一）发行概况

吉林粮食集团收储经销有限公司（以下简称吉粮收储）发行了"吉林粮食集团收储经销有限公司2014年中小企业私募债券"（以下简称"14吉粮债"），由吉林粮食集团有限公司（以下简称吉粮集团）提供全额、无条件、不可撤销的连带责任保证担保，ZX证券HN股份有限公司[1]（以下简称ZXHN证券）为上述债券的主承销商及受托管理人。

（二）违约情况

2015年7月31日，吉粮收储发布《2014年中小企业私募债延期支付利息的公告》称：由于公司经营亏损，且牵扯诉讼较多，不能从银行获得贷款，造成经营活动资金非常紧张，无法按时偿还利息。截至本报告出具之日，公司仍未筹措到支付利息的资金，公司将继续努力筹措支付利息资金，预计2015年8月31日前完成本期债券利息支付。

2015年8月，DX证券（甲方）、AX证券（乙方）[2]与吉粮收储公司（丙方）、吉粮集团（丁方）签订《关于吉林粮食集团收储经销有限公司非公开发行2014年中小企业私募债券债务延期履行协议》，约定由丙方向甲方、乙方支付案涉债券部分利息，并约定延期支付本金期间的利息支付方式及利率，2015年8月30日前不向交易所申请发出丙方违约的公告。

2015年8月至2016年1月，吉粮收储分别发布了6次延期支付利息的公告，2016年8月10日，吉粮收储发表《2014年中小企业私募债延期支付利息及回售债券本金第八次公告》称：由于本公司不能于2016年7月31日按期支付利息和回售债券本金，本期债券已构成违约。

二、监管处罚

本案中，主承销商受到的监管处罚如下。

---

[1] 2020年1月10日，GZ证券股份有限公司更名为ZX证券HN股份有限公司。

[2] DX证券、AX证券为案涉债券持有人。

1. 2017 年 10 月 10 日，广东证监局作出〔2017〕59 号行政监管措施决定书即《关于对 GZ 证券采取出具警示函措施的决定》：经查，我局发现你公司存在以下违规行为：……二是作为吉林粮食集团收储经销有限公司非公开发行 2014 年中小企业私募债券的承销商和受托管理人，在尽职调查工作中对发行人股权结构等事项主要依靠发行人提供的材料，核查措施单一，受托管理过程中未督促发行人及时完整地披露对外担保等相关信息，反映出你公司在公司债券业务开展过程中内部控制不完善。按照《证券公司监督管理条例》第 70 条规定和《上市公司并购重组财务顾问业务管理办法》第 39 条的规定，我局决定对你公司采取出具警示函的行政监管措施。

2. 2017 年 10 月 19 日，中国证券业协会出具〔2017〕41 号自律惩戒措施决定书即《关于对 GZ 证券采取自律惩戒措施的决定》：在 2017 年 7 月 31 日至 8 月 2 日我会开展的“14 吉粮债”项目涉嫌违规情况现场检查中，发现你公司存在作为主承销商对发行人实际控制人股权披露与事实不符，同时尽职调查过程中对发行人对外担保情况披露不足等问题……采取责令整改的自律管理措施，并记入协会诚信信息管理系统。

三、诉讼判决

上述债券违约后，作为投资者的 AX 证券、DX 证券为挽回投资损失，以 ZXHN 证券尽职调查未勤勉尽责、申报文件存在虚假陈述为由，向吉林省长春市中级人民法院起诉 ZXHN 证券，要求其承担赔偿责任。

法院经审理后作出如下三项判决：(1) AX 证券对吉粮收储、吉粮集团分别享有破产债权本金 8000 万元及利息 1538. 66 万元；DX 证券对吉粮收储、吉粮集团分别享有破产债权本金 3000 万元及利息 577. 00 万元；(2) ZXHN 证券对上述款项的给付承担连带责任；(3) 驳回 AX 证券其他诉讼请求。

ZXHN 证券对上述判决不服，向吉林省高级人民法院上诉，经吉林省高级人民法院主持调解，AX 证券、DX 证券与 ZXHN 证券就一审判决的第二项达成调解意见，就第一项、第三项维持原判。虽然本案中，承销商与投资者已经就承担连带责任问题达成和解，但是其诉讼事由、双方申辩过程及理由仍值得借鉴。

案例十六　MS 证券“16 正源债”案

本案为受托管理人代持有人向违约发行人提起诉讼的案件。

一、基本案情

(一)项目基本条款

2016 年 7 月,正源房地产开发有限公司(以下简称正源地产)公开发行正源房地产 2016 年度公司债券第一期和第二期(第一期债券简称:“16 正源 01”,第二期债券简称:“16 正源 02”),债券发行金额均为 20 亿元,债券期限均为 5 年期,均附第 3 年末发行人上调票面利率选择权和投资者回售选择权。

2016 年 9 月,正源地产非公开发行 2016 年公司债券(第一期)(债券简称:“16 正源 03”[1]),实际发行规模为 20 亿元,期限为 3 年,附第 2 年末投资者回售选择权,前两年票面年利率为 7.80%,第 3 年票面利率为 8.80%,每年计息,自 2017 年至 2019 年每年 9 月 19 日为付息日。

上述 3 期债券的主承销商及受托管理人均为 MS 证券。

本案原告 MS 证券作为上述债券的受托管理人,与被告签署公司债券受托管理协议,并按照约定履行受托管理职责。

(二)项目增信情况

上述债券发行时均为无担保信用债券。

2019 年 7 月 8 日,正源地产向“16 正源 01”债券持有人发出《关于“16 正源 01”的债务清偿方案的承诺函》(以下简称《01 承诺函》),就债务清偿安排、补充增信措施、其他承诺与保证、违约责任等作出承诺。《01 承诺函》第 3 条“增信措施”载明:发行人承诺,发行人实际控制人富某斌、发行人的控股子公司湖南正源、发行人的全资子公司大连海汇同意为签署同意函的持有人对发行人享有的全部债权提供无条件不可撤销的连带责任保证担保,并保证于 2019 年 7 月 8 日前向签署同意函的持有人出具担保函。

同日,正源地产向“16 正源 02”债券持有人发出《关于“16 正源 02”的债务

[1] 2016 年 7 月 15 日和 7 月 28 日,正源地产分别公开发行了“16 正源 01”和“16 正源 02”,本次债券为其 2016 年第一次非公开发行,故债券名称为“正源房地产开发有限公司 2016 年度非公开发行公司债券(第一期)”,债券简称:“16 正源 03”。

清偿方案的承诺函》,其约定事项与《01 承诺函》一致。

"16 正源 03"未增设担保。

(三)项目违约情况

2019 年 9 月 19 日,发行人正源地产未能按期兑付"16 正源 03"债券本息,"16 正源 03"构成实质违约。

其后,发行人未按照《01 承诺函》及关于"16 正源 02"的债务清偿方案的承诺函的约定,履行"16 正源 01"及"16 正源 02"的债券本息偿付义务,"16 正源 01"及"16 正源 02"亦构成实质违约。

二、监管处罚

截至 2024 年,本案暂未涉及虚假陈述及受托管理未勤勉尽责的情况,为案涉债券提供服务的中介机构暂未因该债券项目受到监管处罚。发行人正源地产由于未按规定披露半年度及年度报告等信息披露违规行为,分别于 2021 年 7 月 9 日和 2021 年 12 月 17 日被上交所采取通报批评和公开谴责的纪律处分。

三、诉讼判决

2020 年 11 月 20 日,原告 MS 证券向债券持有人发出《MS 证券股份有限公司关于"16 正源 01"、"16 正源 02"和"16 正源 03"违约处置授权和费用征集的通知》,称获得"16 正源 01"、"16 正源 02"和"16 正源 03"债券持有人授权并征集"16 正源 01"、"16 正源 02"和"16 正源 03"债券采取法律行动之诉讼费、保全费、律师费等费用。

2020 年 12 月,上述案涉三只债券持有人委托 MS 证券作为其代理人,代其向发行人及担保人追偿债券本金及违约金。具体代理权限包括:就本期债券有关事宜,代为提起及参与诉讼,以受托管理人的名义,启动司法程序,按照本期债券募集说明书、受托管理协议的约定和相关法律法规的规定,向相关法院提起诉讼(含一审、二审、再审、执行等阶段);代为向发行人追偿因执行上述事宜而产生的费用;同意委托代理人甄选并聘任律师事务所提供专项法律服务。

以上述委托为依据,MS 证券就"16 正源 01"及"16 正源 02"向辽宁省大连市中级人民法院提起诉讼,请求法院判令正源地产支付上述两只债券的债券本息、逾期利息、违约金以及 MS 证券为实现债权支付的相关费用,湖南正源、大连海汇、富某斌对上述债务承担连带赔偿责任;就"16 正源 03"向辽宁省大连市中级人民法院提起诉讼,请求法院判令正源地产支付上述债券的债券本息、逾期利息、违约金以及MS证券为实现债权支付的相关费用。

辽宁省大连市中级人民法院判定被告正源地产应向MS证券支付债券本息、逾期利息、违约金以及MS证券为实现债权支付的相关费用。上述判决生效后,正源公司未履行给付义务,MS证券向辽宁省大连市中级人民法院申请执行。

案例十七　DX证券"H6泰禾03债"案

本案为持有人要求受托管理人承担连带赔偿责任的案件。

一、基本案情

泰禾集团股份有限公司(以下简称泰禾公司)于2016年面向合格投资者公开发行公司债券(品种二)(债券简称:"H6泰禾03"),DX证券股份有限公司(以下简称DX证券)为上述债券的主承销商及受托管理人,上海QL资产管理有限公司(以下简称QL公司)系"QL债券3号私募证券投资基金"的基金管理人,"QL债券3号私募证券投资基金"持有泰禾公司发行的债券"H6泰禾03"。

泰禾公司于2021年5月25日发布《关于"H6泰禾02"及"H6泰禾03"将无法按期兑付本息的公告》,上述债券构成违约。

QL公司认为,DX证券作为债券受托管理人,违反了债券受托管理协议约定的义务,具体表现如下:(1)在泰禾公司无法兑付债券本息后,DX证券没有及时召开债券持有人会议。(2)DX证券怠于履行职责,未能勤勉尽责,至诉讼时也没有出具2020年度受托管理事务报告。(3)泰禾公司无法兑付债券本息后,DX证券亦没有及时出具临时受托事务报告。QL公司有权要求DX证券承担违约责任并赔偿损失。(4)DX证券没有督促泰禾公司在每年的财务预算中安排本期债券本息支付的资金,没有监督资金专户的运营。DX证券怠于履行监管泰禾公司募集资金使用情况及债券本息兑付的义务,严重损害了QL公司的利益。故QL公司以DX证券在受托管理期内未勤勉尽责为由,将DX证券诉至北京市西城区人民法院,要求DX证券承担赔偿责任。

二、诉讼判决

经审理,法院认为,QL公司主张DX证券在受托管理期内未勤勉尽责无事实依据，对于QL公司的诉请予以驳回。

案例十八　ZX证券"13鸿润债"案

本案为持有人与承销商就伪造的保证合同产生的纠纷。

详见第三篇第二章项下第十部分内容。

案例十九　DB证券天翔环境案

本案为证券虚假陈述责任纠纷案。

一、基本案情

天翔环境股份有限公司[1]（以下简称天翔环境）为深圳证券交易所上市公司。2015年12月22日，中国证监会下发《关于核准成都天保重型装备股份有限公司非公开发行股票的批复》（证监许可〔2015〕2974号），核准其非公开发行股票，保荐机构及承销机构为DB证券股份有限公司（以下简称DB证券）。2016年1月19日，上述非公开发行股份上市，本次非公开发行完成。DB证券作为本次非公开发行的持续督导机构，于2016年1月股票发行完成当年及其后两个完整会计年度对天翔环境实施持续督导。[2]

因2019年末经审计净资产为负，且2018年、2019年年度财务会计报告均被注册会计师出具无法表示意见的审计报告，根据《深圳证券交易所创业板股票上市规则(2018年11月修订)》第13.1.1条、第13.1.5条的规定以及深圳证券交易所上市委员会的审核意见，天翔环境股票自2020年5月13日起暂停上市。

2021年5月12日，天翔环境向深圳证券交易所提交了恢复上市申请，经

---

〔1〕天翔环境股份有限公司原名称为成都天保重型装备股份有限公司（以下简称天保重装），天保重装于2014年1月21日在深圳证券交易所创业板上市，其上市保荐机构及承销机构均为DB证券股份有限公司。2016年1月8日，天保重装发布《天保重装关于变更公司名称、证券简称及修改经营范围的公告》，称其实施环保产业的战略转型，收购了全球著名环保分离设备制造及工程服务提供商美国圣骑士公司，并逐步发展成为主要以污水、污泥处理处置、环境工程综合治理服务等于一体且在上述领域拥有核心技术和装备的综合环保服务上市公司。经股东会审议批准，变更营业范围，同时公司名称变更为"天翔环境股份有限公司"。经天保重装申请，并经深圳证券交易所核准，自2016年1月8日起，证券简称由"天保重装"变更为"天翔环境"。

〔2〕持续督导结束日为2018年12月31日。

复核，深圳证券交易所于2021年7月16日出具《股票终止上市复核决定书》（〔2021〕2号），依据复核委员会意见作出维持终止天翔环境股票上市的决定。自2021年7月19日起，天翔环境股票进入退市整理期，2022年3月起，其股票在全国中小企业股份转让系统有限责任公司管理的两网和退市公司板块挂牌。

二、监管处罚

自2019年4月19日起，天翔环境、天翔环境的审计机构四川HX（集团）会计师事务所（特殊普通合伙）及其签字会计师、天翔环境恢复上市的保荐机构TPY证券，被监管机构多次处罚。

具体情况如表附2-2所示。

表附2-2　天翔环境等主体受处罚情况一览

序号	处罚文书标题	违规类型	处理人	处罚对象	处罚类型	处罚日期
1	关于对安德里茨（中国）有限公司[①]采取出具警示函措施的决定	未履行公开承诺，未履行减持预披露承诺	四川证监局	安德里茨（中国）有限公司	出具警示函	2019年4月19日
2	中国证券监督管理委员会四川监管局行政处罚决定书	提供担保不规范，关联交易不规范，关联方资金占用违规，“董监高”未勤勉尽责	四川证监局	成都天翔环境股份有限公司、邓某华、邓某、娄某雷、王某、王某勇	责令改正	2019年5月17日
3	中国证券监督管理委员会重庆监管局行政处罚决定书	内幕交易	重庆证监局	余某	行政处罚	2019年5月21日
4	关于对安德里茨（中国）有限公司给予通报批评处分的决定	未履行公开承诺，未履行减持预披露承诺	深圳证券交易所	安德里茨（中国）有限公司	通报批评	2019年8月27日

续表

序号	处罚文书标题	违规类型	处理人	处罚对象	处罚类型	处罚日期
5	关于对成都天翔环境股份有限公司及相关当事人给予纪律处分的决定	提供担保不规范，关联方资金占用违规，“董监高”未勤勉尽责，坏账、存货跌价准备计提不规范，被出具否定意见或者无法表示意见的审计报告，其他会计处理不规范	深圳证券交易所	成都天翔环境股份有限公司、邓某华、杨某、邓某、王某、娄某雷、王某勇、范某力、刘某祥、余某彬、董某银、周某锋	通报批评，公开谴责，公开认定不适合担任上市公司董事、监事、高级管理人员	2019年9月19日
6	关于对成都天翔环境股份有限公司及相关当事人的监管函	受督促后仍不履行义务	深圳证券交易所创业板公司管理部	成都天翔环境股份有限公司、邓某华、邓某	书面警示	2020年1月16日
7	关于对成都天翔环境股份有限公司股东邓某华的监管函	限制期买卖股票	深圳证券交易所创业板公司管理部	邓某华	书面警示	2021年7月21日
8	关于对四川HX（集团）会计师事务所（特殊普通合伙）及袁某明、周某、杨某平采取出具警示函措施的决定	审计程序缺陷，函证管理，审计证据不充分，未保持合理职业怀疑	四川证监局	四川HX（集团）会计师事务所（特殊普通合伙）、袁某明、周某、杨某平	出具警示函	2021年9月29日
9	关于对成都天翔环境股份有限公司及相关当事人给予通报批评处分的决定	增长幅度差异较大，未及时披露更正业绩预告（快报），“董监高”未勤勉尽责，未按规定披露实控人、“董监高”情况	深圳证券交易所	成都天翔环境股份有限公司、邓某华、邓某、叶某、周某来、娄某雷	通报批评	2021年9月30日

续表

序号	处罚文书标题	违规类型	处理人	处罚对象	处罚类型	处罚日期
10	关于对李某林采取监管谈话措施的决定	审计程序缺陷，函证管理，审计证据不充分，未保持合理职业怀疑，其他会计师事务所违规	四川证监局	李某林	监管谈话	2021年10月7日
11	关于对TPY证券股份有限公司采取出具警示函措施的决定	出具的文件存在虚假记载、误导性陈述，其他违规行为	四川证监局	TPY证券股份有限公司	出具警示函	2021年10月8日
12	关于成都天翔环境股份有限公司的立案调查通知书	立案调查	中国证监会	成都天翔环境股份有限公司	立案调查	2021年10月27日
13	中国证券监督管理委员会四川监管局行政处罚决定书	“董监高”未勤勉尽责，未按规定披露重要合同（框架协议），信息披露不真实，虚列利润	四川证监局	周某来	行政处罚	2022年4月22日
14	中国证券监督管理委员会四川监管局行政处罚决定书	“董监高”未勤勉尽责，未按规定披露重要合同（框架协议），信息披露不真实，虚列利润	四川证监局	叶某	行政处罚	2022年4月22日
15	中国证券监督管理委员会四川监管局行政处罚决定书	“董监高”未勤勉尽责，未按规定披露重要合同（框架协议）	四川证监局	王某勇	行政处罚	2022年4月22日
16	中国证券监督管理委员会四川监管局行政处罚决定书	未按规定披露重要合同（框架协议），信息披露不真实，虚列利润	四川证监局	成都天翔环境股份有限公司	责令改正	2022年4月22日
17	中国证券监督管理委员会四川监管局行政处罚决定书	“董监高”未勤勉尽责，信息披露不真实，虚列利润	四川证监局	娄某雷	行政处罚	2022年4月22日

续表

序号	处罚文书标题	违规类型	处理人	处罚对象	处罚类型	处罚日期
18	中国证券监督管理委员会四川监管局行政处罚决定书	未按规定披露重要合同（框架协议）	四川证监局	邓某	行政处罚	2022 年 4 月 22 日

①安德里茨（中国）有限公司为天翔环境法人股东。

三、诉讼判决

本案原告王某波自二级市场买入天翔环境股票后，遭受投资损失，其主张上述投资损失是由于天翔环境股票存在"证券市场虚假陈述、内幕交易"等原因导致，因此，向四川省成都市中级人民法院起诉，要求被告天翔环境、邓某华[1]、邓某[2]、王某[3]、娄某雷[4]、杨某、DB 证券[5]，第三人成都亲华科技有限公司[6]对其投资损失及诉讼费用[7]承担连带赔偿责任。经审理，主要判决结果如下。

（一）关于责任认定

1. 原告主张 DB 证券未尽勤勉义务，构成共同侵权，对投资人的损失承担连带责任的依据不足，判定 DB 证券无须承担责任。

2. 原告未能举证证明杨某对虚假陈述行为负有责任，故主张杨某承担连带责任的依据不足，判定被告杨某无须承担责任。

3. 亲华科技公司不属于《虚假陈述引发赔偿规定》应承担赔偿责任的主体，原告要求其承担连带责任缺乏法律依据，法院不予支持。

4. 其余被告承担连带赔偿责任。

（二）关于原告损失的认定

成都市中级人民法院委托第三方机构中证资本市场法律服务中心对投资者损失进行核算，2020 年 9 月 2 日，中证资本市场法律服务中心出具证券投资者损失核定意见书（〔2020〕10 号），核定王某波的损失为 215, 621. 27 元。

---

〔1〕 天翔环境控股股东。

〔2〕 时任天翔环境董事、总经理；天翔环境控股股东一致行动人。

〔3〕 时任天翔环境董事、副总经理。

〔4〕 时任天翔环境董事、财务总监。

〔5〕 天翔环境非公开发行股票保荐机构、承销机构、持续督导机构。

〔6〕 亲华科技公司为天翔环境实际控制人邓某华及其一致行动人邓某出资设立，为本案中占用天翔环境资金的主体。

〔7〕 原告主张各被告及第三人对其持仓损失、印花税、诉讼费等共计 2, 269, 733. 00 元承担连带赔偿责任。

第二部分　一般分析类案例

案例一　HTLH 证券金亚科技案

一、基本案情

该案件系证券虚假陈述责任纠纷。截至本书稿撰写之日,HTLH 证券未因金亚科技公司财务造假事件被行政处罚。

金亚科技股份有限公司(以下简称金亚科技公司)于 2009 年 11 月 30 日在深圳证券交易所创业板上市(证券简称:金亚科技)。HTLH 证券作为其首发保荐机构,持续督导期至 2012 年 12 月 31 日。在持续督导期结束后,HTLH 证券继续履行对剩余募集资金管理及使用情况的监督核查义务。

二、监管处罚

2015 年 6 月 4 日晚,金亚科技公司发布公告称,收到中国证监会调查通知书,因金亚科技公司涉嫌证券违法违规,中国证监会决定对金亚科技公司立案调查。

2018 年 3 月 1 日,中国证监会行政处罚决定书(金亚科技公司、周某辉、张某德等 17 名责任人员)认定:金亚科技公司披露的 2014 年年度报告存在虚假记载的行为,认定周某辉作为上市公司实际控制人,指使他人从事上述违法活动。对金亚科技公司及周某辉等人作出行政处罚。

2018 年 8 月 6 日,《中国证监会行政处罚决定书(LX 所、邹某梅、程某)》,认定 LX 所在对金亚科技公司 2014 年度财务报表进行审计时,未勤勉尽责,出具了存在虚假记载的审计报告。

三、诉讼判决

该案件判决书[1]显示 HTLH 证券在本案中是被告,但在原告诉讼请求和被告答辩、质证、事实认定、法院判决等部分 HTLH 证券均未出现,故而本案例

[1] 参见四川省成都市中级人民法院民事判决书,(2018)川 01 民初 3741 号。

未进行具体分析。

案例二　HT 证券浙江久源案

一、基本案情

2016 年 8 月 18 日，浙江久源林业科技股份有限公司（以下简称久源公司）在全国中小企业股份转让系统成功挂牌，并纳入非上市公司监管。2019 年 6 月久源公司终止了股票定向增发的发行。

二、监管处罚

2017 年 1 月久源公司启动了股票发行项目。后久源公司违规挪用募集资金监管账户的行为违反了《全国中小企业股份转让系统股票发行业务指南》[1]（已废止）关于“挂牌公司在取得股份登记函之前，不得使用本次股票发行募集的资金”的规定，久源公司被采取了监管措施。

三、诉讼判决

投资者认为，HT 证券作为久源公司募集资金的监管方，未能严格按照募集资金三方监管协议的约定履行自己的监管义务，也未根据全国中小企业股份转让系统有限公司颁布的相关规定履行职责，导致原告资金被挪用造成 800 万元资金损失。但对其诉讼请求，法院未予支持。

案例三　XSD 证券河北宏润案[2]

一、基本案情

2016 年 5 月 31 日，河北宏润核装备科技股份有限公司（以下简称宏润公司）股票在全国中小企业股份转让系统挂牌公开转让。主办券商为 XSD 证券股份有限公司（现已更名）。

2017 年 1 月 19 日，宏润公司召开第二届董事会第十七次会议审议通过了股票发行方案，并于 3 月 10 日完成缴款认购，共募集资金 169，779，995.00 元。股票认购人好德企业与宏润公司于 2017 年 2 月 8 日签署定向发行股份认购协

---

[1] 现为《全国中小企业股份转让系统股票定向发行指南》。

[2] 参见河北省沧州市中级人民法院民事判决书，（2018）冀 09 民初 410 号；河北省高级人民法院民事判决书，（2019）冀民终 867 号。

议,双方约定好德企业以每股7元的价格认购宏润公司发行的股票600万股,合计4200万元。2017年3月31日,宏润公司、XSD证券与盐山信用联社签署《募集资金三方监管协议》。截至10月11日,宏润公司在未取得股份登记函的情况下,提前使用募集资金13,664.37万元。2017年11月20日,XSD证券在全国中小企业股份转让系统发布募集资金提前使用的风险提示公告,该公告载明2017年8月30日宏润公司提前使用募集资金账户资金用于偿还银行贷款。2017年12月12日,宏润公司2017年第四次临时股东大会决议公告取消本次股票发行方案。上述行为违反了《全国中小企业股份转让系统股票发行业务指南》(已废止)第1条的规定,属于股票发行违规行为。

二、监管处罚

2017年12月13日,全国股转公司出具了《关于对河北宏润核装备科技股份有限公司采取出具警示函并责令改正自律监管措施的决定》,对宏润公司及相关信息披露负责人采取了出具警示函并责令改正的自律监管措施。

除上述情形外,未涉及其他中介机构的监管处罚。

三、诉讼判决

原告即股票认购人请求挂牌公司返还投资款及占用资金期间利息及滞纳金,公司股东、主办券商XSD证券与盐山信用联社承担补充赔偿责任。法院对投资者要求主办券商承担连带赔偿责任的请求未予支持。

案例四　SWHY证券日升轴承公司案

本案为金融不良债权追偿纠纷案。

一、基本案情

SWHY证券有限公司(以下简称SWHY证券)是新乡日升数控轴承装备股份有限公司(以下简称新乡日升或日升轴承公司)申请进入全国中小企业股份转让系统挂牌的推荐挂牌主办券商。2015年10月15日,全国中小企业股份转让系统有限责任公司出具股转系统函〔2015〕6769号《关于同意日升轴承公司股票在全国中小企业股份转让系统挂牌的函》。新乡日升股票于2015年11月5日挂牌转让(现已摘牌)。

日升轴承公司此前在创业板上市的申请未通过。SYWG证券是日升轴承公司首次公开发行股票并在创业板上市的申请保荐机构。2012 年 6 月 5 日，中国证监会对日升轴承公司首次公开发行股票并在创业板上市的申请作出不予核准的决定，认为日升轴承公司与新机公司等关联企业存在多项关联交易，交易必要性存疑，独立性存在瑕疵。

二、监管处罚

本案未涉及监管处罚。

三、诉讼判决

本案中，各主体关系简要介绍如下：(1)新机公司与银行资金借款合同项下债权几经转让，剩余债权本息由黑石公司受让。于某宽、郝某民、王某保曾系新机公司股东。(2)日升投资公司由于某宽、郝某民、王某保发起设立，后日升投资公司增资扩股，于某宽将其从金属收购站购得的设备作价向日升投资公司增资。(3)日升轴承公司发起人股东为日升投资公司、于某宽、郝某民、王某保等。后日升投资公司将用于出资的存货和机器设备等实物资产全部移交给日升轴承公司，并与日升轴承公司签订资产收购协议，由日升轴承公司收购日升投资公司除用于出资的实物资产以外的与轴承装备生产经营相关的存货、固定资产、土地使用权以及流动负债等，即日升投资公司用于轴承装备生产和经营的资产、人员、业务全部投入和转移至日升轴承公司。后新机公司决议将新机公司“钢球装备业务”相关资产及负债由日升轴承公司承债式收购。(4)SYWG 证券是日升轴承公司在 2012 年创业板上市的保荐机构，日升轴承公司首次公开发行股票并在创业板上市的申请被中国证监会作出不予核准决定，SWHY 证券为日升轴承公司作出新三板挂牌推荐并取得挂牌同意函。

本案系债权追偿引发的民事纠纷。黑石公司将案涉债权诉至法院，请求判令新机公司立即偿还黑石公司借款本金及利息，判令日升轴承公司、日升投资公司、于某宽、郝某民、王某保、SWHY 证券对借款本金及利息承担连带清偿责任。

一审法院判令新机公司向黑石公司承担还本付息责任，并驳回黑石公司其他诉讼请求。黑石公司上诉，二审法院维持第一项判决，改判日升轴承公司在接收新机公司财产范围内对第一项判决承担连带赔偿责任，驳回黑石公司其他诉讼请求。

本案判决未涉及 SWHY 证券民事赔偿责任。

案例五 CJ 证券元璋精工案

本案为与公司、证券有关的纠纷案。

一、基本案情

CJ 证券股份有限公司(以下简称 CJ 证券)是苏州元璋精工科技股份有限公司(以下简称元璋精工)进入全国中小企业股份转让系统挂牌的推荐主办券商,元璋精工股票于 2016 年 3 月 10 日在新三板挂牌转让(现已摘牌)。

2016 年 5 月 23 日,元璋精工召开第一届董事会第五次会议,审议通过《关于公司股票发行方案的议案》等议案,同日元璋精工发布《2016 年第一次股票发行方案》。2016 年 6 月 8 日,元璋精工召开 2016 年第二次临时股东大会,审议通过《关于公司股票发行方案的议案》等议案。2016 年 8 月 4 日,元璋精工发布股票发行认购公告。2016 年 9 月 13 日,元璋精工发布《关于终止股票发行方案的公告》。

根据法院认定事实,CJ 证券于 2017 年 5 月 22 日发布《关于元璋精工现场检查的工作报告》,初步认定元璋精工已不具备持续经营能力;存在严重的控股股东、实际控制人不当控制的情形;公司治理不规范,公司目前治理机构已无法正常履职;公司信息披露存在不规范的情形。同时提出整改措施并按监管要求履行报备义务。CJ 证券自 2017 年 3 月 21 日至 7 月 4 日发布主办券商风险提示公告 7 次。

元璋精工和控股股东、实际控制人、董事长兼董事会秘书陆某翼因未能按规定编制并披露 2016 年年度报告、未能及时披露陆某翼股份被冻结、公司停产之事项,在元璋精工终止挂牌当日,被全国中小企业股份转让系统有限责任公司所采取自律监管措施[1]。

[1] 2017 年 7 月 14 日,全国中小企业股份转让系统有限责任公司发布《关于给予元璋精工及其控股股东、实际控制人兼董事会秘书陆某翼违规行为采取自律监管措施的决定》称,陆某翼于 2017 年 3 月 1 日、21 日被司法冻结 560 万股、182 万股股票,且陆某翼两次未告知其所持有的公司 5% 以上股份被冻结的事项,造成公司信息披露违规,陆某翼负有直接责任;挂牌公司停产的信息属于对公司股票转让价格可能产生较大影响的信息,为"重大信息",元璋精工停产后,挂牌公司及其董事会秘书陆某翼未对该重大事项履行信息披露义务。鉴于上述违规事实,对元璋精工及其控股股东、实际控制人及董事会秘书陆某翼采取出具警示函的自律监管措施。

二、诉讼判决

本案中,被告元璋精工为新三板挂牌公司,主办券商为CJ证券。2016年5月18日,原告欧某斌与被告元璋精工签订《元璋精工定向发行人民币普通股股票之认购合同》,然而,该合同系原告欧某斌在元璋精工董事会、股东会未对发行股票进行审批的情况下,私下与元璋精工签订,后元璋精工基于战略考虑决定终止本次股票发行,原告为追索股权投资款,提起诉讼。

原告欧某斌向法院提出诉讼请求:(1)要求被告元璋精工向原告返还股票认购款20万元,并按照认购款年化利率10%向原告支付收益。(2)要求被告CJ证券、成都仕宇、陆某翼、高某、陆某锋对被告元璋精工返还认购款及收益承担连带责任。法院判决:(1)被告元璋精工、陆某翼共同退还原告欧某斌投资款20万元。(2)被告陆某翼支付原告以20万元为基数计算之利息。(3)驳回原告欧某斌的其他诉讼请求。

本案各被告未被追究刑事、行政责任。本案判决中CJ证券未涉及民事赔偿责任。

案例六　JH证券中显债案

本案为侵权责任纠纷案。

一、基本案情

江苏中显集团有限公司(以下简称中显公司)与江苏联泰时尚购物广场置业有限公司、扬州赛尔达尼龙制造有限公司于2014年6月17日共同发行"2014年扬州市中小企业集合债券",发行金额总计1.9亿元,期限6年,附第3年末发行人调整票面利率选择权和投资者回售选择权。其中,中显公司发行金额为4000万元。

江苏省信用再担保集团有限公司(以下简称省再担)与中显公司签订信用增进服务协议,为上述债券发行提供增信服务。JH证券有限公司(以下简称JH证券)担任上述债券发行的主承销商,ZXH会计师事务所为中显公司2011年至2013年的财务报表出具了无保留意见的审计报告,江苏ST律师事务所为上述债券发行出具了法律意见书。

二、诉讼判决

上述债券一经发行，中显公司即出现重大违约事项，无力偿还债券本息。

2015年至2017年，省再担分三次代中显公司偿还案涉债券本息合计5018万元。省再担认为，中显公司、袁某胜（中显公司法定代表人、实际控制人）、夏某龙（中显公司财务负责人）违反法律规定，虚构财务数据，已构成刑事犯罪，[1] JH证券、ZXH会计师事务所、江苏ST律师事务所作为涉案债券发行的中介机构，未按照法律规定及行业准则审慎核查中显公司各项重大财务数据，导致其凭借虚假材料获得债券发行资格，均存在重大过失。以上各被告因故意或重大过失，共同导致省再担为案涉债券本息承担代偿责任，经济损失巨大，构成一般侵权。

综上，省再担向扬州市邗江区人民法院提起诉讼，要求上述中介机构对其履行担保代偿义务遭受的损失承担赔偿责任。法院经审理，认为中显公司应承担侵权责任，判定相关责任人袁某胜、夏某龙赔偿省再担的担保损失。鉴于省再担为专业担保公司，不同于一般债券市场投资者，其提供担保并非基于对JH证券、ZXH会计师事务所、江苏ST律师事务所出具的相关报告的信赖，故省再担承担代偿责任产生的损失与上述中介机构出具相关报告的行为之间不存在法律上的因果关系。因此，对于省再担要求中介机构承担连带赔偿责任的主张，法院未予支持。

[1] 关于袁某胜、夏某龙犯欺诈发行债券罪、非法吸收公众存款罪、冯某毅犯非法吸收公众存款罪一案，江苏省扬州市人民检察院于2017年10月31日作出(2016)苏10刑初9号刑事判决。袁某胜不服，提出上诉。江苏省高级人民法院依法组成合议庭审理了该案件。经审阅全案卷宗，提审上诉人，听取江苏省人民检察院的意见，决定驳回上诉，维持原判。

第三部分　简单介绍类案例

简单介绍类案例合计 25 起,大致可以分为五类。

第一类是券商提供服务,客户诉请券商退还收取的服务费,这类案件共 12 起,从判决结果看,其中 3 起法院判决券商应退还服务费,具体为 ZS 证券豪富科技案、HC 证券鑫阳科技案、HL 证券永怡集团案,另外 9 起法院未支持退费诉请或支持券商收取服务费请求,具体为 DW 证券尚高科技案、XN 证券成都青舟案、HT 证券北京易捷案、JY 证券证券投资咨询纠纷案、HT 证券绿亿种业案、SG 证券辅仁药业案、CC 证券运和城投案、HC 证券长兴城投案、GJ 证券安顺虹阳案。

第二类是券商购买服务,被诉请支付服务费,这类案件共 3 起,法院均判决券商应支付服务费,具体为 DB 证券星旗投资案、ZGZT 证券徐州雅韵案、ZGZT 证券中元泰投资案。

第三类是虚假陈述纠纷,法院以仲裁条款合法有效为由驳回原告起诉,或以未提供行政处罚决定或刑事裁判文书为由驳回起诉,或以投资人在诱多型虚假陈述行为实施日之前买入的情形不属法规保护范围为由驳回诉讼请求,裁定或判决不涉及券商责任认定,这类案件共 3 起,为 ZT 证券鑫秋农业案、ZX 证券龙力生物案、HT 证券新绿公司案。

第四类是侵权责任纠纷,这类案件共 2 起,其中一起法院以券商出具意见引述协议内容不是对协议效力的判定为由,驳回了原告受此误导产生诉讼成本损失的主张;另一起法院认定券商主观上不存在过错无须赔偿原告损失,2 起案件分别为 GF 证券文化长城案、GF 证券粤科金融案。

第五类是债券交易及证券回购合同纠纷,共 5 起,其中,券商以受托管理人名义接受债券持有人委托诉请发行人还本付息并得到法院支持的案例共 3 起,具体为 GF 证券天广中茂案、HT 证券宜华公司案、ZHSH 证券亿阳公司案;券商以债券受托管理人角色被法院追加作为第三人参与投资机构与发行人证券回购纠纷的案例有 1 起,即 GD 证券茂典公司案;作为第三人参与债券持有人与发行人证券交易纠纷的案例有 1 起,即 GD 证券洛肯国际案,判决均未涉及券商承担民事赔偿责任。

一、券商提供服务的服务合同纠纷

(一)ZS证券豪富科技案

本案投行项目情况、诉讼判决如下:

ZS证券股份有限公司(以下简称ZS证券)拟推荐广州豪富科技有限公司(以下简称豪富公司)在新三板挂牌。2017年2月,豪富公司(甲方)与ZS证券(乙方)签订《关于广州豪富高尔夫运动服务有限公司在全国中小企业股份转让系统挂牌转让并持续督导之总服务协议》,2017年4月12日,豪富公司依约向ZS证券转账支付新三板推荐费25万元。2019年1月7日,豪富公司依ZS证券指示向ZS证券寄送《广州豪富高尔夫运动服务有限公司关于向ZS证券股份有限公司申请退还新三板推荐挂牌服务费的说明》,2019年1月,豪富公司(甲方)与ZS证券(乙方)签订《广州豪富高尔夫运动服务有限公司与ZS证券股份有限公司解除合同协议书》,2019年3月,豪富公司(甲方)与ZS证券(乙方)签订《广州豪富高尔夫运动服务有限公司与ZS证券股份有限公司解约合同书》,2019年8月6日,豪富公司委托广东QK律师事务所律师向ZS证券发送律师函,要求解除总协议、ZS证券退回豪富公司在签约阶段支付的服务费25万元等。

法院判决ZS证券退还部分服务费。

(二)HC证券鑫阳科技案

HC证券有限责任公司拟推荐贵州鑫阳科技股份有限公司(以下简称鑫阳科技)在新三板挂牌。2015年,原告鑫阳科技拟在新三板挂牌,并与被告HC证券有限责任公司、会计师事务所、律师事务所对于原告的企业经营情况进行初步论证。此后,原告与被告商定推荐新三板挂牌的相关事宜,被告业务代表刘某、胡某于2015年12月22日,向原告发送了《HC证券股权系统业务合作框架协议》《推荐挂牌并持续督导协议书》。2016年6月20日,被告及会计师事务所、律师事务所业务代表到原告公司进行调研、考察。同日原告便签署了《HC证券股权系统业务合作框架协议》《推荐挂牌并持续督导协议书》交付原告业务代表刘某、胡某,由其带去被告盖章,但被告并未在上述两份协议上盖章确认。2016年7月14日,被告业务代表进驻原告,正式开展了工作。2016年8月20日,原告向被告支付360,000元。

本案中，鑫阳科技要求HC证券有限责任公司赔偿准备挂牌及未挂牌所致预期经济损失，一审法院对于返还券商辅导费的请求予以支持，其他予以驳回。二审法院维持原判。

（三）HL证券永怡集团案

原告广州永怡集团有限公司（以下简称永怡集团）与被告HL证券股份有限公司（以下简称HL证券）签订股票承销协议，确定由HL证券作为主承销商组织承销团承销拟公开发行的面值为1元的A股股票，募集资金6000万元至30,000万元，约定承销费率为本次股票发行实际募集资金总额的3%。合同签订后，被告于2007年4月12日向原告发出"付款通知"，要求原告将首次公开发行股票承销费预付款100万元划入其指定账号，载明该款为承销费之预付款，待原告发行成功后，该款项从最终支付的承销费中抵扣。此后，因政策原因，原告未能满足全部前提条件，不能首次公开发行A股股票。历经数年后，原告取消了上市计划。原告认为，其拟公开发行股票条件未成就，无承销可言，没有承销自无承销费及其预付款，亦无抵扣可言。因此，要求被告返还上述100万元预付款，并按商业银行同期贷款利率计付至2015年10月15日止的利息132,800元。最终法院判决HL证券返还上述100万元承销费用。

（四）DW证券尚高科技案

DW证券股份有限公司（以下简称DW证券）拟指导尚高科技有限公司（以下简称尚高科技）在新三板挂牌，此项目为挂牌前财务顾问项目。2014年7月29日，尚高科技（甲方）与DW证券（乙方）签订财务顾问协议一份。该协议第2条约定，由尚高科技聘请DW证券作为其改制成股份公司及进入全国中小企业股份转让系统公开转让、重大资产重组、收购兼并、投融资等资本运营方面的财务顾问并由DW证券处理相关事宜，尚高科技应配合DW证券工作，为DW证券提供工作所需的便利条件，提供相应文件、资料并向DW证券披露相关信息；尚高科技聘请DW证券作为尚高科技改制设立的股份公司进入全国中小企业股份转让系统挂牌公开转让的辅导机构。在双方于2014年7月29日签订上述财务顾问协议后，双方另行签订财务顾问协议一份，两份财务顾问协议的内容除付款方式外其余内容均一致。2014年12月23日，尚高科技（甲方）与DW

证券(乙方)签订财务顾问终止协议书一份。

本案中,尚高科技要求DW证券返还财务顾问费,一审法院判定其请求缺乏法律依据不予支持,二审法院维持原判。

(五)XN证券成都青舟案

XN证券股份有限公司拟指导成都青舟特机环境技术有限公司在新三板挂牌,此项目为挂牌前财务顾问项目。2015年12月10日,成都东洋机械制造有限公司(甲方,后更名为成都青舟特机环境技术有限公司,以下简称青舟公司)与XN证券股份有限公司(乙方)签订《成都东洋机械制造有限公司与XN证券股份有限公司关于进入全国中小企业股份转让系统挂牌的财务顾问合同》。

本案一审中,原告请求判令解除其与被告关于推荐挂牌的财务顾问合同,立即退还财务顾问费及利息。法院判决支持合同解除,并认定青舟公司存在违约行为、XN证券股份有限公司不存在违约行为,判定青舟公司已支付的服务费不予退还。

(六)HT证券北京易捷案

HT证券股份有限公司拟指导北京易捷国际旅行社有限责任公司(以下简称易捷公司)在新三板挂牌,此项目为挂牌前财务顾问项目。2015年12月26日,易捷公司(甲方)与HT证券公司(乙方)签署合作协议书,甲方拟进行股份制改造,改制后设立的股份有限公司拟申请其股票在全国中小企业股份转让系统挂牌公开转让。

本案中,易捷公司诉请被告全额或部分返还委托HT证券改制及挂牌同时发行股票的合作协议书项下已付款项,法院未予支持。

(七)JY证券证券投资咨询纠纷案

原告拟实施并购重组计划,通过支付现金的方式购买案外人江西××有限责任公司及案外人赣州长江实业有限责任公司(以下简称长江实业)95%股权。为顺利推进并购重组计划,原告特聘请证券公司、律师事务所、会计师事务所、资产评估公司为原告提供并购重组计划服务,并为此签署相关服务协议及支付相应服务费等。协议履行过程中当事人产生纠纷,原告要求被告返还相关财务费用并赔偿相关损失。法院未予支持。

（八）HT 证券绿亿种业案

本案为 HT 证券股份有限公司（以下简称 HT 证券）与安徽绿亿种业有限公司（以下简称绿亿种业）之间的服务合同纠纷。绿亿种业与 HT 证券在 2011 年 11 月之前便开始合作，由 HT 证券为绿亿种业提供融资等咨询服务，2011 年 11 月 3 日，HT 证券（乙方）与绿亿种业（甲方）签订一份财务顾问协议，合同签订后，HT 证券即开始履行合同，为绿亿种业编制了融资材料、招股说明书等，并向客户推荐绿亿种业。后由于双方对于绿亿种业实际引入的投资者是否基于 HT 证券的推荐产生异议，HT 证券要求绿亿种业支付财务顾问费，而绿亿种业却以 HT 证券在其与高特佳公司（实际投资者）洽谈投资事项中未提供任何服务为由拒绝支付上述费用。HT 证券为此起诉绿亿种业，一审及二审法院均部分支持了 HT 证券的诉讼请求。

（九）SG 证券辅仁药业案〔1〕

2018 年，被告辅仁药业集团有限公司为发行辅仁药业集团有限公司 2018 年度第三期非公开定向债务融资工具（以下简称 18 辅仁药业 PPN003），邀请原告 SG 证券股份有限公司（以下简称 SG 证券）为债券的发行做推介服务工作，双方没有签订书面服务合同。后原告为被告发行 18 辅仁药业 PPN003 做了一定的服务工作，2018 年 7 月 31 日，18 辅仁药业 PPN003 成功发行。该证券发行后，原被告补签了专业服务协议，协议就服务内容、方式、服务费用及支付方式、双方的权利和义务、违约责任及协议生效条件做了约定，协议加盖原被告双方单位公章及双方法定代表人印章，没有签署日期。同日，原告、被告双方又签订了专业服务费确认书，约定本次应付专业服务费为 500 万元，没有明确支付时间，加盖了原告、被告双方单位公章，没有法定代表人或经办人签字、盖章。后原告多次向被告催要该笔服务费后，仍剩余 300 万元未付，酿成纠纷。

法院认为，虽然原告、被告签订的专业服务协议、专业服务费确认书系双方补签，且存在诸多瑕疵，但该专业服务协议及专业服务费确认书意思表示明确、完整，结合原告提供的相关证据，系双方真实意思表示，且内容未违反相关法律、法规的禁止性规定，合法有效。双方均应按合同约定的内容履行各自的义

〔1〕 参见河南省鹿邑县人民法院民事判决书，（2019）豫 1628 民初 5504 号。

务，违约应承担违约责任。被告已支付服务费200万元，原告要求被告继续履行合同，支付剩余服务费300万元，法院予以支持。

（十）CC证券运和城投案〔1〕

2016年扬州市运和城市建设投资集团有限公司（以下简称运和城投）与CC证券签订承销协议，委任CC证券作为其2016年公司债券的承销商。

2016年6月22日，运和城投、CC证券及其他中介机构共同签订《扬州市运和新城建设有限公司非公开发行公司债券募集说明书（面向合格投资者）》，载明："4、债券期限：本期债券的期限为5年，附第3年末发行人利率上调选择权和投资者回售选择权。"

2016年7月4日，CC证券将扣除2200万元承销费用后的募集资金净额14.78亿元划入运和城投指定的账户。

2019年5月30日，运和城投发布《扬州市运和新城建设有限公司非公开发行2016年公司债券回售实施公告》，公告载明：根据募集说明书中所设定的投资者回售选择权，持有人有权在债券存续期间第3个计息年度付息日将持有的债券全部或部分回售给运和城投。2019年6月18日，运和城投发布《扬州市运和新城建设有限公司关于"16运和"公司债券回售实施结果公告》。2019年12月9日，运和城投发布《扬州市运和新城建设有限公司非公开发行2016年公司债券2019年度第一次债券持有人会议决议公告》，债券持有人会议决议增加"16运和债"投资者回售选择权。2019年12月11日，运和城投发布《扬州市运和新城建设有限公司非公开发行2016年公司债券回售实施公告》，公告载明：根据2019年12月9日召开的债券持有人会议，本期债券持有人有权在本月将其持有的债券全部或部分按面值回售给运和城投。2019年12月17日，运和城投发布《扬州市运和新城建设有限公司关于"16运和债"回售实施结果公告》。

机构间私募产品报价与服务系统备案信息显示，扬州市运和新城建设有限公司非公开发行2016年公司债券"债券期限（天）：1825"。

运和城投向法院诉请判令CC证券向其退回被回售的12亿元债券的承销费用，一审法院未予支持。一审法院认为，首先，承销协议并未明确本期债券是

〔1〕参见广东省深圳市中级人民法院民事判决书，（2022）粤03民终1264号。

否含权,故募集说明书已明确约定涉案债券为含权债券,与承销协议不冲突。同时,运和城投在募集说明书中作出附第3年末发行人利率上调选择权和投资者回售选择权的增信承诺,视为其以募集说明书的方式对承销协议及补充协议约定债券期限及品种的进一步明确细化。其次,承销协议第6.1条明确约定承销费用的计算系数为本期债券备案存续期限,无论是根据募集说明书,还是根据中证机构间报价系统的查询结果,涉案债券备案存续期限均为5年,运和城投主张以涉案债券的实际存续期限3年来计算承销费用,与承销协议的约定不符。同时,运和城投作为债券发行人,完全应当预见在第3年存在债券回购的可能性,但运和城投未进行过沟通,且在涉案债券成功发行后CC证券依约扣收2200万元承销费时亦未提出异议。最后,根据《合同法》(已废止)第61条的规定,只有在当事人没有约定或约定不明的情况下,方可依次按照交易习惯、订立合同时履行地的市场价格确定价款或报酬。而本案中,承销协议约定了明确的承销费用计算方式,不适用合同法关于约定不明情形的规定。故一审法院判决驳回运和城投的诉讼请求。运和城投提起上诉,二审驳回上诉,维持原判。

(十一)HC证券长兴城投案[1]

2018年4月,长兴城市建设投资集团有限公司(以下简称长兴城投)与GD证券、交通银行签订承销协议一份,就长兴城投委托GD证券作为主承销商、簿记管理人等相关事宜作出约定。

2018年10月25日,长兴城投与HC证券、GD证券签订合作协议,主要约定,鉴于长兴城投、GD证券已于2018年3月30日签署承销协议,就长兴城投2018年度至2020年度定向债务融资工具项目,HC证券收取的本次债券发行佣金如下:发行佣金=当期债券发行金额×当期债券发行期限×0.06%。上述发行佣金由GD证券在向长兴城投划付当期债券募集资金前一并代扣,并于长兴城投收到当期债券募集资金净额之日起的2个工作日内向HC证券账户划付。

2018年12月11日至12日,长兴城投发行了"18长兴城投PPN001",长兴城投《2018年度第一期债务融资工具定向募集说明书》载明本期定向债务融资工具为实名记账式债券,定向发行金额8亿元,期限5年,并附第3年末发行人

[1] 参见贵州省贵阳市云岩区人民法院民事判决书,(2020)黔0103民初1061号。

调整票面利率选择权和投资者回售选择权。

2018 年 12 月 13 日,长兴城投就该次定向债务融资工具发行结果作出公告,公告载明债券期限 5 年,附第 3 年末发行人调整票面利率选择权和投资者回售选择权。实际发行金额 4 亿元。同日,长兴城投收到“18 长兴城投 PPN001”募集资金 38,860 万元。

2019 年 3 月 21 日,长兴城投发行了“19 长兴城投 PPN001”,长兴城投《2019 年度第一期债务融资工具定向募集说明书》载明本期定向债务融资工具为实名记账式债券,定向发行金额为发行基础规模 6 亿元,发行金额上限 11 亿元。期限 5 年,附第 3 年末发行人调整票面利率选择权和投资者回售选择权。

2019 年 3 月 22 日,长兴城投就该次定向债务融资工具发行结果作出公告,内容包括,公告载明债券期限 5 年,附第 3 年末发行人调整票面利率选择权和投资者回售选择权。实际发行金额 6 亿元。同日,长兴城投收到“19 长兴城投 PPN001”募集资金 59,190 万元。

法院认定三方所签合作协议系各方真实意思表示,内容未违反法律法规强制性规定,为有效协议。本案争议焦点为在计算长兴城投向 HC 证券支付的佣金时,合作协议约定的“当期债券发行期限”究竟是按 5 年计算,还是按长兴城投主张的“3 + 2”(3 年为确定期限,后面 2 年为不确定)模式计算。根据长兴城投定向募集说明书,其发行的债券的期限为 5 年,附第 3 年末发行人调整票面利率选择权和投资者回售选择权,该表述已清楚地表明了长兴城投所发行债券的期限为 5 年,而“附第 3 年末发行人调整票面利率选择权和投资者回售选择权”是对所发行债券当事人涉及的权利及时间节点作出说明,并不是对债券发行的期限加以另行约定,也并不构成影响债券发行期限的因素,故长兴城投主张发行期限前 3 年确定,而后面 2 年不确定的意见并不能成立,法院不予采纳,其依此诉请被告返还多收取的发行佣金于法无据,法院不予支持。

(十二)GJ 证券安顺虹阳案

详见第三篇第二章项下第十一部分内容。

二、券商购买服务的服务合同纠纷

(一)DB 证券星旗投资案

DB 证券股份有限公司(以下简称 DB 证券)拟进行非公开定向债务融资工

具发行项目，聘请江苏星旗投资有限公司（以下简称星旗公司）提供专项服务。2014年5月10日，星旗公司（乙方）与DB证券（甲方）签订财务顾问协议一份，约定：鉴于甲方聘请乙方提供非公开定向债务融资工具的专项服务，乙方同意为甲方提供专项服务。财务顾问服务内容为乙方负责为甲方参与的嘉兴投资公司2014年度非公开定向债务融资工具发行提供财务顾问服务工作。2014年6月1日，星旗公司（乙方）与DB证券（甲方）签订《海州湾融资服务协议》一份，约定：鉴于甲方聘请乙方提供非公开定向债务融资工具的专项服务，乙方同意为甲方提供专项服务；项目内容为乙方负责协助甲方完成海州湾发展公司和/或海州湾发展公司控股、参股公司2014年度至2016年度非公开定向债务融资工具发行的相关工作。本次专项服务的具体内容包括：(1)就非公开定向债务融资工具发行所涉及的政策事项提供专项服务咨询；(2)协助甲方制定非公开定向债务融资工具发行方案；(3)协调其他相关中介机构的服务；(4)协助协调主管部门的沟通工作。

本案中，星旗公司要求DB证券支付顾问服务费，法院对于证据证明未实际履行的财务顾问协议项下服务费的支付请求，未予支持，对于原告完成协议服务内容陈述和举证的《海州湾融资服务协议》项下服务费追讨，予以支持。

（二）ZGZT证券徐州雅韵案

ZGZT证券有限责任公司（被告）拟承揽非公开公司债券项目，聘请徐州市雅韵财务咨询有限公司（原告）提供专项服务。原告与被告于2016年3月31日签订委托协议约定：原告协助促成被告担任新沂市城市投资发展有限公司2016年非公开公司债券项目的主承销商，被告收到新沂市城市投资发展有限公司支付的承销费用且收到原告提供的发票后15个工作日内向原告支付财务顾问费用。

本案中，原告诉请被告ZGZT证券有限责任公司支付居间合同约定的报酬，法院予以支持。

（三）ZGZT证券中元泰投资案

本案为中元泰投资有限公司（原告）与ZGZT证券有限责任公司（被告）之间的居间合同纠纷案件。原告与被告就华东科技股份有限公司（以下简称华东科技）非公开发行股份项目签订财务顾问协议。协议约定原告协助并促成被告担任该项目的保荐机构及主承销商，被告在收到该项目保荐及承销费的10个工作日内，按照全部收入的27%向原告支付顾问费。由于华东科技在非公开发行过程中出现了个别投资者争议和媒体质疑事项，导致发行暂停，重新启动发行后，面临部分投资者遭受损失、需要协商赔偿的情况，被告和华东科技约定由被告直接负责相关投资者的补偿协调工作，被告认为由于其承担了投资者赔偿责任，导致其实际受益减少，故财务顾问费用也应相应降低，且其已经就降低财务顾问费用一事与被告代理人达成口头协议，故其应按照口头协议约定支付费用。原告对上述事项予以否认，并向深圳市福田区人民法院提起诉讼，要求其按照双方签署的财务顾问协议支付财务顾问费。最终法院判决ZGZT证券有限责任公司按照财务顾问协议的约定支付财务顾问费用。

三、虚假陈述纠纷

（一）ZT证券鑫秋农业案

ZT证券股份有限公司是山东鑫秋农业科技股份有限公司（以下简称鑫秋农业）进入全国中小企业股份转让系统挂牌的推荐挂牌主办券商。2015年3月31日，鑫秋农业通过全国中小企业股份转让系统发布了公开转让说明书，披露了其2012年至2014年财务会计报告。4月17日发布股票发行方案，称以2013年财务报告确定每股4元的股票发行价，向合格投资人发行股票，并于2015年4月20日起在新三板挂牌。

本案中，原告王某平主张基于对公开转让说明书的信任，认购挂牌公司定向发行股票，但后续鑫秋农业被查出财务造假，公告披露鑫秋农业及相关人员收到中国证监会山东监管局〔2018〕2号行政处罚决定书，巨额财务造假被揭露，之后鑫秋农业经营状况迅速恶化，最终被强制摘牌，导致了原告持有的股票现已无任何实际价值，原告投资金额已经全部损失。原告诉请法院判决鑫秋农业对原告的损失承担赔偿责任，其余被告（含挂牌督导券商）承担连带赔偿责任。法院认为鑫秋农业与王某平认购合同中的仲裁条款合法有效，原告以按约定向北京仲裁委员会申请仲裁为由，驳回了原告的起诉。

（二）ZX证券龙力生物案

2011年7月28日，经中国证监会批准，山东龙力生物科技股份有限公司（以下简称龙力公司）在深圳证券交易所上市，证券简称“龙力生物”。程某博是龙力公司的实际控制人，HY 证券是龙力公司的首次公开发行股票的保荐人及证券承销商，LX 会计师事务所是为龙力公司出具相关财务审计报告的会计师事务所。龙力公司作为上市公司，负有如实披露信息的法定义务。2018 年 1 月 11 日，龙力公司公告表示，公司因涉嫌信息披露违法违规行为，已被中国证监会立案调查。投资者要求相关主体承担赔偿责任。投资者虽提供了 ZX 证券营业部交易对账单，以及《山东龙力生物科技股份有限公司关于重大事项停牌公告》等一系列公告，但并未提供有关机关的处罚决定或刑事裁判文书证实龙力公司存在证券虚假陈述行为，更不能证实投资者的损失，故对龙力公司的起诉不符合上述法律规定的法定受理条件，法院依法予以驳回。

（三）HT 证券新绿公司案

HT 证券股份有限公司（以下简称 HT 证券）是山东新绿食品股份有限公司（以下简称新绿公司）进入全国中小企业股份转让系统挂牌的推荐挂牌主办券商。2015 年 8 月 27 日，HT 证券出具推荐报告。2015 年 11 月 13 日，HT 证券出具《山东新绿食品股份有限公司公开转让说明书》。2015 年 11 月 20 日，新绿公司获得新三板市场许可挂牌的函。2015 年 12 月 15 日，新绿公司在新三板市场上开始正式交易。

新绿公司为了兑现挂牌前的业绩“对赌”承诺，连续财务造假。〔1〕新绿公司、会计师事务所、主办券商及主要责任人员分别受到行政监管处罚或行政监管措施，简要情况如下：(1)新绿公司及主要责任人：2016 年 11 月 8 日，山东证监局对新绿公司出具〔2016〕61 号责令改正措施的决定；〔2〕2018 年 5 月 29 日，中国证监会发布行政处罚事先告知书（处罚字〔2018〕63 号），认为新绿公司存在数项涉嫌违法事实。〔3〕(2)会计师事务所：2019 年 11 月 20 日，中国证监会

〔1〕 参见《2019 年证监稽查 20 起典型违法案例》，载中国证券监督管理委员会网站 2020 年 5 月 9 日，http://www.csrc.gov.cn/csrc/c100028/c1000783/content.shtml。

〔2〕 该决定指出新绿公司对下列大额资金占用、重大事项未及时披露：(1)股权质押事项未及时披露；(2)对外担保事项未及时披露，对外担保事项未依法履行审议程序，财务信息披露存在虚假。

〔3〕 参见《中国证监会行政处罚决定书（山东新绿食品股份有限公司、陈某、陈某甲等 14 名责任人员）》，载中国证券监督管理委员会网站 2019 年 6 月 11 日，http://www.csrc.gov.cn/csrc/c101928/c1042450/content.shtml；《中国证监会市场禁入决定书（陈某）》，载中国证券监督管理委员会网站 2019 年 6 月 11 日，http://www.csrc.gov.cn/csrc/c101927/c1042046/content.shtml。

对北京XH会计师事务所作出中国证监会行政处罚决定书(北京XH会计师事务所、宜某民、刘某)(〔2019〕135号);[1] 2020年5月14日,中国证监会对ZXCGH会计师事务所作出中国证监会行政处罚决定书(ZXCGH会计师事务所、孙某伟、许某磊)(〔2020〕20号)。[2] (3)2021年2月7日,中国证监会对HT证券出具《关于对HT证券股份有限公司采取出具警示函措施的决定》,[3] 认定HT证券"作为山东新绿食品股份有限公司推荐挂牌主办券商,未勤勉尽责,对挂牌公司内控情况、股权情况等核查不充分",对推荐挂牌项目小组负责人采取监管谈话措施的决定。[4]

本案中,原告上海德骏资产管理有限公司向法院提出请求判令被告北京XH会计师事务所、ZXCGH会计师事务所、HT证券连带赔偿原告投资损失的诉讼请求。法院查明相关事实:(1)2015年8月11日,原告向新绿公司汇入6,303,159元;2018年4月18日,原告卖出全部新绿公司股票,得款185,405.16元;(2)2015年5月,新绿公司聘请北京XH会计师事务所提供审计服务;2015年12月15日,新绿公司在新三板市场上开始正式交易;2016年6月17日,新绿公司发布公告称将会计师事务所更换为ZXCGH会计师事务所;2016年6月28日,新绿公司出具2015年年度报告;2016年10月26日,新绿公司发布《关于收到中国证券监督管理委员会调查通知书的公告》(2016-061)称其被中国证监会立案调查。法院认为,《虚假陈述引发赔偿规定》可以适用于在新三板市场挂牌的非上市公司的虚假陈述行为,但认为原告诉请不能成立,因新绿公司构成诱多型虚假陈述行为,现原告主张并不符合《虚假陈述引发赔偿规定》第18条关于诱多型虚假陈述行为损害赔偿的法定情形,故原告坚持依照原《虚假陈述引发赔偿规定》主张证券虚假陈述责任纠纷之损害赔偿,依据不

〔1〕 参见《中国证监会行政处罚决定书(北京XH会计师事务所、宜某民、刘某)》,载中国证券监督管理委员会网站2019年11月20日,http://www.csrc.gov.cn/csrc/c101928/c1042376/content.shtml。

〔2〕 参见《中国证监会行政处罚决定书(ZXCGH会计师事务所、孙某伟、许某磊)》,载中国证券监督管理委员会网站2020年5月14日,http://www.csrc.gov.cn/csrc/c101928/c1042340/content.shtml。

〔3〕 参见《关于对HT证券股份有限公司采取出具警示函措施的决定》,载中国证券监督管理委员会网站,http://www.csrc.gov.cn/csrc/c106065/cee02bc36782043e8abcef5387c75871f/content.shtml。

〔4〕 参见《关于对方某采取监管谈话措施的决定》,载中国证券监督管理委员会网站,http://www.csrc.gov.cn/csrc/c106065/c39566d9db83643909eac320fc16d712e/content.shtml。

足，法院判决驳回原告全部诉讼请求。

四、侵权责任纠纷

（一）GF 证券文化长城案

2020 年 3 月 27 日，GF 证券作为广东文化长城集团股份有限公司（以下简称文化长城）的财务顾问，对深圳证券交易所（以下简称深交所）创业板公司管理部于 2020 年 3 月 10 日下发的《关于对广东文化长城集团股份有限公司的问询函》（创业板问询函〔2020〕第 49 号）中提及的相关问题进行核查并出具专项核查意见，公告于深交所法定信息披露平台巨潮资讯网。2020 年 6 月 12 日，被告在巨潮资讯网发布《关于广东文化长城集团股份有限公司发行股份及支付现金购买资产并募集配套资金之 2019 年度持续督导意见》。上述两份公开发布的意见均表明，东方置地、文化长城、隽隆贸易三方签订的债务转让协议书真实、有效。但有法院生效判决表明，2020 年 3 月 27 日、2020 年 9 月 1 日公开发布的专项核查意见及持续督导意见内容与事实不符。法院认为，GF 证券出具的持续督导意见虽有引述债务转让协议部分内容，但亦未对该协议的效力作出直接认定。原告所称其系基于 GF 证券两份意见之误导而产生损失并起诉、由此所生之诉讼成本系被告侵权行为所致，依据并不充分，法院对原告相关诉求均不予支持。

（二）GF 证券粤科金融案[1]

2021 年 4 月 27 日，被告广东省粤科金融集团有限公司（以下简称粤科金融）在深圳证券交易所公告了《18 粤科 01：广东省粤科金融集团有限公司关于涉及重大诉讼的进展公告（四）》，公告提及原告深圳前海恒汇金融服务有限公司与粤科金融子公司粤科小贷公司之间存在借款合同纠纷诉讼。2021 年 4 月 28 日，被告 GF 证券在深交所公告《18 粤科 01GF 证券股份有限公司关于广东省粤科金融集团有限公司 2018 年面向合格投资者公开发行公司债券 2021 年受托管理事务临时报告（二）》，提及被告粤科金融子公司粤科小贷公司与原告之间存在上述借款合同纠纷。

但事实上，原告并非上述借款合同纠纷的当事人，原告认为粤科金融及 GF

---

〔1〕 参见广东省深圳前海合作区人民法院民事判决书，（2021）粤 0391 民初 6857 号。

证券在公告中说原告与粤科小贷公司之间存在该借款合同纠纷完全是子虚乌有,原告对该案件一无所知。两被告上述错误的行为已严重侵害了原告的社会名誉,降低了原告的商业信誉,致使原告遭受了极大的经济损失。故原告提起诉讼。

法院认为,被告GF证券的行为在主观上不存在过错,因此,被告GF证券无须向原告赔礼道歉,也不需要赔偿原告的损失。但是,被告GF证券在本案中所实施的行为亦对原告造成了一定的影响,其应当删除及更正所发的公告,承担为原告消除影响的义务,法院责令被告GF证券在被告粤科金融发布赔礼道歉的公告后以适当的形式为原告转述,进一步消除影响。

五、债券交易及证券回购合同纠纷

(一)GF证券天广中茂案[1]

2016年6月8日,天广消防股份有限公司(于2016年7月18日变更为天广中茂股份有限公司,以下简称天广中茂)与GF证券签订《天广消防股份有限公司2016年面向合格投资者公开发行公司债券受托管理协议》,约定天广中茂拟公开发行不超过12亿元的公司债券,并委托GF证券作为本次债券的受托管理人,负责为本次债券的全体债券持有人处理本次债券的相关事务,债券募集说明书中明确约定投资者认购或持有本次债券将被视为接受协议。

天广中茂于2016年10月24日出具《天广中茂2016年面向合格投资者公开发行公司债券(第一期)募集说明书》,发行人为天广中茂,主承销商为GF证券,债券简称:16天广01,债券代码:112467。

2019年12月9日,天广中茂董事会发布《关于公司债券违约的公告》,显示"16天广01"公司债券违约。

2020年6月12日,GF证券发布《"16天广01"2020年第一次债券持有人会议决议公告》,本次债券持有人会议表决通过《关于授权受托管理人立即采取相关法律行动的议案》,同意GF证券代债券持有人向法院采取申请实现担保物权、提起诉讼、申请财产保全等法律行动,并出具授权委托书。

GF证券诉请天广中茂偿付债券本金、利息、债券逾期利息、财产保全保险

[1] 参见广东省广州市中级人民法院民事判决书,(2021)粤01民初2156号。

费、律师费等,法院予以支持。

(二)HT 证券宜华公司案[1]

发行人宜华企业(集团)有限公司(以下简称宜华公司)未按期兑付公司债券,HT 证券是案涉债券的受托管理人。

债券持有人千兴资产管理有限公司委托 HT 证券以受托管理人的名义提起诉讼,要求宜华公司偿还债券本息。法院支持了 HT 证券关于宜华公司应支付债券本息、逾期利息、律师费的诉请。

(三)ZHSH 证券亿阳公司案[2]

2016 年,亿阳集团股份有限公司(以下简称亿阳公司)作为发行人签署了募集说明书,并公开发行了公司债券(第二期),债券简称"16 亿阳 03";公司债券(第三期),债券简称"16 亿阳 04";公司债券(第四期),债券简称"16 亿阳 05"。ZHSH 证券有限责任公司(以下简称 ZHSH 证券)为上述债券的债券承销商及债券受托管理人。

亿阳公司发行债券后出现部分资产受限、子公司亿阳信通公司银行账户被冻结、持有的亿阳信通股票被多家司法机关轮候冻结的情形,且信用评级公司在短期内将其主体信用等级、涉案债券的债项信用等级接连下调,对到期的应付利息未予兑付,以上情形已充分证明亿阳公司的经营情况持续恶化,偿债能力明显下降。ZHSH 证券依据募集说明书、债券受托管理协议和债券持有人会议规则的规定组织召开债券持有人会议,并审议通过了相关议案,会议形式和内容符合相关约定,合法有效。根据相关规定和议案表决结果,ZHSH 证券有权代表所有债券持有人以 ZHSH 证券名义向亿阳公司主张相关权益。ZHSH 证券依据议案内容宣布本期债券因亿阳公司的交叉违约情形已构成违约,多次要求亿阳公司及其关联方提供增信措施、履行偿债保障措施,并发函要求亿阳公司于 2017 年 11 月 24 日之前偿付本期债券,亿阳公司至诉讼时未按照相关约定和 ZHSH 证券的要求兑付债券的到期利息、提供增信措施,且因经营陷入困难,无法偿还到期债务,已向哈尔滨市中级人民法院申请破产重整,其行为已构

[1] 参见上海金融法院民事判决书,(2022)沪 74 民初 179 号。

[2] 参见北京市高级人民法院民事判决书,(2017)京民初 106、107、160 号。

成对本期债券的实质性违约,按照募集说明书和债券受托管理协议的相关约定应承担违约责任。

ZHSH证券诉请亿阳公司向ZHSH证券偿付债券本金、利息、债券逾期利息、财产保全保险费、律师费等,法院予以支持。

(四)GD证券茂典公司案

详见第三篇第二章项下第十二部分内容。

(五)GD证券洛肯国际案

原告洛肯国际投资管理(北京)有限公司向上海市静安区人民法院提起诉讼,诉被告大连金玛商城企业集团有限公司。审理中法院依原告申请依法追加GD证券为本案第三人。

2017年6月26日,被告发行"17金玛02"债券,原告持有涉案债券。2018年10月被告债券发生违约事项,第三人GD证券公司(债券主承销商)作为债券受托管理人,代表全体债券持有人对被告及实控人持有公司的部分或全部股权作了质押登记,第三人GD证券为质押权人。原告起诉被告支付债券本金、利息及违约金,同时要求依法处置被告出质的公司股权并按处置后所得价款的0.15%优先受偿。其中,关于质权,被告认为质押权人为第三人GD证券,原告无权直接主张质权。第三人GD证券述称,涉案的质押权应由其统一处置后按比例向债券持有人支付。

法院认为,按照股权质押合同的约定,被告未能按约偿还债券本息,作为质押权人的第三人GD证券或债券持有人有权依法处分质押股权及其他派生权益,所得款项及权益用于清偿债券持有人的本金、利息及其他应付款项,该约定符合法律规定。涉案股权出质登记的质权人均为第三人GD证券,故第三人GD证券有权依法处置质权,以所得款项及权益按比例优先清偿。原告作为债券持有人依据债券持有人会议决议,有权要求被告清偿全部债券本金及利息,并支付迟延履行违约金,有权就第三人处置的质权按比例(0.15%)优先受偿。

上述50起案例的执业分析、执业建议内容详见第三篇第四章相关内容。